全国教育科学“十一五”规划重点课题研究成果

ZHONGGUO JICHUJIAOYU XUEKENIANJIAN

中国基础教育学科年鉴

生物卷

SHENGWUJUAN

2009

北京师范大学出版集团
BEIJING NORMAL UNIVERSITY PUBLISHING GROUP
北京师范大学出版社

图书在版编目(CIP)数据

中国基础教育学科年鉴．生物卷．2009/汪忠主编．—北京：北京师范大学出版社，2011.1
ISBN 978-7-303-11598-3

Ⅰ.①中… Ⅱ.①汪… Ⅲ.①基础教育—中国—2009—年鉴 ②生物课—教学研究—中学 Ⅳ.①G639.2-54②G633.912

中国版本图书馆 CIP 数据核字(2010)第 263008 号

出版发行：北京师范大学出版社 www.bnup.com.cn
北京新街口外大街 19 号
邮政编码：100875
印 刷：江苏凤凰盐城印刷有限公司
经 销：全国新华书店
开 本：140 mm×260 mm
印 张：31.75
字 数：452 千字
版 次：2011 年 3 月第 1 版
印 次：2011 年 3 月第 1 次印刷
定 价：110.00 元

责任编辑：姜 涛 装帧设计：揽胜视觉
责任校对：张春燕 责任印制：马鸿麟

全国教育科学“十一五”规划

重点课题

课题负责人	曹志祥　夏锦文　刘　军
专家组组长	夏锦文
专家组副组长	张连红　刘　坚　郭宁生
年鉴总主编	刘　军
核心组成员	李水平　严华银　马　复
	王晓英　钱再见　吴小晴
	仇奔波　吴　伟　陆　真
	汪　忠　韩中健　周　兵
	姚　红　李　艺　朱家雄

学科年鉴编写委员会

专家指导委员会

主　　任　许晓风　李　伟

委　　员　王苏豫　岑　芳　沈浩宁　张成军

　　　　　郄银东　袁茂坤　曹志江　谢桂喜

编写委员会

学科主编　汪　忠

本卷主编　汪　忠

核心成员　王苏豫　岑　芳　沈浩宁　张成军

　　　　　郄银东　杨露露　曹志江　梁　平

本卷作者　习　静　王苏豫　孔　珺　乔友林

　　　　　刘恩山　刘　真　李　健　任　真

　　　　　任山章　佘建云　汪　忠　岑　芳

　　　　　陆建身　沈浩宁　应蒙蒙　陈志伟

　　　　　宋锡全　宋建陵　张成军　张林琦

　　　　　张迎春　吴银银　房　娴　周　阳

　　　　　周　斐　郄银东　杨露露　杨振峰

　　　　　姜　涛　袁茂坤　高　远　曹志江

　　　　　梁　平　黄　群　游隆信　瞿欢欢

年度教师评委会

主　　任　汪　忠

委　　员　李　伟　王苏豫　谢桂喜

总　序

21世纪初启动的基础教育课程改革，从实验到推广，已经走过十年的历程了。十年改革，促进了先进教育理念的广泛传播，推动了教育教学实践的深刻变革，对我国基础教育的改革与发展、教育现代化水平的提高产生了重大而深远的影响。

伴随着课程改革的不断推进，我国基础教育课程资源的开发与建设工作受到了前所未有的重视，得到了前所未有的发展。十年来，经国家审查通过的基础教育教材已经覆盖义务教育22个学科、普通高中16个学科，共330余种，彻底改变了计划经济时代一纲一本的局面。不仅资源的数量种类空前丰富，而且质量和水平明显提升；现代信息技术推广使用，呈现方式和传输方式发生巨大变化；开发主体多元，社会参与资源开发的积极性日渐提高；国家和地方的基础教育资源中心相继成立。一大批具有中国特色、富有时代特点、体现素质教育要求的课程资源得到开发与应用，受到广大师生的喜爱，得到社会的好评，为培养青少年的创新精神和实践能力，为亿万学生的德、智、体、美全面发展，作出了重要贡献。课程资源开发、建设与应用的丰硕成果，既是课程改革成就的生动体现，也是课程改革得以健康、顺利开展的有力支撑。

当前，我国基础教育已经发展到一个新阶段。为了坚持教育的公益性和普惠性，保障人民群众享有接受良好教育的机会，最近颁布的《国家中长期教育改革和发展规划纲要（2010～2020年）》提出了努力办好每一所学校、教好每一个学生的奋斗目标。提高质量是基础教育改革发展的核心任务，促进公平是国家坚持的基本教育政策。面对基础教育改革发展的新形势、新任务，基础教育课程改革也进入总结经验、完善制度、突破难点、深入推进的新阶段。要在总结经验的基础上，清醒地分析课程改革面临的困难和问题，着力加强课程改革保障机制建设，深化基础教育课程改革。

对于与课程改革紧密相连的基础教育课程资源的开发、建设与应用，在充分肯定成绩的同时，也要客观地分析面临的困难和问题。比如，从总体上看，新开发的资源水平参差不齐，优质教育资源缺乏；资源的开发与深刻变革的教学模式不相适应，能为教学提供有效服务的资源不足；资源开发与应用缺乏规范的管理，资源分散，难以集中共享；即使是基于网络的资源，也由于缺乏协调机制，共享不充分；对于面广量大的学科资源，缺乏必要的汇总、分类、整理，更缺乏深入系统的研究，大大影响了资源的保护和综合开发应用。对这些问题，全国教育科学“十一五”规划重点课题“基础教育学科资源保护开发与应用研究”给予了关注。课题组的专家团队通过调查取样，对课程改革以来我国基础教育课程资源，主要是学科资源开发建设工作现状作了深入分析，并开展了实验研究和比较研究，总结课程改革以来我国基础教育课程资源开发与应用的成绩、经验，分析问题与不足，为我们全面把握和衡量基础教育学科资源开发与应用的状况与发展动态提供了富有价值的研究成果。尤为可贵的是课题组的专家们研究的步伐并未止于对现状的分析与总结，而是针对基础教育课程资源分散、难以为广大教师及专业工作者有效利用的突出问题，提出了编纂《中国基础教育学科年鉴》的对策性构想，并且直接参与编纂工作。这个课题从立项至今，两年有余，课题成果除了有关基础教育学科资源保护开发与应用的研究报告外，还包括语文、数学、英语、政治、历史、地理、物理、化学、生物、音乐、美术、体育与健康、信息技术、通用技术和学前教育煌煌十数卷的《中国基础教育学科年鉴》（以下简称《年鉴》），可喜可贺。

《年鉴》对我国基础教育课程改革与建设中产生的浩如烟海的资源与信息进行了分类与整理，对优秀资源和重要信息进行了汇总和推介。同时，拓宽视野，放眼世界，介绍了国外基础教育课程资源开发与应用的动态。提供的信息量大，覆盖面广，时效性强。《年鉴》对信息与资源不仅进行了汇总，同时也进行了梳理、分析、比较、鉴别。《年鉴》的编写不仅是资源收集聚合的过程，也是总结研究的过程。

《年鉴》的编纂和出版，是一项开创性的工作。《年鉴》不仅可作为从事课程资源开发的专业工作者的参考材料，而且将为教育行政管理者、教研人员和科研工作者的管理、决策和教研、科研工作提供资料和依据，对广大中小学教师从事教育和研修，也是有益的帮手。关注中国教育改革的国外同行和专家，也会把《年鉴》作为了解中国基础教育的一个重要窗口，开展交流的一个重要平台。

正因为《年鉴》的编纂是一项开创性的工作，它富有探索性，必定会留下不少需要完善和提高的空间。我想，走进这个平台，利用这个载体和工具的专业工作者和教育工作者，也一定会像关心基础教育课程资源开发和应用一样，关心《年鉴》，促进它的提高与成长。

王　湛

2010年9月30日

王湛，教育部原副部长，现任教育部总督学顾问、国家基础教育课程教材专家工作委员会主任.

总前言

课程改革以来，我国基础教育领域发生了巨大的变革，语文、数学、英语、政治、历史、地理、物理、化学、生物、音乐、美术、体育与健康、信息技术、通用技术和学前教育等学科在课程与教学方面都有了重大发展，涌现出一大批优秀的成果。对这些成果进行分类、整理与总结是十分必要的。为此，“基础教育学科资源保护开发与应用研究”课题应运而生，并且被列为全国教育科学“十一五”规划重点课题。

《中国基础教育学科年鉴》是该课题的重要成果之一，通过对我国基础教育学科资源进行搜集、整理、归纳，从而实现资源的综合应用、开发和保护。依据我国课程的设置，《中国基础教育学科年鉴》设置语文、数学、英语、政治、历史、地理、物理、化学、生物、音乐、美术、体育与健康、信息技术、学前教育等学科分卷，自 2008 年始，每学科每年出一卷，主要内容包括专家视野、政策文件、概况与摘要、学科动态、研究机构、学术团体、名校名师、大事记、著作及论文索引等。2008 年之前的学科资源将以回顾版的形式进行整理保护。

《中国基础教育学科年鉴》的出版弥补了我国基础教育各学科一直以来没有年鉴的缺憾，意义重大。

1. 收集基础教育学科资料，总结基础教育课程改革过程中的经验

各级教育行政部门为指导课程改革下发了系列规范性文件，各级教研部门做出了许多有创意的举措，课程专家研究出了众多的理论成果，一线教师积极探索、勇于实践，积累了宝贵的经验。科学、全面、系统地总结经验，认定和推广优秀成果，推进国家基础教育发展，是一项重大历史使命。《中国基础教育学科年鉴》对浩如烟海的各学科信息资源进行分类、整理和总结，为基础教育课程改革提供翔实的资料，为各级行政管理者及教研人员提供有效的信息，为学校之间加强交流搭建平台，促使教育工作者及时总结基础教育课程改革过程中的经验。

2. 促进基础教育学科教学的发展

基础教育课程改革要求教师成为研究型的教师。要成为一名研究型的教师，就必须做一个终身学习者。《中国基础教育学科年鉴》有利于我国基础教育教师及时了解国内各地以及国外基础教育动态，开阔视野，完善自己的知识体系，提高自身的教学和科研能力，同时也为学生自主学习提供了丰富的素材，有利于提高学生的自主学习能力。

3. **有利于推进中外教育文化交流**

胡锦涛总书记在党的十七大报告中明确提出“加强对外文化交流”“增强中华文化国际影响力”的要求。《中国基础教育学科年鉴》总结我国基础教育学科教学发展状况，同时借鉴国外基础教育学科教学经验，加强中外文化教育特别是基础教育领域的交流与合作，向世界传播中华文明。

《中国基础教育学科年鉴》的编写是一个规模宏大、涵盖我国基础教育各个学科的工程，由南京红色历程文化教育有限公司策划，得到了教育界诸多专家、学者和一线教师的热情支持，特别是得到教育部基础教育课程教材发展中心和南京师范大学、北京师范大学等高校以及各省市教育部门的支持与帮助。参加编写的人员包括教授、副教授、研究员、副研究员，中学特级教师、高级教师和一级教师数百人。北京师范大学出版集团北京师范大学出版社担负了繁重的出版工作，付出了大量人力、财力和辛勤劳动。在此，向关心和支持这项工作的单位和个人，向工作在第一线的所有同志表示衷心感谢!

《中国基础教育学科年鉴》涉及我国基础教育学科资源的搜集、整理、总结，所以书中有大量已发表论文的摘要。因涉及范围太广，故无法一一通知原作者。如有稿费问题，请作者与教育部基础教育课程教材发展中心基础教育学科资源保护开发与应用研究课题办公室[①]联系，稿费将按国家标准支付。

尽管我们已经付出了极大的努力，但疏漏和谬误在所难免，敬请专家和广大教师指正。

《中国基础教育学科年鉴》编写委员会

2010 年 12 月 14 日

① 江苏省南京市宁海路 122 号南京师范大学专家东楼一楼．联系电话：025－83200848.

前　言

2008年是实施新课程的又一年，全国高等师范院校的专家学者和中学一线教师在完成日常教学工作外，还积极开展课程与教学改革研究，取得了许多重要成果。

本年鉴的宗旨是尽力反映全国各省市广大生物学教师的教学和教育科学研究的现状与成果。

年鉴包括理论探索、研究综述、文献精摘以及国内动态、国际动态等内容，可作一览我国生物学科教学和教育研究状况之用。

本书希望为一线教师把握生物学科教学和教育研究状况提供一条捷径，为深入研究提供良好的基础；同时，本书作者也希望对各级教育行政机构从不同视角了解基础教育生物学科教学和教育研究现状以及存在的问题提供一条捷径。但作为一项课题研究，由于这是首次撰写，时间较紧，收录的论文尚未反映所有成果，今后将进一步扩大收录范围。

本书由汪忠主编，曹志江、李健、杨露露、周阳、孔珺、张成军、沈浩宁、高勍、王苏豫、郄银东、梁平、宋建陵、袁茂坤、高远、岑芳、杨振峰、宋锡全、房娴、应蒙蒙、习静、姜涛等参与编写。

本书特别感谢刘恩山、张迎春、陆建身、陈志伟、黄群、任真、瞿欢欢、乔友林、张林琦等，也特别感谢《生物学教学》《生物学通报》和《中学生物学》杂志，更要感谢为中国生物教育作出贡献的广大一线生物学教师。

感谢教育部基础教育课程发展中心。

编　者

2010年12月15日

目　　录

专家视野

政策文件

概况与摘要

学科动态

年度教师及学术期刊

论文索引

专 家 视 野

学 科 发 展

2008 年生物科学和生物技术发展状况

黄群[①] 任真[②] 瞿欢欢[③]

2008 年，生命科学与生物技术领域发展日新月异，成果层出不穷，令人目不暇接。

基因组研究仍然方兴未艾。由于一年来出现了数种更为简便、快捷、经济的基因组测序新技术，使得这一领域的工作得以快速发展。2008 年世界进入个人基因组时代。美国一家公司测定了有“DNA 之父”之称的美国科学家詹姆斯·沃森个人的全基因组 30 亿个碱基对。荷兰科研人员首次绘出女性的个人基因组图谱。我国科学家完成了第一个中国人基因组序列图谱——“炎黄一号”的绘制和分析工作，测序数据总量达到 1 177 亿个碱基对，有效覆盖率高达 99.7%，变异检测精度达 99.9%以上。另外，科学家还完成了一个非洲人和一个急性骨髓性白血病癌症患者的首个基因组图谱。以上工作为深入研究人类的遗传多样性和疾病带来新的视野。

动物、植物、微生物的基因组测序与研究的成果如雨后春笋般不断涌现。美国科学家成功破译史前庞然大物猛犸象 80%的基因组，使科学家在复活猛犸象的道路上又向前迈进一步（右图）。中国科学家宣布，世界首张大熊猫基因组序列图谱绘制完成。大

科学家在复活猛犸象的道路上又前进了一步

① 黄群，中国科学院国家科学图书馆．

② 任真，中国科学院动物研究所．

③ 瞿欢欢，中国科学院过程工程研究所．

熊猫共有 21 对染色体，其基因组与狗的基因组在结构上最为接近，与人也有较大的相似性，约为 30 亿个碱基对，包含 2 万～3 万个基因，该成果将为保护和人工繁育这一被称为“中国国宝”的濒危物种提供新的途径。一个由多国科学家组成的研究小组成功绘出鸭嘴兽这一奇特的半水生、半陆生、产蛋而非胎生的哺乳动物的基因组草图，发现其基因组中能够编码蛋白质的基因数目大约为 1.85 万个，与其他哺乳动物相当，有 80%的基因是与哺乳动物“共享”的，同时又有诸多非哺乳动物特征，这对研究人类和其他哺乳动物进化起源极为重要。美国研究人员发表了文昌鱼的基因组序列草稿，该成果为研究被囊动物、文昌鱼和脊椎动物这三个脊索动物类群之间的模糊关系提供了线索。一个国际科研团体完成了首个甲虫赤拟谷盗的全基因组序列，该甲虫基因组包括大约 2 亿个核苷酸，大约 1.6 万个基因，新的测序结果有望让科学家找到更好的抵御农业害虫的方法。一个由美英等国科学家组成的国际研究小组宣布，测定了两种致命疟疾寄生虫的基因组序列，并将它们和其他已测序的疟原虫基因组进行比较，这有助于挑选遗传标靶，以进行疫苗和药物的研发。欧美各国科学家组织的团队对南方根结线虫的基因组进行测序和分析，这是首次测出已知植物寄生型多细胞动物的基因组序列，从而让人们能够瞥见无性动物的原始生命之光，这类根结线虫的雄性对后代的衍生没有贡献。美国科学家们破译了北方根结线虫的基因组序列和遗传图谱，其基因组共有 5 400 万个碱基对，不仅是线虫中最小的基因组，也是所有多细胞生物中最小的基因组，该成果使研究者有可能创造一种新的环境友好型手段，解决北方根结线虫与其他类型的根结线虫给农作物造成损失的问题。美国科学家成功测序得出玉米基因组的草图，这是人类成功测序的第二种农作物基因组（第一种被测序的农作物是水稻），完成了约 95%的基因组测序工作，该基因组的基因数量为 5 万～6 万个，碱基对数量约为 20 亿个，该成果有利于培育玉米新品种，提高玉米产量，增强玉米的抗旱、抗病虫害能力。一个由法国、美国、澳大利亚等国科学家组成的研究小组为小麦的一个基因组绘制出了首幅物理图谱，该图谱能帮助人们迅速锁定控制小麦产量的基因，从而对作物的品种进行改良。美国科学家绘制了大豆完整基因组草图，因而能够识别所有参与结籽期油脂合成的基因，这一成果有助于增加大豆油产量和提高生产效率。中美科学家在世界上首次绘制完成一株转基因经济作物——番木瓜的全基因组图谱，研究成果对农作物育种、农业生产和人类对转基因植物的认识具有极其重要的意义。

由我国科学家发起和组织的“国际黄瓜基因组计划”项目已完成全部测序工作，获得了高质量的黄瓜基因组框架图，该成果为加速挖掘这一重要园艺作物的生物学潜能，实现黄瓜定向育种的根本性突破，并为葫芦科作物的生物学研究打下坚实的基础。英国的研究者们完成了一种名为 Steno 的超级细菌的基因测序工作，研究结果显示，这是一种具有显著抗药性的生物体，对其基因组的了解将有助于研究者们发现如何应对这种具有独特抗药性的生物体。我国第一个杀蚊微生物基因组——球形芽孢杆菌 C3－41 菌株全基因组已经测序完成，该成果将进一步推动生物防治灭蚊的基础研究。

完成最大规模人类遗传多样性调查。由美英等国科学家组成的两个国际研究小组，完成了一个空前规模的人类遗传多样性调查。其样本涵盖了全球 50 多个不同的地理学族群，进行了迄今为止最为深入的人类遗传差异和相似性的分析。在研究中，两个小组均采用了人类基因多样性计划的样本，检测的不同群体数分别为 29 和 51，分析了人类基因组几十万个位点上单核苷酸多态性。两个小组的分析均确定了人类的遗传相似性，即世界不同人类族群间的相似性要远远大于差异性，大多数人的遗传祖先追溯起来都不限于一个大陆。研究人员表示，分析得到的数据支持中国汉族南方和北方的族群在遗传上是截然不同的；而美国土著与俄罗斯及远东欧亚大陆的雅库特人存在遗传相似性。

揭示基因和疾病之间复杂的联系是遗传学领域新一轮的研究热点。美国科学家们在对 24 例胰腺癌和 22 例脑肿瘤患者的标本进行了基因分析后，成功绘制出了包括 2 万多个基因的完整的基因图谱，其中不仅包括了单个的基因突变，还包括了维持肿瘤发生和发展的各个基因间的连接通路。研究发现，在大多数病例中，对每一种肿瘤来说，有 12 条信号控制途径及传导过程的编码基因发生了基因突变，这其中包括了参与 DNA 损伤控制、细胞成熟及肿瘤侵袭的 3 条关键路径。在该研究中研究者们使用了几种不同的新的基因分析方法。美国一大学实验室通过差异杂交技术，筛选到一种新的抑癌基因——SAR1，它可以激活和强化抑癌分子通路，使癌细胞停止分裂，抑制癌细胞生长，促进癌细胞死亡（右图）。日本和美国的科学家还获得了一个新

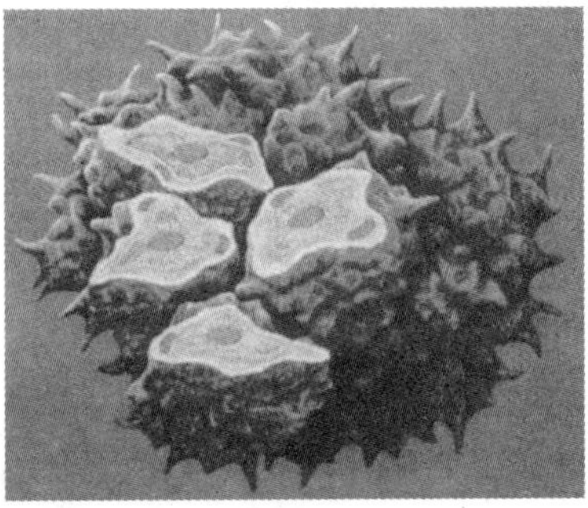

癌细胞

的抑癌基因——*TCAL7*，它可以抑制 Mic1 的活性。美国、德国和中国香港的科学家从肝癌的研究中，得到了 *xP04* 等 12 个新的抑癌基因。美国研究人员分离出一种新的促进癌细胞转移的基因——*MTDH*，它可以促进癌细胞与血管的吸附和浸润，阻断这种基因可以抑制肿瘤的转移和扩散，明显地延长癌症患者的生存时间，这种扩散因子不仅存在于乳腺癌，也存在于其他的肿瘤，如前列腺癌。美国和德国研究人员合作，对 188 个肺癌组织的 623 个基因进行分析，并与正常组织比对，结果发现有 26 个基因变异与肺癌有关，对肺癌的发病和防治研究有重要意义。美国科学家鉴别出了一个会影响某种抗体产生的基因，这种抗体能抑制艾滋病病毒。这一新发现有可能刺激产生新的艾滋病疫苗。有些人似乎对艾滋病具有天生的免疫力，加拿大科学家经研究称，这可能要归功于他们体内表达了两种特殊基因——*KIR3DL1* 和 *HLA-B*×57，取决于拥有这两个基因的“版本”的不同，可使他们或是能抵御艾滋病病毒感染，或是使艾滋病发展速度变慢。美国研究人员通过基因表达谱的分析，发现一个表观遗传学的改变是引发白血病癌症基因启动的罪魁祸首，如果能扭转这一局势也许就能阻止白血病的发生。美国研究者的另一项研究表明 *Ikaros* 基因突变在急性淋巴细胞白血病的触发中扮演了一个重要角色，研究人员希望这一发现能够为治疗这种疾病提供新的途径。美国一个科研小组发现一个位于 2 号染色体上名为 *STK39* 的基因能够编码产生一种特定蛋白质，参与调控肾脏排泄盐的过程，该基因如果出现变异，人体排泄盐的能力就会下降，患高血压的几率随之增加，这将帮助医学研究人员按照个人基因差异为高血压患者提供“个性化治疗”。美国和欧洲的上百名科学家合作对 7 万名糖尿病患者进行基因分析，发现了 6 种新基因与Ⅱ型糖尿病的发病相关，使Ⅱ型糖尿病相关基因数量达到 16 个以上。美国科学家报告说，一个名为 *TMPRSS6* 的基因发生变异后，会导致出现一种罕见疾病——“难治性缺铁性贫血症”，这一发现将为治疗常见的铁失调症提供新思路。美、英、法、加、比 5 国科学家综合 3 个独立研究小组的数据，确定出 21 种新的与克罗恩氏病（一种胃肠道的慢性非特异性炎症性疾病）有关的遗传变异，从而将与该病有关的风险因子数增加到 32 个，这一发现有望将来为找到该病的治疗方法和预防措施提供帮助。科学家对1 300个家族进行遗传分析，寻找到 4 个与早老性痴呆发病相关的基因，它们可以使脑内脂质和纤维丝团样蛋白堆积，促进神经元的死亡。这为早老性痴呆的研究和防治提供了新的希望。我国研究人员从一组五代房颤家系中分析出一种名为 *NUP/55* 的基因，发现这一基因突变可以引起房颤和猝死。美国科学家对 435 名志愿者进行了流行病调查，发现 60%的成瘾者与遗传因素有关，他们在实验中发现，*CHRNA5* 基因可能是一种成瘾基因，它可以调控乙酰胆碱受体的合成，这种基因变异极易产生烟瘾。

干细胞研究一年来如火如荼，突飞猛进。自 2007 年美国和日本的科学家分别通过独立研究，利用人体表皮细胞，培育出了可以和胚胎干细胞媲美而又不涉及伦理问题的诱导性多能干细胞（iPS 细胞）之后，2008 年这方面的研究备受关注，又有了新的突破。日本研究人员从来自成年小鼠肝脏和胃部的上皮细胞培育出了 iPS 细胞，与原先用皮肤细胞培育的 iPS 细胞相比，其引发癌症的可能性大为下降。他们还利用小白鼠的皮肤细胞制成 iPS 细胞，成功制造了视网膜感光细胞，成果可用于治疗视网膜色素变性等疾病。接着，他们又利用正常实验鼠体细胞培养出的 iPS 细胞，成功地在本应有缺陷的实验鼠体内形成了健康的胰腺，这项成果一旦完善，那么培育出糖尿病患者的 iPS 细胞，植入动物体内，就可能获得用于移植手术的胰腺。科学家们不仅可将健康细胞改造成 iPS 细胞，也能将病变细胞改造成 iPS 细胞。美国科学家为肌肉萎缩症、Ⅰ型糖尿病、唐氏综合征、帕金森症、亨廷顿舞蹈病等 10 种疾病的患者量身培养了 iPS 细胞系（下图），这些再编程的细胞为科学家们研究疾病的分子基础提供了新工具，也许还将对候选药物的筛选有所帮助。美国研究人员宣布，他们已经掌握使用成体皮肤细胞制造运动神经元的技术，首次在临床上将两名肌肉萎缩性（脊髓）侧索硬化女性患者的皮肤细胞通过用细胞基因重组的方法生成 iPS 细胞。

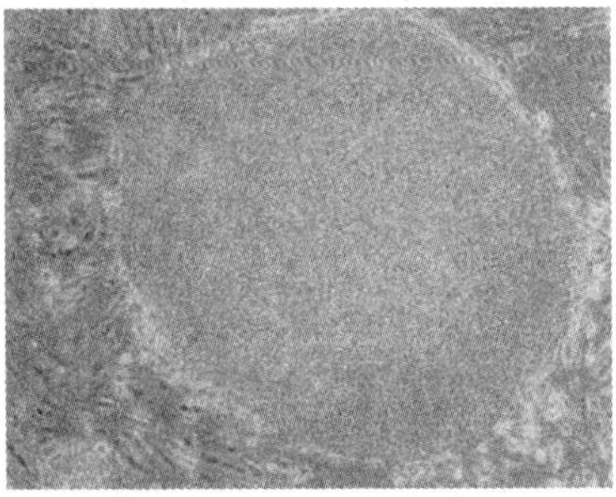

人体 iPS 细胞

我国科研人员在国际上首次成功建立起两株大鼠的 iPS 细胞，该成果将成为反向遗传学研究和制作人类疾病模型的极重要工具。

美国科学家实现了发育生物学家长久以来的梦想——直接将一种体细胞转变成另一种体细胞，而无须借助胚胎干细胞。他们通过使用“直接重组”技术，将小鼠体内构成胰腺约 95%的、原本分泌酶类的外分泌细胞成功地转变成了珍稀的可生产胰岛素的胰岛β细胞。这些约占胰腺1%的胰岛β细胞，就是在I型糖尿病中相继死亡的细胞。他们把携带冷冻普通腺病毒的3种基因送入缺乏胰岛β细胞的病鼠胰腺内，结果胰腺内大约20%的外分泌细胞转化成胰岛β细胞。这种研究结果十分出人意料，因为在生物体内，分化了的细胞几乎从来不改变发展方向。然而，这种细胞的直接再编程对治疗某些疾病来说，也许比采用多能干细胞更简单、更安全。这项技术也许能使科学家加快在实验室培养所需要的细胞系，用确定了的基因把培养的一种细胞变成另一种细胞。

在干细胞研究的其他领域也取得了累累硕果。美国一家生物技术公司首次通过克隆的方法，由成体皮肤细胞得到了晶胚，其目标就是利用克隆得到的晶胚制造胚胎干细胞系，从而用于糖尿病和帕金森症等疾病的研究和治疗。美国专家发明了不伤人类胚胎获取胚胎干细胞新方法，这不仅回避了相关的伦理争议，而且有望加速胚胎干细胞用于临床医疗的多项研究。美国科学家在骨骼肌纤维的卫星细胞群里鉴定出一种具有多能分化性的肌肉干细胞，这类干细胞能分化成新细胞取代受损的肌肉细胞。德国科学家利用头发根部提取的干细胞，成功培育出皮肤组织，这一技术的成熟有望为烧伤等需要接受植皮手术者带来福音。美国科学家首次用单个干细胞成功培育出功能健全的前列腺，这项研究标志着向器官再生的目标迈出了重要一步。芬兰科学家为一名患者进行了上颌置换手术，使用的材料是从他自身脂肪组织中分离出干细胞进行培育，然后放入其腹部生长成的骨移植物，该成果为治疗严重组织损伤开辟了新的道路，并且有望使定制人体活体备件更快成为现实。意大利和法国科学家从肌营养不良症患者体内提取了成体干细胞，进行基因改良后植入患同样疾病的老鼠体内，结果老鼠原本萎缩无力的肌肉竟然明显强壮起来。美国科学家塞缪尔·伍德成功创造了自己的“胚胎拷贝”，成为世界上第一个利用干细胞技术克隆自己的科学家，这也是首次利用人类的皮肤成体干细胞克隆出人类胚胎（为避免伦理争议，这些克隆出的胚胎已在第五天被“摧毁”），在以干细胞疗法治疗绝症的道路上具有里程碑意义，它表明科学家最终可以替换老年痴呆、糖尿病等患者受损的组织和器官，使来自克隆胚胎的干细胞能够与患者的完美匹配，同时又不会产生排异反应。美国研究人员还开发出一种能使人体胚胎干细胞大量分化为红血细胞（下图）的方法，这意味着今后在实验室中有可能批量培养各种类型的血液，从而解决血源短缺问题。日本科研人员成功地用胚胎干细胞诱导分化和培育出

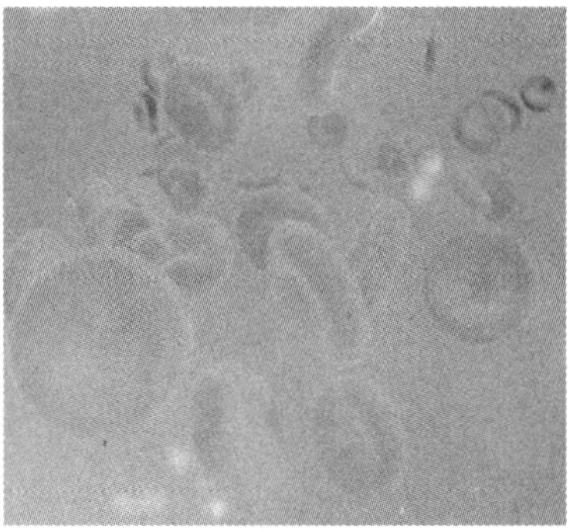
红血细胞

4种神经细胞，酷似大脑皮层组织，可以再现大脑皮层的功能。韩国的一个科研组利用人类骨髓干细胞修复了天竺鼠的听力。美国科研人员利用干细胞让失明的青蛙晶胚长出了功能健全的眼睛。一国际研究小组从成年小鼠身上成功分离出胰腺干细胞，该项突破将为治疗I型及青少年糖尿病带来曙光。美国研究人员发现了一种位于心脏最外层、能够生成心肌细胞的干细胞，它可能会在修复受损心脏组织方面发挥重要作用。

肿瘤干细胞研究仍然是热点，一年来捷报不断。美国科学家发现实体瘤细胞并非都具有致癌性，而只有少数的肿瘤干细胞才具有致癌性，它们不仅可以无限制地增殖，而且极易转移，难以控制，是肿瘤生长和转移的关键，这些细胞可作为防治肿瘤和发现抗癌新药的靶点。我国研究人员在国际上首次成功地从人卵巢癌组织中分离、鉴定出人卵巢癌干细胞，这一发现将使从根本上抑制卵巢癌的发生和发展成为可能。由英国、意大利和日本研究人员组成的小组报告称，他们发现了与最常见的儿童白血病相关的一种干细胞——白血病前期干细胞，研究显示，大约1%的人出生时就带有“白血病前期干细胞”，在这个人群中，只有1%会发生导致白血病的第二次基因变异。意大利科研人员从甲状腺癌细胞系中分离到癌症干细胞样细胞，该细胞高度表达CD33。美国科学家发现一种从肿瘤组织分离癌症干细胞的新方法，也因此找到癌症干细胞的新靶位，有利于设计新的针对癌细胞的药物。加拿大科研人员发现正常细胞和肿瘤干细胞的区别和鉴定方法，利用肿瘤干细胞标记可设计新的抗癌药，它只杀死肿瘤干细胞，而不伤害正常细胞。

克隆研究取得重大进展。日本科学家从一个在−20 ℃保存了16年的小鼠脑组织死亡细胞中提取细胞核，通过克隆技术产生了12个健康的克隆胚胎，然后将胚胎植入代孕雌鼠的子宫之内，3周后克隆幼鼠出生，这些克隆幼鼠未出现任何畸形，并已进入成年期。这是科学家们首次成功克隆存放如此长时间的冷冻动物，这一技术未来不仅能够造福人类，同时还有望使得猛犸象和剑齿虎等早已灭绝的动物重新复活。

距离人造生命一步之遥。美国生物学家克雷格·文特尔领导的研究小组成功合成一种微生物的基因组，完成了人造生命的关键一步。这种微生物是能导致性病传播的生殖支原体，拥有 485 个基因、58 万对碱基，是已知的基因组最小、最简单的生命形态。该项研究具体分为：一为制造出搭建 DNA 所需的 4 种 DNA 碱基，并合成数百万 DNA 片段；二为将合成的基因组注入剔除了遗传物质的细胞，激活人造细胞。研究小组现已完成了第二个步骤。该项研究不仅将为彻底解开生命起源之谜带来全新的科学视野，而且还会带来巨大商机——利用人造细胞可以制造出人类目前无法制造的化学物质，用来修复身体创伤，有效制造和精确输送药物等。美国哈佛大学一研究小组已在实验室成功地实现带有遗传信息的原型细胞的复制。该原型细胞由脂肪分子构成，可以捕获一些核酸，而核中则包含了复制信息。如果再由外来能源（如太阳或化学反应）提供能量，原型细胞就可以形成一个自我复制、自我进化的生命系统。此项研究不仅表明科学家已经能将没有生命的物质合成为新的生命形态，而且对于生命起源的研究也具有重大意义。

神经科学领域喜获突破性进展。由美国和欧洲科学家组成的一个国际研究小组利用非侵入式的扩散频谱成像（DSI）技术，首次成功绘制出完整的高分辨率的人类大脑皮层神经图，该图清楚地显示出大脑皮层中数以百万计的神经纤维是如何连接和沟通的。更为重要的突破是，神经图表明大脑具有一个唯一的紧密连接的神经网中心，它很可能是大脑左右两个半球工作的关键部位。新研究标志着人类在理解自身最复杂和最神秘器官上的一大进步。美国研究人员由器官捐赠者处得到 4 个胸神经元，又从 16 名做神经节截除术的病患身上获取到脊根神经节神经元，将它们纯化后放置于一个特定的生长室，利用牵张生长技术，将胸神经细胞和背运动神经节细胞的轴索缓慢拉伸，使神经细胞间建立联系，形成网状结构，首次创造出世界上第一个人类三维活体神经网络组织（下图），酷似一个小型神经系统，它为神经系统的研究提供一个新模型，并可成为治疗神经系统损伤最有希望的方法。法国科学家通过连接神经元，部分修复了实验鼠受损的大脑，该成果意味着，将来也许可以采用类似方法治疗因脑重创而瘫痪的患者。

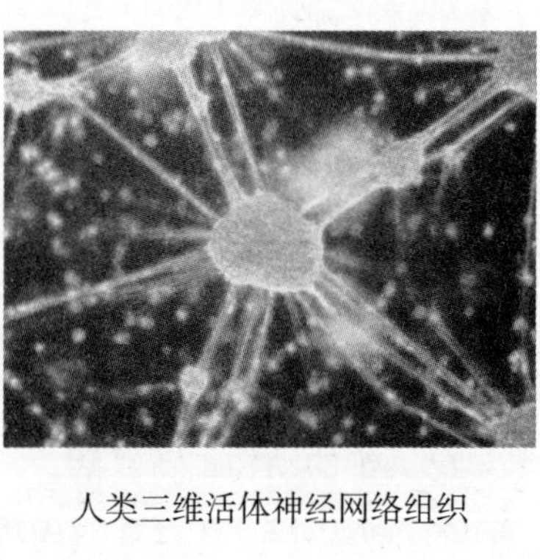

人类三维活体神经网络组织

一年来全球发现了许多新物种，如巴西的“无腿蜥蜴”，加蓬的新种知更鸟、巴巴多斯的卡拉西方细盲蛇、菲律宾的大侏儒云鼠等，然而更加引人注目的是濒危物种的情况。据世界自然保护联盟（IUCN）发布的一份由各国上百名专家联名撰写的哺乳动物调查评估报告显示，全球哺乳动物中 1/4 濒临灭绝，其中 188 种哺乳动物处境非常危险，随时可能灭绝，而处境最为危险的是灵长类动物。栖息地减少和狩猎活动是导致哺乳动物生存危机的主要原因。此项研究耗时 5 年，来自 130 个国家和地区的 1 700 多名研究人员参与，对全球已知 5 487 种哺乳动物生存现状进行了调查。研究人员强调，尽管许多哺乳动物面临灭绝威胁，但可以通过努力挽救它们。另外，该组织还报告，在全球 44 838 种动植物中，16 928 种面临生存危机，比 2007 年增加 16 306 种。其中，1/8 的鸟类、1/3的两栖动物和 70%的植物面临危机。世界自然保护联盟提出，现在必须为将来设定明确目标，要扭转这一趋势。

在一年来的生命科学与生物技术的进展中还有许多令人瞩目的成果，在此只能列举数项亮点。

发现首个可感染病毒的病毒。法国科学家发现，从冷冻库分解出来的巨型病毒，被一个较小的病毒感染。这种命名为 Sputnik 的病毒，能够从宿主病毒和其他微生物身上“掠夺”基因，而达到显著的基因混合效果，这有助于解释为何病毒的变异速度会如此迅速。

提出癌症转移新解——融合理论。美国专家经过 15 年研究提出，癌细胞的转移和扩散，同癌细胞与白细胞融合有关。融合后癌细胞形成转移性的异型细胞，它既具有癌细胞不断增殖作用，又具有白细胞全身游走的自然能力，它能穿透组织，进入循环系统，患及其他组织和器官。在转移的癌细胞中，已经寻找到源自白细胞的基因，证明白细胞融合是引起人类癌症转移的重要原因，转移可能是与肿瘤并发的另一种疾病。

脂肪可转化为肌肉。科学家过去一直认为棕色脂肪和白色脂肪均由同一种祖细胞分化而来。然而由美国科学家领导的研究小组发现它们能将棕色脂肪转化为肌肉，反之亦然。一种名为 *PRDM16* 的基因能够刺激棕色脂肪的分化，当科学家关闭棕色脂肪祖细胞中 *PRDM16* 基因时，这些细胞最终形成了管状甚至可以颤动的肌肉细胞（左下图）。利用世系追踪技术，研究人员在老鼠体内发现了肌肉家族的后代。它们含有肌肉细胞和棕色脂肪细胞，但不含白色脂肪细胞。这些发现为治疗肥胖症提供了新的思路。

胚胎发育扫描。德国科学家应用数字扫描激光荧光显微镜(DSLM)，记录了斑马鱼胚胎由单个细胞分化生成为几万个细胞的全过程，获得了40多万张图片，并制成三维影像（右下图）。该成果是脊椎动物胚胎发育研究的里程碑，将极大地推动发育生物学的研究。

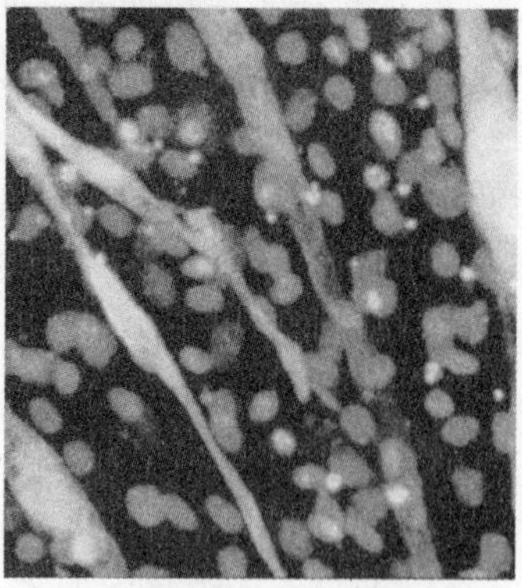

脂肪可转化为肌肉

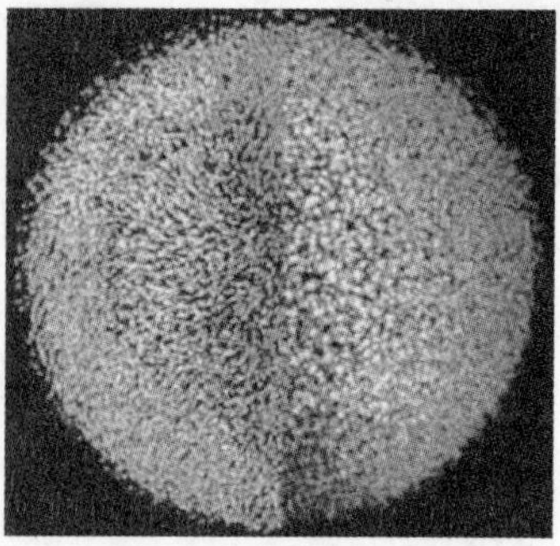

斑马鱼胚胎发育三维影像

器官移植研究取得重要成果。美国科学家通过给“脱细胞化”处理后的动物尸体心脏注入活细胞，成功地使这些心脏恢复了跳动。这是器官移植研究领域的重大突破，也是人类首次在生物体外培养出完整器官。由英国、意大利和西班牙3国科学家组成的研究小组则利用部分由成人干细胞培养的气管，成功地为西班牙女患者实施了器官移植，术后反应良好。这是世界上第一例成功移植用患者自身干细胞再造器官的病例，证实了成人干细胞与经过重新改造的生物材料结合，能够用来定制人体器官，治疗以往难以治愈的顽症。

填补恐龙一鸟类进化史中的缺失。我国科学家们发现了一种与鸟类极具近亲关系的恐龙——“胡氏耀龙”。“胡氏耀龙”生活在侏罗纪时期，身体全长超过40 cm，属于鸟翼类。不同于其他已知恐龙，“胡氏耀龙”长有4枚长约20多cm的带状尾羽。但由于没有飞羽，它并不具有飞行能力。这种介于鸟类和恐龙之间的新物种将为揭开鸟类起源、飞行起源及羽毛起源之谜等提供新的证据。

《2009科学发展报告》

人乳头瘤病毒引起子宫颈癌机制和人免疫缺陷病毒的发现——2008年诺贝尔生理学/医学奖评述

乔友林[①] 张林琦[②]

2008年10月6日，2008年诺贝尔生理学/医学奖在瑞典卡罗

① 乔友林，中国医学科学院/北京协和医学院肿瘤研究所.

② 张林琦，清华大学艾滋病综合研究中心中国医学科学院/北京协和医学院艾滋病研究中心.

林斯卡医学院揭晓，德国科学家哈拉尔德·楚尔·豪森（Haraid zur Hausen）及两名法国科学家弗朗索瓦丝·巴尔—西诺西（Franqoise Barré-Sinoussi）和吕克·蒙塔尼（Luc Montagnier）共同分享这一殊荣。豪森博士的获奖成就是发现了人乳头状瘤病毒（HPV）是导致子宫颈癌的罪魁祸首。基于他的发现，人类研制出了筛查子宫颈癌的快速检测方法和能够预防子宫颈癌的有效疫苗。巴尔—西诺西和蒙塔尼的获奖成就则是发现了引起艾滋病的人免疫缺陷病毒（HIV）。他们的发现，为人类遏制艾滋病确定了靶子，使得诊断 HIV 感染者和筛选血液制品的方法不断发展更新，治疗艾滋病的方法和抗病毒药物空前发展。[1]

弗朗索瓦丝·巴尔-西诺西
Photo:Sakutin/SCANPIX

哈拉尔德·楚尔·豪森
©Klaus Rüschhoff,Springer Medizin Verlag

吕克·蒙塔克
Photo:Magunia/SCANPIX

一、HPV 与子宫颈癌

1. HPV 是引起人类子宫颈癌的必要条件

100 多年前，一位意大利医生就发现，修女几乎无人罹患子宫颈癌，并提出女性的性生活状况和子宫颈癌的发生有关。此后，大量流行病学资料也证实了这一观点。但性行为为什么会引起子宫颈癌，却仍然是个谜。

20 世纪 70 年代，在疱疹病毒等其他病因假说占主导潮流的情况下，豪森大胆提出 HPV 在子宫颈癌病因中扮演了一个重要的角色，并且断定如果肿瘤细胞中含有 HPV 病毒的话，这些致瘤病毒的 DNA 就一定整合进入肿瘤细胞的基因组中。HPV 基因促进细胞增殖，因而可以在肿瘤细胞中找到这些病毒 DNA 的痕迹。他坚持这一想法，用了长达 10 多年的时间在子宫颈癌细胞中搜寻了不同类型的 HPV。由于只有部分的病毒 DNA 被整合进了宿主细胞的基因组中，且受当时实验技术的限制，这一搜寻变得极为困难。

1983 年，豪森终于从宫颈癌患者身上取下的活检组织中首次分离出 HPV16 型病毒，发现了新的可以引起人类肿瘤的人乳头瘤病毒亚型。一年后，他成功地克隆了 HPV16 型和 HPV18 型病毒基因组，以及发现与人的肿瘤细胞整合后的特定 HPV DNA 基因的表达。首先提出引起了宫颈癌的病因是 HPV 的假说[2]。诚然，豪森并不是首先发现 HPV 的人，却是第一个揭示某些类型的人乳头瘤病毒感染与宫颈癌发生之间因果关系的人。此后，HPV16 型和 HPV18 型持续地在世界范围内大约 70%的宫颈癌活组织切片中被发现。大量流行病学调查和实验室研究数据均证明，几乎所有宫颈癌病例（99%）都与生殖器官感染 HPV 有关。1999 年，欧洲学者 Walboomers 确定了 HPV 是全球宫颈癌发生的必要因素。

2. HPV 及相关疾病的人群预防前景

HPV 给全球公众卫生造成的负担相当大。全世界大约有 3 亿无症状的 HPV 感染者，所有癌症的约 5.1%由这一病毒的持续性感染所引起。HPV 通常是经过性和皮肤接触传播，成年妇女终生累积暴露概率为 50%～80%。在已知的 100 多种 HPV 类型中，大约 40 种会感染生殖道，15 种高危型 HPV 除引起子宫颈癌外，还可引起外阴、阴茎、口腔等部位的癌症。

据 WHO 数据统计，子宫颈癌是常见的妇科恶性肿瘤之一。其发病率居女性恶性肿瘤的第二位，仅次于乳腺癌。2002 年全球有 49.3 万的子宫颈癌新发病例，27.4 万妇女死于该病，其中 83%的子宫颈癌发生在发展中国家。

3. 全面预防 HPV 有关疾病的重大意义

正是豪森的发现使子宫颈癌病因得以揭开，成为人类历史上少数几个找到明确病因的肿瘤之一。这些发现可使人们理解子宫颈癌致癌的机制，揭示 HPV 感染自然史的特点，奠定了 HPV 感染与子宫颈癌的因果关系及为其后的 HPV DNA 的诊断性检测手段快速发现子宫颈癌与癌前病变和最终为人类历史上第一个癌症疫苗——子宫颈癌预防性疫苗的研发铺平了道路。

随后研发成功的第二代杂交捕获试验（hc2），通过检测 HPV DNA来筛查子宫颈癌与癌前病变，其灵敏度和特异度分别高达 95%和 85%，是子宫颈癌筛查的重大突破。HPV DNA 检测可作为子宫颈癌的初筛手段，并可以降低子宫颈癌的发病率和死亡率。最近，由比尔及梅林达·盖茨基金会资助的、适合发展中国家和地区的 HPV 快速筛查技术获得成功，为子宫颈癌早诊、早治提供了行之有效的手段。

子宫颈癌病因的揭秘，为子宫颈癌疫苗的研发奠定了坚实的科学基础。默沙东和葛兰素史克公司成功研制出预防子宫颈癌的 HPV 疫苗，成为人类历史上第一个癌症疫苗。这两种疫苗对于

HPV16 型和 HPV18 型的防护作用达到了 99%，保护时间可能长达 20 年。除此之外，默沙东公司的疫苗还对引起尖锐湿疣等良性病变的 HPV6 型和 HPV11 型有防护作用。子宫颈癌也将由此成为人类通过注射疫苗、筛查和早诊早治来预防以至消除的第一个恶性肿瘤。子宫颈癌疫苗的问世在人类征服癌症道路上无疑具有里程碑式的意义，标志着人类在癌症的研究上向前迈出了一大步，让人类终于实现了拥有癌症疫苗的梦想。2007 年 3 月在世界卫生组织和联合国人口基金会召开的子宫颈癌防治会议上，重点讨论的是怎样不再重蹈乙型肝炎疫苗的覆辙，怎样才能让发展中国家尽快共享子宫颈癌疫苗这一人类科学进步的成果。

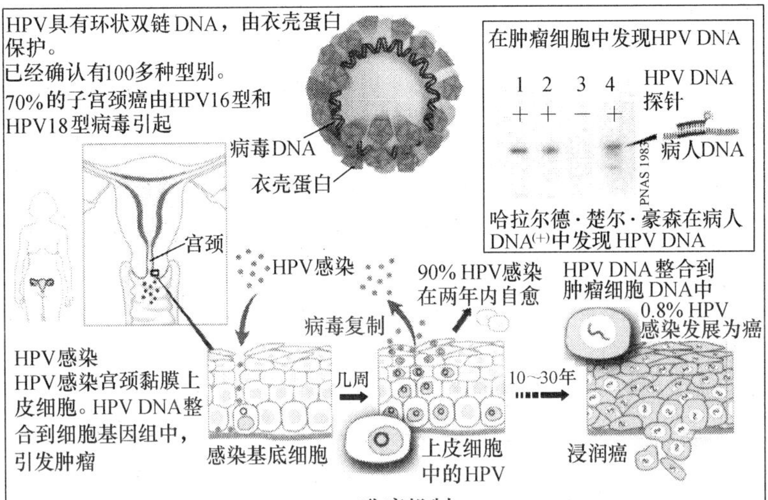

HPV致癌机制

译自：http://nobelprize.org/nobel prizes/medicine/laureates/2008/press.html

© The Nobel Committee for Physiology or Medicine 2008

图片原著：Annika Röhl

二、HIV 与艾滋病

1. HIV 的发现

从 20 世纪 80 年代开始，美国和欧洲不断报道一种莫名其妙的“新型免疫缺陷综合征”（艾滋病），主要临床表现为卡氏肺孢子虫肺炎（PCP），以及巨细胞病毒（CMV）和黏膜念珠菌感染。大多数病人是男男同性恋，主要集中在美国的洛杉矶、旧金山和纽约及法国的巴黎。在美国，PCP 几乎是严重免疫抑制病人专有的疾病。肺孢子虫病发生在既往健康的、没有明显的免疫缺陷临床症状的男男同性恋病人身上，是不常见的。这提示同性恋生活方式的某些方面直接与所患的免疫缺陷综合征有关。

通过对大多数未发病的病人随访观察，均发现有淋巴结肿大的临床症状。1983 年，法国巴斯德研究所的巴尔—西诺西和蒙塔尼从一些患者体内分离并培养了淋巴结内的淋巴细胞。经实验检测，他们惊奇地发现这些细胞培养上清液中具有逆转录酶活性，这种酶是逆转录病毒复制的直接标记，其活性存在也就意味着逆转录病毒的存在。由于逆转录病毒在正常人体不很常见，两位法国科学家推测他们分离出的这种病毒，很可能是新型免疫缺陷综合征的元凶。他们随即将这种新型逆转录病毒命名为“淋巴细胞杀伤病毒”（LAV）。

为获得同行确认，巴尔—西诺西和蒙塔尼将自己培养分离出来的 LAV 寄到了美国国家癌症研究中心。该中心的著名科学家罗伯特·加洛教授，是人类逆转录病毒领域内的大牌专家，国际著名学者。当时，罗伯特·加洛教授领导的研究小组也在积极研究这种新型免疫缺陷综合征的病因。在接到巴尔—西诺西和蒙塔尼分离出来的 LAV 不久之后，罗伯特·加洛教授也宣布分离出了新型逆转录病毒，并根据自己的命名系统，取了一个不同的名字“人类 T 淋巴细胞白血病病毒Ⅲ型”（HTLV-Ⅲ），并申请到了专利。

LAV 和 HTLV-Ⅲ的发现，给血液检测、血液安全及有效防止这种新型逆转录病毒的传播带来了革命性的变化，可以使输血和手术的患者不再受到艾滋病的侵害，因此其产业化前景非常诱人。但是，围绕谁是第一个发现这种新型逆转录病毒的争论，在科学界一直沸沸扬扬，直至两国政府直接介入。对巴尔—西诺西和蒙塔尼分离出来的 LAV 和罗伯特·加洛分离出的 HTLV-Ⅲ进行全基因比较，发现两个病毒几乎一样。确认了罗伯特·加洛分离出的 HTLV-Ⅲ就是巴尔—西诺西和蒙塔尼寄来的 LAV，并于 1988 年重新命名为人类免疫缺陷病毒。鉴于罗伯特·加洛教授在后续的研究工作中所作出的杰出贡献，美国政府和法国政府达成协议，承认 HIV 由蒙塔尼和罗伯特·加洛教授共同发现，两国共同分享由此发现所带来的经济效益和社会效益。

虽然这场争论有了政府的盖棺定论，但明眼人一看就清楚，HIV 是由法国科学家首先发现的。2008 年的诺贝尔生理学/医学奖授予法国科学家巴尔—西诺西和蒙塔尼而非美国科学家罗伯特·加洛，不能不说是给真正的艾滋病病毒发现者还了个公道。

2. HIV 在全球和我国的流行现状

联合国艾滋病规划署的最新资料显示全球携带艾滋病病毒的人群比例趋于平缓，新感染患者数量下降，部分原因是由于新的评估方法及各种干扰措施所造成的。然而，截至 2007 年年底，感染艾滋病病毒人数仍高达 3 320 万人，2007 年新增感染者 250 万人，210 万人死于艾滋病，每天平均新感染者 6 800 人。2007

年撒哈拉以南非洲地区新增感染者约170万人，自2001年以来有了显著的下降。然而，这个区域仍然是艾滋病流行最严重的地区。撒哈拉以南非洲地区大约2 250万人感染艾滋病病毒，占全球总感染人数的68%。该地区8个国家的艾滋病病毒新感染者和艾滋病死亡人数几乎占全球的1/3。数据表明非洲抗逆转录病毒的治疗远远不能满足需要。

2007年中国卫生部、联合国艾滋病规划署和世界卫生组织联合对中国艾滋病疫情进行了估计，结果显示：截至2007年年底，中国现存艾滋病病毒感染者和病人约70万（55万～85万）人，全人群感染率为0.05%(0.04%～0.07%)。其中艾滋病病人8.5万（8万～9万）人；当年新发艾滋病病毒感染者5万（4万～6万）人，当年因艾滋病死亡2万（1.5万～2.5万）人。估计现存70万艾滋病病毒感染者和病人中，经异性性接触感染占40.6%。目前，中国的艾滋病疫情处于总体低流行、特定人群和局部地区高流行的态势。中国艾滋病流行有几个特点：艾滋病疫情上升速度有所减缓；性传播逐渐成为主要传播途径；艾滋病疫情地区分布差异大；艾滋病流行因素广泛存在。

3. 预防和治疗艾滋病的挑战与机遇

艾滋病病毒的传播主要通过三种途径：①血液；②性接触；③母婴。其中性传播已经成为世界和我国的主要传播方式。了解了这三种主要传播方式，对于有效预防起着关键的作用。在全球范围内，正在积极采取一系列的干预措施用于遏制艾滋病的流行和蔓延。其中主要包括提高对艾滋病病毒传播的正确认识，宣传预防艾滋病的有效手段，从而促进改变高危行为等方面。迄今为止，防止艾滋病通过性传播的主要措施是男用安全套和女用安全套。防患于未然，仍然是预防工作中的重中之重。

艾滋病的治疗处在一个关键的瓶颈期。从目前来看，艾滋病治疗效果比较好，但无法从根本上将艾滋病病毒从人体内清除出去。在过去的20多年中，科学家针对艾滋病病毒在宿主细胞内复制过程的特点，研发出20多个抗艾滋病病毒的药物，能够在感染者体内高效抑制艾滋病病毒复制，从而缓解了疾病的发展速度，降低了平行传播和垂直传播（母婴传播）的几率，提高了患者的生活质量。这种高效的抗病毒疗法，在发达国家应用比较广泛。但是，由于其成本高，在那些特别需要的第三世界国家，并没有实现普及。即使在发达国家，从治疗方案上来看，目前的疗法也不能将病毒从人体内清除。病人因种种原因不能持续服药而导致病情反复的情况还不能解决。

运用科学的方法，研发成功、安全、有效的艾滋病疫苗，是从根本上阻断艾滋病病毒传播最有效的预防措施。从艾滋病病毒被发现的那天开始，艾滋病疫苗一直是科学家研究的重中之重。但由于我们对艾滋病病毒本身高度变异和灵活的免疫逃逸机制、疾病进程相关的免疫指标及可靠的动物模型等重大科学难题缺乏根本的认知，使得艾滋病疫苗的研发一直困难重重，左右徘徊，进展不够理想。自从2007年9月，公认最有前景的默克公司细胞免疫候选疫苗试验宣告失败后，整个艾滋病疫苗研究领域，开始了认真的反思过程。科学家认为，我们应该加深对基础病毒学和基础免疫学的研究，加快探索新思路步伐，从单一的疫苗策略转向全面的疫苗策略，集中精力解决艾滋病病毒中和抗体问题，尽快研发出能够诱导中和大部分艾滋病病毒流行株的免疫原，将其推向临床试验；同时继续深入探索细胞免疫反应的机制，以达到综合发挥免疫系统功能的效果。

2008年是艾滋病病毒发现25周年，虽然我们在抗击艾滋病的过程中，取得了一些成绩，但至今为止，艾滋病仍然是不治之症。我国迫切需要抓住机遇、整合资源、大胆创新、联合攻关，以研究我国艾滋病病毒学和人体免疫学为切入点，力争在艾滋病疫苗和创新型治疗策略的研究等方面有所突破。为我国在“十一五”和“十二五”期间降低艾滋病新感染率和致死率，为全世界艾滋病的防治工作作出我们的贡献。

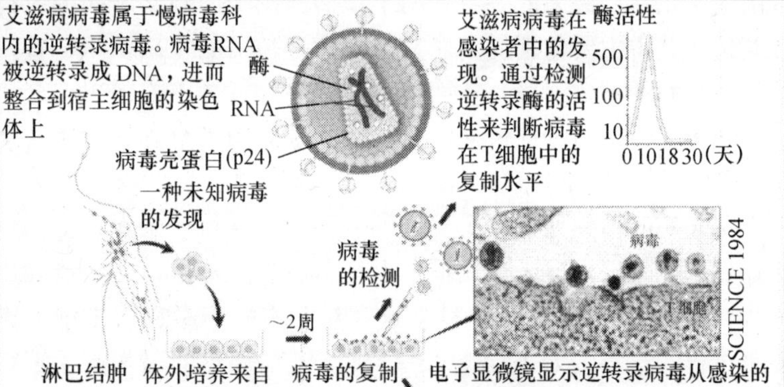

HIV致病机制

译自：http://nobelprize.org/nobel_prizes/medicine/laureates/2008/press.html

图片原著：Annika Röhl

参考文献

1. Press Release Announcements of the 2008 Nobel Prizes.

http：//nobelprize. org/nobel _ prizes/medicine/laureates/008/press. html.
2. zur Hlausen H. Papillomaviruses in anogenital cancer as a model to understand the role of viruses in human cancers. Cancer Res. 1989，49(17)：4677－4681.

《2009 科学发展报告》

课 程 研 究

生物学校本课程开发的问题与思考

汪 忠[①]

摘要 高中生物学校本课程开发成功与否，直接关系到本次生物学课程改革的成功与否。从国家统一设置课程到实施“三级（国家、地方、学校）课程”，在评价体系没有实质性改变的情况下，校本课程的开发基本流于形式。本文仅针对校本课程开发中目标和内容确定的几个问题，如“校本”的实质是“地方性”还是“学生需求性”，“校本课程”与“选修课程”是什么关系等，进行了初步的探讨。

关键词 高中生物学 校本课程 课程开发

一、我国高中校本课程的发展沿革

20 世纪 50 年代，我国中学的课程都是统一的必修课。1963 年颁布的中小学教学计划（草案）中首次提出在高三年级设置选修课，虽然仅占高中阶段总课时的 3.6%，但它打破了沿用了 10 多年的单一的课程结构，为学生的发展提供了有利的条件。1992 年我国又公布了《九年义务教育全日制小学、初级中学课程计划（试行）》，首次将活动课程纳入学校课程。1996 年我国颁发的《全日制普通高级中学课程计划（实验）》规定：学校应根据国家和本省（自治区、直辖市）课程计划的有关规定，从实际出发对必修学科和限选学科做出具体安排，合理设置本学校的任选课和活动课，这部分约占总课时的 20%～25%。直到 1999 年召开的全国教育工作会议才明确提出实施“三级（国家、地方、学校）课程”的决策，我国校本课程开发也被正式提到议事日程上。

2000 年教育部基础教育司组织制定的《全日制普通高级中学课程计划》规定：地方和学校安排的选修课占周课时的 10.8%～18.6%，同时还需要承担开发“综合实践活动”（占 8.8%）课

① 汪忠，南京师范大学生命科学学院．

程。2001年教育部颁布的《基础教育课程改革纲要（试行）》规定：从小学至高中设置综合实践活动并作为必修课程，其内容主要包括信息技术教育、研究性学习、社区服务与社会实践以及劳动与技术教育。2003年颁布的《普通高中课程方案（实验）》规定：综合实践活动作为高中课程结构八大领域之一，包括研究性学习活动、社区服务与社会实践三方面内容，共23个必修学分，占最低必修学分的20%，占最低毕业学分的16%。

概括而言，我国高中的课程设置经历了一个逐步发展的过程。从新中国刚成立时期的课程设置绝大多数为学科类课程发展到设置选修课程，再发展到以学科类课程、选修课程和活动课程为学校课程的阶段，再发展为四类课程并存，即学科类课程、综合实践活动课程以及选修Ⅰ和选修Ⅱ课程，其中选修Ⅱ部分和综合实践活动课程的一部分都属于校本课程，即由学校自主开发的课程。

对于教材而言也经历了一个从“单一化”到“多样化”的过程。1986年，我国中小学的教材开始实行编、审分开，提倡“一纲多本”，允许有条件的单位和个人编写教材。编写的教材经全国中小学教材审定委员会审查通过后可供全国各地选用；经地方（省、自治区、直辖市）审查通过的可供地方选用。校本课程的开发是一个具有多因素的、复杂的活动，各地校本课程教材的开发也受到高度重视。

二、我国高中校本课程开发的问题与思考

1. 校本课程开发的问题

确立课程目标是课程开发的首要环节。校本课程作为三级课程之一，能不能与国家课程互补而解决课程目标全面达成的问题，主要取决于校本课程目标的确立。我国的国家课程主要是学科课程，例如生物学课程、物理课程等。学科课程一直把“双基”——基础知识与基本技能作为主要目标。本次课程改革以来，能力和情感目标受到重视，但广大教师和学生一般仍然以为只要学好了学科知识，掌握了基本技能，就完成了教学目标。学科课程实施的结果是学生掌握了一般性的系统知识和技能，而其不足之处是不能从课程的学习中掌握与现实生活息息相关的地方性知识，难以掌握生活的技能等。应该说大部分教师基本清楚校本课程的目标取向，在我们曾经做过的关于“校本课程的教学中哪项目标位于首位”的调查中，35.9%的教师选择了三维目标“同等重要”的选项；其次是“能力”选项，为33.3%；选择“情感”选项的教师所占的比例为26.9%；选择“知识”选项的最少，仅3.8%。但是，当我们真正进行校本课程开发时争议仍然很大，有的专家认为，满足学生的教育需求是一切形式的校本课程开发活动的终极追求……当然，他们也认识到，学生尤其是年龄小的学生理智思维还不成熟，在他们进行决策时更多的是基于自己有限的生活经验，因此学生的教育需求并不完全等于学生的需求，经过教育学对学生需求的过滤和转化，才能成为课程开发目标确定的依据。但以满足学生教育需求为主的校本课程目标是应该肯定的。另一些专家则认为，确定校本课程目标时还需考虑学生的知识层次和身心发展水平，实现特定学生群体的个人目标与课程目标的融合，符合学生所处的社会环境和区域特点等。那么，究竟应该确立什么样的校本课程目标呢？是“三维目标同等重要”，还是有的应该是“重知识”、有的应该是“重能力”或“重情感”？

选取课程内容也是课程开发的重要环节。制约课程内容选择的因素主要包括社会因素、学生身心发展的规律、生物科学知识等方面。传统课程在生物科学知识的选择上重视学科知识，但也在一定程度上忽视了地方性知识。加上使用相对统一的教材，更使具有地方性的本土知识难以融入课程内容。根据我们通过对网络和各种文本资料的搜索，以 40 多所中学生物学校本课程开发的 100 个案例作为研究材料，发现校本课程的内容主要分为环境类、技术类、健康生活类、科学史类、趣味知识类、研究类以及竞赛类七大类。其中，环境类课程所占比例最高，约为 24%；技术类课程和健康生活类课程所占比例分别为 22%和 21%；趣味知识类课程所占比例约为 18%；研究类课程所占的比例约为 8%；竞赛类课程和科学史类课程所占比例较小，分别约为 4%和 3%。那么校本课程究竟应该选取什么样的内容呢？深圳市某中学开发的校本课程——《生物实验园》，该校的学生在这门课程中学习标本制作、无菌栽培、组织培养及盆景制作等。而福建省南平市某中学开设的校本课程——《闽北生物资源》，学生通过对学校所在地区的生物资源的调查了解来获得相关知识、得到能力和情感态度价值观的培养。前者更注重某些实践技能，后者更注重能力和情感。那么，究竟应该选取什么样的校本课程内容呢？是更重视技能的训练，还是更重视情感养成？

2. 校本课程开发的思考

(1)校本课程如何“校本”？

困惑城市一线教师的问题是学校除了置身闹市外没有什么独特的环境，如何开发校本课程？农村一线教师困惑的是一定要开设农业类校本课程吗？沿海一线教师困惑的是开设围绕海洋知识的课程才算校本课程吗？……从校本课程的界定而言，校本课程是指学校自行设计、“量身定做”的个性化课程。狭义的校本课程主要是指学校设计开发的新课程，即学校在对本校学生的需求进行科学的评估，并充分考虑当地社区和学校课程资源的基础上，以学校和教师为主体，开发旨在发展学生个性特长的、多样的、可供学生选择的课程。而广义的校本课程则是指使国家和地方课程校本化、个性化，即学校和教师通过选择、改编、整合、补充和拓展等方式，对国家课程和地方课程进行再加工、再创造，使之更符合学生、学校和社会的特点和需要。通常所说的校本课程主要是指前者，其核心是学校在对本校学生的需求进行科学的评估之后开发的旨在发展学生个性特长的、多样的、可供学生选择的课程。简言之，校本课程的开发在形式上是“以校为本”，而其真正的开发理念是满足学生的学习需求。从这一观点出发，农村中学开设“花卉组织培养实践”“油菜栽培”等属于校本课程，城市中学开设“发酵工程与制醋”“食品制作”等属于校本课程，各类学校开设“基因工程进展”“生物技术与生活”“医学生物学”“生物奥赛”等也可以属于校本课程。因为只要这些课程得到本校学生的认同和接受，无论什么样的课程都属于校本课程。

(2)校本课程等同于“选修课程”?

选修课程是相对于必修课程而言的，活动课程是相对于学科课程而言的。选修课程是指学生可以选择修习的课程，其作用在于加深拓宽所学知识并满足学生个人兴趣、爱好，发展能力和提高素养。“选修课程”“活动课程”的设计更多地是由教师的主观愿望或上级的行政要求而确定的。

校本课程则是相对于国家、地方课程而言。要进行校本课程开发，首先要进行详尽的分析，包括对学校办学理念的分析、学校与社区资源的分析、学生需要的调查分析、教师课程知能的分析等。在此基础上确定学校发展的总体育人目标与办学方向，进行校本课程开发的总体规划与设计，并在开发过程中根据学生学习情况的变化，进行不断的改进与提升。

应该说，“选修课程”“活动课程”在增加课程的多样性与满足学生个性差异方面是与校本课程一致的。但是与现有的“选修课程、活动课程”相比，校本课程更加强调的是一种动态的不断因学生需求变化而变化的课程形式。校本课程开发的核心理念是让课程真正地适应学生的发展需要，因此，校本课程的开发也应包括对国家课程、地方课程作出适合本校学生实际发展需要的校本化改造，使学校的整个课程体系真正适应本校学生的发展差异与特异需求。从这一意义上讲，校本课程包容了“选修课程”和“活动课程”。

(3)校本课程“冲击”国家课程?

许多学校以开设校本课程可能“冲击”国家课程而降低高考升学率为由而加以排斥。诚然，开设校本课程必然占用一定的课时和资源，但是当今社会需要的是个性化的人才，那些有特殊才能的人才将更容易获得成功。国家课程满足了学生一般的、基本的发展需要，那么，校本课程就应该突破这种一般性，充分照顾到本校学生的差异性和多样性，追求学生的个性化发展。因此，校本课程不可能“冲击”国家课程。相反，校本课程开发的本质是对地方课程资源的充分开发与适切利用，是课程管理三级体制的体现。开发生物学校本课程除了是对国家生物学课程价值的尊重，也是对生物学教师个性化知识的认可和尊重。生物学校本课程的开发不是对生物科学知识等内容的排斥和对立，不会颠覆原有的生物科学知识理论体系，而是使各种知识发挥互补共进的作用，使知识的智能价值和情感价值都得到更好的发挥。

三、结论

《基础教育课程改革纲要（试行）》中提出：“学校在执行国家课程和地方课程的同时，应视当地社会、经济发展的具体情况，结合本校的传统和优势、学生兴趣和需要，开发或选用适合本校的课程。”进行校本课程开发已经成为本次国家基础教育课程改革的一项重要举措。

中学生物学教师要成为校本课程开发的研究者和实践者，必须改变观念。校本课程与国家课程互补共进的观念、校本课程的开发必须满足学生学习需求等观念的确立，能使校本课程的开发和实施成为可能。

通过校本课程的开发对国家课程、地方课程进行校本化改造，才能使学校的生物学课程体系真正适应学校中每个学生发展的差异与特异需求。

参考文献

1. 李臣之．校本课程开发：一种广义的认识［J］．课程·教材·教法，2005(8)：18－21
2. 安桂清．研究型课程探微［J］．课程·教材·教法，2000(3)：9－12
3. 廖哲勋、田慧生．课程新论［M］．北京：教育科学出版社，2003
4. 石中英．知识转型与教育改革［M］．北京：教育科学出版社，2001

有效生物学课堂教学目标的表述应正确处理几对关系

吴银银[①] 陈志伟[②]

课堂教学目标是对学生通过教学活动后能做什么的一种明确、具体的表述，它表达了学生通过学习后的一种学习结果，一般由教师根据课程标准、教学内容和学生实际制订。我国的高中生物学课堂教学目标分类采用的是布卢姆的分类系统，将教学目标分为知识、能力、情感态度与价值观三个维度，并且对这三维目标提出了不同水平的具体要求。三维目标中，“知识”目标相对来说具有明显性和确定性，而“能力”“情感态度与价值观”具有潜隐性、不确定性和随机生成性。三维目标各有其本体价值，它们因学生实际和发展需要而各有侧重，且互为手段、互为目的、互相促进、相机为用、相互转化。教学目标的有效表述是非常重要的，它为教师选择教学内容、组织课堂教学和评价提供依据。为了了解目前中学生物学教师教学目标设计的基本情况，笔者收集了一些中学生物学科的教案，对这些教案的分析可知，当前中学生物学教师的教学目标表述中存在着许多有待改进的地方。有效表述生物学课堂教学目标应注意正确处理好以下四对关系。

一、行为主体的主动与被动

行为主体意指学习者，他是目标表述句中的主语。传统的教学模式把目标定位在引导学生掌握知识上，视学生为接受知识的“容器”，向学生灌输知识。现代教学理论则把学生看成是能动的学习主体。然而在目前的教学实践中，许多教学目标是从教师的角度编写的。如：培养学生的实验设计能力；培养学生观察现象、收集和处理信息的能力；培养学生的综合思维能力和科学的宇宙观、自然观；让学生明确活动中的有些变量是需要控制的；使学生初步学会根据现象做出合理推导；提高学生独立识图，观察、分析现象，解决问题的方法和能力；激发学生对探索宇宙奥秘的兴趣；强化结构与功能相适应的生命科学思想等。这些表述中尽管没有明确行为主体，但其隐含的行为主体是教师，只是对教师行为的描述，而未表述出在教学活动中学生应达到什么样的学习结果。教师即使这样做了，学生的能力是否切实发生了变化、能不能经得起检测，不得而知。教学目标表述的是学生经过教学活动之后发生的变化。判断教学效果的直接依据是学生有没有获得具体的进步，而

① 吴银银，杭州师范大学生命与环境科学学院.
② 陈志伟，杭州师范大学生命与环境科学学院.

不是教师有没有完成任务。描述的是学生的行为而不是教师的行为。如：学生能够准确说出细胞学说的内容；收集、分析实验资料；认识细胞体积的大小与物质扩散的关系；学生初步掌握实验对照的设计；学习使用对比分析的方法；学生能运用已有的知识，初步设计实验来探究未知问题；体会建立模型是解决问题的科学方法之一；能够举例说出细胞结构的多样性。

二、行为动词的内隐性与外显性

学生的发展是心理发展与行为发展的统一，所以教学目标具有内隐性与外显性，不仅表现为不易外显于行为的或难以测量的心理变化，也表现为可以观察和测量的行为与心理的变化。目前教学中不少教学目标的动词使用不够合理，如：学生明了高倍镜观察叶绿体的原理。施教后，学生究竟是否明了，无法测量。再如：通过性别决定的学习，认识到生男生女的随机性；了解生物与环境之间的关系；理解种群和群落的关系；通过对细胞分裂过程中有丝分裂变化过程的观察和学习，提高观察力；认识生命的本质、建立科学的世界观；知道酶的发现、酶的概念、酶的特性；掌握植物细胞吸水和失水的原理；通过对种群特征的学习，学生进一步理解和自觉宣传我国的计划生育政策；学习用曲线图描述 DNA 和染色体数量的变化规律。这些用来表明内在意识和心理状态的动词，都比较笼统、含糊，是抽象的内在感觉，不具备可观察、可测量的特性。

为了将学生的行为与心理变化协调起来考虑，格朗伦（N. G. Gronlund）提出了内部过程与外显行为相结合的表述方法。其方法是：先用描述学生内在能力和倾向的词语说明教学目标，再列举反映这些内在变化已经出现的行为的例子。一方面，要使它直接指导教学；另一方面，要考虑使它便于评价。根据该理论，教学目标应该是以行为目标或外显的目标为主，情感的、内隐的目标为辅，努力克服教学目标的含糊性。因此，为使对主体行为的表述具有可观察的、可检测的特点，应使用明确的行为动词来描述。而传统使用的“了解、掌握、知道、熟悉”等几个笼统的、含糊的、难以观察到的、仅表示内部心理过程的动词，往往难以检测。而“认出、说出、描述、解释、说明、分析、评价、模仿、参与、讨论、交流、认同、拒绝”等词则是意义明确、易于观察、便于检测的行为动词。应该在课堂教学目标的表述中多加使用。至于“辨别、区分、分析、概括 ”等词虽然反映内心活动但亦有相对应的外显行为的动词，可以适当地使用一些。《普通高中生物课程标准（实验）》中列出了一些常用的知识性目标、技能性目标及情感性目标动词，可作为生物学教师备课时的参考。

三、过程性目标与结果性目标

传统的课堂教学目标侧重于表述学生在完成一项或多项活动后应该获得的知识和技能，即对学习结果加以规定，具有明确、具体、便于操作与评价的特点。但这种“结果性目标”存在着难以克服的缺陷，它只适合于掌握知识、技能等低认知水平的活动，而不适合于具有内潜性、动态性、创新性的高认知水平的活动。下面是以结果性目标为基本取向的目标设计：如通过学习，了解各种动物保护自己的方法；通过动物的自我保护学习，增强自我保护意识和能力；理解生物学“结构与功能相统一”的观点；理解生态系统的各成分之间的作用与关系；领悟科学知识真实可信，但它不是绝对真理，科学知识是不断发展和更新的；养成质疑、求实创新及勇于实践的科学精神和科学态度。尽管这些目标表述中涉及学生的活动，如：“理解”“学习”，但因这些高度内隐的心理活动缺乏可操作性而丧失了对教学过程的指导作用。在具体教学情境中，学生的“理解”与“学习”变成了教师的“理解”与“学习”和学生的“接受”与“记忆”。结果性目标的表述方式，明确告诉人们学生的学习结果是什么，所采用的行为动词要求明确、可测量、可评价。这种方式指向可以结果化的课程目标，主要应用于“知识与技能”领域。过程性或表现性目标的方式，是描述学生自己的心理感受、体验或明确安排学生表现的机会，所采用的行为动词往往是体验性的、过程性的。这种方式指向无须结果化的或难以结果化的课程目标，主要应用于“过程与方法”“情感态度与价值观”领域。回顾生物学教学实践，过程性目标与结果性目标的关系大致经历了三个阶段，第一个阶段是只重视结果性目标，不重视过程性目标；第二个阶段是开始认识过程性目标的价值，但是“过程”服务于“结果”，即重视过程是为了更好地理解和掌握知识；第三个阶段是“过程”与“结果”并重。“过程”的目标是启发智慧的思想与方法，是解决问题过程中的困惑与顿悟以及所产生的愉悦的精神体验。

四、具体目标与中长期目标

教学目标具有系统的结构，它是由不同的层阶构成的，若依其表述的抽象程度可分为三类，即终极目标、中程目标和具体目标。终极教学目标是指教学要实现的最终目标，也称为教学的总目标。它居于教学目标的最顶端，对于其他教学目标具有统领和指导意义。中程教学目标一般是指年级的教学目标和各科教学目标，是终极教学目标的初步分化，在叙述上仍然用含义比较广泛、表达比较概括的术语。具体教学目标一般是指一个教学单元或一个课题的目标，以及一个单元或课题目标之下列出来的具体行为目标。因为时间和精力的原因，明确表述具体教学目标，出现了诸多问题和困惑。如：强化“结构与功能相适应”的生命科学思想；树立“生命现象的可认识性”的辩证观以及“学以致用”的价值观；在教学过程中，树立科学态度和勇于探索等科学素养；通过能量转换、ATP 和 ADP 的动态平衡的学习，形成正确的辩证唯物主义的自然观和生态观；通过教学和实验、实习活动，养成“由表及里、从现象到本质”的分析问题的思维习惯和认真的工作态度；通过分析、讨论光合作用的光反应和暗反应具体过程，形成对知识的总结能力以及良好的思维品质。

课堂教学目标是短期的、具体的，但是，大多数的教学目标都是和中长期目标相关的，如分析问题的能力、做决定的能力，而这些都是很多教师忽视的。高层次的学习目标是要经过长时间以后才可测量的。因此，在当下的教学中，目标设计与编写要全面考虑教学结果，既要着眼于具体教学目标，又要反映教育的中程目标和终极目标。从而努力在充满确定性和不确定性的课堂教学环境中激起学生强烈的学习动机，满足不同学生个体的需求，促成学生学习方式的实质性转变，真正提高课堂教学的有效性，最终实现学生整体性人格的发展。

《生物学教学》2008 年第 10 期

高中生物学《遗传与进化》模块教材的三个特点

周斐[①]　张迎春[②]

摘　要　五个版本的高中生物学《遗传与进化》模块教材具有方式新、内容新、要求新三个特点。深入领会多版本教材的共性和特性，有利于教师根据课程标准，在课堂教学层面落实新的教育理念。

关键词　遗传与进化　高中生物学　教材研究

新课程的实施和新理念的提出使高中生物学教材发生了新的变化。本文比较研究了人民教育出版社（简称人教版）、浙江科学技术出版社（简称北师大版）、河北少年儿童出版社（简称河北少儿版）、江苏教育出版社（简称苏教版）和中国地图出版社（简称中图版）必修二《遗传与进化》模块教材，认为具有以下几个特点。

---

① 周斐，陕西师范大学生命科学学院．

② 张迎春，陕西师范大学生命科学学院．

1 方式新

教材通过设置各种小栏目为学生呈现了不同层次的知识或资料，知识呈现方式多样化有利于促进学生学习方式的转变。比较分析五个版本《遗传与进化》模块教材，其所设小栏目的功能大致可分为导入新课、进行科学探究、呈现资料、评价、拓展功能五个方面。其中，人教版和苏教版的小栏目设置比较典型（见下表）：

人教版和苏教版《遗传与进化》模块教材的小栏目设置

版本	导入	科学探究	资料呈现	评 价	拓 展
人教版	问题探讨、本节聚焦	实验、探究、资料分析、资料搜集和分析、思考与讨论、模型建构、调查、技能训练、课外实践	科学家的故事、STS、科学前沿、与生物学有关的职业、相关链接、学科交叉	练习、自我检测	网站登录
苏教版	学习指南、学习目标、关键词	课题研究、边做边学、研究性学习、积极思维、继续探究	拓展视野、延伸相关链接、知识海洋、放眼社会、走近职业、回眸历史、历史长河	评价指南、综合评价指南	关键词解释和索引、实验规则要求

1.1 导入新课

教材打破了原来知识“事实性呈现”的老套路，突出了资料分析，把教材的为“教”服务转变成为“学”服务，更有利于培养学生的科学素养。除中图版，其他四个版本在每节课之前设置了如本节聚焦、学习指南等栏目，让学生了解学习目标及本节重点，便于其调整学习计划，提高学习有效性。河北少儿版还在每一章的章引言中加入“科学发展历程”，强化学生对生物学科学性的理解。这些变化可提示学习目标，唤起学生的学习欲望。

1.2 科学探究活动

教材中科学探究活动层次性特点突出，呈现方式多样化。不同层次的探究活动力图使每一位学生都得到发展。比如苏教版中的“边做边学”“课题研究”是面向全体学生的，而“继续探究”则为那些对相关问题感兴趣的学生做进一步深入研究指明了方向。北师大版用演示、活动和建议活动这些名称把科学探究活动加以区别，便于师生共同选择合适的课题进行探究。

1.3 资料呈现

新课程的实施使中学教育由精英教育走向大众教育。作为知识的载体，教材将高中生物学核心概念的一些外延知识以各种小资料的形式呈现给学生，力图为学生提供丰富的学习资源。比如，苏教版中的“延伸相关链接”、北师大版的“课外读”等。这些小资料内容丰富多彩，可以帮助学生更加深刻地领悟科学精神，提高学习生物学的兴趣，完善自己的生物学知识结构。

1.4 评价

注重评价新方式。教材中设置了具有评价功能的栏目，比如“自我检测”“练习题”等。同时，教师可以在教学中通过“思考与讨论”或者“资料分析”等栏目来检测学生的知识掌握情况，力求做到发展性评价和终结性评价相结合。其中，苏教版的“评价指南”和“综合评价指南”两个栏目中涉及评价学生能力与情感态度价值观的题目还很少，但其评价体系导向已发生转变，开始由原来的单一知识评价转向三维教学目标评价。

1.5 拓展功能

为了适应社会发展，使教育面向现代化、面向世界、面向未来，在拓展功能方面，五个版本教材都不约而同地突出了双语教学引导性，强化现代教学手段。大部分生物学核心概念在其后都有英文标注，比如减数分裂（meiosis）等，苏教版在教材后面列出了关键词（有英文标注）的解释和索引，河北少儿版教材的附录I是中英文词汇对照表。另外，教材为师生获得信息提供了多样化途径，比如人教版的“网站登录”等，苏教版的“延伸相关链接”等，通过这些小栏目可使师生知识与能力结构更加合理化。

2 内容新

五个版本《遗传与进化》模块教材有一个明显的共性，有关科学过程与方法的内容在教材中比重较以往大大增加。在高中生物学中，“过程”主要包括科学家的研究过程和学生亲自参加的探究过程。“方法”侧重科学探究的一般方法，也包括学科特有的科学方法。

2.1 科学探究活动数量增加

许多教育家认为探究活动是理科教学的有效策略。教材充分体现了现代教育思想对教学的指导性，如人教版的科学探究活动有37个，北师大版的科学探究活动有15个（包括活动和建议活动）、河北少儿版的科学探究活动有9个、苏教版的科学探究活动有26个，中图版的科学探究活动有33个。科学探究活动数量的增加保证了新课程中提高生物科学素养和倡导探究性学习理念的落实。但是各版本提供的探究活动难度梯度不一，教师应根据学校和学生的实际特点进行适当取舍，有效地促进每一位学生的发展。

2.2 突出科学方法的训练

在《遗传与进化》模块教材中贯穿着一个很重要的科学方法，

即假说—演绎法。虽然此方法只有人教版以文字呈现出来，但孟德尔遗传定律的发现过程充分体现假说—演绎法，教师应引导学生从当时的实际情况出发，尝试以孟德尔的思维方式提出问题，进行分析，形成假说，进行演绎推理，进而设计测交实验。重要科学史的教学再现，对学生既是思维能力和科学方法的训练，也是深入理解科学知识的一种重要途径。

2.3 充分体现科学、技术、社会（STS）三者间的互动关系

《遗传与进化》模块有些知识尽管抽象，但与生活密切相关，学生在现实生活的背景下学习生物学，在解决与实际生活相关的问题中来深入理解生物学，体现了学以致用的思想。比如，人教版中的“DNA 指纹技术”，河北少儿版中的“PCR 技术快速检测 SARS”，苏教版中的“2000 年我国粮食减产的原因”等。这些知识让学生认识到生命科学对促进经济与社会发展、增进人类健康的价值，在走入社会的时候有意识地规范科学技术在社会生活方面的应用，使科学技术切实地造福于人类。

3 **要求新**

教材是实施课程标准的工具，教材中无论是原有知识，还是新增知识，都对教师教学提出了更高的要求，教师要深入挖掘其中的教育因素，在教学中发挥育人作用。

3.1 学会育人

贯穿本轮课程改革的核心理念是：为了中华民族的复兴，为了每位学生的发展。新课程要顺应时代和社会需要，培养学生健全的个性和完整的人格。五个版本教材中育人因素增多，内容开始更多地面向社会，与生活融为一体，呼应了新课程理念。比如，学生通过学习人类遗传病了解遗传病的检测和预防知识；关注并参与相关社会问题讨论和决策，培养学生对自然和社会的责任感等。教师应充分挖掘教材中的育人因素，弥合学生个体知识学习与精神建构的断裂，从而协调学生的智力发展与人格发展。

3.2 融会贯通

“育人”是高中生物学课程的最终落脚点，教师合理的知识与能力结构则是落实“育人”的重要基础。五个版本教材知识已打破本学科界限，学科知识与学科间的知识连成了一张纵横交错的网，要求教师系统地处理学科及学科间知识，促进知识网络化。同时，应全面把握五个版本教材，取长补短，达到融会贯通的境界，构建更加完整合理的知识系统，有效地促进学生学习。

3.3 善于引导

建构主义学习观认为学习不是简单的信息积累，而是新旧知

识经验的冲突，以及由此引发的学习者认知结构的重组。在新课程中，教师不再是简单的“教”教材，而是要用教材“教”，要选择适合的内容并有效整合多种课程资源。教师要用无形的手引导学生把教学内容与已有认知结构联系起来，进行意义学习。比如人教版每节课之前的“问题探讨”从学生的生活经验出发，引入新知识，更有利于学生前科学概念的转变。同时，通过教师教学设计和教材文本资料的双重呈现，促进学生对新旧知识进行意义建构，从而获得科学思维的发展。

总之，实施新课程时关注新课程教材的特点有利于教师理解和把握教育新理念在教材中的体现。深入了解五个版本《遗传与进化》模块教材的共性和特性，有利于教师更好地把握教材，真正实现用教材“教”而不是“ 教”教材，从而提高学生的生物科学素养，培养学生的科学思维，在课堂教学层面落实教育新理念。

参考文献

1. 朱正威，赵占良．普通高中课程标准实验教科书（生物必修 2）：遗传与进化．北京：人民教育出版社，2004.
2. 吴相钰，刘恩山．普通高中课程标准实验教科书（生物必修 2）：遗传与进化．杭州：浙江科学技术出版社，2005.
3. 刘植义，付尊英．普通高中课程标准实验教科书（生物必修 2）：遗传与进化．石家庄：河北少年儿童出版社，2004.
4. 汪忠．普通高中课程标准实验教科书（生物必修 2）：遗传与进化．南京：江苏教育出版社，2006.
5. 张新时．普通高中课程标准实验教科书（生物必修 2）：遗传与进化．北京：中国地图出版社，2004.
6. 赵占良．普通高中生物新课程教材的设计思路．课程·教材·教法，2004，24(12)：59－63.

《生物学教学》2008 年第 12 期

回归生活的生物学教学需要重新厘定的几个问题

游隆信[①] 陆建身[②]

摘 要 教学回归生活日益成为教学研究的热点之一，但回归生活的生物学教学需要在明确如下问题的前提下，把握其真实本义：(1) 中学生物学课程在性质上属于科学课程；(2) 回归生活的生物学教学不同于 STS 教育；(3) 正确区分“生活化教学”和“教

① 游隆信，华东师范大学生命科学学院．
② 陆健身，华东师范大学生命科学学院．

学生活化”；(4)“回归”的目的不是“降到”而是“升到”。

关键词　回归生活　生物学教学　问题厘定

当前我国学校教学实践中最基本的缺失是对学生作为活的生命体的多方面发展需要的关注，这一问题的直观表现，就是基础教育忘却、脱离了生活，教学中忘记学生是学习的主体和主动者。加强课堂教学与学生生活及现代社会的联系，重视回归学生生活的重要性和必要性，即课堂教学的生活化，也是当今课堂教学改革的要点之一。目前，基础教育领域已广泛开展了有关“教育（学）回归生活（生活世界）”的研究，但在中学生物学教学领域进行的研究并不多，尤其是在许多重要概念上没有统一的认识基准。本文拟对“回归生活的生物学教学”相关的认识偏颇或不足进行初步探讨。

1　中学生物学课程属于科学课程

中学生物学课程曾被划分为理科课程，后又划入自然课程，新课程改革最终明确了中学生物学课程属于科学课程，无论哪种教学方式的变革都始终无法脱离“科学”这一性质来谈论。回归生活的生物学教学也必须以此为实施教学的出发点和根基。科学的四个基本特征就是知识性、过程性、开放性和社会性，回归生活的生物学教学要从学科的性质角度明确基本指导思想：从知识性上，要以落实基础教育阶段的核心、基础知识为落脚点；从过程性上，要注重对学生进行科学过程和方法教育，培养学生作出科学假设与预测的能力，倡导探究性教学；从开放性上，教学内容的选择在强调基础性的同时，要体现当代社会进步和科技发展，反映学科的时代性，如生殖克隆、体外受精、严重疾病（艾滋病、癌症等）治疗、脑科学研究进展等；从社会性上，要关注人类健康问题，体现科学、社会、技术三者之间的关系，注重 STS 教育，如减肥瘦身、美容养颜、养生保健等生活问题，环境污染、人口问题等社会问题。

此外，回归生活的生物学教学要在教学方法、策略、组织形式等方面与“自然”课程和“人文”课程有所区别。以往的自然课程偏重于知识的传授与记忆，缺失了科学课程的探究性质，而目前对科学课程的人文教育的强调，又常常会使科学教学陷入另外一个极端，那就是科学课被上成了语文课。回归生活的生物学教学所要解决的正是找出科学教育和人文教育之间的平衡点，在提高学生生物科学素养的同时，提升学生学校学习生活的质量、参与社会生活的能力。

2　回归生活的生物学教学不同于 STS 教育

回归生活的基础教育强调把“学生作为人的完满的现实生活

和可能生活”作为教育的目的和出发点，把学生的生活世界作为根本依据。STS是“科学、技术、社会”的缩略语，其重心落在“社会”一词上，是20世纪60年代末70年代初，针对美国科技教育危机和20世纪以来科技的迅猛变化及产生的环境、社会问题等负面影响而发起的一种运动。1987年8月第四届世界科学和技术教育倾向会议达成了STS教育的共识：STS课程应向学生传授当代的重大问题的概貌，应指明学生肩负的社会责任，培养其有助于日后可持续发展的基本素质。

2.1　教学目标不同

回归生活的教学目标突出以探究能力和创新精神为核心的一般能力和综合实践能力、社会责任感及其他各种良好的情感、态度和价值观的培养。就生物学教学而言，具体表现在以下方面：

①具有发现问题、自主学习、独立思考、解决问题的素质和探究能力；②发展查询、评估、加工和应用生物学新知识和信息的能力；③养成关心自然、他人、社会的思想意识，主动积极地参与社会生活，服务于社会；④在生活和实践中综合运用所学的生物学知识和技能，主动解决现实生活中的实际问题，形成实际操作技能，发展动手能力；⑤主动地了解生物科技发展和人类生产的新动向，以及科技新发展对人类生活、生产的影响；⑥具有较强的表达沟通与分享的能力；⑦尊重关怀与团队合作，具有民主素养、合作精神与合作能力。

STS教育的根本目标是不仅教会学生如何去掌握科学技术知识，而且要教会学生在社会中如何对待、应用科学技术，要求学生在理解科学本质的同时，懂得地球上资源的有限性，形成合理使用资源的观念，其个人发展的目标旨在培养了解科学技术及其后果并能参与科技决策讨论的合格的公民，培养了解科技与社会的相互关系并能致力于社会的科学家和技术人才；社会教育目标重在强调社会生活中的合作和每个人对他人无条件、积极的关心，即理解和学会对他人同情和爱，扩展个人对社会的理解；文化理解的目标则强调从不同文化的角度去批判性地把握科学、技术和社会相互间的作用。

2.2　教学内容和教学组织形式的不同

回归生活的生物学教育的出发点是“人”，其归属点也是“人”，所面对的是如何关怀生命、促进生命生长的问题。因此，回归生活的生物学教学的源点是生物学知识、技能的学习，在认知的基础上，渗入引导学生体验、感悟生活和生命价值意义的内容。在教学活动组织形式上，联系社会和学生经验实施探究性教学，创设多样的情境让学生经历、亲历实施体验性教学，组织互动环节实施交往性教学是主要的教学组织形式。

STS 教育思想产生的根本原因是科学技术的进展不断引起人们对人与自然关系的讨论的结果。在教学内容上，STS 教育试图解决的核心问题是科学内容和社会问题，社会问题是其主要问题，主要讨论科学所带来或引起的社会问题，例如食物供应不足、环境污染、能源短缺、生态失去平衡和人类健康等。在教学活动组织形式上，主要是设计专题或主题，如试管婴儿、癌症探索、艾滋病、可再生和不可再生资源、食品中含有什么等，通过讨论、参观、访问、做实验、现场调查、决策模拟等组织教学。

可见，回归生活的生物学教学和 STS 教育在社会性角度是一致的，但就个体培养目标来看，前者注重学生生物科学素养的形成，为他们未来幸福生活做准备，后者则侧重人的社会性功能。两者的关系如下图（图中阴影部分表示在教学目标、教学内容、教学方式等方面相同）。

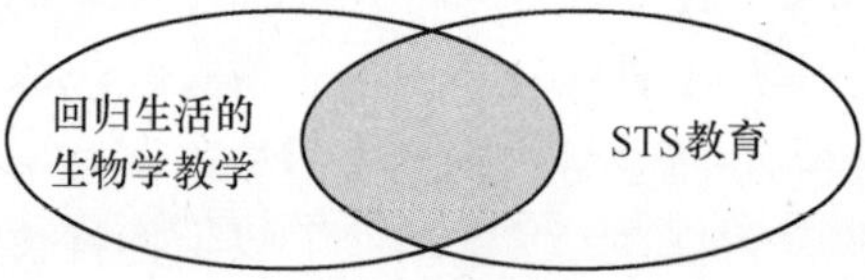

3　“教学生活化”与“生活化教学”是不同内涵的两个概念

教育教学研究中，人们常常混用“教学生活化”和“生活化教学”两个概念，其实两者就如“教育即生活”和“生活即教育”两个教育命题的关系一样，存在着一定的联系和差异。“教学生活化”是从教学的生活意义角度探讨的一种教学方式，从这一层面出发，联系生活是一种重要的教学策略。教学生活化重在沟通现实生活与理想生活、个体生活和社会生活，处理好直接经验和间接经验、生活世界与科学世界的关系，充实学生的经验。日常教学中所说的“考试生活化”“作业生活化”等概念的含义就在于此。“生活化教学”是从生活的教育意义角度出发的一种教学方式，从教学手段上是通过生活组织教学，从教学目的上教学最终是为了学生当下和未来的生活，学校生活的社会化是这一教学思想的基本要求。体验生活并重建生活是一种具有本体意义的教学策略，即强调实践和探究在教学中的价值，发挥“做”的作用，培养综合实践能力和探究能力。

回归生活的生物学教学有着不同的侧重。从课堂教学层面上，重在“教学生活化”含义，即在课堂的各个环节中联系生活世界：①可以把生活世界的资源作为激发学生学习兴趣的工具。如“种群”的教学，沿海城市学校可通过海产品的资源问题引入课题。“新陈代谢”的教学则可通过让学生为自己或者运动员调配一天的饮食和饮水等实际的生活问题展开；②可以引入生活问题，提升学生运用知识的能力和水平。如家庭中的生物学知识、体育运动中的生物学知识、农业生产中的生物学原理等；③可以在新授课时，把生活世界的某些相关经验或疑难问题作为了解和掌握新知的“敲门砖”，如用敲击铁棒比喻刺激产生兴奋在神经纤维上的传导，理解兴奋在神经纤维上的传导特点。用电话和信件广告分别比喻神经调节和激素调节（发信人向很多人投递广告信件，收信人依据对广告内容的兴趣决定是否办购买手续或把信件丢弃），理解两者的本质和特点。

在课堂教学之外，则重在“生活化教学”的含义，指的是通过生活组织相关的教学实践活动，在一定意义上说，研究性学习、综合实践活动、为配合课堂教学组织的学生课外社会调查等都是从这个意义上体现的，如生物学科 STS 教育的很多内容都要通过实践活动展开。

4　“回归”的目的不是“降到”而是“升到”

单从字面理解，“回归”只是回到原先的地方、起点等。“回归教育”是指完成义务教育之后，再回学校或其他教育机构重新学习，使工作（或闲暇）时期与受教育时期交替进行。实际上，回归生活的教学内涵远不止于此，回归的目的不是“降到”而是“升到”。在教学论的范畴里，教育回归生活世界旨在回归有德性的生活世界，即培育学生理智的德性和道德的德性，两者分别构成做事的能力和做人的能力。

在生物学教学上，回归生活同样只是途径而已，其真正的目的是培养学生的德性，可以从三个角度予以阐述：一是学生生物科学素养的提升，包括生物学知识、生物学观点、生物学态度和精神、生物学研究方法、生物学思维习惯和行为习惯等；二是学生在包括探究等方面能力的发展；三是学生生物学道德感的提升。

前两者构成学生做事的能力，后者构成学生做人的能力。生物学课程内容本身、科学史、生活中的事件等都蕴涵着丰富的道德教育内容。教学活动要积极引导学生拓宽对人生价值和意义的认识，促进学生精神生活的丰富和充实，促进个人的社会化发展，最重要的是个人的健康和幸福，强调学生需要了解自我，保持独立的精神和责任感，从贴近学生的真实生活中提升生活技能和生命价值。如在学完相关章节内容后，可组织学生讨论学习以下专题内容：“你和你的身体 ”（不当饮食；营养与成长；吸烟和饮酒；药物安全；叶绿素与抗氧化、抗癌、抗肿瘤及防老化）、“你和你的责任”（生命的衰老和老年关怀；毒品与吸毒；艾滋病与安全性行为)、“你和全球议题”（食物与水；环境污染与资源回收）等，在加深学生理解生物学知识的同时，提高他们对他人、对社会的关爱，促进社会道德的提升。

参考文献

1. 叶澜．“新基础教育”论——关于当代中国学校变革的探究与认识．北京：教育科学出版社，2006：248.
2. 郑金洲．课堂教学变革的十个要点．教育理论与实践，2007，27(6)：28－33.
3. 黄书亭．STS 课程述评．许昌师专学报，1999，18(3)：121－124.
4. 郭元祥．生活与教育——回归生活世界的基础教育论纲．武汉：华中师范大学出版社，2005：271－273.
5. 陆建身．生物教育展望．上海：华东师范大学出版社，2001：407.
6. 余自强．生物课程论．北京：教育科学出版社，2006：72.
7. 魏冰．科学素养教育的理论与实践：理科课程发展研究．广州：广东高等教育出版社，2006：119.
8. 辞海编辑委员会．辞海．缩印本．上海：上海辞书出版社，1999：724.
9. 晏辉．教育回归生活世界的基本方式．华东师范大学学报（教育科学版），2006，24(1)：1－7.

《生物学教学》2008 年第 11 期

校本课程中生物学教师课程意识调查报告

杨露露①

摘　要　随着第八次基础教育改革的深入，校本课程也发展到了一定的程度，作者以问卷的形式调查了江苏省的校本课程的开发和实施状况，并且重点调查了生物学教师在校本课程开发和实施中的课程意识。本文试图全面地总结与分析这次调查的结果，并提出相应的建议。

关键词　校本课程　课程意识　生物学教师　调查报告

自 1973 年“校本课程”的概念诞生以来，世界各国都在为实现这一概念而努力，教师的课程意识正是源于校本课程的本质要求而存在的[1]。20 世纪 90 年代后期，校本课程成了我国新一

① 杨露露，江苏省南京市第三中学．

轮基础教育课程改革凸显的新型课程形态，也是我国基础教育三级课程管理的重要内容。因此对校本课程的关注首先应表现在对教师课程意识的关注，它也是“校本课程运动”的动力所在。

1　调查目标

了解目前校本课程或生物学校本课程的实施情况；了解校本课程开发中教师的课程意识现状；了解校本课程开发的困难。

2　调查对象和方法

本次调查的对象主要为江苏省参加省级骨干教师培训的生物学教师，共发放问卷110份，回收有效答卷78份，实施时采取现场发放问卷和电子邮件发放问卷的方式。题型以选择题为主，为了能广泛和深入地了解问题，笔者还设置了一些开发性问题。

3　调查结果与分析

3.1　目前校本课程或生物学校本课程的实施情况

从本次的调查结果看，已开发过或正在开发校本课程的学校达到70.5%，这与2001年华东师范大学崔允漷教授的结果75.5%[2]有出入，可能是与样本的选择有关，崔教授所选的样本分布在浙江、江苏与四川等地的省会城市及上海，校本课程相对发达。

学校进行校本课程开发和实施必须要有相关文件作指导，否则可能带有一定的随意性。在调查中有73.1%的学校有相关文件，仍有26.9%的学校没有相关文件。学校制定校本课程的相关文件时有很多依据，但其中首要的是根据学校的办学理念，笔者亦认为唯此才能体现出校本课程的真正含义：以校为本。调查显示，认为学校开发的校本课程与其办学理念很有关系的占50.9%，有一点联系的占49.1%。这表明教师在开发校本课程时已意识到理念的重要性，但实际上这方面的意识还不够。

3.2　教师的基本情况

在对教师的基本情况的调查项目中，笔者设置学历、教龄等选项。被调查者的学历普遍较高，本科的占了91%，硕士占5.2%，大专的只占3.8%，教师学历的高低与校本课程开发和实施校本课程的能力高低有一定的关系。关于教龄的调查结果如下（表1）：

表1　关于教龄的调查结果

0～3年	3～6年	6～9年	9～12年	12～15年	15年以上
26	22	7	5	5	13

从统计数据看，参与问卷调查的教师中以参加工作0～6年的居多，教龄长的（15年以上）居第三位，这个结果向我们呈现了目前我省的教师年龄结构：“两头大、中间小”，即缺少“中间力量”，“中间力量”的理论基础相对扎实、教学经验也相对丰

富，因此目前教师的年龄结构层次可能会影响校本课程的顺利开发和实施。另外接受过校本培训的教师仅有 56.4%，这也可能是制约校本课程发展的因素之一。

4 校本课程开发中教师的课程意识现状

历来，人们对课程意识的内容意见不一，有些教师认为课程意识是教师基于自身已有的课程理论与课程教学实践经验，在长期的课程教学实践中形成的一种对课程本质的认识与理解[3]。也有的学者认为课程意识指教师对课程系统的认识与反应，也包括教师在看待和处理课程与教学问题时发生作用的经验、想法、判断、领悟、想象、记忆等一系列的观念，以及教师对自己和他人课程与教学行为背后意义的深层反思[4]。有的课程专家认为课程意识包括课程目标意识、内容意识、设计意识、开发意识、实施意识、课程创新意识及课程评价意识[5]等。这些定义或从哲学角度、或从实践角度、或从具体内容角度出发，对课程意识作了不同的诠释，根据实际需要，笔者结合众多定义，将校本课程开发和实践中教师应具有的课程意识分为八种，具体如下。

4.1 课程观意识

所谓课程观，也就是教师对课程的理解。这是所有教师参与校本课程活动的前提。经过调查了解到生物学教师对校本课程的理解基本一致：有计划地安排学生学习机会的过程。也有少数生物学教师认为校本课程是教材。

4.2 参与意识

教师是校本课程开发和实施的主体，其本身的主观能动性是校本课程开发和实施顺利进行的重要保证，因此教师首先要有参与意识。调查发现，所在学校已存在校本课程的教师中近一半的教师参与了校本课程的具体活动，而没有校本课程的学校的教师愿意参与的达 100%。

4.3 课程目标意识

课程目标分为三个维度：知识、能力、情感态度与价值观，校本课程也不例外。在关于“校本课程的教学中哪项目标放在首位”的调查中，35.9%的教师选择了同等重要；其次是能力，为 33.3%；选知识的最少，仅 3.8%。这个结果说明了教师们已经不再将知识作为主要的目标，在实际过程中更加重视学生的全面发展，尤其突出能力、情感态度与价值观方面的教育，这可以说是教师教育理念转变的一个表现。

4.4 课程内容意识

课程内容意识主要是指教师选择课程内容时的倾向。我们在调查中发现，根据学校的特点选择课程内容的占 17.9%，根据学生的兴趣选择的占 39.7%，根据学科进展选择的占 14.1%，根据教师特长选择的占 28.3%。从结果看，教师更倾向于以学生的兴趣来选择内容，根据学科进展来选择内容的教师占的比例小，这从侧面反映了教师的学科概念的“弱化”。

4.5 课程设计意识

课程的设计包括课程内容的组织形式以及课时设计。由于校本课程的学分已经确定，这就决定了其课时受到一定的限制，目前基本上各个学校的学时相对统一，即一门校本课程每个星期两个课时，因此这方面笔者不作重点调查。课程设计最突出的特征，是其内容组织的形式，关于这种形式的调查结果如图 1 所示。

结果表明：将课程设计为讲座和课外活动的居多，而其他的并不占优势。校本课程的这种设计方式与我国传统的课外活动课的设计颇有相同。笔者不禁想到校本课程设计的单一是否会影响学生对其的兴趣、热情，如果学生不支持，那么校本课程又如何走得更远呢?

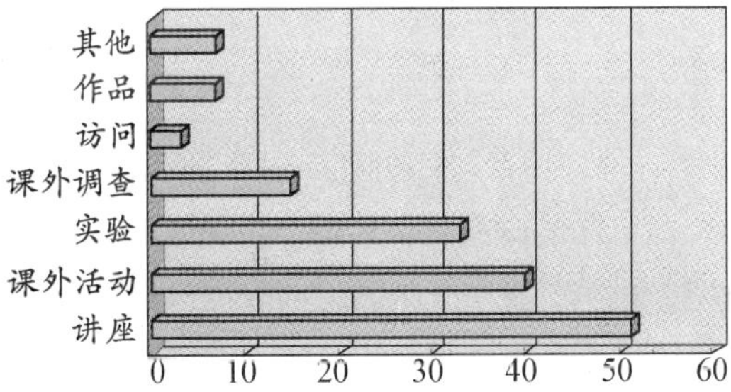

图 1 课程设计意识调查结果

4.6 课程评价意识

这里指的是校本课程的评价，校本课程的特性决定了其评价方式的“与众不同”，它并不需要强调选拔和甄别功能，在本调查中笔者调查校本课程的评价方式，以此来反映教师的课程评价意识状况，结果如下（表 2）：

表 2 关于评价方式的调查结果

纸笔测验	调查报告	学生档案	论文	其他
17.9%	23.1%	20.5%	10.3%	28.2%

由于不少学校的校本课程评价采取了不止一种方法，因此我将答卷中选择两项或两项以上的全部归入“其他”选项。结果是选择“其他”的教师最多，这说明我省校本课程的评价已经逐步

走向多元化，教师们在这方面的意识已经上升到了新的高度。但需要提及的是，在“其他”项里，几乎没有提出新的评价方式，从另一个角度看这正是教师思维局限性的体现，引发局限性的原因可能是学校的教学任务繁多，使得对校本课程的评价方式思考较少。课程评价的重要性在此笔者就不再赘述，如何提高校本课程中教师的课程评价意识、提出适合校本课程的评价方式已成为我们当前迫切需要解决的任务之一。

4.7 课程资源意识

如果将校本课程比作一朵花，那么这朵花凭什么吸引蝴蝶——学生呢？是课程资源。图 2 是对生物学教师校本课程资源使用状况的调查结果。

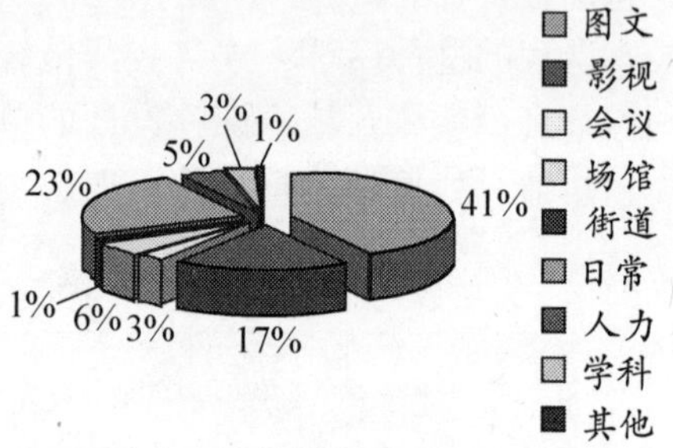

图 2 最常用的课程资源使用情况

图 2 表明最常用的课程资源是图文类和影视类，其次是日常生活资源，这两类也是教师最容易获得的资源，对其他资源的利用相对较少；在最少用到的课程资源中，街道资源和人力资源稳居前列（图 3），对于街道资源有人说街道资源城乡有别，但是即使是城里的教师对该类资源的利用也极其有限。教师对课程资源的使用状况反映出教师的课程资源意识状况：生物学教师的课程资源意识淡薄。

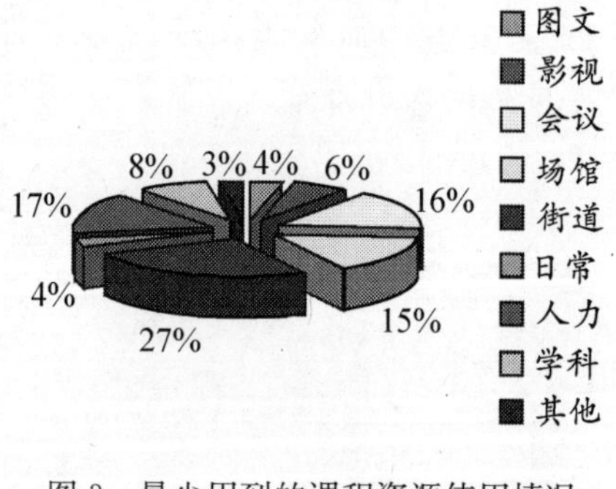

图 3 最少用到的课程资源使用情况

4.8 合作意识

参与调查的所有教师都认为在校本课程的活动中需要与他人

合作，由此可见，教师的合作意识相对较强。

除了上述八种意识外，还有课程的反思意识和创新意识，之所以没有单独列出是因为它们贯穿于课程的始终。没有反思，校本课程不会完善；没有创新，校本课程不会进步。

5　校本课程开发的困难

同其他新生事物一样，校本课程在发展的过程中也遇到了一些困难。调查从国家、学校和教师三个层面出发，结果见图4。

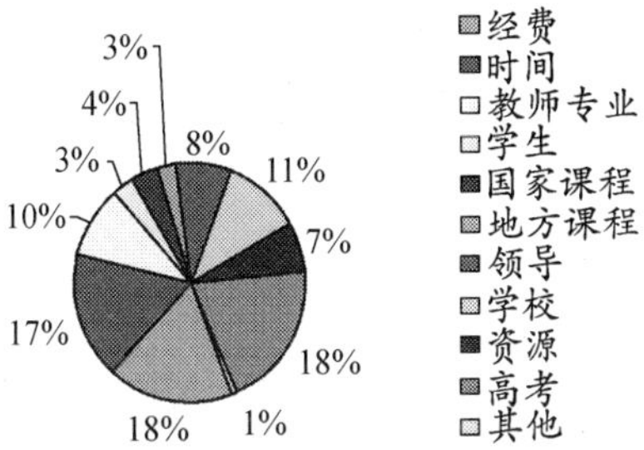

图4　校本课程开发和实施中遇到的困难

国家层面：校本课程活动遇到的最大的困难是高考；其次是经费和时间安排，然后是学校的财力物力，此为学校层面，位于第五位的是教师的专业水平，即教师层面。除此以外，校本课程还不同程度地受到学校领导、学生、国家课程、地方课程以及课程资源等影响。从结果看，首先目前国家的高考环境并不是适宜校本课程生长的土壤，学校开发和实施校本课程的气候也尚未完全形成，教师本身由于国家、学校以及其他原因也没有形成相应的氛围。

6　问题与建议

6.1　明确学校办学理念与校本课程开发的关系

这是针对调查中出现的校本课程的价值取向与学校的办学理念之间关系寡淡的现象提出的。学校的办学理念是整个校本课程的指挥棒，是学校文化的精髓。而校本课程也应该体现出这种精髓，真正体现出“以校为本”。因此，教师在校本课程开发和实施的过程中应紧密联系学校的办学理念，努力体现本校特色。

6.2　强化课程资源意识，充分挖掘课程资源

课程资源意识的淡薄在一定程度上影响了校本课程的发展。因此生物学教师在课程开发中，应积极挖掘身边的资源，包括自身；突破学科界限，扩大可用资源的范围。

6.3　提倡校本培训，努力提高教师专业水平

校本培训是提高教师校本课程开发和实施能力的最快的方式，教师平时自身也要多关注这方面的理论及实践，努力提高自身的专业水平。

6.4 加强反思，努力创新

反思是教师自身进步所必需的，时常对校本课程进行反思有助于校本课程的进步，反思的结果是可能带来创新，促进校本课程的发展。

参考文献

1. 张绍波，张天雪．小学教师课程意识的实证分析．教育探索，2006(5)：25-26.
2. 崔允漷．我国校本课程开发现状调研报告．全球教育展望，2002(5)：6-11.
3. 崔晓颖．校本课程开发与课程意识．承德职业学院学报，2006(1)：74-75.
4. 郑先俐、郑大清．教师的课程意识及其生成．班主任，2005(6)：26-28.

普通高中实施课程标准后生物学科高考设计研究

杨　帆[①]

摘　要　2007年高考的课标卷是普通高中实施课程标准后的第一份试卷，其对今后课程标准的实施和高考命题有重要的价值，因此开展高考课标卷的设计研究就成为高考命题的首要任务。2007年高考生物课标卷的设计在内容抽样和目标确定方面，做到了总体保持稳定、适当体现新课程的理念；在试卷结构方面，理综卷生物学科增加了所占的分数比例，试卷难度控制在0.5～0.6之间；选做题尽量做到了形式的等值。同时考前进行调研性试测是新、老高考实现平稳过渡的重要措施。

关键词　普通高中　课程标准　生物学科　高考

2007年高考海南生物卷、宁夏理综卷是这两地普通高中实施课程标准后使用的第一份高考试题，我们把它们叫做课程标准卷(简称课标卷)，予以和以往的教学大纲卷相区分。这两份试卷的出台，对今后课程标准背景下的高中生物学教学具有重要的导向作用，对实施课程标准省的高考命题也有一定的参考价值。因此这两份试卷的设计就变得非常重要。按照教育测量学理论，测验的设计通常包括内容抽样和考试目标层次的确定、题型的运用和题量的确定、恰当难度的掌握、试题赋分等。下面围绕与测验设计相关的内容，对2007年与生物学科有关的考试中课程标准卷的

① 杨帆，教育部考试中心．

设计作一介绍。

一、生物学科考试内容的抽样和考试目标的确定

从教育测量学理论可知，科学地进行内容抽样和考试目标层次的确定是设计一项考试的首要环节。但是不同类型的考试对内容抽样和目标层次确定的要求是不同的。对于高考来说，其内容的选取既要考虑考生的教育背景、学过什么，又要考虑有利于高校选拔新生。因此，2007 年在高考生物学科考试内容的抽样和考试目标层次的确定过程中，坚持的原则是有利于中学教学，符合中学教学实际，试题应具有一定的区分能力。同时试卷在总体保持稳定的前提下，适当体现新课程的理念，具体表现为：

1. 重视对考生科学素养的考查

提高每个高中学生的生物科学素养是高中生物学教学的核心任务，生物科学素养包括生物科学知识、探究能力以及相关的情感态度与价值观等。2007 年生物学高考试题对生物科学素养方面内容都有所考查。如海南卷第 5 题通过对 RNA 功能的分析和判断，来考查学生对基本知识的理解能力。宁夏卷第 28 题以“同一品种的西瓜种植在非生物因素相同的两块土地上，但单位面积产量差别很大”为背景，要求学生根据所学知识提出一个值得研究的课题，以探究两块土地上西瓜产量不同的原因。题目考查了学生提出问题的能力，要求学生能从现实生活中提出与生物学相关的、可以探究的问题。生物学科考查探究能力典型题目的特点是，试题的设计从结论未知出发，要在结论未知的前提下从提出问题、确认变量、作出假设、设计研究方案、处理和解释数据、作出判断等方面对学生进行考查。海南卷第 14 题则以日常生活中市民保护栖息在树林中的夏候鸟池鹭为背景，考查学生保护池鹭种群的正确做法，让学生指出“春天将这片树林保护起来，避免人类干扰”是最有利的做法。题目中提供的喂食、圈养的做法破坏了池鹭之间、池鹭和其他生物之间以及池鹭与环境之间的关系，不利于对池鹭种群的保护。该题是对“情感态度与价值观”进行考查的实例。

2. 体现注重与现实生活联系的理念

生物科学与人们的日常生活、医疗保障、环境保护、经济生活等方面密切相关。课程标准要求学生在现实生活的背景中学习生物学，倡导学生运用生物学原理和方法理解实际问题。因此试卷中有的试题在“理论联系实际，综合运用所学知识解决自然界和社会生活中的一些生物学问题”方面对考生进行了测量。如海南卷第 1 题，要求考生能够运用光合作用、呼吸作用的相关原理，解决冬季利用温室生产蔬菜“如何采取有效措施，提高产量”这一实际问题。海南卷第 19 题，以“SARS 病毒疫苗前期研究工作的操作流程”为情境，考查学生对“基因工程原理及方法”等基础知识的理解和应用能力。

3. 面向全体学生，促进学生有个性地发展

课程标准提出了面向全体学生、着眼于学生全面发展和终身发展的理念，并在生物学课程中设置了选修模块。为体现新课程的这一理念，海南卷和宁夏卷都设置了选考题，要求考生选择自己熟悉和感兴趣的题目作答。

二、与生物学科有关的考试试卷结构的确定

1. 海南生物试卷结构的确定

2007 年海南高考的科目设置是 3（语数外）＋3（文科：史地政、理科：理化生）＋反向会考（文科考理化生、理科考史地政）。其试题编制主要依据的是海南省的《考试说明》，2007 年课标版《考试说明》是实验省根据教育部考试中心颁布的《考试大纲》制定的。海南省的《考试说明》对生物学科试卷的结构包括全卷的分值、分数的分配、题型及比例、卷面设计等都做了介绍。具体如下：

（1）全卷的分值及其分配

生物学科试卷满分为 100 分。其中，必考部分占 82 分，选考部分占 18 分。

（2）题型及比例

生物学科试卷分两卷。第一卷为选择题，第二卷为非选择题。

第一卷（选择题）为必考部分，考生必须全部作答，共 14 道小题，每小题 3 分，共 42 分。第二卷（非选择题）分为必考部分和选考部分。必考部分设 4 道题，共 40 分；选考部分提供 2 道题，考生只需选择其中 1 题作答，满分为 18 分。如果考生多做，则按所做的第一题计分。

（3）卷面设计

在第二卷（非选择题）中，先安排必考部分，后安排选考部分。

海南省对 2007 年试卷结构的这一设计是在省教研部门广泛征求意见的基础上完成的，并在高考前的调研测试中采用了这一试卷结构，从调研试测结果看，如果只考虑题量，不考虑难度、阅读量等因素，试卷的题量显得有点不足。为此，在 2007 年海南高考正式卷的编制过程中，在保持总题量不变的前提下，适当增加了非选择题中设问的数量。

2. 宁夏理综试卷结构的设计

2007 年宁夏高考的科目设置是语、数、外加上文科综合或理

科综合。与海南高考不同，宁夏高考生物学科试题是出现在理科综合能力测试卷中，而不是生物学科试题单独成卷。宁夏理综试卷的结构也是通过《考试说明》向社会公布的。具体如下：

第一，考试时间150分钟，试卷满分300分。

第二，科目分值：物理110分、化学100分、生物90分。各学科试题只涉及本学科内容，不跨学科综合。

第三，试卷题型包括选择题和非选择题两种。

第四，试卷结构：

其一，试卷分第Ⅰ卷和第Ⅱ卷。第Ⅰ卷为必考题，第Ⅱ卷由必考题和选考题构成。生物、化学、物理各科选考内容分值控制在15分左右。

其二，理、化、生三个学科分别提供四个、三个、两个选考模块的试题，要求考生从每一个学科中任选一个模块的试题作答，不得跨模块选做。

值得一提的是，宁夏理综卷中生物学科所占的分数有所增加，分数由原来教学大纲卷中的72分上升到90分，所占分数比例由24%增加到30%。这是课程标准理综卷的一个重要特点。

三、海南生物卷和宁夏理综卷生物学科部分考试恰当难度的确定

2007年高考课程标准卷难度的确定，考虑了这样几个方面的因素：(1) 海南、宁夏两地调研测试卷的难度。(2) 海南、宁夏两地2006年高考的难度。(3) 来自两地教研员、教师的意见。两地考试难度的具体值分别是：宁夏调研测试理综生物部分的难度分别是0.46和0.51，出现两个值的原因是考生选做的题目不同；2006年高考理综生物部分全国卷（甲卷）的难度为0.50。海南调研测试生物全卷的难度为0.40，2006年高考理综生物部分全国卷（乙卷）的难度为0.44。综合考虑上述因素，确定宁夏卷生物部分的难度为接近0.50，与2006年的水平持平，海南生物卷应比2006年理综乙卷容易，接近0.50。在实际命题过程中，生物学科主要通过调整难题的数量来控制试卷的难度。生物学科中的难题通常指难度系数小于或等于0.4的题目，大致可以分为这样几类：实验设计题、遗传推理题、表达能力要求高的题目、考查内容比较隐蔽的题目、不同设问间答案相似性大的题目、考查教材中新增内容的题目、新题型、选项间相似性大的题目、命题缺陷性试题等。在2007年的海南卷和宁夏卷中主要通过实验设计题、新题型以及教材中新增内容来调整试卷的难度。实验设计题目的实例是：要求学生写出用胚芽鞘和扦插枝条为材料，验证NAA和IAA作用大小不同的实验思路。新题型的实例是：要求学生围绕观察到的现象提出一个值得研究的课题。新增内容的题目是考查群落演替的概念。

四、海南生物卷和宁夏理综卷生物部分考试

选考题的命制为体现普通高中课程标准中“面向全体学生，促进学生有个性发展”的理念，2007 年高考海南生物卷和宁夏理综卷中都设置了选考题。按照海南与宁夏《考试说明》的规定，海南生物学科选考题的考试内容为选修模块 3、分值为 18，占试卷总分的 18%，考生需要在所给的两道题目（第 19 题和第 20 题）中选答一道，第 19 题是围绕基因工程的内容进行设计的，题目不仅考查了基因工程部分的内容，而且还作了适当的延伸，考查了相关的基础知识。第 20 题围绕动物细胞培养的内容进行设计，题目考查的内容也进行了适当的拓展。在选考题的编制过程中，既要设法使两个题目的难度趋向平衡，也要尽量在题型、设问数量或填空数量等方面做到一致，宁夏卷生物学科的考试内容为模块 1 和模块 3，其选考题目的设计思路与海南卷基本相同，选考题目也是两道（32A、32B），每个模块一道。

五、启示和建议

从 2007 年高考课标卷的设计、编制、考试到评价整个过程来看，试卷总体保持稳定，体现了新课程理念，这是新、老高考实现平稳过渡的关键。考前进行调研性试测，命题者熟悉课标版教材对提高命题工作的效率也是非常有益的。选考题目是课标卷的一个特色，但其编制是比较难的，达到完全意义上等值更是不容易。原因是：一是对相同的内容、不同版本教材所讲的深度和广度是不同的，在命题过程中只能从中求得平衡，否则按哪种深度和广度命题对考生都是不公平的。二是同一物质，所用的专业术语有时候并不同，如可使 RNA 染成红色的染色剂 PYRONIN，有的教材将其翻译成“派洛宁”，也有的教材将其翻译成“吡罗红”，这也给命题带来不便。普通高中学科课程标准实施后，生物学科的教学时数有所增加，这一变化引起了中学生物学教学和高考命题的变化。2007 年宁夏理综卷中生物学科所占分数的增加就是一个事实。但总体来说，生物学科在综合卷中所占的分数还没有达到要求，因为如果严格按照普通高中课程方案（实验）来做，理综课标卷中理、化、生三个学科的分数应该是相同的，原因是普通高中课程方案（实验）规定：“理、化、生三个学科的必修学分均为 6 学分，2 学分相当于 36 学时。而选修模块，每个学科都可以做零选择。”按照这一规定，可以得出“在普通高中教学中理、化、生三个学科的地位是相等的”这一结论。事实上，

过去高考理综卷中理、化、生三个学科的分数分配也是严格按照课时确定的。因此，对于综合卷中生物学科所占的分数问题，有条件的命题部门还应该积极探索，以使其逐步达到与物理和化学相同的水平。从考后社会的反映来看，生物学教师普遍认为，理综卷中选择题、必考题和选考题中学科的排列顺序应该进行调整。如认为选择题的学科排列顺序应为生物、化学、物理，必考题中应为物理、化学、生物，选考题中应为生物、化学、物理，这样可以减轻学科间的跳跃对考生答题造成的负面影响。

《教育理论与实践》2008 年第 4 期

新课程背景下生物学教师网络学习的内容与方法

刘真[①]　佘建云[②]　刘恩山[③]

在新一轮的基础教育课程改革中，生物学教师面临着跟进生命科学日新月异的发展、确立新的教学理念和掌握新的教学策略等一系列挑战，只有不断提高自身专业素养才能适应新课程对教师的要求。互联网的出现，使得传统的教师专业发展模式有了新的变化和扩展。通过不受时空限制的网络，教师们可以获知最新的生物学知识，分享高质量的教学资源，反思自己的教学行为以及参与网络研讨等活动。因此，选择有效的内容、采用恰当的方式进行基于网络的学习已经成为教师实现专业发展的一种新的有效途径。

1　基于网络的学习对于新课程背景下生物学教师专业发展的价值

1.1　共享教育资源，促进自主学习

长期以来教师专业发展的传统途径主要包括进行教学研究的个人学习形式和参与短期培训、参观考察、校本教研等集体学习形式。就全国范围而言，生物学教师参与集体学习的机会并不均等，许多一线教师，特别是中小城市和边远地区的教师很难得到较好的资源和专家的指导，他们期待更加高效、快速、开放的专业发展途径。

互联网的出现，使得传统的教师专业发展模式有了创新的机会，基于网络的学习逐渐成为教师专业发展的新途径。网络不仅可以满足生物学教师对专业发展高效、快速、开放的需求，而且可以促成一种新型的、以教师为中心的、自主学习的教师专业发展模式——基于网络的教师学习共同体的形成。基于网络的学习

① 刘真，北京师范大学生命科学学院．
② 佘建云，北京师范大学生命科学学院．
③ 刘恩山，北京师范大学生命科学学院．

能有效地解决生物学教师专业发展中缺少资源支持、缺少专家指导以及缺少同伴互助等问题，是专业发展的有效途径。

1.2 反思教学行为，增进互助学习

随着生物科学和技术的发展以及课程改革的不断深入，教师们不断迎来许多新的问题和挑战，由此许多教师希望在反思之余，有机会与同行们进行交流，得到帮助。网络运用信息技术的交互性，为生物学教师营造了一个生物学教育工作者的网上家园。从 2000 年开始，政府先后投资建设了中小学教师继续教育资源网、国家基础教育资源网、中国中小学教育教学网（K12）、中国教育资源服务平台（新思考网，CERSP）等项目。众多省市投资建设了自己的基础教育资源网站，不少地区和学校建立了教师教研网络平台。通过这些网站提供的交互式平台（论坛和博客），教师们可以反思和展示自己的教学行为并得到同伴的指导，实现互助学习。

2 生物学教师基于网络学习的内容

2.1 基于网络学习生物学学科知识

生命科学是当今世界发展最为迅速的科学学科之一。生物学教师首要的任务就是学习基本的生物学内容。“学习生物学”不单单指了解生物学科中的基本事实和概念，还要建立这些概念与本学科、其他学科以及与技术和社会之间的联系。同时，教师要认识科学探究的性质及其在生物学中的作用。

2.1.1 访问生物学科研网站

教师利用网络学习生物学学科知识时，可以访问一些专业的生物学科研网站（见附录 1）。这些网站上包含大量的学科新闻、研究成果、研究图片等。生物学教师在浏览这些内容时，应有所侧重地联系中学生物学内容理解其中的知识，抓住其中科学研究的本质。比如来到“中国科学院生物物理所”网站，点击“科研进展”-“成果”，会出现许多研究论文介绍。其中一篇对“CD146：一个新的肿瘤血管标志分子”研究论文 200 字左右的中文介绍，展示了研究中的逻辑推理方法，是教师应该注意并学习的。短文中提到的“单克隆抗体”的制备是高中生物学科中涉及的内容，教师们阅读后可以加深对“单克隆抗体”及其应用的理解。提到的“动物试验”，教师也应该从其应用领域方面去理解。接下来“这项工作的意义”中提到的“肿瘤与癌症”，以及“受到制药公司的极大关注”，教师可以从生物科学、技术与社会的关系角度加以思考。而教师们不必追求去理解研究论文中那些比较深的细节内容。这样的阅读学习，虽然无法完全取代亲自参加实验室研究的作用，但是只要搞清楚自己应该从中学什么、怎样学，教师也能从这些网络文字中收获生物学知识，提高自己的科学认识、科学能力和科学观念。

2.1.2 访问生物学教育网站

一些资源类生物学教育网站（附录 2）设有专门的栏目帮助教师学习生物学的知识以及科学探究的过程和观念，比如“中国生物课程网”的“生物·技术·社会”栏目。其中的“青藏铁路”专题，介绍了青藏铁路建设中关于动物保护和生态环境等内容；“揭开‘血’的奥秘——卡尔·兰德斯坦纳”提供了科学史的小故事；“干细胞研究的命运：伦理问题之争仍在”站在社会的角度剖析了生物科学与技术；来自《Science》《Nature》等著名期刊中的生物科学进展成果和袁隆平等国内顶尖科学家撰写的文章，也在这个栏目中呈现。这些文章贴近社会生活，文中常有对于科研过程和社会价值等的评论，有利于教师全面地学习生物学学科知识，也为教师备课和教学提供了有用资料。

“预备教师和在职教师都必须能上一些通过探究活动来学科学的科学课”，在实现这种要求的机会很少的情况下，通过基于网络的学习吸取这一类知识，也能帮助教师“有机会像他们的学生那样来扩大自己的认识能力”。

2.2 基于网络学习生物学教学知识

面对新课程，生物学教师还应该对中学生物学的内容、学习方法、教学方法和学生情况等各个方面都要有更加深入的了解，并学习将这些知识应用于教学实践的方法，也就是学习“生物学教学知识”。依据课程标准、新的课程理念、新的教材、新的教学策略和评价方式等。要求这些内容的学习仅仅通过仅有的几次专家讲座是不够的，网络在平时能起到很好的“资源库”的作用。一些服务于新课程的网站如“中国生物课程网”为提高教师的生物学教学知识设置了课程探索、教材研究、教学设计、测量评价、课外空间等栏目（见下图）。

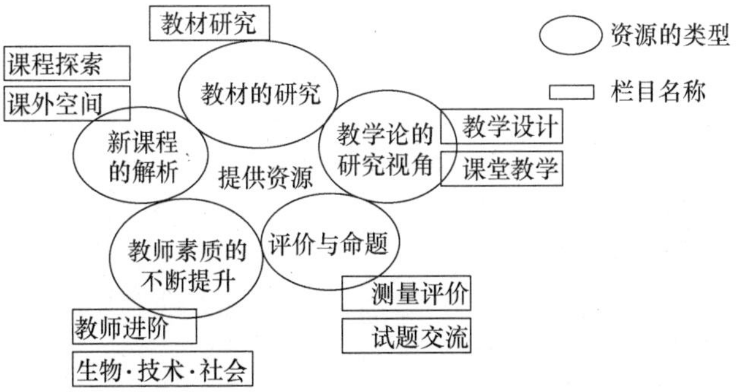

新课程要求教师树立新的“课程观”，紧跟新的课程理念和课程体系的要求。教师在下图中所示的“课程探索”栏目中可以学习探究式教学、STS等新课程的理念，了解怎样开发课程资源，得到必选修模块的教学建议。新课程要求教师建立新的“教材观”。教师在上图所示的“教材研究”栏目中可以获知现行版本的生物学教材、国外优秀教材的介绍及教材评价报告，了解如何选取、整合优质的教材资源，如何在课堂上灵活运用以便更好地完成课程标准的要求。新课程不仅倡导多元化的教学方式，而且需要有相应的科学有效的评价方式来衡量学生的综合素质。教师在上图所示的“测量评价”栏目中可以学习到操作性强的实作评价方法、了解实验区考试最新动态，在“试题交流”中获得体现课改理念的试题。教师在这类网站上可以根据自己的需要来主动地学习，自主高效地获取生物学教学知识。

3 生物学教师基于网络学习的方法

3.1 甄别优质的网络资源

面对浩瀚的网络，生物学教师选择学习“地址”的依据应该是资料的质量和可靠性，这在网络学习中尤为重要。教师首先要有甄别资源的意识，在实际操作中可以着眼于一些国家的生物学和教育类网站，比如科学院网（以 ac.cn 结尾）、教育网（以 edu.cn 结尾）、政府网（以.gov 结尾）和一些知名的生物学课程与教学网站，以保证资料的科学性。

另外，搜索引擎也是实用的工具，但在使用的时候要注意使用逻辑条件限制、模糊或精确查询等功能来帮助自己真正找到所需的信息资源。必要时可以询问专家，参考专业学术期刊和书籍以保证信息的可靠性。

3.2 积极参与网络教研

网络教研是目前正在兴起的一种教师教育模式，它以在线研讨、网络课程、学术沙龙等形式展开，受到了教师的广泛参与和好评。例如“中国生物课程网”等教学网站的生物学论坛上会定期举行“在线研讨”活动，邀请专家到论坛与一线教师们共同探讨某一话题，让教师在专家的引领下，针对这一话题中教师最关注的问题、课改中关键的环节进行讨论。

参与网络上的研讨活动，是教师得到同伴和专家帮助的好机会，不仅不受空间和时间的限制，而且可以获得自己教学问题的有针对性的回答，特别是对于边远地区的教师是一种极好的学习机会。

3.3 撰写教学网络日志

撰写教学网络日志（博客）是一种有效的反思和互相学习的

方式。首先，教师的专业发展要求学会反思。例如教师可以在博客中记录下一个处理课堂突发事件的小经验，这样的过程能够促进教师深入反思自己的教学行为，并在今后的教学过程中注意改进。其他的教师看到这篇日志，可以发表感想，提出建议，也是在反思自己的实践。其次，教师的专业发展要求教师学会创造。教师在博客中将自己的个人知识进行系统管理，把自己的教学思路、方法用文字表达出来，这也是对个人创造能力的锻炼。同时，教师的专业素养的发展要求教师学会学习。

合作学习是学习的一种非常好的方式。教师可以建立自己的博客团队，在一个群体（学校、区或市）构建而成的一个学习型组织，大家用同一个用户名和密码，共同来建设这个博客，把它变成群体的一个资源共享平台。这个群体中的教师不仅能够快速地了解改革的动向、得到优秀的教学资源，还可以直接向群中的教研员和专家们提问，收到很好的学习效果。

附录1　生物学科研网站

中国科学技术协会：http：//www. cast. org. cn/

中国科普博览：http：//www. kepu. net. cn/gb/index. html

中国生物技术发展中心：http：//www. cncbd. org. cn/

中国科学院：http：//www. cas. ac. cn/

中国数字植物标本馆：http：//www. cvh. org. cn/

附录2　生物学教育网站

中国生物学课程网：http：//bio. cersp. com/

中国中小学教育教学网：http：//www. k12. com. cn/

香港生物教育网站：http：//www. hkbiology. net/

人民教育出版社：http：//www. pep. com. cn

北京师范大学基础教育教材网：http：//gbjc. bnup. com. cn

《生物学教学》2008年第1期

新课程背景下南京市高中生物学实验调研与分析

岑　芳[①]

2005年秋，南京市普通高中进入课改实验。经过宣传、动员、培训，南京市高中生物学教师纷纷行动起来，置身于高中生物课程改革之中。在三年多的课改探索与实践中，先后经历观念的培训、课程标准与教材的培训、教材分析与教学备课的培训、

① 岑芳，江苏省南京市教学研究室．

高中实验的培训、课堂教学与课题研究的培训；还开展了初中三年课程改革的情况和经验的介绍、高中生物学课程实施情况的经验交流；还在研究的基础上开设高中生物学新课程的研究课等。通过培训，统一了对高中生物学新课程的理解，明确了实施高中生物学新课程的要求和高中生物学新课程的教学目标，增强了实践操作层面的技能，促进了对高中生物学新课程的反思，为扎实有效地推进高中课程改革实验打下了坚实的基础。

在实施高中生物学新课程的过程中，高中生物学实验的开设是推进高中生物学教育改革的一大难点，为体现生物学科特点，深入推进高中生物课程改革，我们对实验提出要求，并依托重点学校进行了相关实验的培训。2009 年 2 月初，我们对在校的 2011 届、2010 届和 2009 届高中生物学教育实验情况进行调研与分析。

一、调研的基本情况

（一）2011 届高中生物实验开设情况（高一年级）

1. 调研范围

南京市 54 所普通高中，96 位高一生物学教师。采用不记名方式。

2. 基本情况

（1）学校实验室情况

共 147 间，每校 2～3 间。89%的学校认为能满足实验要求，有 6 所学校认为不能满足实验要求。

（2）学校实验员情况

共 60.5 人。其中 15 人兼职，占 24.9%；30 人专职，占 49.6%；4 所学校专职、兼职都有。

（3）学生分组情况

实验基本采用 2～4 人一组。

（4）分班情况

由于江苏省的考试模式，分必修考试与选修考试两种。因此，在高一下学期一开学，有 20 所学校已分出选考生物班和非选考生物班，有 34 所学校未分班。

（5）必修 1 教材实验开设情况

实验考查内容	开设情况（%）	情况说明
1. 检测生物组织中还原糖、脂肪和蛋白质	100	
2. 用显微镜观察多种多样的细胞	81	个别已做过，多数没有时间

续表

实验考查内容	开设情况（%）	情况说明
3. 观察线粒体和叶绿体	53	只观察叶绿体，没有观察线粒体。铁苏木精染料买不到
4. 通过模拟实验探究膜的透性	21	改演示实验，材料难准备
5. 观察植物细胞的质壁分离和复原	85	改演示实验，今后选考的做
6. 探究影响酶活性的因素	70	课时紧，没有时间做
7. 叶绿体色素的提取和分离	72	课时紧，没有时间做
8. 探究酵母菌的呼吸方式	23	电脑模拟；演示；装置不够；在高二时完成

3. 情况分析

（1）高一生物学实验开设的整体情况

经过三年高中生物课改，高中生物学课程的开设、教师配备、实验器具的更新得到较好的保障，高一的生物学实验基本能保证按要求完成，情况较好。尤其是有实验材料和实验设备较易进行的实验基本都能开设。有些有困难的实验改为课件演示或教师演示实验。有些学校还能开设选修课、组织社团与研究性学习、奥赛辅导等，利用课外辅导与活动开展一些实验，如制作细胞模型。也有些学校由于教师、实验室、实验设备的原因，实验没有开设。有些学校没有按教学进度做实验，而是集中做实验。有些学校因为没有分班，必修的学生就不做实验，要等到高二选修生物以后再做实验。

（2）存在的问题与分析

必修 1《分子与细胞》中的实验 1、实验 2、实验 3、实验 5、实验 7 是验证性实验，实验材料、实验器具比较容易准备，在旧课程时也有此实验要求，因此开设率较高。探究实验活动费时费力，一些实验要提前或随堂做，很难完成。实验开设中主要问题是时间不足，教师经验不足，缺少与新增加实验配套的实验器具。目前多数学校每星期 2 课时，必修 1 的课堂教学时间紧，没有时间做实验，一些试剂不容易购买。

（二）2010 届高中生物学实验开设情况调研统计与分析（高二年级）

1. 调查范围

南京市 56 所普通高中，101 位高二生物学教师。采用不记名方式。

2. 基本情况

（1）学校实验室情况

共138间，每校有2～3间，89%的学校认为能满足实验要求。

（2）学校实验员情况

共64人。其中25人兼职，占44.6%；30人专职，占53.5%；有4所学校无实验员。

（3）学生分组情况

分组实验基本2～4人一组。

（4）教材实验开设情况

必修教材：

实验考查内容	开设情况（%）	情况说明
1. 检测生物组织中还原糖、脂肪和蛋白质	100	
2. 用显微镜观察多种多样的细胞	92.8	
3. 观察线粒体和叶绿体	64.3	只观察叶绿体，没有观察线粒体。铁苏木精染料买不到
4. 通过模拟实验探究膜的透性	33.9	材料难准备。演示实验
5. 观察植物细胞的质壁分离和复原	100	少数学校演示
6. 探究影响酶活性的因素	82.1	
7. 叶绿体色素的提取和分离	92.8	
8. 探究酵母菌的呼吸方式	30.4	电脑模拟；演示；装置不够
9. 观察细胞的有丝分裂	89.3	
10. 观察细胞的减数分裂	41.4	观察现成装片
11. 调查常见的人类遗传病	44.6	
12. 植物生长调节剂对扦插枝条生根的作用	12.5	条件不具备，试剂买不到，难以操作
13. 探究培养液中酵母菌数量的动态变化	30.4	在生物选修班采用演示
14. 土壤中动物类群丰富度的研究	21.4	研究中分类困难

选修教材：

实验考查内容	开设情况（%）	情况说明	备 注
15. 探究酶在洗涤方面的作用	30.4	在家进行	大多数学校实验设备落后，条件不具备。部分学校还没有上到选修内容
16. 酵母菌的固定化技术	16.1	演示	
17. 腐乳的制作	37.5	在家进行	
18. 果酒和果醋的制作	48.4	在家进行或校园活动	
19. 蛋白质的提取和分离	10.7	难以操作，器材不够	
20. DNA 的粗提取与鉴定	48.4	选修班做	

3. 调查情况分析

（1）高二生物学实验开设整体的情况

普遍能够完成的实验仍然是旧教材的实验（必修实验 1、实验 2、实验 5、实验 6、实验 7、实验 9）。极少数条件好的学校因教师重视，实验员积极配合，可开设实验；大部分学校结合学校实验室实际情况尽量开设原有的旧教材的实验；部分学校实验设备陈旧，不符合新的实验的要求，没有新教材要求的必备仪器，极少数学校不太支持实验开设。

（2）存在的问题与分析

高二的教学出现多元化，学校已经分班，必修教学面临高中学业水平测试，必修班的实验主要以讲代练，用练强化。选修教学要进行选修教材教学和对必修内容的加深与拓宽，因此必修教材实验尽量完成，不能做的用课件代替，部分实验学校提供材料，学生回家完成，有的留到高三复习时集中补做。总体上选修教材实验由于受条件限制，完成很少。

（三）2009 届高中生物学实验开设情况调研统计与分析（高三年级）

1. 调查范围

南京市 61 所普通高中，61 位高三生物学教师。采用不记名方式。

2. 基本情况

必修教材：

实验考查内容	开设情况（%）	情况说明
1. 检测生物组织中还原糖、脂肪和蛋白质	100	

续表

实验考查内容	开设情况（%）	情况说明
2. 用显微镜观察多种多样的细胞	96.7	
3. 观察线粒体和叶绿体	80.3	没有观察线粒体
4. 通过模拟实验探究膜的透性	32.8	材料难准备。演示实验
5. 观察植物细胞的质壁分离和复原	29.2	
6. 探究影响酶活性的因素	80.3	
7. 叶绿体色素的提取和分离	98.3	
8. 探究酵母菌的呼吸方式	36.1	电脑模拟；演示；装置不够
9. 观察细胞的有丝分裂	98.3	
10. 观察细胞的减数分裂	37.7	观察现成装片，取材不便
11. 调查常见的人类遗传病	37.7	
12. 植物生长调节剂对扦插枝条生根的作用	18.0	无相关试剂，周期长
13. 探究培养液中酵母菌数量的动态变化	24.6	无血球记数板，演示（选修班）
14. 土壤中动物类群丰富度的研究	13.1	土壤动物分类繁杂

选修教材：

实验考查内容	开设情况（%）	情况说明
15. 探究酶在洗涤方面的作用	42.6	
16. 酵母菌的固定化技术	39.3	演示
17. 腐乳的制作	44.3	开课时温度不合适
18. 果酒和果醋的制作	68.8	
19. 蛋白质的提取和分离	6.55	缺实验仪器、器材
20. DNA 的粗提取与鉴定	70.5	现象不明显，二苯胺有毒性

3. 调查情况分析

（1）高三生物学实验开设整体的情况

能开设的一定开设，验证性实验开设，探究性实验做得少；

材料易得耗时少的实验能开设，旧教材实验能开展，因为学校设备落后，药品器材限制，有些实验繁琐，不易得到结果。

(2) 存在的问题与分析

必修教材实验尽量完成，选修教材实验受条件限制，完成很少。高三复习时集中补做实验。用练习强化。

二、调研情况的整体分析

上述实验情况的调研，采用不记名方式，选取的学校为南京市城、郊、县各类型普通高中，占南京市普通高中的75%。一些原因可能会使实验开设的数据偏高，如完成实验较差的学校教师没有返馈调研表，一些教师将能做的实验但没有开设的实验选填为做实验。但通过这些数据还是能反映出目前本市高中生物实验的一些问题。

1. 新课标对高中生物学实验的要求有所提高。

实验的类型不仅仅是验证性实验，还有探究性实验、调查类实验等。做实验的方式既有课前做，也有课后做，也有随堂边讲边做。实验内容选取更具时代性，实验材料的准备有的更加困难。这些客观上增加了高中生物学实验开设的难度。

2. 受高考模式的影响，各校对选考科目较重视，必修教学的实验整体上有所弱化，选修教学的实验在可能的前提下尽量开足。以讲、练代替实际操作的情况比较普遍。

3. 由于教学的惯性，旧教材中的几个实验（必修实验1、实验2、实验5、实验6、实验7、实验9）开设情况较好。传统教学在经典实验方面无论是师资还是设备上都有优势。

4. 验证性实验开设情况较好，探究性实验开设有难度，有的耗时，有的耗材，有的结果不明显，影响了实验的开设。同时也反映教师不能驾驭探究性实验，缺乏指导探究性实验的技能。

5. 必修教材中的实验，尤其是必修1中实验整体完成较好，选修教材实验，主要是选修1的实验，这些新增加的实验，实践性强，实验周期长，难以完成。同时反映出教师存在知识盲点，一些新增实验，生物学教师也不会做，实验设备没有及时增补到位，器材跟不上。

6. 由于课时的限制，有部分实验要完成需要几个课时，有些实验安排学生回家完成。实验效果难以保证，难以评价。

三、改进与加强生物学实验的建议

1. 认真学习课标，深入理解实验教学的意义，反对以讲代练，要在实验中培养学生的科学素养。

2. 面向全体，加强薄弱学校实验室的硬件建设，增加实验器材和经费，加大对实验员的培训。

3. 加强实验研究，认真分析，联系实际，适度降低实验难度，有效分解各种类型实验，合理组织课前、课后、课上实验，适当选择替代实验与实验替代品。

4. 加强实验培训，帮助教师尽快适应高中生物学实验要求。

江苏省常州高级中学生物学科课程方案

江苏省常州中学生物教研组　江苏省常州中学

1　课程性质

生物科学是自然科学中的一门基础学科，是研究生命现象和生命活动规律的科学。它是农业科学、医药科学、环境科学及其他有关科学和技术的基础。生物科学的研究在微观和宏观两个方面的发展非常迅速，并且与信息技术和工程技术的结合日益紧密，正在对社会、经济和人类生活产生越来越大的影响。

高中生物学课程是普通高中科学学习领域中的一个科目。高中生物学课程将在义务教育基础上，进一步提高学生的生物科学素养。尤其是发展学生的科学探究能力，帮助学生理解生物科学、技术和社会的相互关系，增强学生对自然和社会的责任感，促进学生形成正确的世界观和价值观。

高中生物学课程是资优生成长为具有健康生命、理性精神、主动发展的杰出公民的阶梯和载体，为资优生今后步入社会奠定基础。使他们更加珍爱生命，能对周围事件基于科学理论表达意见及作出明智判断，继而在科学及科技领域上钻研探究，成为科技精英或社会精英。

2　课程理念

2.1　提高生物科学素养　生物科学素养是公民科学素养构成中重要的组成部分。生物科学素养是指公民参加社会生活、经济活动、生产实践和个人决策所需的生物科学知识、探究能力以及相关的情感态度与价值观。它反映了一个人对生物科学领域中核心的基础内容的掌握和应用水平，以及在已有基础上不断提高自身科学素养的能力。提高每个学生的生物科学素养是课程的核心任务。

2.2　面向全体学生　着眼于学生全面发展和终身发展的需要，以适应不同学生的学习需求，促进学生有个性地发展。

（1）面向全体学生意味着教师要尊重每一个学生，给每一个学生提供同等的学习机会，使所有的学生通过生物学课程的学习，都能在原有的水平上得到提高，获得发展。

在教学过程中，教师要注意保护学生学习的积极性和主动性，为他们提供更多的学习机会，让每个学生在学习实践中都有机会获得成功。还要为那些学习优秀，能够进行更深一步学习的学生提供更广泛的学习空间，力争做到所有的学生都有机会并通过多种学习途径，在原有的水平上得到提高，获得发展。

（2）面向全体学生意味着课程内容应该呈现多样性，应该满足不同层次学生的需求。

学生来自各不相同的家庭、社区、阶层，所具有的文化背景和经验有很大的差异。即使是有着相同家庭和社会背景的学生，也会因个性差异、兴趣、爱好、行为、习惯、动机和需求的不同，而表现出学习风格上的差别。所以，教师在教学的过程中应尽可能体现新课程的特点，使教学内容呈现多样化，以满足不同学生的需要。因为只有多样化的课程内容才能很好地适应和满足多样化的学生需要。

（3）面向全体学生就意味着教师在教学过程中要因材施教，以便适应不同智力水平、性格、兴趣、思维方式学生的需要。

因材施教就是根据学生实际情况进行教学。教学的深度和广度要适合学生的知识水平和接受能力。依照不同对象的具体情况，充分考虑，采取不同的方法，探究和掌握学生心理的个别差异，从学生实际出发，区别对待，通过分层备课、分层要求、分层练习、分层指导、分层达标、分层作业、分层评价、分层矫正等手段，使不同类型的学生都学有所得、各得其所。使每个学生都能生动活泼、主动健康地发展。

（4）面向全体学生意味着教师对每一个学生的评价要公平、公正。

评价是教学过程中不可缺少的环节，是教师了解教学过程、调控教学行为的重要手段。在评价过程中，教师应保证所有的学生都有足够的机会来展示他们在生物学习中的全部学习成果。评价工作应该在不同的情景下进行，必须让具有不同兴趣和精力的学生参与；评价的方式和内容应该多样化，以便让不同程度的学生都有机会展示自己的不同方面的学习成果。

2.3　倡导探究性学习　生物科学是在人们不断探究的过程中逐步发展起来的。探究是学生认识生命世界、学习生物课程的有效方法之一。倡导探究性学习，促进学生学习方式的变革，引导学生主动参与探究过程、勤于动手和动脑，逐步培养学生收集和处理科学信息的能力、获取新知识的能力、批判性思维的能力、分析和解决问题的能力，以及交流与合作的能力等，重在培养创新精神和实践能力。

2.4　注重与现实生活的联系　生物科学与人们的日常生活、医疗保健、环境保护、经济活动等方面密切相关。注重学生在现实生活的背景中学习生物学，倡导学生在解决实际问题的过程中深入理解生物学的核心概念，并能运用生物学的原理和方法参与公众事务的讨论或做出相关的个人决策；同时注意帮助学生了解相关的职业和学习方向，为他们进一步学习和步入社会做准备。

2.5　提升生命质量　生命科学的美丽源于生命的美丽。教育的意义就在于对生命负责，提升生命质量，这既是教育的原点也是教育的归宿。对生命负责，就在于尊重生命，完整地理解每一生命体的整体性、独特性和发展的主动性，就需要尊重个性，保障权利，创设有利于学生主动发展的环境，促进学生身心健康发展。

3　**课程目标**

学生通过高中生物课程的学习，将在以下各方面得到发展：获得并理解基础生物学原理的知识和概念；学会探求科学知识的方法，具有较强的生物学实验能力；了解现代生物学发展对人类的影响，并欣赏促进科学发展的研究者的科学思维与品质；关注将生物学知识在日常生活、生产和社会发展中的应用，评估它对生物世界、社会进步的影响及意义；培养研读生物学的兴趣，欣赏奥妙的生物世界，珍爱一切生物，尊重生命，健康生活，为继续学习和走向社会做好必要的准备。

3.1　知识目标

（1）获得系统的生物学基本事实、概念、原理、规律和模型等方面的基础知识，知道生物科学和技术的主要发展方向和成就，知道生物科学发展史上的重要事件，知道当前生物科学发展动态与前沿成果与这些成果对人类生产和生活产生的影响。

（2）积极参与生物科学知识的传播，主动促进生物科学知识进入个人和社会生活。

3.2　能力目标　资优生具有较强的学习能力，应达到以下目标：

（1）在正确使用实验器具，进行实验操作的基础上，能够科学记录实验现象，分析实验结果，得出正确实验结论。

（2）能够利用多种媒体收集生物学的信息，学会鉴别、选择、处理、运用和分享信息。

（3）能够发现并提出与生物学相关的有探究价值的生物学问题，并通过合作或独立完成探究过程。

（4）能够与他人进行合作，在团队活动中体现自身的价值。

（5）掌握生物科学方法，并能在学习、生活、生产实践中熟练应用。

3.3 情感态度与价值观目标

（1）通过生物科学的学习，使学生初步形成生物体的结构与功能、局部与整体、多样性与共同性相统一的观点，生物进化观点、生态学观点以及生命是运动的观点，树立辩证唯物主义自然观，逐步形成科学的世界观。

（2）关注地区、国家和世界的生物资源状况以及生物科学和技术发展状况，更加热爱学校、热爱家乡、热爱祖国，增强振兴中华民族的使命感与责任感。

（3）认识生物科学的价值，乐于学习生物科学，具有质疑、求实、创新及勇于实践的科学精神和科学态度。

（4）认识生物科学和技术的性质，能正确理解科学、技术、社会之间的关系。能运用生物科学知识和观念参与社会事务的讨论。

（5）尊重生命、欣赏自然界的奥妙及复杂性；关注全球性环境问题；负起爱惜及保护本地区及全球环境的责任，树立可持续发展和科学发展的观念。

（6）确立积极的生活态度和健康的生活方式。

生物学课程目标的知识目标、能力目标、情感态度与价值观这三维目标在课程实施中是一个有机的统一整体，以培养和提高学生生物科学素养为核心，通过相互渗透构成了生物学课程总目标的完整结构体系。生物学课程三维目标的构成见下图：

4 设计思路

本校生物学课程是必修课程与选修课程相结合的课程结构。必修部分包括A类、C类两部分，其中A类包括“必修1：《分子与细胞》”“必修2：《遗传与进化》”“必修3：《稳态与环境》”3个模块；这是生物学的核心内容，是全体学生共同学习的内容。

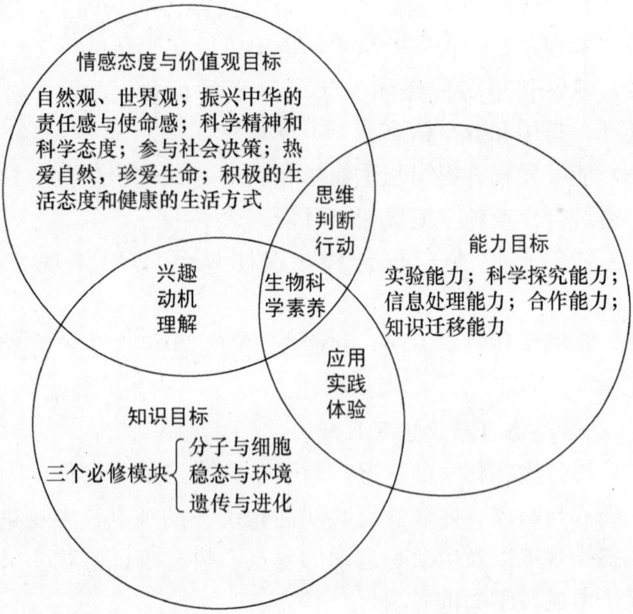

C类为自主实验部分（含学生自选的生物学探究实验）。选修部分包括A类、B类和C类三部分，其中A类有“选修1：《生物技术实践》”“选修2：《生物科学与社会》和“选修3：《现代生物科技专题》”3个模块，B类有生物学奥林匹克竞赛和创新实验两部分，C类为大学进修实验模块；选修部分则要引导学生关注生物科学和技术的最新进展及其与社会的关系，促进他们在创新精神和实践能力方面有进一步提高。选修课程是学生在必修基础上的发展课程，通过该课程的学习，学生的生物科学理念水平、科学探究能力得到大幅提高，并形成我校学生特有的个性与气质。

必修1《分子与细胞》模块始终贯穿着科学系统论，有助于学生理解“细胞的分子组成”“细胞的结构”“细胞的代谢”“细胞的增殖”“细胞的分化、衰老和凋亡”等。通过诸多的学生探究活动。培养学生科学素养；注重联系实际；注重科学史的学习。在教学实施过程中以系列生物学基础实验为主线重组教学。必修2《遗传与进化》模块有助于学生认识生命的延续和发展，了解遗传变异规律在生产生活中的应用；领悟假说—演绎、类比推理、建立模型等科学方法及其在科学研究中的应用；理解遗传和变异在物种繁衍过程中的对立统一，生物的遗传变异与环境变化在进化过程中的对立统一，形成生物进化观点。在教学实施过程中以主体思想方法为主导重组教学。必修3《稳态与环境》模块有助于学生认识发生在生物体内部和生物与环境之间的相互作用，理解生命系统的稳态，认识生命系统结构和功能的整体性；领悟系统分析、建立数学模型等科学方法及其在科学研究中的应用；形成生态学观点和可持续发展的观念。在教学实施过程中以主题活动为形式重组教学。其中必修1是学习其他模块的基础，无论是文科学生还是理科学生都必须掌握，安排在高一第一学期进行。必修2知识比较抽象，涉及数学概率的计算，大部分学生感觉很困难，而必修3较必修2相对简单，我们把必修3调整至高一第二学期进行学习；把必修2的学习放到高二的第一学期进行，到时可根据班级学生组成的不同进行分层教学。在选修部分，生物技术则是3个选修模块的核心主题。“选修1《生物技术实践》”侧重介绍了传统的生物技术，重在培养学生设计实验、动手操作、收集证据等科学探究的能力，增进学生对生物技术应用的了解。本模块适于继续学习理工类专业或对实验操作感兴趣的学生学习。

“选修2《生物科学与社会》”模块在农业、工业、健康、环保4个一级主题中，突出地渗透了应用生物技术，可以帮助学生更深入地理解生物科学技术在社会中的应用，适于继续学习人文和社会科学类专业及直接就业的学生学习。

“选修3《现代生物科技专题》”模块以专题形式介绍了现代生物科学技术一些重要领域的研究热点、发展趋势和应用前景，以开拓学生的视野，增强学生的科技意识，为学生进一步学习生物科学类专业奠定基础。

结合前两年的教学实践，对必修模块的学习进行调整，高一第一学期学习必修1，由于必修2知识比较抽象，涉及数学概率的计算，大部分学生感觉很困难，而必修3较必修2相对简单，我们把它调整至高一第二学期进行学习；把必修2的学习放到学生分科后进行，可根据班级的不同进行分层教学。选修2适合于继续学习人文科学类和社会科学类专业，因此非生物班的同学可以学习选修2，生物选修班的同学学习选修1和选修3两本教材的内容。

同时，在高一、高二两个年级开设学科选修B类课程《生物竞赛》和《创新实验》，C类课程《大学进修实验》，此课程由学有余力且对生物学科有浓厚兴趣的学生参加。学生在学习国标课程基础上，通过选修课程学习，在生物学理论知识、科学探究能力、情感态度与价值观、意志品质和气质等方面得到提升。通过课程学习，培养学生实事求是、理论联系实际并不断创新的科学态度和精神，使学生学会学习，学会合作，体验成功的乐趣，激发学生学习的兴趣和自觉性、主动性，开拓学生的知识视野，力争更大程度地提高学生的生物科学素养。

高中生物学课程各模块的关系如下：

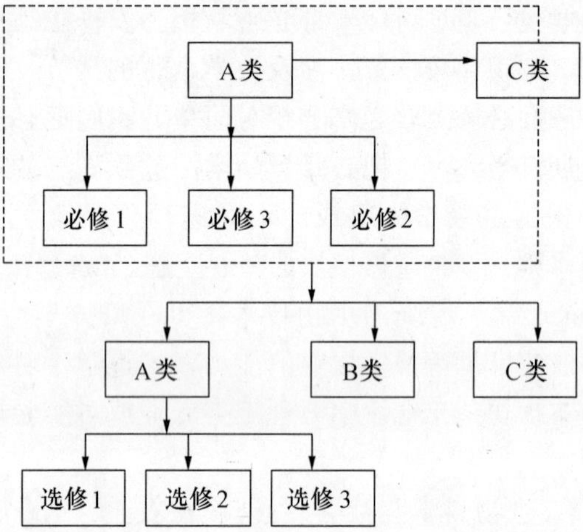

5 课程结构

生物课程结构表

类别	维度	具体课程					
		高一		高二		高三	
		上学期	下学期	上学期	下学期	上学期	下学期
必修课程	A类课程	必修1（以基础实验重组教学）	必修3（以主题活动重组教学）	必修2（以思想方法重组教学结构）	必修复习（以学习策略重组教学）		
	C类课程	自主实验（含学生自选的生物探究实验）					
选修课程	A类课程			选修1、选修2	选修3、必修复习	模块整合复习	综合复习
	B类课程	生物奥赛（细胞、植物学、动物学、微生物）	生物奥赛（植物生理、动物生理、行为、生态学）	生物奥赛（生化、遗传、进化）	生物奥赛（联赛）		
		创新实验					
	C类课程	生物AP课程					
						大学进修实验课程	

6 资源开发

开发利用各种各样的生物学课程资源，对我校实施生物学新课程和深化生物学教学改革具有重要作用。

首先，资源开发有利于激发学生学习生物学的兴趣。生物学科所具有的独特性，使其拥有丰富的课程资源。按新课程理念，生物学教科书仅仅是生物学课程资源之一，教师在教学中还应运用大量除教科书外的课程资源，包括各种信息资源、网络上的生物科学教育资源、电视节目《人与自然》、自然保护区、自然博物馆、养殖场、校园植物、农村中的果树园、水稻田、大棚等。这些课程资源以其形象具体、生动活泼和学生能够亲自参与等特点，为学生提供多方面的信息源。加之许多内容贴近学生，贴近生活，贴近社会，丰富了生物课的教学内容和情趣，使学生能够在轻松愉快的学习生活中掌握知识。生动的生物学课程资源无疑将极大地激发学生学习生物学的兴趣，这是传统单一的课程资源所无法比拟的。

其次，资源开发有利于学生参与教学活动。现代教学理论认为，学习过程是学生在教师指导下获得经验或体验的过程。新课程倡导尊重学生，在教学中关注学生的主体性，培养学生的主动性，使学生的个性得到发展，就必须引导学生积极参与教学活动。生物学教学应该是师生交往、共同发展的互动过程，教师必须向学生提供更多的机会让学生亲自参与和实践。生物学科课程资源能够发挥学生主体性，使他们学会主动地、创造性地利用一切可用的课程资源。为自身的生物学习和探索服务。

生物学新课程突显发展性的精神，为学生进一步的学习打好基础，为学生关注社会及今后择业奠定基础，为不同程度的学生发展留下了较大的空间。所以，我们在创造性地使用生物教材基础上挖掘各种生物学课程资源。

6.1 选择与整合教材 开发后利用课程资源，并不意味着可以将教材束之高阁，它仍然是最重要的课程资源。当前全国乃至世界各地已有多种版本的新教材，每种教材都各有特色，其内容、形式、要求不尽相同。这些版本的产生，是生物学教材编写者的集体智慧，都在致力于充分体现各地的生物学教育、教学、发展理念。每一版本教材都是独特的教育资源。要认真研究各地区教材，理解其核心观念，再对教材进行选择与整合，取各家之长为我所用，创造性地进行教学，使学生得到又好又快地发展。

6.2 开发利用学校的课程资源 学校现有基础设施包括数码显微实验室、细胞实验室、生理实验室、标本室及即将建设的探究实验室及相应的仪器设备，除此之外还有生物类图书及报刊、生物学教学软件、生物学教学图文音像资料、校友盛金章等一批在生物学研究领域中具有杰出贡献的相关院士、科学家的史料等。要充分开发和利用这些课程资源，增强学生自我发展要求的动力，增加学生探究学习机会，提高探究能力。同时逐步建设学校网络学习平台，加强数字化校园建设，促进学生自主学习。利用 DIS 技术，现代教育技术（如电子白板）加强直观教学。

6.3　关注和挖掘师生中的课程资源　本校汇集了常州地区乃至全省部分的优秀中学生和教师。他们在教学过程中具有一定的自觉性和主动性，能勤于思考，勇于探索，具有一定的见识和思想，对于科技的进步和社会的发展具有较强的责任感和使命感。关注他们在学习、工作、生活中的点点滴滴，与他们进行深入交流，充分挖掘他们所了解和掌握的科学信息及遇到的困惑。这些有形或无形的课程资源，是使生物学课程紧密联系学生实际、激发学习兴趣、强化学习动机的重要基础，这对于提高科学素养、对于学生的终身发展是非常重要的。

7　课程实施

《方案》是我校生物学教学的基本依据。《方案》旨在全面提高学生的科学素养，转变学习方式，提升生命质量。因而教师应在认真学习和领会《方案》的基础上，结合自身教学特点，创造性地开展教学。为此提出以下建议。

7.1　深化对课程理念的认识　《方案》确定的课程理念是：提高生物科学素养，面向全体学生，倡导探究性学习，注重与现实生活的联系，提升生命质量。按照课程理念，教学中要注意更新课程内容，增强课程内容与社会发展、科技进步、现实生活的联系；优化学习方式；改进评价方法；增强课程与学生自我发展的联系，帮助学生规划人生，促进学生全面发展。教师作为学生学习活动的指导者，要认真学习《方案》，理解课程理念和课程要求，更新教学观念。

7.2　全面落实课程目标　课程目标包括知识、能力、情感态度与价值观三个方面。要理解国家课程与学校课程的课程目标之差别。例如，知识目标中，国标要求学生能应用生物学的一般规律，获得系统的生物学基本事实、概念、原理、规律和模型等方面的基础知识，知道生物科学和技术的主要发展方向和成就，知道生物科学发展史上的重要事件。我校课程除这些目标外，还要知道当前生物科学发展动态及前沿成果，理解或预期这些成果对人类生产和生活产生的影响。这是一个相当大的提高，这种提高使教师和学生必须更加关注社会，关注生活。能力要求进一步明确和细化，并有了很大的提高。如在能力目标第1条中，国标是“能正确使用一般的实验用具”，而《方案》“能够正确使用实验器具”，虽然只是两个字的差别，但能力要求却有很大不同。我校的《方案》远远超出课程规定实验范畴的实验要求。可以是课程之外的，自主开发的实验要求，使实验器材种类及数量远大于国标要求。在能力要求上，《方案》增加的几条要求是非常高的，如能独立或合作开发完成探究过程；具有团队合作精神和能力，并能在团队活动中体现自身的价值；能够将方法迁移应用等，这些要求是基于我校把培养社会精英作为重要的办学目标而提出的。

7.3　组织好探究性学习　科学探究作为发现科学事实、提示科学规律的过程和方法，在科学教育中有重要意义。教学不仅使学生获取一定知识，还要使学生习得获取知识的方法，提高解决问题的能力。在教学中，教师应该让学生亲历思考和探究的过程，领悟科学探究的方法。只有这样，《方案》规定的目标才能落到实处。教师在组织探究活动时要有明确的探究目标，要提出值得探究的问题或任务，要创造民主的师生关系和求实求真的探究氛围，要给学生在学习上有更多的选择性。

7.4　加强实验和其他实践活动的教学　以研究课题《实验——生物学习方式的研究》为核心，教师要充分挖掘教材资源，尽可能多地让学生参与实验和其他实践活动。教师要创造条件让学生亲自进行实验和实践活动，让学生身临其境，亲自动手，这样不仅可以使学生更好地理解和掌握相关知识，有利于他们观察、实验操作、科学思维、识图绘图、语言表达等方面能力的发展，也能促进学生尊重事实、坚持真理的科学态度的形成。本课程将实验分为基础实验、自主实验和创新实验三条主线，具体见下表：

基础实验	自主实验	创新实验
（1）检测生物组织中的还原糖、脂肪和蛋白质 （2）用显微镜观察多种多样的细胞 （3）观察线粒体和叶绿体 （4）通过模拟实验探究膜的透性 （5）观察植物细胞的质壁分离和复原 （6）探究影响酶活性的因素	（1）植物细胞液浓度的测定 （2）酵母菌的呼吸商测定 （3）模拟探究细胞表面积与体积的关系 （4）模拟尿糖的检测 （5）生长素的作用探究 （6）校园生物种群密度调查	（1）种子活力的鉴定 （2）不同水果呼吸强弱比较 （3）寻找最解渴的水果 （4）水质净化方法优化 （5）诱导染色体加倍方法

续表

基础实验	自主实验	创新实验
（7）叶绿体中色素的提取和分离 （8）探究酵母菌的呼吸方式 （9）观察植物细胞的有丝分裂 （10）植物生长调节剂对扦插枝条生根的作用 （11）培养液中酵母种群数量的动态变化 （12）土壤中动物类群丰富度的研究 （13）制作生态瓶或生态缸 （14）观察细胞的减数分裂 （15）调查人群中的遗传病	（7）垃圾分类处理方法探讨 （8）果蝇的遗传实验 （9）果酒和果醋的制作 （10）腐乳的制作 （11）探究酶在洗涤方面的应用 （12）酵母细胞的固定化技术 （13）蛋白质的提取和分离 （14）DNA 的粗提取与鉴定 （15）测定泡菜中亚硝酸盐的含量 （16）其他（学生自创）	（6）其他（学生自创）

7.5　*落实科学、技术、社会相互关系的教育*　要充分认识到科学、技术与社会相互关系教育的重要性，并在教学中注意引导学生关注和参加生物科学技术有关的社会问题的讨论和决策，引导学生关注我国和本地区生产、生活与生物学有关的社会问题。尝试参与社会决策，培养学生的社会责任感。引导学生通过图书、报刊、音像和网络等了解更多信息，开展调查、研究、讨论等活动，理解生物科学技术对社会发展的作用，同时也了解科学技术可能带来的负面影响。

7.6　*注意学科间的联系*　自然界是一个统一的整体，自然科学是指物理、化学、生物、地理等各门学科，其思想方法、基本原理、研究内容有着密切的联系。同时，生物科学与数学、技术科学、信息科学相互作用，共同发展。此外，生物科学与人文科学也是相互影响的。加强学科间的横向联系，有利于学生理解科学的本质、科学的思想方法和统一的科学概念和过程，建立科学的自然观，逐步形成正确的世界观。

7.7　*注重生物科学史的学习*　科学是一个发展的过程。学习生物科学史能使学生沿着科学家探索生物世界的道路，理解科学的本质和科学研究的方法，学习科学家献身科学的精神。这对提高学生的科学素养是很有意义的。例如细胞的发现过程，细胞膜的研究过程，生长素的发现过程，遗传物质的探索过程等，其探索过程中，包含着科学家对生命探索的思想、方法、内容，对培养学生的科学态度和科学精神具有极大的促进作用。

8 课程评价

评价是教学过程中不可缺少的环节，是教师了解教学过程、调控教学行为的重要手段。教学评价的目的不仅在于评定学生的学业成绩，更重要的目的在于了解学生学习状况、发现教学中的缺陷，为改进教学提供依据。

评价应以《方案》为依据，根据教学目标进行，要客观、公正、合理，要从促进学生学习的角度恰当地解释评价数据，以增强学生的学习信心，提高学习生物学的兴趣，激发学习动力。评价的内容应符合《方案》的要求，兼顾知识、能力、情感态度与价值观等方面。

评价要重视学习过程的评价，建立学生学习记录卡，在不同的学习方式中应采用不同的评价策略，重视纸笔测验，检测学生知识性目标的达成情况，更重视学习过程性评价。对于学生参与的实验和实践活动，应根据学生参与的态度、时间、操作技能、行为表现等给予评价。实验中，评价要根据实验操作的各项要点，进行量化评价。对于探究活动要从多侧面评价学生探究能力。可以根据探究类型来设计。评价主要采取学分绩点形式。学分的给定考虑了三方面的因素：一是学生学习该课程的学时总量，不同的学时给不同的分数；二是学生在学习过程中的表现，如态度、积极性、参与状况等，由任课教师综合考核后给出一定的分值；三是学习的客观效果，教师采取适当的方式进行考核。通过学生的论文撰写与交流、图纸设计、优秀图片展览、学生互（自）评报告、学习体会文章等，来评价学生所学课程内容相关知识、生物科学探究能力、文字及语言表达能力、合作精神与动手能力。

9 保障措施

9.1 *加强教师培训* 我校生物学课程方案中，对学生的知识、能力和情感态度价值观的三维目标，在国家标准基础上提出了更高的要求，课程内容中既有大量现代生物科学技术的新成就，又有生物学与当今人类社会生存与发展相关的新知识，加之对学生培养提出了新理念和新要求，这不仅要求教师既要具有深厚的专业知识基础，又要密切关注现代生物科技研究动态，更要具有现代教育理念、方式和方法，这对生物学教师提出了更高的要求。如不进行适当的培训，教师难以适应新的教学任务。

培训包括通识培训、课标培训、教材培训和教学方式培训四项基本内容。要利用教研活动、备课组活动对教师进行培训，统一思想，提出要求，明确目标。培训中要充分利用本校教师资源，利用教研组活动、备课组活动和学术研讨沙龙，以讲座、讨论、交流、答辩等方式，开展形式多样的培训活动。建立严格的教学研究制度和完整的教学研究体系，及时抓住方案实施过程中出现的各种先进典型和案例，抓住各种实际问题和倾向，组织教师和相关人员进行教学研究，推广先进，克服困难，解决问题。教研活动要定时间、定地点、定内容、定目标有序开展教学研究活动。教研中，要认真探讨如何促进教师教学思想更新、教学业务提高、教学技能发展的长效机制，以保证教师的执教新课程能力的可持续发展；研究如何因地制宜、因校制宜，主动地、积极地、创造性地开展生物学科课程改革工作，使生物学科课程方案的要求落到实处；认真组织和开展各种类型研究课、公开课、观摩课等教研活动，倡导自主性学习与探究性学习、体验式学习与感悟式学习等先进的教学模式，引领我校生物学科课程改革在发挥传统教学优势、改革传统教学弊端，落实新课程教学理念、张扬师生个性的过程中健康地发展。

在广泛开展形式多样的校本教研活动基础上，教师要积极参加省、市教研活动，扩大与外校教师的交流与合作。组织教师到全国名校参观访问，深入名师课堂听课，加强与名师对话，建立长期合作机制，促进我校教师的快速成长，形成高质量的优秀教师群体。

加强与大学的密切联系，采取走出去请进来的方式，对教师进行系列化的培训。走出去就是让教师轮换着到大学里和大学生一起做听课、做实验、参加活动，让教师体会学生的学习和生活，更新原有知识结构，改变现有教学方式。请进来就是经常请教育专家学者，对教师进行教育理念、教学方式方法进行专门指导，通过对话和交流，提高教师的思想认识，更新教育理念。

在进行多种形式培训的同时，教师要坚持对自己教学不断进行反思评价，增强自我调整教学的能力，通过同伴互助、师生互助的方式来促进教学的发展和课堂教学效益的不断提高，实现教师的专业成长。

9.2　重视生物学实验设施、设备建设　实验设施、设备是重要的课程资源，是课程改革的物质基础和保障。高中生物学新课程对学校实验室建设和其他教学设备提出了更高的要求，实验设施、设备能否尽快适应高中新课程改革、满足高中生物学新课程改革对教学装备的新需求，将直接影响高中新课程实验的顺利进行。学校要重视生物学实验室的建设，增加、更新必要的实验设备、器材，增加实验经费的投入。在现阶段，应充分利用现有实验设施、设备，开足方案规定的必做实验与活动，确保课程目标的达成。

9.3 开发和利用课程资源　课程资源是课程实施中所有可利用教育资源的总称。没有必需的课程资源支持，再美好的课程改革设想也很难变成实际的教学效果。必须强调，教材虽然是重要的课程资源，但不是唯一的课程资源。生物学课程资源十分丰富，应该重视校内外课程资源的开发与利用，针对教学实际要求和学校现实条件，积极开发与利用课程资源，提高教学质量与效益。

要加强实验室建设和地方（校本）课程资源的建设，加强生物学教师评价等的政策建设，加强探究性学习的评价研究，为生物学课程的探究性学习提供有力的支撑和保障。

对学科辅教辅学材料的开发、使用要加强指导，坚持辅教辅学材料的报批、审查制度，使不符合新课程改革要求的各种学科辅教辅学材料远离课堂，坚持教辅材料本校本化，编写出具有本校特色，知能合理，使用方便科学的教辅材料，使符合新课程改革要求的生物学教辅材料发挥应有的作用。

9.4 做好课程方案实施的评估工作　检查方案的实施情况，做到持续评估与阶段评估、过程评估与结果评估、课外评估与课本评估相结合。在评估中注意及时发现和总结符合新课程理念的新型教学范例、先进教学经验和优秀教师典型。针对课改中出现的新情况、新问题，及时研究对策，提出相关措施，评估、调控并规范课程改革中的相关教学管理和教学行为。

加强对新课程理念下的学科学习评价方法的研究，如研究评价主体的多元化、评价方式的多样化、评价内容的规范化、评价操作的科学化和人文化等，以促进新课程的实施按照预想的目标健康发展，促进师生在方案实施过程中全面提高基本素养和发展个性特长。要注意改变过去依靠期中、期末考试等纸笔测试的单一的评价方式评定学生的学业成绩，倡导评价方法和评价手段的多元化，努力全面而又有个性地评价学生的成绩和发展潜力，充分发挥评价在促进学生发展和成长中的作用。

纸笔测试的形式仍是新课程中评价学生学习的重要形式之

一，要按照新课程改革的要求，按照新课程的学科教学的要求进行命制。命题的形式、命题的内容等要有利于促进学生的素质提高和个性的发展。

广东省新课程生物学科高考命题回顾

宋建陵[①]

一、广东省生物高考变迁

1. 广东高考命题权的变迁

（1）全国统考阶段：从 1980 年开始，高考理工科类考试科目增加生物学科，由教育部考试中心统一命题，直至 1994 年。1995～1998 年，生物高考暂停。1999 年我省正式接受教育部高考科目改革试验任务，以“有助于高校选拔人才、有助于中学实施素质教育，有助于扩大高校办学自主权”为指导思想，推行“3＋X”方案。其中语文、数学（不分文、理）、英语 3 门为必考科目，每科 150 分，每一个考生都必须参考；高等学校根据专业的学科特点，办学水平和层次、生源的实际情况，自主地确定各专业的考试科目，考生根据自己的兴趣和特长，从物理、化学、生物、政治、历史、地理 6 门课程选考一门至两门（即“X”），每科 150 分。为增加高考命题的科学性，教育部考试中心为生物单科考试编写了《生物科考试说明》，生物单科考试的命题将据此《考试说明》进行。《考试说明》包括：考试的性质、考试内容、考试形式、试卷结构和题型示例几个方面。以后，凡高考形式、内容等方面的改革信息均在《考试说明》里提前公布。

（2）全国命题单独考试阶段：2004 年，根据教育部安排，教育部考试中心单独为广东高考命制“X”科试题（语、数、外三科由广东省教育考试院命题）。

（3）自主命题考试阶段：2005 年起，广东省教育考试院组织省内教师命制高考所有学科试题。

（4）理科综合考试阶段：2008 年 11 月，广东省教育厅公布了《广东省普通高校招生考试改革调整方案》，进一步完善新课程改革高考方案。从 2010 年起，考试科目设置为：“3＋文科综合/理科综合”。“3”为语文、数学、英语三科，其中数学分为文科数学和理科数学。文科综合包括思想政治、历史、地理三个科目，理科综合包括物理、化学、生物三个科目。每科 100 分，文

① 宋建陵，广州市第六中学．

科综合/理科综合共300分。

2. 广东高考生物试卷的变迁

	年份	试卷分值	试卷题型	试卷题量
全国统考阶段	1978～1994	30～70	单选题、简答题	不等
单独考试阶段	2004	150	单选题、多选题、简答题	42
自主命题阶段	2005年起	150	单选题、多选题、简答题	38～42
理科综合阶段	2010年起	100	单选题、多选题、简答题	未知

二、近三年广东生物学科高考命题特点

1. 试卷质量

（1）试卷结构比较

试卷结构		2005年	2006年	2007年	2008年
选择题（分值）	单选题	52	52	40	40
	多选题	18	18	30	24
	合　计	70	70	70	64
非选择题（分值）	必做题	80	80	65	76
	选做题	0	0	15	10
	合　计	80	80	80	86
试卷总分		150	150	150	150

（2）试题分值分布

各模块内容		2005年	2006年	2007年	2008年
必修	分子与细胞	72	52	44	45
	遗传与进化	30	36	39	42
	稳态与环境	48	62	52	53
	合　计	150	150	135	140
选修	选生物技术实践	0	0	15	10
	选现代生物科技专题	0	0	15	10
全卷合计		150	150	150	150

（3）试题区分度分布（抽样统计结果，按题目分值统计）

	2005 年	2006 年	2007 年	2008 年
0.4 以上(优)	20 题	99	111	113
0.4～0.3(良好)	16 题	18	18	17
0.30～0.20(尚可)	5 题	20	19	15
0.2 以下(差)	6 题	13	17	15
整份试卷满分	150 分(42 题)	150	150 (学生必做 135 分，选做 15 分)	150 (学生必做 140 分，选做 10 分)

注：2005 年试卷区分度统计方法不同于以后几年，填空题中每一空的区分度不完全一样，统计得出的试题总数超过了 42 题。

（4）试题难度系数分布（抽样统计结果，按题目分值统计）

	年份	选择题		非选择题	合计
		单选题	多选题		
0.1（难）	2005	0		0	0
	2006	0	0	0	0
	2007	0	0	0	0
	2008	0	0	0	0
0.10～0.30（偏难）	2005	1		0	1
	2006	6	3	6	15
	2007	2	12	15/0	29/14
	2008	0	9	10/0	19/9
0.30～0.70（适中）	2005	12		11	23
	2006	20	15	57	92
	2007	14	3	65/80	82/97
	2008	12	12	68/78	92/102
0.70～0.90（偏易）	2005	14		5	19
	2006	20	0	17	37
	2007	16	12	0	28
	2008	26	3	8	37
0.90～1.00（易）	2005	4		0	4
	2006	6	0	0	6
	2007	8	3	0	11
	2008	2	0	0	2

注：2005 年试卷难度系数统计方法不同于后几年，填空题中每一空的难度系数不完全一样，统计得出的试题总数超过了 42 题。

(5) 全卷统计数据表

		2005 年	2006 年	2007 年	2008 年
试题数		42	42	41	39
平均分		96.63	86.14	83.73	89.54
标准差		23.17	21.65	21.03	22.15
难度		0.64	0.57	0.56	0.60
区分度	选择题	0.36	0.35	0.29	0.31
	非选择题	0.96	0.95	0.95	0.97
	合　计	0.66	0.60	—	—
信度		0.89	0.88	0.84	0.90

通过上述指标分析，2008 年的高考试卷在吸取上一年教训基础上，通过完善试卷结构、调整各模块赋值、适当降低试题难度，做到了比较符合新课程改革的发展方向，这也为今后的高考命题提供可借鉴的经验。

2. 试题特点

(1) 凸显新课程的基本理念

普通高中生物课程主要是发展学生的科学探究能力，帮助学生理解生物科学技术与社会的相互关系，增强学生对自然和社会的责任感，促进学生形成正确的世界观和价值观。因此，“提高生物科学素养”“倡导探究性学习”和“注重与现实生活的联系”是《普通高中生物课程标准（实验）》的基本理念。

2005 年广东卷的信息量和开放度都比较大，综合性也较强，在联系实际、加强实验等方面给予了足够的重视。这与广东已经开始实施新课程的大背景是相适应的，这对引导中学积极开好实验课，加强教学的开放性和探究性都是有利的。

2006 年高考生物科广东卷延续了历年高考对生物科学素养的考查，重视对实验与探究能力、批判性科学思维的考查，注重以现实生活、生产实际为情境来考查考生运用生物学知识分析和解决现实生活中实际问题的能力，关注社会热点和学科研究进展，体现了新课程理念，对基础教育课程改革和高考改革具有积极的推动作用，对新课程背景下的生物学教学具有积极的引导和促进作用。例如：

第 10 题以广东省考生熟悉的鼎湖山为背景，考查考生运用生物学知识解析生活现象的能力，使考生进而认识到我国建立自然保护区的重要目的和意义。通过此题考查，可激发考生热爱家乡、热爱自然的情感，使他们懂得如何利用和保护自然，这对中学生的情感态度与价值观教育具有积极作用。

第 24 题以 2005 年的诺贝尔生理学和医学奖为背景材料，将落脚点放在考查原核生物的结构特点和新陈代谢类型等生物学基础知识上，考查考生对学科内不同领域基础知识的理解和综合运用能力；要求考生在学习生物学知识的同时，要经常关注生物科学技术的进展及其与社会的相互关系，体现了“注重与现实生活相联系”这一新课程理念。

第 42 题以光合作用早期研究最具代表性的海尔蒙特的柳树实验为背景，设计有关光合作用方面的试题。本题文图表并茂，要求考生能用准确的专业术语、图表来呈现研究结果，阐述观点，并具有处理图表、图文、表文信息的转换及绘图能力。本题旨在引导学生关注自然科学史，掌握生物科学研究的基本方法；能够根据实验现象做出合理判断，利用数学方法处理和解释数据，呈现实验结果；充分理解和掌握光合作用的本质，并能将理论知识灵活应用于生产实践中。这与课标中的“提高生物科学素养”和“注重与现实生活的联系”等理念相吻合。

2007 年广东高考生物学试题注重探究能力（如第 32 题、第 34 题)、信息处理能力（如第 35 题、第 36 题、第 37 题、第 39 题)、语言表达能力、图表曲线应用能力（如第 7 题、第 36 题、第 37 题、第 38 题）和生物技术的应用能力（如第 40 题、第 41 题）的考查。

（2）重点突出主干知识

主干知识是指教材中所占分量比较多的、教师讲课反复强调的、近三年高考出题比较多而且分值比较高的知识。例如，光合作用、细胞呼吸、细胞分裂、遗传定律、基因与性状的关系、遗传信息的表达、生命活动的调节、种群及群落特征、生态系统的能量流动，物质循环等这都是主干知识。

2005 年试卷考查的知识点覆盖了考试大纲中所列考点（二级标题）的 90%，试题覆盖面很广。从各知识点所占分值来看，“遗传、变异和进化”“生物的新陈代谢”和“生命活动的调节和免疫”等主干知识的分值高达 85 分，占总分的 56.67%。“细胞”和“生物与环境”等重要知识的分值为 22 分，占总分的 14.67%。“生命的物质基础”“生物的生殖与发育”和“微生物与发酵工程”等其他知识的分值仅 10 分，占总分的 6.67%。

2006 年试卷中“遗传、变异和进化”“生命活动的调节和免疫”“生物的新陈代谢”“生物与环境”和“细胞”等生物学核心知识的分值高达 107 分，占总分的 71.33%。“生命的物质基础”“生物的生殖与发育”和“微生物与发酵工程”等其他知识的分值仅有 13 分，占总分的 8.67%，主干知识重点突出。

2008 年试卷中考纲二级知识内容覆盖率达 95%，细胞结构和功能、遗传定律、生命活动的调节、免疫、种群与群落、生态系统以及环境保护等内容均有较高的分值分布。

(3) 重视实验、探究能力的考查

生物学是一门以实验为基础的自然科学，生物科学的每一个原理、现象、知识点都可以通过实验来探索、验证，同时观察和实验是生物科学研究的重要方法，是学生获取感性知识的重要途径，是实施素质教育的良好切入点。

生物学高考对实验的考查，侧重于“能理解所学实验的目的、原理、方法和操作步骤，掌握相关的操作技能，并能将这些实验涉及的方法和技能进行综合的运用，以及具备验证简单生物学事实的能力，并能对实验现象和结果进行解释、分析和处理，能对一些简单的实验方案作出恰当的评价和修改”两方面。高考中的实验设计，实验结果的预测、解释和分析，收集研究对象的信息，归纳总结出规律性的认识以及对实验过程、结果的表达和交流能力，都属于科学探究能力的范畴。

从以往的实验试题来看，植物生理类实验设计题是重点类型，这主要与植物易于培养和进行实验有一定的关系。环保类设计题无疑是一个潜在的重点题型，应予以足够的重视。从总体情况看，今后高考实验设计还是以植物生理类实验和环保类实验为主。

年份	实验题数目	试题占的分数	考查层次
2005	7	33	分析实验、设计实验
2006	7	30	分析实验、设计实验
2007	8	31	分析实验、设计实验
2008	9	33	分析实验、设计实验

2005 年考查有关实验与探究能力方面内容的有 7 题（选择题 4、13、14、32；非选择题 36、39、42），共 33 分，占总分的 22%。实验考查内容包括“生物组织中还原糖、脂肪、蛋白质的鉴定”“高倍显微镜的使用和观察叶绿体”“细胞质流动的观察”“叶绿体中色素的提取与分离”和“DNA 的粗提取与鉴定”等。考查实验分析能力的有 1 题，有填空题和问答题，共 11 分，内容

为“探究温度对荔枝果皮内多酚氧化酶活性的影响”。考查根据研究目的设计探究实验，并对可能的实验结果进行预测和分析的综合能力有1题，为问答题，共10分，内容为“探究不同浓度重金属污染对水稻种子萌发和生长的影响”。

2006年考查基础实验中实验原理、方法步骤和注意事项等方面知识的有4道题，有选择题和填空题，共9分，内容包括“观察植物细胞的质壁分离与复原”“调查人群中的遗传病”“观察植物细胞的有丝分裂”“淀粉酶对淀粉和蔗糖水解的作用”和“温度对酶活性的影响”等。考查研究性学习内容有1题，8分，内容为“设计并制作生态瓶、观察生态系统的稳定性”。考查实验设计能力有1题，为2分，内容为“设计实验来验证雄激素与动物性行为的关系”。考查根据研究目的设计探究实验，并对可能的实验结果进行预测和分析的综合能力有1题，问答题，共9分，内容为“探究有机污染物对水生软体动物雌性个体的致畸作用”。这是一道开放性的实验设计题，要求考生具有较强的实验能力，只有平时亲自做实验，真正参与了研究性课题的具体实验设计和操作，才能在较短的考试时间内答好试题。它可以引导高中生物学教学重视开展探究性实验和研究性课题。

2007年试卷改变了以往以单一实验题考查探究能力的方式，将对实验、探究能力的考查渗透到各题干、选项和解题思维过程中。多道试题将常规实验与探究、实验能力与理论知识融合考查，设置开放性的小问题呈现对创新思维的考查，使试题对探究能力的考核形式灵活多样。

试卷中考查有关实验方面的内容有9题，必修部分7题，共27分；选修部分2题，共8分，选考第40题（6分）实验内容8题，共33分，选考第41题（2分）实验内容8题，共29分，平均31分，占总分的20.67%，符合考试大纲说明实验内容比例约占20%的要求。

从2007年开始广东高考生物卷却没有出现单纯的考查学生设计并书写完整、系统的实验过程的试题。事实上考查学生的“实验与探究能力”从来都是生物学科高考命题永恒不变的旋律，也是生物学高考为国家发现和选拔有创造性思维和创新能力人才的有效手段。我们完全可以从多角度、多层面对“实验与探究能力”开展内容丰富、形式多样的考查评价，如2008年生物学科高考卷第35题“完善兔水盐代谢调节的实验报告”就是一个很好的实例，这也为我们奠定了命题的指导思想和指明了命题的方向。

(4) 突出地域特色

教育为当地经济服务，一些与本地经济发展有关的特色性内容，是各地自主命题的重要素材。广东高考生物卷具有鲜明的华南地域特色。

2005 年第 40 题是有关赤潮的发生及其对海洋生态系统和人类健康的影响。广东地处南部沿海，由于人类活动的影响赤潮灾害频发，已经引起全社会的关注。第 42 题是实验探究荔枝的最佳保鲜温度。荔枝是岭南名果，而荔枝保鲜一直是一个世界性的难题，对荔枝保鲜实验探究的选题和生产及考生的生活联系密切。

2006 年高考题中提到的鼎湖山国家级自然保护区，2007 年华南山地丘陵地区常见的生态农业模式“猪—沼—茶”、甘蔗产区利用甘蔗生产燃料酒精、香蕉大规模快速繁殖，2008 年用乙烯利催熟香蕉等，均具有浓郁的广东特色。

(5) 体现学生个体的选择性

新课程改革的一个特点是要体现学生个体的选择性，但目前我国高考统一考试的特点，又决定了高考需要在统一的标准下体现公平性。从 2007 年起，广东高考生物学科试卷设置了两道选做题，内容为现代生物科技专题、生物技术实践。命题者力求做到情境、赋分和答题空间、考查的能力层级等基本相同，考查的内容难度基本等值。2008 年的两道选做题，分值由 2007 年每题 15 分减少为 10 分，小题数由 6 题减少为 4 题，以便考生有充足的思考和选择时间。

2007 年第 40 题考查考生对生物技术实践模块中的植物组织培养、特殊微生物的筛选及应用、酶的应用以及 PCR 技术的基本操作和应用等内容的掌握；考查考生理论联系实际，针对生物学问题进行初步研究，设计实验路线，对实验结果和现象进行正确的分析与判断，综合运用所学知识解决实际问题的能力。第 41 题涉及香蕉大规模快速繁殖技术，抗冻蛋白基因对提高农作物的抗寒能力，通过转基因技术获得抗寒能力提高的香蕉植株，考查考生对细胞工程、基因工程及蛋白质工程等现代生物科技内容的掌握，考查考生对转基因生物的安全性问题的理解；考查考生能否合理运用现代生物科技手段解决自然界和社会生活中的生物学问题。

2008 年第 38 题以环境污染问题为切入点，选用环境污染物的生物处理为情境，试题采用流程图的方式，阐述了从环境微生物中分离培养出降解苯酚的微生物，用于环境污染物的降解这一过程，背景材料用较少的文字表达较丰富的内容；第 39 题采用工业发酵中的重要问题为情境，考查考生利用基因工程解决生产实际问题。

（6）考查信息处理能力、图表应用能力

对生物学图表的阅读和分析能力，运用图表准确地描述生物学现象、生物学过程和构建生物学模型的能力，是考查考生生物科学素养的主要方式，也是考试大纲的考核目标和要求。主要包括：用文字、图以及数学方式进行表达的能力；用比较、分析与综合等方法进行解释、推理和判断的能力；运用实验建模等科学研究方法进行初步探究的能力。可以说，“能力考查”是贯穿全卷的主线。

2006 年生物学试卷非常强调对考生生物学图表的分析和应用能力的考查。选择题中第 2、7、12、15、17、27、28、29、31 题共 9 题，非选择题中第 33、35、38、39、42 题共 5 题，考查了学生对生物学图表的分析和应用能力，分值高达 43 分，占总分的 29%。

2007 年试卷继续延续 2006 年注重对生物学图表的分析和应用能力的考查的思路，选择题中第 3、7、14、25、26、30 题，非选择题中第 33、35、36、37、38、39 题，考查了学生对生物学图表的分析和应用能力，分值高达 50 分，占总分的 1/3。特别注重考查能运用图表表达生物学过程和准确描述实验现象的能力，如第 35 题（4）“画出稻—萍—鱼生态系统的能量流动图”，第 38 题“（1）画出反应过程中谷氨酸浓度随时间变化的曲线；（2）画出理想条件下 CO_2 浓度随时间变化的曲线；（3）画出酶催化反应速率随酶浓度变化的曲线”。

年份	试题数量	试题分数
2005	9	52
2006	12	54
2007	11	53
2008	9	53

2008 年试卷的阅读量明显较 2007 年少，并且全卷中图表数量分别为 5 和 3（2007 年为 8 和 2，2006 年为 8 和 7），为 3 年来最低。阅读信息量下降，图表数量下降。由于命题类型上向“直接设问”方向回调。虽然考生提取图表信息并加以分析运用的能力有所提升，如 2008 年单选题中 3 道图形题的平均难度为 0.84，

但当呈现图形与常见图形有细微区别时，考生仍容易出现失误，如2008年的第34题。

（7）注重考查解决实际问题的能力

通过生物学与现实生活、生产实践和人体健康等方面的联系，考查解决实际问题的能力。试题大都采用现实生活、生产实践相关情境进行设问，关注人体健康，关心社会热点问题，涉及人类疾病、医学治疗、农业生产、环境保护等领域的内容。试题注重生命科学重大进展对生物学的渗透，如体外植皮、太空育种、基因诊断、转基因作物等。试题的解答过程都要求考生具有很强的分析、归纳总结和应用能力。

2005年高考生物学科试卷注重与生产、人类健康和环境保护的联系，较好地体现了考试大纲中“能运用所学的生物学知识、观点解释和解决生活、生产、科学技术发展和环境保护等方面的一些相关生物学问题”的能力要求。第34题要求学生应用营养物质在体内相互转化的关系解释糖尿病患者不宜多吃富含蛋白质食物的原因以及导致人体发胖的主要原因。第39题实验探究电镀厂含重金属的废水对水稻种子萌发和生长的影响，关注环境污染对工农业生产及可持续发展的影响。第40题是有关赤潮的发生及其对海洋生态系统和人类健康的影响，广东地处南部沿海，由于人类活动的影响赤潮灾害频发，已经引起全社会的关注。第42题是实验探究荔枝的最佳保鲜温度，荔枝是岭南名果，对荔枝保鲜实验探究的选题和生产及考生的生活联系密切。

2007年第35题，以现代农业防虫技术为背景，考查考生对生态学知识和分析归纳方法的掌握，考查构建知识网络、作图、获取信息、运用知识指导农业生产实践等能力；第37题，以环境污染问题为切入点，考查考生对生态学主干知识的理解，考核处理信息、实验、综合分析和解决实际问题等能力；第39题考查考生对细胞与遗传学核心知识的理解，构建知识网络、读图和综合分析能力等，有利于考查考生的生物科学素养。

2008年试题采用现实生活、生产实践相关情境进行设问。试题素材涉及人类疾病、医学治疗、农业生产、环境保护等多个领域的内容。如第7题的21三体综合征、第8题的改良缺乏某种抗病性的水稻品种、第13题的艾滋病、第14题的菟丝子和果树关系、第20题的糖尿病、第22题的“老年斑”、第28题的“裸鼠”的免疫功能、第31题的乙烯利催熟香蕉、第32题的水华与生物修复、第38题的降解苯酚的细菌菌株筛选等。这些试题通过现实生活及生产中的具体情境，考查了考生能够运用所学生物学知识解释现象、分析问题、解决问题的能力，反映出生物学基础知识与社会生产、生活实践的紧密结合，引导考生加强实践能力的培养。

3. 命题素材

（1）源于大学教材

高考试题的命题者多数是大学教授，因此，大学教材自然就是他们的命题素材。高考生物学科试卷中的很多图表、数据、背景材料都是出自大学教材。例如：2006 年第 33 题“植物对矿质元素吸收和利用”的图和表中数据、2007 年第 39 题“减数分裂中四分体中的非姐妹染色单体之间交换图”、2008 年第 34 题“甲状腺激素分泌调控模式图”等均来自《植物生理学》《细胞生物学》《动物生理学》等大学教材。

（2）源于中学教材，又高于教材

中学教材是《大纲》的载体，“依纲靠本、强调覆盖”是高考命题的重要特色，即试题素材的重要来源是课本，包括课本的文字、图表、公式、数字等内容，包括许多细节内容。如 2005 年高考卷第 38 题“人大脑皮层躯体运动代表区功能示意图”，是对必修本高级神经中枢调节的“人类大脑皮层第一运动区与躯体各部分的关系示意图”……

不少实验题材源于初中和高中教材，但不是教材内容的直接呈现，或是作了巧妙的处理，或是变换了设问的角度，或是改变了实验的条件、实验材料和实验进程，或是把原因与结果进行了互换，让同学们感觉到似曾相识，但又有深刻的变化。2006 年高考题“质壁分离、唾液淀粉酶对淀粉和蔗糖的作用、人类遗传病的调查、生态瓶制作”、2008 年第 37 题“探究温度对两种淀粉酶活性的影响”等考查了课本的实验、实习内容。2007 年广东卷第 32 题主要考查对课本中“叶绿体色素的提取和分离”实验的掌握情况，虽然是验证生物学事实，但考查了处理生物学实验现象和结果的能力，同时该实验考查考生对实验初步探究的能力。

（3）源于研究性学习和科研成果

如 2005 年高考第 42 题“探究温度对荔枝果皮内多酚氧化酶活性的影响”、2006 年第 37 题“有机污染物对水生软体动物雌性个体有致畸作用”和 2007 年第 34 题“了解下丘脑与其他内分泌腺之间的功能关系”的实验，就是来源于研究性学习或者科研项目。

三、近四年广东生物学高考命题中存在的问题探析

1. “纲”与“本”的矛盾

高考生物科的命题仍然是以基础知识的考查为主，尽管命题的素材很多来自课外，但往往是“题在书外，理在书内”。解题时必须以课本基础知识为依据，以问题为中心向教材求索，找出解答试题的知识点并组织答案。所以，在准确审题，明确试题问的是什么，要求是什么，给的条件有哪些后，就要把试题的设问和从材料中得到的有效信息与教材上的相关知识点有机地联系起来，即将所学知识与试题要求准确“链接”，并进行重组和整合。可见，熟悉教材对取得满意的高考分数有极为重要的作用。

目前，在广东省内广泛采用的高中生物学教材主要是人教版，苏教版次之。这些教材在编写内容、形式上虽各有特色，但是在体现《大纲》要求上都或多或少存在某种不足。例如两套教材中有一些概念不同、对某些知识的描述和实验的要求也不一样。学生以不同的教材为蓝本参加高考，可能会影响其考试成绩。

2. 规范化命题的问题

（1）试卷结构的不稳定性

2005 年、2006 年的高考试题的题型题量比较稳定，2007 年突然减少 6 道单选题，增加 4 道多选题、1 道选做题，2008 年又在 2007 年的基础上试题总量减少了 3 题（2 道多选题、1 道非选择题），2009 年的高考试题的题型题量肯定又会发生变化。高考试题的这种漂浮不定的变化，反映出相关部门决策能力的不成熟性，这将极不利于中学生物学教学。

（2）试题难度的不可控性

2006 年、2007 年的试卷平均得分为 86.14 分、83.73 分（此数据的可信度一直受到质疑），试题难度的不可控性从中反映得淋漓尽致，除了与学生基础有关外，命题队伍不稳定、不太了解学情、事先未做仔细调研等因素也影响了试题的质量。

3. 2007 年高考生物学试题的问题探讨

2007 年的高考是广东省实行新课程改革后的第一次高考，由于经验不足，生物（“X”科）考试结果与命题意图出现了较大偏差。具体表现在：

（1）题干较长，学生的阅读量、书写量大

与 2006 年的生物学高考卷相比，2007 年高考卷的题干太长，比 2006 年的字数多 2 340 字，比 2007 年的语文卷的字数还多 300 字左右。这样学生花去许多时间读题，留下思考的时间很短，因此，严重影响学生答题的质量。2007 年生物学科高考试卷的标准答案的字数是 2 015 字，比 2006 年多了 700 多字。其中的 41 题的标准答案有 616 字，相当于一篇小作文，很多学生反映做不完题。

（2）试卷的结构和题型的变动幅度较大

单项选择题由原来的26道题减少到20道题，分值由原来的52分降到40分，同时每一道选择题基本上要考考生4个左右的知识点；多项选择题由原来的6道题增加到10道题，分值由原来的18分增加到30分，而多选题中漏选不得分。这样一来，明显地增加了试卷的难度。首次增加选修内容（《现代生物科技专题》或《生物技术实践》），占15分，这部分知识与当今生物科学的前沿有着密切的关联，由于许多知识是近期发展比较快的新内容，这给教师的教和学生的学带来一定的困难，这样又再次增加非选择题的难度。

（3）新情境试题较多，加大了试题难度

新情境试题的大量出现，大大增加了阅读量和思考量，而导致许多考生难以完卷，题目给考生带来的“难度感”达到了历史最高。

（4）命题者缺乏对考生实际水平的了解

命题人员缺乏对新课程的认真研究，导致个别试题超出了中学教学的实际水平。试题在体现新课程理念方面做出了巨大的努力，但也显示出处在“尝试”和“探索”阶段的新高考命题工作举步维艰。

四、对广东生物学科高考命题的几点建议

1. 遵循《考纲》和《考试说明》

《考试说明》是为了更好地贯彻《考试大纲》，结合本地实际编写的，它应该与《考试大纲》是统一的。只是在命题和指导考生备考方面比《考试大纲》更具有直接的指导作用而已，正是因为有这样的作用，它才有存在的必要。

高考命题要适应使用经全国中小学教材审定委员会初审通过的各版本普通高中课程标准试验教科书的考生。按照这一规定，高考试题应该适应考生实际，而不是相反。它体现了主管部门遵循课改要求，着力推行教材多样化而稳步推进课程改革的意志，也是消除因使用教材版本不同而在高考中产生不公平现象的重要举措，是促进广大中学师生一心一意利用所选定的教材开展课改的重要保证。可见，若考试内容是某一版本教材上有而另一版本所没有的，或者说，使用某一版本教材更能应对高考，就可认定其与《考试说明》不符。命题者应该遵循《考纲》和《考试说明》，避免教材不同带来分数的差异。

2. 完善命题队伍及命题程序

（1）大学教师与中学骨干教师相结合

虽然说“教考分离”是教育行政部门赋予命题者的权利，但是，从调控中学教育出发，大学教师有必要了解中学教育现状，命题时要做到心中有数，有的放矢。适当吸纳不同地区的一线骨干教师参加命题队伍，可以避免命题中出现诸如试题超纲、答案不准确等方面的纰漏，提高命题的质量。

（2）征题与组题相结合

建立省级招生考试题库，可以保证试题出来后的科学性、稳定性、保密性。这种做法不太可能出题目，对于考生来讲相对增加了考试的公正和公平性，同时也增加了命题的安全性和考试实施的便利性。题库中的试题可以来源于大学、中学一线教师，也可以调用题库中的试题进行再创造。

3. 建立适当的调控机制

命题前调研、命题中反复推敲、命题后考试前最好能找中学教师做做。试题中用到的材料不要脱离学生实际、尽量避免城乡学生差异，体现高考的公平性，对新情境新材料题应反复斟酌、仔细求证。

4. 尽量保持试卷的稳定性

适当减少多选题题量，降低选做题分值，留给考生更多的思考时间，以利于对学科核心知识和学科能力的考查；适度调整多选题的赋分方式，使得易、中、难题的比例基本恰当，以利于将不同层次水平的考生区分开来。在情景设计上采用现实生活或生产中的实际现象或问题，注意精练题干，尽量让考生能够快速、准确获取有效信息；非选择题的参考答案，力求严谨准确，适量减少作答量，让绝大多数考生都能在规定的时间内完成，确保试卷具有良好的效度。

高考改革，是一项长期而艰巨的工作，本文旨在通过总结近四年高考生物学命题的经验教训，为今后的决策提供参考意见，偏颇之处，文责自负。

衷心感谢：《广东高考年报》（2005、2006、2007、2008）提供的统计数据；林祖荣、夏献平老师有关高考生物学科命题的评价对本文影响较大；本文的写作受到了网上相关文章的启发，因作者不详，故一并致谢。

江苏省新课程高考方案对高中生物学教学的影响

袁茂坤[①]

从 2000 年至今，江苏高考方案经历了“3＋小综合”（对应反向会考）、“3＋大综合”“3＋2”和现行高考方案。10 年高考换

① 袁茂坤，江苏省铜山县教育局教研室.

了四种方案，越改师生的意见越大。“3＋小综合”（对应反向会考）高考方案，有利于中学正常教学秩序的维持，有利于考生形成适应高校专业学习所需要的认知结构，有利于学生认知结构的完善，如果当时反向会考功能再恰当些，这就已经是一个比较完善的高考方案。“3＋2”高考方案虽然有利于中学正常教学秩序的维持，但不利于考生形成适应高校专业学习所需要的认知结构，在学生选“2”上出现了很大的偏差，以至于出现部分学理工的学生没有必要的物理基础，学农医的学生没有必要的生物学和化学基础。现行高考方案除保持“3＋2”高考方案的不足之外，还出现了语、数、外三科总分与两门专业学科等级的恰当组合问题，这不仅增加了学生学习的难度，而且对学生总体学习水平缺乏客观公正的评价。该高考方案出台后，对我县高中生物教学也产生了很大的影响。

一、对高中生物学必修班水平考试教学的正面影响

由于高中生物学必修水平考试有C等级和A等级功能，因此学校和考生对高中生物学必修课教学很重视。在必修班教学的管理中，我们首先确保全体考生必须在省级会考中得到C等级；在此基础上帮助优秀考生得到A等级。在必修班的教学中，我们针对课时单点内容、课时整体内容、课时内容与前置教材内容（复习课为前后教材内容）及其与背景材料的联系，帮助学生主动构建学科理论；指导学生运用学科理论解决相关的问题，取得了良好的教学效果。在2007年省生物学科必修水平考试中，我县高中生物学科过A率为23%，过C率为98%。在2008年省必修水平考试中，我县生物学科过A率为22.3%，过C率为95%。2009年江苏必修水平考试1A加1分，4A加5分，修改后A等级功能更趋合理。笔者认为江苏高中必修水平考试等级功能的设置，对新课程必修学科教学要求的落实和必修班教学秩序的维持起到了促进作用。

二、对高中生物学选修班水平考试教学的负面影响

江苏语数外加等级高考方案过度强化了语、数、外三科的升学功能，显著地弱化了生物学等六门选修升学的教学功能，干扰了生物学等六门选修学科的正常教学秩序，影响了新课程方案的全面实施。

1. 2008年高考方案对高中生物学选修班水平考试教学的影响

江苏2008届高考的本科划线是先看双B等级，再看语、数、外三科考试成绩，且录取方案和划线方案基本一致。在此背景下，我们提出了抓语、数、外三科考试成绩与生物学等两门专业学科考试等级聚合的教学工作思路。

在抓双B同语、数、外聚合的过程中，凡语、数、外总分过二本预估线的考生，看两门专业课是否都过B（各科按50%划定，对我县是恰当的），对专业课不过B的考生要进行分层教学（县教研员和学校都要下帮扶考生名单，待下一次模拟考试再分析汇总评价，如此重复）。从统计结果看，凡是分层分类教学工作做得好的教师，被帮考生过双B的效果特别好。对语、数、外三科成绩过一本预估线（高于二本预估线30分以上）的考生，要关注其专业成绩达到AB及AB以上等级。对语、数、外三科成绩过三本预估线（低于二本预估线30～40分）的考生，要关注其专业成绩达到BC及BC以上等级。在我县教研室的指导下，各校出台了双B同语、数、外本科成绩聚合的过程奖励和结果奖励方案。

由于各类专业等级是按学科考生人数百分比划分的，考生个体专业等级的稳定性需要师生双方的监控和维护。高三学生在市县级大型考试之后，市县教研室都要确定六门专业A、B级的预估分数线。在过专业A、B等级预估分数线的考生中，实得分减去A、B等级分的差值越大，则考生的专业成绩越稳定；反之，则考生的专业成绩越不稳定。对专业成绩稳定的考生，他们只需进行常态学习即可；对专业成绩不稳定的考生，他们则需要相关的专业教师提供相应的学习帮助。把A、B专业等级不稳定考生转化为稳定考生，需要生物学等学科任课教师对考生进行具体的学习指导。

在2008年复习备考中，我县高三生物学教师从提高课堂教学效率和强化学生学习管理两个方面开展工作。在提高课堂教学效率的过程中，我们针对课时单点内容、课时整体内容、课时内容与前置教材内容（复习课为前后教材内容）及其与背景材料的联系，设计四个层次的知能合一型的学习情景，引导学生主动学习和训练。在强化学生学习管理的过程中，我们把A与一本等级、B与二本三本等级联系在一起，强化生物学科等级的过程管理和调控。

由于不同学生对专业等级的需求存在差异，这种需求差异与学生的专业学习能力并不对等，这给高三生物学教师的教学和教学管理带来了很大的困难。一位高三生物学教师很无奈地说："学生的等级考好了可能没用，学生的等级考差了不能上本科，帮助学生都考得恰到好处太难了"。2008年我县高三考生共有8 927人，语、数、外超300分的考生共2 251人，其中过双B的考生 1 895 人，没过双 B 的考生 356 人；两门专业成绩过双 B 的考生是3 471人，其中没达 300 分的考生为 1 486 人；全县共有 1 847 人没能实现语、数、外与双 B 等级的有效聚合。

从 2008 届物理生物班教学过程看，虽然高三生物学教师的工作有点无奈，但是不同层次学校高中生物学科的教学秩序还算正常。从 2008 届物理生物班高考成绩看，凡语、数、外成绩、物理成绩、生物学成绩有一类成绩出现高低偏差的学生都受到了伤害，这是高考方案对学生总体学习水平缺乏客观公正评价所致。

2. 2009 年高考方案对高中生物学选修班水平考试教学的影响

影响 2009 届高中生物学选修班教学的诱发因素主要来自两个方面。一方面，在 2008 年高考录取方案中，由于专科对选修学科等级几乎没作要求，部分选修学科 BC 等级的学生可以上二本；另一方面，江苏 2009 年高考微调方案把语、数、外三科成绩作为本科划线的依据，把语、数、外三科成绩和专业等级作为本科录取的依据（省教育厅把专业等级的要求放给高校决定，高校对专业等级要求迟迟不出台）。江苏 2009 年高考微调方案出台后，笔者对全省 13 个大市 36 所不同星级高中的高三生物学教师进行了交流，同时对我县 7 所高中进行了为期半个月的教学视导。调研结果显示，全省普遍出现了进一步强化语、数、外三科教学，不同程度地弱化生物学等六门选修学科教学的现象。

从领导层面看，部分学校主要领导首先看重的是本科上线率，其次才是录取率，这种观点对学校高三生物学等六门选修学科教学产生了很强的负面作用。在我县强化语、数、外三科教学，弱化生物学等六门选修科教学是普遍现象。

从全省地域层面看，语、数、外三科成绩越突出的地区，生物学等六门选修学科教学越正常；反之，则越差。从我县七所高级中学的现状看，四星级高中大多数学生对生物学等专业课的学习很重视；三星级高中大多数学生对专业课的学习很懈怠，其中准备考专科的学生已基本放弃了生物学等专业课的学习。全省每年有 50 多万高三考生，约 6 万一本考生的专业课需要达到 AB 或以上等级，7 万左右二本考生的专业课需要达到双 B 等级，6 万多三本考生的专业课需要达到 BC 等级，对其余 30 多万考专科的考生几乎没有专业课的学习要求，这将对我省高中新课程方案的全面实施产生怎样的影响？

从周课时开设及效度层面看，我县两所四星级高中高三生物课学由每周 7 节课降为每周 4 节课；我县三星级高中高三生物学课由每周 7 节课降为每周 3 节课；语、数、外三科每周开课由 8～9节课升至 10～12 节课，高三学生对生物学等六门选修学科学习的重视程度明显降低。语、数、外三门学科增加周课时数，教学成绩并没有显著提升；生物学等选修学科减少课时，成绩却显著下滑；语、数、外三科成绩优秀者与双 B 等级的聚合度明显降低。

从课堂教学层面看，由于周课时的锐减，大而话之的课堂教学是普遍现象。如在生物专题理论构建的教学过程中，由于学生对概念原理遗忘得较多，教师忙于矫正学生的误差，没有时间充分地揭示知识间的内在联系，把专题理论整合到位。在生物学试卷评讲课的教学过程中由于课时所限，教师只能对难度大的试题进行针对性的矫正，没有时间进行基本题型的归类和解题方法的总结。

从学生学习层面看，由于学生的生物选修课学习时间严重不足，学生对生物学科理论掌握程度较差，优秀考生对学校生物学选修课的课时设置太少意见很大。在本学期教学视导中，我们在四所高级中学召开物理化学、物理生物、历史政治、历史地理等组合班级学生的座谈会，学生一致要求学校增加生物学等六门选修课的周课时数，提高语、数、外三科成绩和两门选修课等级的有效聚合。部分学生对校方重视过线率轻视录取率的做法表示了强烈的不满，他们希望学校尽快改变这种教学现状。

从 2009 年我县当前复习备考过程看，生物学科每周开课 3～4节，高三生物学教师难以开展正常的学科教学活动，学生难以实现生物学等学科考试大纲所规定的学习目标，教师和学生的怨气都很大。我县教研室根据生物学等选修学科的教学现状和学生的强烈要求，提出了针对一本、二本抓五科聚合度的整改意见，目前高三生物学科的教学现状略有好转。

高考录取方案既涉及千家万户的利益，也是受社会各界高度关注的政治问题。2009 年江苏高考方案微调意见出台后，受本科划线和本科录取标准不一致因素的影响，多数学校开始弱化两门选修学科的教学，这将会影响考生的本科录取。笔者希望省教育厅能结合高校对专业等级的需求，把 2009 年本科划线与录取统一起来，把专科录取同专业等级结合起来，以确保高中生物学等六门学科基本教学秩序的维持。同时也希望江苏能实施“3＋小综合”高考方案（把对应的反向会考功能再强化些），这样做有助于高中新课程的实施，有助于中学正常教学秩序的维持，有助于考生进入高校后专业课的学习，有助于客观公正地评价考生的总体学习水平，同时也没有增加学生的学习负担。

浙江省高中生生物学习方式的调查分析

周　阳[①]

摘　要　通过问卷调查的方式了解新课改下高中生生物学习方式有所改观，但要从根本上改变学生的学习方式，还需要生物学教育工作者们的不断努力。

关键词　学习方式　高中生物学　课程改革

1　基本情况说明

1.1　调查的目的

教育部《基础教育课程改革纲要（试行）》在课程改革的6个具体目标中，关于转变学生学习方式的目标就有2个，因此转变学生学习方式是这次课程改革的重点之一，是关系课程改革成败的主要标志。2006年浙江省进入新课改，生物学是高二开设的课程，故到2007年学生开始使用新教材进行生物学的学习。新课改实施前后高中生生物学习方式的状况如何？笔者对使用老教材的高三学生和使用新教材的高二学生进行了问卷调查，期望从中了解新课改对学生学习方式的改变状况。

1.2　问卷设计的情况

此次调查使用的《高中生生物学习方式调查问卷》是由笔者自制完成的。笔者在研究前人此类调查问卷的基础上，主要参考了浙江省宁波市教研室的《初中学生学习生物学的心理特点调查表》和广州教育学院的《学习生物学心理调查表》，并以《高中生物课程标准》中的各项要求为依据，从现阶段我国高中生物学教育的实际情况出发，编制出调查问卷。

1.3　问卷发放的情况

本次调查的时间为2008年4月，调查的对象为浙江省金华市重点中学高二、高三理科班学生。本次调查共发放问卷240份，收回问卷240份，有效问卷225份，有效回收率为93.75%。

2　调查结果分析

本次调查是在第二学期期中时进行的，高二学生学习了一个多学期的生物学课程，与没有接受过新课程的高三学生相比，他们的学习方式到底有没有发生本质的变化？为了研究这一问题，笔者在问卷统计的过程中将高二、高三的问卷分开统计，从而了解课改前后高中生生物学习方式的状况。期望从学生学习方式的角度对高中生物学新课程改革给出一些参考，为课程改革的顺利推进做一点工

① 周阳，浙江师范大学教师教育学院.

作。笔者从以下几个方面对问卷进行了分析。

2.1 对待生物学习和学习成绩的态度

从统计结果来看（详见表1），高二学生更明确研究生物学问题的一般方法，更关注自己的学习方法是否得当，他们意识到了学习方式的重要性，他们中更多的人了解“研究生物学问题的一般过程”；高三学生则更能从生物学习中获得乐趣和成就感，更愿意去探究开放性问题，对于学习方法他们相信下工夫才是硬道理，绝大部分的高中生“努力学习生物学主要是为了在高考中取得好成绩”。面对高考，高三学生比高二学生有着更急切的愿望，因为高考对他们来说近在咫尺。在提倡素质教育的今天，基于高考升学的压力，绝大部分高中生认为“生物学习是有时喜欢但有时又感到烦恼的事”，他们最关注的是能否在高考中取得好成绩，他们对生物学的学习仍旧是延续“死记硬背”的模式，重结论轻过程，缺乏对生物学学习过程的反思，因此表现出学习方法不适用、学习能力低下、学习效果不高、学习积极性受挫的现象。

表1 “对待生物学习和学习成绩的态度”统计结果

问题 \ 选项内容及百分比	调查结果 A	B	C	D
您觉得学习生物学是一件	经常使自己享受到乐趣和成功的事	有时喜欢但有时又感到烦恼的事	不喜欢但又不得不做的事	痛苦的事
	高二:15.18% 高三:27.43%	高二:77.68% 高三:65.49%	高二:3.57% 高三:6.19%	高二:3.57% 高三:0.88%
对于一些开放性问题，您有兴趣深入探究吗？	很有兴趣	有兴趣	很少有兴趣	没有兴趣
	高二:3.57% 高三:7.08%	高二:46.43% 高三:47.79%	高二:39.29% 高三:39.82%	高二:10.71% 高三:5.31%
您对研究生物学问题的一般过程	很清楚	知道一些	知道得很少	完全不清楚
	高二:0.89% 高三:3.54%	高二:72.32% 高三:60.18%	高二:24.11% 高三:30.97%	高二:2.68% 高三:5.31%
发现自己成绩不太理想时，你一般情况下会	听天由命，反正已经尽力了	不学了，反正都学不会	请教老师或同学，看自己的学习方法是否得当	确定自己的薄弱科目，然后狠下工夫
	高二:9.82% 高三:9.73%	高二:1.79% 高三:0.88%	高二:35.71% 高三:23.01%	高二:52.68% 高三:66.37%

续表

选项内容及百分比 问题	调查结果			
	A	B	C	D
您努力学习生物学主要是为了	在高考中取得好成绩	为以后大学的学习打好基础	得到老师、父母的称赞	源自对生物学科的兴趣
	高二:67.86% 高三:75.22%	高二:17.86% 高三:11.50%	高二:0.89% 高三:0.88%	高二:13.39% 高三:12.39%

2.2 在生物课堂上的表现

表 2 "在生物课堂上的表现"结果统计

选项内容及百分比 问题	调查结果			
	A	B	C	D
在课堂学习中，您对于老师提出的问题通常是	认真思考，积极发言	认真思考，但不想发言	不愿思考，也不想发言，只想知道答案	对老师提出的问题没兴趣
	高二:14.29% 高三:15.93%	高二:72.32% 高三:76.99%	高二:8.04% 高三:2.65%	高二:5.36% 高三:4.42%
课堂上教师给您思考所提问题的时间	太多	适当	不够	很少
	高二:1.79% 高三:3.54%	高二:61.61% 高三:86.73%	高二:31.25% 高三:8.85%	高二:5.36% 高三:0.88%
如果您对老师讲的内容有不同意见的话，您通常会	课堂上直接向老师提出来，与老师讨论	下课后再向老师提出来，与老师讨论	和要好的同学讨论	不去深究，老师总是正确的
	高二:12.50% 高三:3.54%	高二:34.82% 高三:43.36%	高二:48.21% 高三:45.13%	高二:4.46% 高三:7.96%
您参加课堂讨论的情况	经常参加	有时参加	偶尔参加	从没参加过
	高二:23.21% 高三:17.70%	高二:43.75% 高三:42.48%	高二:29.46% 高三:34.51%	高二:3.57% 高三:5.31%
自习课，若没有老师在场时，你会	查漏补缺，抓紧时间学习薄弱科目	回顾今天的学习情况，做好小结，再写作业	无所事事，时间就过去了	哪个老师布置的作业多就做哪个学科
	高二:25.00% 高三:37.17%	高二:17.86% 高三:15.04%	高二:8.04% 高三:7.96%	高二:49.11% 高三:39.82%

调查结果显示（详见表2），高二的学生比高三的学生更愿意参加课堂讨论，这让我们看到了新课改给学生带来的变化，新课程提倡更多的课堂讨论，培养学生的表达能力。但是大部分学生还是选择了“认真思考，但不想发言”，他们即便思考出了问题的答案也不愿意举手回答问题，他们不太愿意表达自己的观点。所以教师应当在课堂上更好地创设问题情境引导学生积极发言，鼓励学生参与讨论，提高他们的语言表达能力。一部分高二学生认为课堂上教师给出提问的思考时间不够，这也许是因为课改后课堂上的思考题具有一定的深度，不是对课本知识的简单提问，需要学生具有一定的分析问题和解决问题的能力，学生这方面的能力还比较欠缺。教师在教学中可适当放宽提问时间，加强培养学生分析问题和解决问题的能力。当对老师讲的内容有不同意见时，高二和高三没有显著差异，一半学生倾向于和老师讨论，另一半学生只愿意与要好的同学讨论。自习课上学生们学习的自主性不强，很多学生还是“哪个老师布置作业多就做哪个学科”，虽然高三的学生更注重加强自己薄弱学科的学习，但总体而言，学生们没有自主学习的意识，在学习中处于被动地位，更多地依附老师的教。

2.3　对待看书和作业的态度

看书和写作业都是学生在课后完成的事情，从一个侧面反映了学生的学习方式，笔者将它们放在一起进行分析。调查结果显示（详见表3），高三学生普遍比高二学生看书认真，高二的大多数学生只有在遇到不会的内容时才看书，这与高三学生临近高考，对生物学习非常重视有一定的关系。学会看书是自学能力的一个方面，教师在教学过程中要引导学生学会看书，这样才能使他们适应将来大学的学习，适应当今社会终身学习的需要，否则培养出来的学生只能是高分低能的人。写作业的方法上高二学生与高三学生有显著差异，高二学生喜欢“一边看书一边写作业”，高三学生则倾向于“先写会写的，不会的问老师或同学”，这和他们的作业类型不一样有一定关系，高三学生作业以综合性见多，不容易在书上直接找到答案，所以他们更愿意向老师或同学请教。对待做错的题目绝大部分学生都会重新做一遍，这是一种良好的学习习惯。但是我们不难发现，课改后学生们所做的习题仍有很多是旧教材延续下来的，希望有更多的适应新课程的习题开发出来，毕竟纸笔测验仍是评价学生的主要方式，如果高考中不仅注重对知识的考核，而且重视对能力与情感态度价值观的考核，那么肯定能更有效地促进教师教学方式和学生学习方式的转变。

表 3 “对待看书和作业”统计结果

选项内容及百分比 / 问题	调查结果			
	A	B	C	D
您是怎样阅读生物学教科书的?	教科书的所有内容都仔细阅读	只着重阅读老师讲的内容	遇到不会的内容时才看书	只听老师讲，很少看书
	高二:33.93% 高三:37.17%	高二:16.96% 高三:28.32%	高二:42.86% 高三:30.09%	高二:6.25% 高三:4.42%
在看书时，对重要或疑难问题，您会用笔画出或加上批注，并且事后思考吗?	经常	有时这样	很少这样	从不这样
	高二:29.46% 高三:25.66%	高二:50.89% 高三:53.98%	高二:15.18% 高三:19.47%	高二:4.46% 高三:0.88%
您写生物作业最经常采用的方法是	一边看书一边写作业	先写会写的，不会的问老师或同学	从参考书中找相似的题，弄懂后再写作业	先看书将新课内容掌握后再写作业
	高二:43.75% 高三:20.35%	高二:25.89% 高三:48.67%	高二:13.39% 高三:4.42%	高二:16.96% 高三:26.55%
对于做错的题目，您会重新再做一遍	总是这样	有时这样	很少这样	从来不会这样
	高二:24.11% 高三:20.35%	高二:59.82% 高三:59.29%	高二:13.39% 高三:18.58%	高二:2.68% 高三:1.77%

2.4　对待疑惑

调查结果显示（详见表 4），高二学生更愿意“提出与所学内容有关的问题，并去解决这些问题”，这也是课程改革带来的又一喜人变化，高三学生更注重学习书本上的知识，一心只读圣贤书，不注意知识在实践中的运用，不会用所学习的知识去解决现实中遇到的问题。高三学生更愿意“向别人请教自己不懂的生物学问题”，但是他们的问题还是以题目居多。总体而言，高中生们的问题意识不够强，他们的创新精神也十分有限，教师在教学过程中要注重问题情境的创设，培养学生的问题意识和创新精神。

表 4 “对待疑惑”统计结果

问题 \ 选项内容及百分比	调查结果 A	B	C	D
在生物学习过程中，您会提出与所学内容相关的问题，并去解决这些问题吗?	经常	有些时候	一般不	从不
	高二:5.36% 高三:7.08%	高二:60.71% 高三:55.75%	高二:30.36% 高三:31.86%	高二:3.57% 高三:5.31%
您会向别人请教自己不懂的生物学问题吗?	经常	有时	一般不	从不
	高二:22.32% 高三:40.71%	高二:58.93% 高三:53.10%	高二:17.86% 高三:5.31%	高二:0.89% 高三:0.88%

2.5 时间的支配和课外知识的获得

调查结果显示（详见表 5），高二学生有更多自由支配的时间，他们更愿意从课外参考书中获得生物学知识，这也与他们的高考压力比较小及接受了新教材的学习有关系。高考的压力让高三学生无暇顾及考试以外的内容，而新教材中有更多关于生物学发展前沿的内容，激发了学生从课外参考书中获取知识的求知欲。随着生物科学技术的迅猛发展，高中生物学课本已不能满足学生对生物学知识的需求，他们渴望生物学课外知识和最新研究成果，教师在教学中应有意识地将课外新知识融入课堂教学，从真正意义提高学生的生物科学素养。

表 5 “时间的支配和课外知识的获得”统计结果

问题 \ 选项内容及百分比	调查结果 A	B	C	D
在一天中属于您自己的支配的时间大约有	半小时	半小时至1小时	1～2小时	2小时以上
	高二:19.64% 高三:23.01%	高二:35.71% 高三:35.40%	高二:25.89% 高三:30.97%	高二:18.75% 高三:10.62%
您会从课外参考书中获得自己认为有用的生物学知识吗?	经常	有时	一般不	从不
	高二:21.43% 高三:8.85%	高二:63.39% 高三:68.14%	高二:11.61% 高三:18.58%	高二:3.57% 高三:4.42%

2.6 学习方法

调查结果显示（详见表 6），大部分学生都还是愿意“听老师的讲授”和“老师指导的讨论”，他们的学习方法主要还是“认真听讲，按时完成老师布置的学习任务”，但是有更多的高二学生愿意“像进行科学探究一样学习生物学”。新课程让学生们接触到了科学探究，有部分学生已经意识到了探究性学习的优越性，但是这样的学生还不多，教师应该开展卓有成效的课堂探究来帮助学生更好地学习生物学。学生们很多都还没有形成自己的学习方式，有自己学习方式的学生高二仅占 18.75%，高三仅占 21.24%，还没有找到学习方法的学生高二有 23.21%，高三有 24.78%。高中生的学习更多的还是依赖老师的教和完成教师布置的作业，教师不教的他们就不学，教师不布置的作业他们就不做，这是一种被动的学习方式。由于学生长期以来受教师的教学方式的影响形成了机械训练、死记硬背的学习习惯，对现代学习方式中的自主探究、合作学习等方面，教师没有指导学生如何在实际中进行应用，导致学生在学习的过程中没有形成一种学习习惯，对自主探究和合作学习方式了解的不够深入。所以，从本质上看，课改后的学生并没有由原先的被动的学习方式转化为主动的学习方式，课程改革在实施，但是学生们的学习方式还没有达到理想的状态。在与学生的个别访谈中，笔者了解到高中生最希望生物学教师教给他们的是：学习生物学行之有效的学习方法、更多的课外知识和生物学的前沿发展情况、整理归纳好的知识。学生们没有想过去寻找适合自己的学习方式，对于知识的学习他们更愿意直接拿参考书上归纳好的知识加以记忆，或者希望老师能把知识归纳好了再教给他们，他们不喜欢自己去总结和归纳，认为那样会浪费时间，殊不知整理和归纳知识的能力也是一种很重要的学习能力。每个人都有自己的性格特征，要想找到适合自己的学习方式，依靠老师是不够的，只有在教师的指导下结合自身的情况，自己总结归纳才能得到最适合自己的高效率的学习方式，也只有找到了这样的学习方式才能在日益激烈的竞争中立于不败之地，在高考中取得骄人的成绩。

表 6　“学习方法”统计结果

问题 \ 选项内容及百分比	调查结果			
	A	B	C	D
您最喜欢的生物学习方式是	听老师讲授	老师指导讨论	书面练习	像进行科学探究一样学习
	高二:33.93% 高三:32.74%	高二:29.46% 高三:32.74%	高二:4.46% 高三:6.19%	高二:32.14% 高三:28.32%

续表

问题 \ 选项内容及百分比	调查结果 A	B	C	D
在生物学习中，您总是	积极思考，主动探究问题	认真听讲，按时完成老师布置的学习任务	把每天的作业作为主要的学习任务	很难完成老师布置的任务
	高二：6.25% 高三：3.54%	高二：68.75% 高三：63.72%	高二：21.43% 高三：23.89%	高二：3.57% 高三：8.85%
对于操作性比较强的知识，您采用的学习方式是	背诵	实验操作	上网（或图书馆）查资料	看教材中的内容
	高二：5.36% 高三：4.42%	高二：21.43% 高三：10.62%	高二：12.50% 高三：3.54%	高二：60.71% 高三：81.42%
对于重要的生物学概念，您总是探究它的来龙去脉，理解后再应用	经常	有些时候	一般不	从不
	高二：17.86% 高三：36.28%	高二：60.71% 高三：46.90%	高二：18.75% 高三：14.16%	高二：2.68% 高三：2.65%
您生物学习过程中在运用学习方法方面	有自己的一套方法	经常借鉴别人的方法	除了刻苦努力，没有什么方法	找不到方法
	高二：18.75% 高三：21.24%	高二：29.46% 高三：20.35%	高二：28.57% 高三：33.63%	高二：23.21% 高三：24.78%
您对学过的生物学知识进行深入比较分析和归纳了吗？	自己经常主动归纳、比较	老师要求我才做	参考书上有，就不用自己总结了	从没做过
	高二：17.86% 高三：15.93%	高二：48.21% 高三：34.51%	高二：27.68% 高三：42.48%	高二：6.25% 高三：7.08%

3　**思考与讨论**

新课改倡导的学习方式的基本内涵是：要求学生由过去被动、机械、无意义的接受性学习向积极主动、有意义的接受性学习转变，由单一的接受性学习向接受性学习与发现性学习相结合的学习方式转变。这种新的学习方式强调学生的主体地位，强调自主、合作、探究。通过此次调查我们看到：学生更明确研究生物学问题的一般方法，学生更愿意提出与所学内容有关的问题并去解决这些问题，学生更愿意从课外参考书中获得生物学知识，学生更愿意像进行科学探究一样学习生物学。如上所述，在新课改的背景下，学生的学习方式较之以前有一定的改进，发生了可喜的变化，正日益向着新课改倡导的方向迈进。但是我们也不得不承认，这样的变化还是相对比较小，离课程改革的目标还有很长一段距离。科学的、系统的学习方法很难在学习中自然而然地形成，因而教师要给予学生专门的指导和训练。教师应引导学生探究学习，有意识地指导学生积极主动地建立自己的学习方法体系，尤其应教会学生掌握一些常规的学习方法。

高中生物学实验设备及实验开设简况（一）

郄银东[①]

江苏教育学院附属高级中学是江苏省首批四星级重点高中，学校实验教学环境优良，主要体现在以下几点：

一、高中生物学实验投资情况

根据办学规模不断扩大及其教学需要，学校给予高中生物学实验投资情况是：

1. 每年用于补充“化学药品、常规实验器材缺损、实验材料”等，5 万元左右；

2. 每年用于实验器材更新的投资情况，要根据实验器材价格而定，例如：2004 年由于办学规模的扩大（由原每个年级 12 个班扩大为 15 个班），学校一次性增加购买“光学显微镜 40 台”和“增设一个生物学实验室”等，一年中就为生物学实验方面投资了几十万元。

二、高中生物学实验设备情况

1. 空间情况

我校有“三个高中生物分组实验室”“两个高中生物学实验仪器室”“一个高中生物学教师实验准备室”“一个高中生物标本室”等，占地面积大约 700 平方米。

2. 器材情况

我校实验器材主要来源于“学校自购、省市区等教育部门调拨”等渠道。我校高中实验器材较全面，江苏省考试说明所规定的 20 个实验中，所需要的实验器材基本满足高中各年级分组实验。截至 2009 年 1 月 14 日，学校主要器材有“光学显微镜（120 台）、数码显微镜（2 台）、电热恒温培养箱（2 台）、电冰箱（1 台）、封闭加热器（2 台）、水浴锅（2 只）、电动离心机（2 台）、托盘天平（120 台）、放大镜（120 只）、恒温箱（2 台）、DNA 结构模型 、DNA 复制与蛋白质合成磁性演示块、血压计、

① 郄银东，江苏教育学院附属高级中学.

各类化石标本、各类鸟类和哺乳类实物标本（100余件）、各种器官标本、各类代表物种的浸制标本、解剖器、解剖盘、解剖镜、剪刀、镊子、刀片、载玻片、盖玻片、永久玻片（1 000余片）、滴管、培养皿”等。

3. 药品情况

具有：苏丹Ⅲ染液、醋酸洋红液、龙胆紫溶液、碘液等各种染色剂；二苯胺、斐林试剂、双缩脲试剂等各种签定试剂；硫酸等各种酸类；氢氧化钠等各种碱类；做“酵母菌细胞的固定化技术”实验用的聚乙烯醇、海藻酸钠、无菌水等以及其他20个高考实验所需要的各类药品都能满足分组实验需求。

4. 高中生物学实验开展情况

江苏省考试说明中规定的20个实验中，有5个实验没有进行分组实验，只是采取播放录像和教师辅导方式进行教学。即：“探究酵母菌的呼吸方式”“调查常见的人类遗传病”“植物生长调节剂对扦插枝条生根的作用”“探究培养液中酵母菌数量的动态变化”“果酒和果醋的制作”。其余15个实验均为分组实验（每2人一组），即“检测生物组织中还原糖、脂肪和蛋白质”“用显微镜观察多种多样的细胞”“观察线粒体和叶绿体”“通过模拟实验探究膜的透性”“观察植物细胞的质壁分离和复原”“探究影响酶活性的因素”“叶绿体色素的提取和分离”“观察细胞的有丝分裂”“观察细胞的减数分裂”“土壤中动物类群丰富度的研究”“探究酶在洗涤方面的作用”“酵母菌的固定化技术”“腐乳的制作”“蛋白质的提取和分离”“DNA的粗提取与鉴定”。

高中生物学实验设备及实验开设简况（二）

梁　平[①]

南京市文枢中学是一所省三星级重点高中，由原来19中和20中合并而成，有27个班，占地15 000平方米，实验室曾获得南京市标准化实验室，学校每年进行一次器材报损，每年会有一批器材调拨，具体数额每年不等，现将生物学实验室设备及实验开展简况汇报如下：

一、高中生物学实验室设备情况

1. 实验室：

学校是按照30个班的规模建造的，现有两个分组实验室，

① 梁平，江苏省南京市文枢中学.

一个实验准备室，一个仪器室，一个器材药品室，有近 450 平方米。设有专门实验员 1 名。

2. 实验仪器、器材：

我校器材主要来源于上级调拨。截至 2008 年 12 月有：

托盘天平（200 g，0.2 g）	台	51
离心沉淀器（手摇式）	台	3
打孔器（四件）	套	1
仪器车	台	1
方座支架（铁架台）	套	1
三脚架	个	50
试管架（6 孔）	个	50
试管架（10 孔）	个	30
多功能粉碎机	台	0
紫外灯	只	1
生物显微镜（1 250×～1 600×）	台	1
生物显微镜（500×～640×）	台	62
双目立体显微镜（40×）	台	1
解剖镜（20×）	台	25
放大镜	个	5
显微投影仪（不低于 5U）	台	2
解剖器（七件）	套	5
解剖器（四件）	套	54
骨剪（130 mm）	把	1
双目生物显微镜（1 000×）	台	1
恒温箱（室温－60 ℃±1 ℃）	台	1
高压灭菌器	台	1
接种箱（带紫外灯）	台	2
接种针	支	0
检气箱	个	0
生理实验箱	套	1
电冰箱	台	1
蛙胚胎发育模型（J3211 型）	件	1
DNA 结构模型（J3212 型）	件	1
细胞亚显微结构模型	件	2
始祖鸟化石及复原模型	件	1
细胞膜结构模型	件	1
细胞器结构模型	套	1

脊椎动物前肢骨骼比较模型（五种）	套	1
动植物细胞有丝分裂及减数分裂模型	套	1
荠菜胚发育模型	套	1
DNA 复制与蛋白质合成磁性演示块	套	1
遗传规律磁性演示块	套	2
仿真扬子鳄（110 cm）	件	1
仿真穿山甲（45 cm）	件	1
仿真白鳍豚（50 cm）	件	1
仿真鸭嘴兽（45 cm）	件	1
仿真啄木鸟（自然大）	件	1
仿真猫头鹰（自然大）	件	1
仿真杜鹃（自然大）	件	1
DNA 双螺旋结构模型组件	盒	49
头、颈、躯干模型（J3301 型）	件	1
心脏解剖模型（自然大 PVC）	件	50
涡虫模型	件	1
蛋白质二级结构模型	件	1
鱼解剖浸制标本（J4101 型）	瓶	2
蛙解剖浸制标本（J4102 型）	瓶	0
蜥蜴解剖浸制标本	瓶	1
鸽解剖浸制标本（J4104 型）	瓶	1
兔解剖浸制标本（J4105 型）	瓶	1
蛙发育顺序标本（J4106 型）	瓶	1
脊椎动物五纲脑比较标本	瓶	1
脊椎动物五纲心比较标本	瓶	1
蛙的消化、泄殖系统标本	瓶	1
鸽的消化、泄殖系统标本	瓶	2
兔生殖系统标本	瓶	1
兔消化系统标本	瓶	1
兔神经系统标本	瓶	1
河蚌解剖标本	瓶	1
蚯蚓解剖标本	瓶	1
水蛭标本（≥40 mm）	瓶	1
沙蚕标本	瓶	1
蛔虫标本（雌雄各 1 条）	瓶	1
蝗虫生活史标本（J4131 型）	盒	2
蜜蜂生活史标本（J4132 型）	盒	2

竹节虫拟态标本（J4133 型）	盒	1
家蚕生活史标本	盒	1
菜粉蝶生活史标本	盒	1
验证基因的分离规律标本	盒	10
验证基因的自由组合规律标本	盒	10
验证基因的连锁与互换规律标本	盒	2
尺蠖拟态标本	盒	1
兔骨骼标本	盒	2
鱼骨骼标本	盒	1
量筒（100 mL）	个	34
量筒（500 mL）	个	1
容量瓶	个	10
温度计（红液，0 ℃～100 ℃）	支	59
试管（12 mm×70 mm）	支	100
试管（15 mm×150 mm）	支	332
试管（20 mm×200 mm）	支	60
烧杯（50 mL）	个	60
烧杯（100 mL）	个	180
烧杯（200 mL）	个	12
烧杯（250 mL）	个	56
烧杯（500 mL）	个	62
锥形烧瓶（100 mL）	个	64
锥形烧瓶（250 mL）	个	61
酒精灯（150 mL）	个	60
干燥器（160 mm）	个	4
漏斗（60 mm）	个	63
安全漏斗	个	2
培养皿（100 mm）	个	65
研钵（玻璃，60 mm）	个	61
滴管	支	60
离心管（10 mL）	个	16
玻璃钟罩（150 mm×280 mm）	个	6
广口瓶（125 mL）	个	28
滴瓶（30 mL）	个	60
滴瓶（60 mL）	个	0
滴瓶（茶，30 mL）	个	66
滴瓶（茶，60 mL）	个	72

试管夹	个	50
石棉网（125 mm×125 mm）	个	50
药匙	个	5
玻璃棒（3～4 mm）	kg	1
pH 广范围试纸（1～14）	本	19
高中生物演示实验材料	份	1
初中生物分组实验材料	份	2
高中生物分组实验材料	份	1
生物饲养用具	套	1
展翅板	件	5
昆虫网	只	6
标本夹	件	5
水网	只	3
标本采集箱	件	5
工作服	件	1
试管刷	个	28
U 形管	个	6

3. 实验药品：

必修 1 教材中要求做的实验的药品基本可以满足，如检测生物组织中还原糖、脂肪和蛋白质、用显微镜观察多种多样的细胞、观察线粒体和叶绿体、通过模拟实验探究膜的透性、观察植物细胞的质壁分离和复原、叶绿体色素的提取和分离等。

二、高中生物学实验情况

因学校条件有限，考试说明中规定的 20 个实验学校未做实验有：探究酵母菌的呼吸方式；调查常见的人类遗传病；植物生长调节剂对扦插枝条生根的作用；探究培养液中酵母菌数量的动态变化；土壤中动物类群丰富度的研究；探究酶在洗涤方面的作用；酵母菌的固定化技术；腐乳的制作；果酒和果醋的制作；蛋白质的提取和分离；DNA 的粗提取与鉴定。其中检测生物组织中还原糖、脂肪和蛋白质、用显微镜观察多种多样的细胞、观察线粒体和叶绿体、通过模拟实验探究膜的透性、观察植物细胞的质壁分离和复原、叶绿体色素的提取和分离为可以确保两人一组的分组实验。

政 策 文 件

2009年全国高考生物考试大纲
（新课标卷）（摘录）

Ⅰ. 考试性质

普通高等学校招生全国统一考试是合格的高中毕业生和具有同等学力的考生参加的选拔性考试。高等学校根据考生的成绩，按已确定的招生计划，德、智、体全面衡量，择优录取。因此，高考应有较高的信度、效度，必要的区分度和适当的难度。

Ⅱ. 考试内容

根据普通高等学校对新生文化素质的要求，依据中华人民共和国教育部2003年颁布的《普通高中生物课程方案（实验）》和《普通高中生物课程标准（实验）》，将课程标准的必修和部分选修内容，确定为高考理工类生物学科的考试内容。

生物学科的命题要体现生物课程属于科学课程的性质，要重视对考生科学素养的考查，在生物科学和技术的基础知识、科学探究的方法、获取新知识和处理信息的能力、思维能力、分析和解决实际问题的能力等方面对考生的表现进行测量。要重视理论联系实际，关注科学技术、社会经济和生态环境的协调发展。

一、考试的能力与要求

1. 理解能力

（1）能理解所学知识的要点，把握知识间的内在联系，形成知识的网络结构。

（2）能用文字、图表以及数学方式等多种表达形式准确地描述生物学方面的内容。

（3）能运用所学知识与观点，通过比较、分析与综合等方法对某些生物学问题进行解释、推理，做出合理的判断或得出正确的结论。

2. 实验与探究能力

（1）能独立完成“生物知识内容表”所列的生物实验，包括理解实验目的、原理、方法和操作步骤，掌握相关的操作技能，并能将这些实验涉及的方法和技能进行综合运用。

（2）具备验证简单生物学事实的能力，并能对实验现象和结果进行解释、分析和处理。

（3）具有对一些生物学问题进行初步探究的能力，包括运用观察、实验与调查、假说演绎、建立模型与系统分析等科学研究方法。

（4）能对一些简单的实验方案做出恰当的评价和修订。

3. 获取信息的能力

（1）能从课外材料中获取相关的生物学信息，并能运用这些信息，结合所学知识解决相关的生物学问题。

（2）关注对科学、技术和社会发展有重大影响和意义的生物学新进展以及生物科学发展史上的重要事件。

4. 综合运用能力

理论联系实际，综合运用所学知识解决自然界和社会生活中的一些生物学问题。

二、考试范围与要求

生物学科的考试范围包括必考部分和选考部分，必考部分在新课程标准必修模块的范围内，选考部分在新课程标准选修模块1（生物技术实践）和选修模块3（现代生物科技专题）的范围内。必考部分的试题考生是必做的，选考部分的试题考生需要在规定的选考内容中选择，具体选考内容由各省区自行规定。

生物学科的考试内容以知识内容表的形式呈现。知识内容要求掌握的程度，在知识内容表中用Ⅰ和Ⅱ标出；实验内容要求掌握的程度则用文字说明。Ⅰ和Ⅱ的含义如下：

Ⅰ：对所列知识点要知道其含义，能够在试题所给予的相对简单的情境中识别和使用它们。

Ⅱ：理解所列知识和其他相关知识之间的联系和区别，并能在较复杂的情境中综合运用其进行分析、判断、推理和评价。

生物知识内容表（一）

必考部分

知 识 内 容	要 求
1-1 细胞的分子组成	
（1）蛋白质、核酸的结构和功能	Ⅱ
（2）糖类、脂质的种类和作用	Ⅱ
（3）水和无机盐的作用	Ⅰ
1-2 细胞的结构	
（1）细胞学说的建立过程	Ⅰ
（2）多种多样的细胞	Ⅱ

续表

知识内容	要求
(3) 细胞膜系统的结构和功能	Ⅱ
(4) 主要细胞器的结构和功能	Ⅱ
(5) 细胞核的结构和功能	Ⅱ
1-3 细胞的代谢	
(1) 物质进入细胞的方式 (2) 酶在代谢中的作用 (3) ATP 在能量代谢中的作用 (4) 光合作用的基本过程 (5) 影响光合作用速率的环境因素 (6) 细胞呼吸	Ⅱ Ⅱ Ⅱ Ⅱ Ⅱ Ⅱ
1-4 细胞的增殖	
(1) 细胞的生长和增殖的周期性 (2) 细胞的无丝分裂 (3) 细胞的有丝分裂	Ⅰ Ⅰ Ⅱ
1-5 细胞的分化、衰老和凋亡	
(1) 细胞的分化 (2) 细胞的全能性 (3) 细胞的衰老和凋亡与人体健康的关系 (4) 癌细胞的主要特征及防治	Ⅱ Ⅱ Ⅱ Ⅱ
2-1 遗传的细胞基础	
(1) 细胞的减数分裂 (2) 动物配子的形成过程 (3) 动物的受精过程	Ⅱ Ⅱ Ⅱ
2-2 遗传的分子基础	
(1) 人类对遗传物质的探索过程 (2) DNA 分子结构的主要特点 (3) 基因的的概念 (4) DNA 分子的复制 (5) 遗传信息的转录和翻译	Ⅱ Ⅱ Ⅱ Ⅱ Ⅱ
2-3 遗传的基本规律	
(1) 孟德尔遗传实验的科学方法 (2) 基因的分离定律和自由组合定律 (3) 基因与性状的关系 (4) 伴性遗传	Ⅱ Ⅱ Ⅱ Ⅱ

续表

知 识 内 容	要　求
2-4　生物的变异	
（1）基因重组及其意义 （2）基因突变的特征和原因 （3）染色体结构变异和数目变异 （4）生物变异在育种上的应用 （5）转基因食品的安全	Ⅱ Ⅱ Ⅰ Ⅱ Ⅰ
2-5　人类遗传病	
（1）人类遗传病的类型 （2）人类遗传病的监测和预防 （3）人类基因组计划及其意义	Ⅰ Ⅰ Ⅰ
2-6　生物的进化	
（1）现代生物进化理论的主要内容 （2）生物进化与生物多样性的形成	Ⅱ Ⅱ
3-1　植物的激素调节	
（1）植物生长素的发现和作用 （2）其他植物激素 （3）植物激素的应用	Ⅱ Ⅰ Ⅱ
3-2　动物生命活动的调节	
（1）人体神经调节的结构基础和调节过程 （2）神经冲动的产生和传导 （3）人脑的高级功能 （4）脊椎动物激素的调节 （5）脊椎动物激素在生产中的应用	Ⅱ Ⅱ Ⅰ Ⅱ Ⅱ
3-3　人体的内环境与稳态	
（1）稳态的生理意义 （2）神经、体液调节在维持稳态中的作用 （3）体温调节、水盐调节和血糖调节 （4）人体免疫系统在维持稳态中的作用 （5）艾滋病的流行和预防	Ⅱ Ⅱ Ⅱ Ⅱ Ⅰ
3-4　种群和群落	
（1）种群的特征 （2）种群的数量变化 （3）群落的结构特征 （4）群落的演替	Ⅰ Ⅱ Ⅰ Ⅰ

续表

知 识 内 容	要　求
3-5　生态系统	
（1）生态系统的结构	Ⅰ
（2）生态系统中的物质循环和能量流动的基本规律及其应用	Ⅱ
（3）生态系统中的信息传递	Ⅱ
（4）生态系统的稳定性	Ⅱ
3-6　生态环境的保护	
（1）人口增长对生态环境的影响	Ⅱ
（2）全球性生态环境问题	Ⅰ
（3）生物多样性保护的意义和措施	Ⅰ
实　验	
（1）探究植物生长调节剂对扦插枝条生根的作用 （2）模拟尿糖的检测 （3）探究培养液中酵母菌数量的动态变化 （4）土壤中动物类群丰富度的研究 （5）探究水族箱（鱼缸）中群落的演替	掌握程度参考本考试大纲中的： 一、考试的能力要求 2. 实验与探究能力

生物知识内容表（二）
选考部分

生物技术实践

知 识 内 容	要　求
4-1　微生物的利用	
（1）微生物的分离和培养 （2）某种微生物数量的测定 （3）培养基对微生物的选择利用 （4）利用微生物发酵来生产特定的产物以及微生物在其他方面的应用	掌握程度参考本考试大纲中的： 一、考试的能力要求 2. 实验与探究能力
4-2　酶的应用	
（1）酶的存在与简单制作方法 （2）酶活力测定的一般原理和方法 （3）酶在食品制造和洗涤等方面的应用 （4）制备和应用固相化酶	掌握程度参考本考试大纲中的： 一、考试的能力要求 2. 实验与探究能力

续表

知 识 内 容	要 求
4－3 生物技术在食品加工及其他方面的应用	
（1）从生物材料中提取某些特定的成分 （2）运用发酵加工食品的基本方法 （3）测定食品加工中可能产生的有害物质 （4）植物的组织培养 （5）蛋白质的提取和分离 （6）PCR技术的基本操作和应用	掌握程度参考本考试大纲中的： 一、考试的能力要求 2. 实验与探究能力

现代生物科技专题

知 识 内 容	要 求
5－1 基因工程	
（1）基因工程的诞生	Ⅰ
（2）基因工程的原理及技术	Ⅱ
（3）基因工程的应用	Ⅱ
（4）蛋白质工程	Ⅰ
5－2 克隆技术	
（1）植物的组织培养	Ⅱ
（2）动物的细胞培养与体细胞克隆	Ⅰ
（3）细胞融合与单克隆抗体	Ⅱ
5－3 胚胎工程	
（1）动物胚胎发育的基本过程与胚胎工程的理论基础	Ⅰ
（2）胚胎干细胞的移植	Ⅰ
（3）胚胎工程的应用	Ⅱ
5－4 生物技术的安全性和伦理问题	
（1）转基因生物的安全性	Ⅰ
（2）生物武器对人类的威胁	Ⅰ
（3）生物技术中的伦理问题	Ⅰ
5－5 生态工程	
（1）简述生态工程的原理	Ⅱ
（2）生态工程的实例	Ⅰ
6－1 基因工程	
DNA的粗提取与鉴定	掌握程度参考本考试大纲中的： 一、考试的能力要求 2. 实验与探究能力

2009 年普通高等学校招生全国统一考试生物科（江苏卷）考试说明（摘录）

一、命题指导思想

2008 年普通高等学校招生全国统一考试生物科（江苏卷）的命题将遵循有利于高校择优选拔新生，有利于中学全国实施素质教育和对学生创新精神和实践能力的培养，有利于推进高中生物课程改革的原则，从江苏省普通高中生物教学实际出发，充分发挥高考的积极导向作用，力求做好以下几方面：

1. 体现生物教学特点，考查考生对生命的基本特征、生命活动的基本规律及生物与环境的关系的理解和掌握；考查考生的生物学基本素养和实验能力；关注考生情感、态度、价值观的形成与发展。

2. 以能力测试为主导，考查考生对所学相关课程基础知识、基本技能的整体掌握程度和综合运用所学知识分析、解决实际问题的能力；注重科学探究能力、科学过程与方法和创新精神的考查。

3. 重视理论联系实际，关注科学技术、社会经济和生态环境的协调发展，联系生产与现实生活中实际问题，体现江苏的经济、文化、教育等方面的基本现状。

二、考试内容及要求

考试将根据中华人民共和国教育部制定的《普通高中生物课程标准（实验）》和《普通高等学校招生全国统一考试（生物科）考试大纲（课程标准实验版）》，参照江苏省《普通高中课程标准教学要求》中所规定的内容与要求。

对知识内容考查的要求依次分为 A、B、C 三个等级，具体含义如下：

A：了解所列知识点，并能在相对简单的情境中识别和使用它们。

B：理解所列知识点及其与其他相关知识点之间的联系和区别，能在一定的情境中运用它们并作出合理的判断或得出正确的结论。

C：在理解所列知识的基础上，能在较复杂的情境中综合运用其进行分析、判断、推理和评价。

对实验内容考查的要求依次分为 a、b、c 三个等级，具体含义如下：

a：能理解相关实验的目的、原理、方法和操作步骤。

b：初步具备验证生物学事实的能力，并能对实验现象和结果进行解释、分析和处理。

c：具备初步探究一些生物学问题、恰当评价和完善实验方案的能力。

表Ⅰ　必修模块考查内容

内　　容	等级要求		
模块Ⅰ　分子与细胞	A	B	C
1. 细胞的分子组成			
蛋白质的结构和功能		√	
核酸的结构和功能	√		
糖类的种类和作用		√	
脂质的种类和作用	√		
水和无机盐的作用	√		
2. 细胞的结构			
细胞学说建立的过程	√		
原核细胞和真核细胞（动物细胞、植物细胞）		√	
细胞膜的结构和功能		√	
细胞器的结构和功能（叶绿体、线粒体、内质网、核糖体、液泡、高尔基体等）		√	
细胞核的结构与功能		√	
生物膜系统		√	
3. 细胞的代谢			
物质进出细胞的方式		√	
酶在代谢中的作用		√	
ATP 在能量代谢中的作用		√	
光合作用以及对它的认识过程			√
影响光合作用速率的环境因素			√
细胞呼吸及其原理的应用		√	
4. 细胞的增殖			
细胞的生长和增殖的周期性	√		
细胞的无丝分裂	√		
细胞的有丝分裂		√	
5. 细胞的分化、衰老和凋亡			
细胞的分化		√	
细胞的全能性		√	
细胞的衰老和凋亡与人体健康的关系	√		
癌细胞的主要特征及恶性肿瘤的防治		√	

续表

内　　容	等级要求		
模块Ⅱ　遗传与进化	A	B	C
6. 遗传的细胞基础			
细胞的减数分裂及配子的形成过程			√
受精过程		√	
7. 遗传的分子基础			
人类对遗传物质的探索过程			√
DNA 分子结构的主要特点		√	
基因和遗传信息的关系		√	
DNA 分子的复制		√	
遗传信息的转录和翻译		√	
8. 遗传的基本规律			
孟德尔遗传实验的科学方法			√
基因的分离规律和自由组合规律			√
基因与性状的关系		√	
伴性遗传			√
9. 生物的变异			
基因重组及其意义		√	
基因突变的特征和原因		√	
染色体结构变异和数目变异		√	
生物变异在育种上的应用			√
转基因食品的安全性	√		
10. 人类遗传病			
人类遗传病的类型	√		
人类遗传病的监测和预防	√		
人类基因组计划及其意义	√		
11. 生物的进化			
现代生物进化理论的主要内容		√	
生物进化与生物多样性的形成		√	
模块Ⅲ　稳态与环境			
12. 植物的激素调节			
植物生长素的发现和作用		√	
其他植物激素	√		
植物激素的应用价值		√	

续表

内　　容	等级要求		
模块Ⅲ　稳态与环境	A	B	C
13. 动物生命活动的调节			
人体神经调节的结构基础和调节过程		√	
神经冲动的产生和传导		√	
人脑的高级功能	√		
动物激素的调节		√	
动物激素在生产中的应用		√	
14. 人体的内环境与稳态			
稳态的生理意义		√	
神经、体液调节在维持稳态中的作用		√	
体温调节；水、盐调节	√		
血糖调节		√	
人体免疫系统在维持稳态中的作用		√	
艾滋病的流行和预防	√		
15. 种群和群落			
种群的特性	√		
种群的数量变动		√	
群落的结构特征	√		
群落的演替		√	
16. 生态系统			
生态系统的结构	√		
生态系统中的物质循环和能量流动的基本规律及其应用			√
生态系统中的信息传递	√		
生态系统的稳定性		√	
17. 生态环境的保护			
人口增长对生态环境的影响	√		
全球性生态环境问题	√		
生物多样性保护的意义和措施		√	

表Ⅱ　选修模块考查内容

内　　容	等级要求		
模块Ⅰ　生物技术与实践	A	B	C
1. 酶的应用			
酶在洗涤等方面的应用	√		
制备和应用固相化酶	√		

续表

内　容	等级要求		
模块Ⅰ　生物技术与实践	A	B	C
2. 生物技术在食品加工中的应用			
发酵食品加工的基本方法	√		
3. 生物技术在其他方面的应用			
蛋白质的提取和分离	√		
模块Ⅱ　现代生物科技专题			
4. 基因工程			
基因工程的诞生	√		
基因工程的原理及技术	√		
基因工程的应用		√	
蛋白质工程	√		
5. 克隆技术			
植物的组织培养		√	
动物的细胞培养与体细胞克隆	√		
细胞融合与单克隆抗体	√		
6. 胚胎工程			
动物胚胎发育的基本过程	√		
胚胎工程的理论基础	√		
胚胎干细胞的移植	√		
胚胎工程的应用		√	
7. 生物技术的安全性和伦理问题			
转基因生物的安全问题	√		
生物武器对人类的威胁	√		
生物技术中的伦理问题	√		
8. 生态工程			
生态工程的原理	√		
生态工程的实例		√	

表Ⅲ　实验考查内容

内　容	等级要求		
必、选修模块实验	a	b	c
1. 检测生物组织中的还原糖、脂肪和蛋白质		√	
2. 用显微镜观察多种多样的细胞	√		
3. 通过模拟实验探究膜的透性		√	
4. 观察植物细胞的质壁分离和复原		√	
5. 探究影响酶活性的因素			√

续表

内　　容	等级要求		
必、选修模块实验	a	b	c
6. 叶绿体色素的提取和分离		√	
7. 探究酵母菌的呼吸方式			√
8. 观察细胞的有丝分裂		√	
9. 观察细胞的减数分裂	√		
10. 调查常见的人类遗传病	√		
11. 探究植物生长调节剂对扦插枝条生根的作用		√	
12. 模拟尿糖的检测		√	
13. 探究培养液中酵母菌种群数量的动态变化			√
14. 土壤中动物类群丰富度的研究		√	
15. 探究酶在洗涤方面的作用		√	
16. 酵母细胞的固定化技术		√	
17. 腐乳的制作	√		
18. 果酒和果醋的制作		√	
19. 蛋白质的提取和分离	√		
20. DNA 的粗提取与鉴定		√	

三、考试形式及试卷结构

（一）考试形式

闭卷、笔试。考试时间为 100 分钟。试卷满分为 120 分。

（二）试题类型

试卷包括单项选择题（共 20 题，每题 2 分，共计 40 分）、多项选择题（共 5 题，每题 3 分，共计 15 分）和非选择题（8～9 题，共计 65 分）三部分。

（三）内容比例

生物学理论约 75％，生物学实验约 25％。

（四）试题难度

试题包括容易题、中等难度题和难题，以中等难度题为主。

2009 年普通高等学校招生全国统一考试生物科（山东卷）考试说明（摘录）

Ⅰ. 命题指导思想

命题以选拔高校合格新生为宗旨，力求体现普通高中新课程的理念，反映生物课程标准的整体要求，着重对生物科学素养和能力的考查，注重时代性和实践性，促进素质教育的实施。

命题以《2009 年普通高等学校招生全国统一考试生物科考试

大纲（课程标准实验版）》和本说明为依据，以能力测试为主导，考查高中生物课程的基础知识、基本技能的同时，加强对理解能力、获取与处理信息能力、实验与探究能力、思维能力、综合运用知识分析和解决实际问题等能力的考查。理论联系实际，关注生物科学技术与社会的相互关系。重视对考生情感态度与价值观的引导，适应使用经全国中小学教材审定委员会初审通过的各版本普通高中课程标准实验教科书的考生。

Ⅱ. 考试范围与内容

一、考核目标与要求

1. 理解能力

（1）能理解所学知识的要点，把握知识间的内在联系，形成知识的网络结构。

（2）能用文字、图表以及数学方式等多种表达形式准确地描述生物学方面的内容。

（3）能运用所学知识与观点，通过比较、分析与综合等方法对某些生物学问题进行解释、推理，做出合理的判断或得出正确的结论。

2. 实验与探究能力

（1）能独立完成“生物知识内容表”所列的生物实验，包括理解实验目的、原理、方法和操作步骤，掌握相关的操作技能，并能将这些实验涉及的方法和技能进行综合的运用。

（2）具备验证简单生物学事实的能力，并能对实验现象和结果进行解释、分析和处理。

（3）具有对一些生物学问题进行初步探究的能力，包括运用观察、实验与调查、假说演绎、建立模型与系统分析等科学研究方法。

（4）能对一些简单的实验方案作出恰当的评价和修订。

3. 获取信息的能力

（1）能从课外材料中获取相关的生物信息，并能运用这些信息，结合所学知识解决相关的生物学问题。

（2）关注对科学、技术和社会发展有重大影响和有意义的生物学新进展以及生物科学发展史上的重要事件。

4. 综合运用能力

理论联系实际，综合运用所学知识解决自然界和社会生活中的一些生物学问题。

二、考试内容与要求

考试内容以生物知识内容的形式呈现。考生根据自己的实际情况，在选考部分的“现代生物科技专题”和“生物技术实践”中，任选其一作为选考内容。知识内容要求掌握的程度，在知识内容表中用Ⅰ和Ⅱ标出。Ⅰ和Ⅱ的含义如下：

Ⅰ：对所列知识点要知道其含义，能够在试题所给予的相对简单的情境中识别和使用它们。

Ⅱ：理解所列知识和其他相关知识之间的联系和区别，并能在较复杂的情境中综合运用其进行分析、判断、推理和评价。

生物知识内容表（一）

必考部分

知 识 内 容	要 求
1-1 细胞的分子组成	
（1）蛋白质、核酸的结构和功能	Ⅱ
（2）糖类、脂质的种类和作用	Ⅱ
（3）水和无机盐的作用	Ⅰ
1-2 细胞的结构	
（1）细胞学说的建立过程	Ⅰ
（2）多种多样的细胞	Ⅱ
（3）细胞膜系统的结构和功能	Ⅱ
（4）主要细胞器的结构和功能	Ⅱ
（5）细胞的结构和功能	Ⅱ
1-3 细胞的代谢	
（1）物质出入细胞的方式	Ⅱ
（2）酶在代谢中的作用	Ⅱ
（3）ATP在能量代谢中的作用	Ⅱ
（4）光合作用的基本过程	Ⅱ
（5）影响光合作用速率的环境因素	Ⅱ
（6）细胞呼吸	Ⅱ
1-4 细胞的增殖	
（1）细胞的生长和增殖的周期性	Ⅰ
（2）细胞的无丝分裂	Ⅰ
（3）细胞的有丝分裂	Ⅱ
1-5 细胞的分化、衰老和凋亡	
（1）细胞的分化	Ⅱ
（2）细胞的全能性	Ⅱ
（3）细胞的衰老和凋亡以及与人体健康的关系	Ⅱ

续表

知 识 内 容	要 求
(4) 癌细胞的主要特征及防治	Ⅱ
2-1 遗传的细胞基础	
(1) 细胞的减数分裂	Ⅱ
(2) 配子的形成过程	Ⅱ
(3) 受精过程	Ⅱ
2-2 遗传的分子基础	
(1) 人类对遗传物质的探索过程	Ⅱ
(2) DNA分子结构的主要特点	Ⅱ
(3) 基因的概念	Ⅱ
(4) DNA分子的复制	Ⅱ
(5) 遗传信息的转录和翻译	Ⅱ
2-3 遗传的基本规律	
(1) 孟德尔遗传实验的科学方法	Ⅱ
(2) 基因的分离规律和自由组合规律	Ⅱ
(3) 基因与性状的关系	Ⅱ
(4) 伴性遗传	Ⅱ
2-4 生物的变异	
(1) 基因重组及其意义	Ⅱ
(2) 基因突变的特征和原因	Ⅱ
(3) 染色体结构变异和数目变异	Ⅰ
(4) 生物变异在育种上的应用	Ⅱ
(5) 转基因食品的安全	Ⅰ
2-5 人类遗传病	
(1) 人类遗传病的类型	Ⅰ
(2) 人类遗传病的监测和预防	Ⅰ
(3) 人类基因组计划及意义	Ⅰ
2-6 生物的进化	
(1) 现代生物进化理论的主要内容	Ⅱ
(2) 生物进化与生物多样性的形成	Ⅱ
3-1 植物的激素调节	
(1) 植物生长素的发现和作用	Ⅱ
(2) 其他植物激素	Ⅰ
(3) 植物激素的应用	Ⅱ
3-2 动物生命活动的调节	
(1) 人体神经调节的结构基础和调节过程	Ⅱ

续表

知识内容	要求
(2) 神经冲动的产生和传导	Ⅱ
(3) 人脑的高级功能	Ⅰ
(4) 动物激素的调节	Ⅱ
(5) 动物激素在生产中的应用	Ⅱ
3-3 人体的内环境与稳态	
(1) 稳态的生理意义	Ⅱ
(2) 神经、体液调节在维持稳态中的作用	Ⅱ
(3) 体温调节、水盐调节和血糖调节	Ⅱ
(4) 人体免疫系统在维持稳态中的作用	Ⅱ
(5) 艾滋病的流行和预防	Ⅰ
3-4 种群和群落	
(1) 种群的特征	Ⅰ
(2) 种群的数量变化	Ⅱ
(3) 群落的结构特征	Ⅰ
(4) 群落的演替	Ⅰ
3-5 生态系统	
(1) 生态系统的结构	Ⅰ
(2) 生态系统中物质循环和能量流动的基本规律及应用	Ⅱ
(3) 生态系统中的信息传递	Ⅱ
(4) 生态系统的稳定性	Ⅱ
3-6 生态环境的保护	
(1) 人口增长对环境的影响	Ⅰ
(2) 全球性的环境问题	Ⅰ
(3) 生物多样性保护的意义和措施	Ⅰ
实验	**要求**
4-1 分子与细胞 (1) 观察 DNA、RNA 在细胞中的分布 (2) 检测生物组织中还原糖、脂肪和蛋白质 (3) 用显微镜观察多种多样的细胞 (4) 观察线粒体和叶绿体 (5) 通过模拟实验探究膜的透性 (6) 观察植物细胞的质壁分离和复原 (7) 探究影响酶活性的因素 (8) 叶绿体色素的提取和分离 (9) 探究酵母菌的呼吸方式 (10) 观察细胞的有丝分裂 (11) 模拟探究细胞表面积与体积的关系	见“一、考核目标与要求”中的“2. 实验与探究能力”要求

续表

实　验	要　求
4－2　遗传与进化 （1）观察细胞的减数分裂 （2）低温诱导染色体加倍 （3）调查常见的人类遗传病	见“一、考核目标与要求”中的“2. 实验与探究能力”要求
4－3　稳态与环境 （1）探究植物生长调节剂对扦插枝条生根的作用 （2）模拟尿糖的检测 （3）探究培养液中酵母菌数量的动态变化 （4）土壤中动物类群丰富度的研究 （5）探究水族箱（或鱼缸）中群落的演替	见“一、考核目标与要求”中的“2. 实验与探究能力”要求

生物知识内容表（二）
选考部分

现代生物科技专题	
知　识　内　容	要　求
5－1　基因工程	
（1）基因工程的诞生	Ⅰ
（2）基因工程的原理及技术	Ⅱ
（3）基因工程的应用	Ⅱ
（4）蛋白质工程	Ⅰ
5－2　克隆技术	
（1）植物的组织培养	Ⅱ
（2）动物的细胞培养与体细胞克隆	Ⅰ
（3）细胞融合与单克隆抗体	Ⅱ
5－3　胚胎工程	
（1）动物胚胎发育的基本过程与胚胎工程的理论基础	Ⅰ
（2）胚胎干细胞的移植	Ⅰ
（3）胚胎工程的应用	Ⅱ
5－4　生物技术的安全性和伦理问题	
（1）转基因生物的安全性	Ⅰ
（2）生物武器对人类的威胁	Ⅰ
（3）生物技术中的伦理问题	Ⅰ
实　验	要　求
6－1　基因工程 DNA 的粗提取与鉴定	见“一、考核目标与要求”中的“2. 实验与探究能力”要求

续表

生物技术实践实验	要　求
7－1　微生物的利用 （1）微生物的分离和培养 （2）测定某种微生物的数量	见“一、考核目标与要求”中的“2. 实验与探究能力”要求
7－2　酶的应用 （1）利用酶活力测定的一般原理和方法 （2）探讨酶在食品制造和洗涤等方面的应用	见“一、考核目标与要求”中的“2. 实验与探究能力”要求
7－3　生物技术在其他方面的应用 （1）植物的组织培养 （2）蛋白质的提取和分离 （3）PCR 技术的基本操作和应用	见“一、考核目标与要求”中的“2. 实验与探究能力”要求

Ⅲ. 考试形式

1. 答卷方式：闭卷、笔答。

2. 考试时间：120 分钟。

3. 试卷满分：150 分。

Ⅳ. 试卷结构和题型

试卷包括选择题和非选择题，共 41 题，其中必做题 39 题，选做题 2 题（考生任选其一作答）。

选择题包括单项选择题和多项选择题，共 30 题，70 分，考生必做；其中第 1～20 题为单项选择题，40 分；第 21～30 题为多项选择题，30 分。

非选择题包括填空、简答等题型，共 11 题；其中第 31～39 题为必做题，第 40 题和第 41 题为选做题；选做题对应选考内容，“现代生物科技专题”和“生物技术实践”各 1 题；非选择题部分考生共作答 10 题，80 分。

必做题考生必做，约占试卷分值的 90%；选做题考生选做，每题约占试卷分值 10%。

Ⅴ. 内容比例

生物知识内容表（一）约占 90%，生物知识内容表（二）中的“现代生物科技专题”或“生物技术实践”约占 10%。

在生物知识内容表（一）中，知识内容约占 80%，实验约占 20%。

Ⅵ. 难度比例

试卷包括容易题、中等难度题和难题，以中等难度题为主。

容易题约占 30%，中等难度题约占 50%，难题约占 20%。

2009 年普通高等学校招生全国统一考试理科综合（山东卷）考试说明（摘录）

考试形式为闭卷、笔试。试卷满分 240 分。

理科综合第Ⅰ卷中为必做题，以选择题形式命题，其中物理题 7 题 28 分，为不定项选择题；化学题 7 题 28 分，生物题 8 题 32 分，为单选题。第Ⅱ卷全部以非选择题形式命题，分必做题和选做题两部分，必做题中物理 3 题 45 分，化学 3 题 42 分，生物 2 题 33 分。选做题针对物理、化学、生物三个学科共 8 个选考模块，对应命制 8 个试题，每题 8 分。考生从中选 2 个物理、1 个化学、1 个生物题目作答，共计 32 分。不按规定选做者，根据所选科目题号的先后顺序只判前面的 2 个物理题、1 个化学题和 1 个生物题，其他作答的题目答案无效。

知 识 内 容	要 求
1-1 细胞的分子组成	
（1）蛋白质、核酸的结构和功能	Ⅱ
（2）糖类、脂质的种类和作用	Ⅱ
（3）水和无机盐的作用	Ⅰ
1-2 细胞的结构	
（1）细胞学说的建立过程	Ⅰ
（2）多种多样的细胞	Ⅱ
（3）细胞膜系统的结构和功能	Ⅱ
（4）主要细胞器的结构和功能	Ⅱ
（5）细胞核的结构和功能	Ⅱ
1-3 细胞的代谢	
（1）物质出入细胞的方式	Ⅱ
（2）酶在代谢中的作用	Ⅱ
（3）ATP 在能量代谢中的作用	Ⅱ
（4）光合作用的基本过程	Ⅱ
（5）影响光合作用速率的环境因素	Ⅱ
（6）细胞呼吸	Ⅱ
1-4 细胞的增殖	
（1）细胞的生长和增殖的周期性	Ⅰ
（2）细胞的无丝分裂	Ⅰ
（3）细胞的有丝分裂	Ⅱ

续表

知 识 内 容	要 求
1－5 细胞的分化、衰老和凋亡	
（1）细胞的分化	Ⅱ
（2）细胞的全能性	Ⅱ
（3）细胞的衰老和凋亡以及与人体健康的关系	Ⅱ
（4）癌细胞的主要特征及防治	Ⅱ

江苏省普通高中生物课程标准教学要求说明

为了使教师能准确把握《普通高中生物课程标准（实验）》，有效地解决新课程实验期间教师普遍反映的"课程标准"比较抽象、可操作性不强，教学内容的深、广度难以把握等问题，方便教师更好地开展教学活动，实现标准的目的要求，科学地评价学生的学习水平，以利于切实减轻学生的课业负担，确保我省普通高中课程改革的成功。根据江苏省高中生物学教学实际情况，特编写《普通高中生物课程标准教学要求（实验）》（以下简称《要求》），以帮助解决一线教师教学中的实际问题和满足教学实际需要。

《要求》的编写力求充分体现新课程的理念，以课程标准为依据，兼顾我省使用的两套生物学教材的特点，是对课程标准的进一步解读，是我省高中生物学教学的终端要求。

《要求》的编写同时注意区别现有的课程标准解读，着重刻画课程标准的深度问题和广度问题，具有准确性和权威性。力求帮助教师解决教学中的实际问题，包括教学指导思想（不能是应试教育的指导思想）和教学安排，帮助教师落实三维目标，把握评价要求。

《要求》编写的内容顺序与课程标准一致，按照模块的顺序展开。每个模块分别设有"课程目标""学习要求"和"教学建议"等栏目。"课程目标"主要是针对本模块的内容，对学生在知识、情感态度与价值观、能力等方面的总体要求。"学习要求"主要是对课标具体内容标准的解读，是根据课标的要求和教学实际将内容标准细化，其表述中使用的行为动词与课标的界定一致。"教学建议"主要是针对如何实现课程目标提出的教学参考建议，其表述力求具体，有可操作性，同时要给教师留下再创造的空间。

为了便于把握学习要求，《要求》按课标的目标描述对学习层次进行划分，具体表述如下：

目标领域	水　平	行 为 动 词
知识性目标	了解水平	描述、简述、识别、列出、列举、说出、举例说出、指出、辨别、写出、排列
	理解水平	说明、举例说明、概述、评述、区别、解释、选出、收集、处理、阐明、示范、比较、描绘、查找
	应用水平	分析、得出、设计、拟定、应用、评价、撰写、利用、总结、研究
技能性目标	模仿水平	尝试、模仿
	独立操作水平	运用、使用、制作、操作、进行、测定
情感性目标	经历（感受）水平	体验、参加、参与、交流、讨论、探讨、参观、观察
	反应（认同）水平	关注、认同、拒绝、选择、辩护
	领悟（内化）水平	确立、形成、养成、决定

必修 1：分子与细胞

本模块目标概述

本模块的内容包括细胞的分子组成，细胞的结构，细胞的代谢，细胞的增殖，细胞的分化、衰老和凋亡五部分。

通过本模块的学习，学生将在微观层面上，更深入地理解生命的本质。了解生命的物质性和生物界的统一性，细胞生活中物质、能量和信息变化的统一，细胞结构与功能的统一，生物体部分和整体的统一等，有助于辩证唯物主义自然观的形成。通过学习细胞的发现、细胞学说的建立和发展等内容，有助于学生对科学过程和本质的理解。

1.1　细胞的分子组成

（1）学习要求

具体内容标准	学 习 要 求
概述蛋白质的结构和功能	说出蛋白质的元素组成 说明氨基酸的结构特点 简述氨基酸通过脱水缩合形成蛋白质的过程 概述蛋白质的结构和功能，认同蛋白质的结构和功能的关系 关注蛋白质研究的新进展 简述鉴定蛋白质的实验原理，尝试检测组织中的蛋白质的一般方法

续表

具体内容标准	学 习 要 求
简述核酸的结构和功能	说出核酸的元素组成 说明核酸的基本结构和种类 认同核酸是细胞内携带遗传信息的物质，在生物体的遗传、变异和蛋白质的生物合成过程中具有极其重要的作用 简述检测核酸的实验原理，观察 DNA 和 RNA 在细胞中的分布
概述糖类的种类和作用	说出糖类的组成元素 说明糖类的种类 认同糖类是主要的能源物质 简述鉴定还原糖的实验原理，尝试组织中还原糖的检测方法
举例说出脂质的种类和作用	说出脂质的种类及组成元素 举例说出脂质是细胞内良好的贮能物质 简述鉴定脂肪的实验原理，尝试生物组织中脂肪的检测方法
说明生物大分子以碳链为骨架	说出组成生物体的主要化学元素的种类 举例说明组成生物体的化学元素的重要作用 描述生物界与非生物界的统一性和差异性 认同碳是生命的核心元素 科学地理解生命的本质，形成辩证唯物主义自然观
说出水和无机盐的作用	说出水在细胞中的存在形式和作用 说出无机盐在细胞中的存在形式和主要作用

（2）教学建议

本部分内容是从分子水平了解生命系统，介绍组成细胞的蛋白质、核酸、糖类、脂质等有机物的结构和功能，以及水和无机盐的作用，为后续学习打下基础。在本部分内容中，蛋白质和糖类是重要内容，教学中要注意突出。本部分内容的学习一般安排在高一的第一学期，由于学生的化学知识相对较少，尤其是有机化学的知识几乎空白，给学习带来了很大的难度，对此，教学中应给予注意。

教学中要注意把握教学内容的难度与广度。如，生物大分子以碳链为骨架的问题，只要求学生明确碳原子与其他原子能形成4个化学键，可以形成长的碳链，进而能形成以碳链为基本骨架的有机化合物即可，不必补充更多的化学知识，但要让学生重点理解C元素对于生命的重要意义。再如，核酸的结构和功能，只要能说出核酸的元素组成、基本结构，说出核酸的结构与功能的关联性即可，不要在分子结构等方面补充过多内容。

教学中要重视联系学生生活实际，在学生原有的生活经验和知识基础上，引导学生理解物质的结构和功能。联系学生生活实际，还可以创设问题情境，调动学生学习的积极性与主动性。如，学习蛋白质的结构和功能时，可从食品的成分入手进行分析，既能密切联系学生的生活实际，又能加强氨基酸、多肽、蛋白质等基本概念的认识；学习核酸的结构和功能时，通过对DNA指纹法在案件侦破工作中的重要用途，激发起学生对核酸强烈的学习欲望。在具体教学实践中，还可以创设问题情境，比如说灵儿氨基酸片真的很“灵”吗？通过学习、讨论、交流，更有效地激发起学生的学习兴趣；教学中，还可以创设以下问题情境：为什么人们常说“人是铁，饭是钢”？为什么食物中应添加必需氨基酸？为什么脂肪类食物摄入应适量？等等。学生对这些内容都有一定的经验基础，如果教师能利用学生的生活经验展开教学，将有助于增加教学的亲和力。

教学中还可充分利用相关科学史的内容，对学生加强科学思想与科学方法教育。如，学习氨基酸形成蛋白质的内容时，可以介绍科学家人工合成蛋白质的过程，其中既有科学方法，又有科学发展的曲折历程，更有科学精神和爱国主义情感的渗透，对学生也是一种情感教育。又如，教师组织学生总结蛋白质的功能后，提出科学家研究蛋白质的结构和功能，对人类社会的发展有哪些促进作用呢？科学家对蛋白质结构和功能的研究进展怎样？有哪些新的成果等问题，再指导学生通过阅读或上网查询等方式，使学习内容更加丰富，学习空间更加广阔。

在检测生物组织中的糖类、脂肪和蛋白质的实验教学中，既要认真领悟实验原理、规范实验操作，同时重视将验证性实验转化为探究性实验。教师可以提供有关的生物组织材料，也可以让学生自己选择实验材料进行实验研究。也可以按课题进行研究，如“洋葱根尖细胞含有脂肪吗?”等等。

1.2 细胞的结构

（1）学习要求

具体内容标准	学 习 要 求
分析细胞学说建立的过程	分析细胞学说建立的过程 认同细胞学说的建立是一个开拓、继承、修正和发展的过程 举例说明技术进步在科学发展中的作用
使用显微镜观察多种多样的细胞	使用高倍显微镜观察各种不同的生物材料 说出不同生物类型细胞结构的异同点 认同细胞的多样性与统一性
简述细胞膜系统的结构和功能	简述细胞膜的成分 体验用红细胞制备细胞膜的方法与过程 举例说明细胞膜的功能 认同细胞膜作为系统的边界，对于细胞这个生命系统的重要意义 简述细胞膜系统的结构和功能
举例说出几种细胞器的结构和功能	说出线粒体、叶绿体等几种细胞器的结构和功能 制作临时装片，使用高倍显微镜观察叶绿体和线粒体 确立“结构与功能相统一、局部与整体相统一”的观点
阐明细胞核的结构与功能	简述细胞核的结构和功能 认同细胞核是细胞生命系统的控制中心 说出原核细胞与真核细胞的区别与联系 举例说明细胞是一个有机的统一整体
尝试建立真核细胞的模型	描述建构模型的方法及形式 尝试制作真核细胞的三维结构模型 体验建构模型的过程

（2）教学建议

细胞是生物体结构和功能的基本单位，是生命科学研究的基础，在整个生物学知识体系中占有举足轻重的地位。因此，本部分内容是以细胞为主线，其中细胞学说建立过程以及细胞膜、细胞质、细胞核的结构和功能是重要内容，在教学过程中应重点关注。

在本部分内容的教学中，可以利用“问题探讨”创设问题情境，搭建自主学习、探究讨论的平台。如在学习细胞膜的结构和功能时，可以通过比较显微镜下“气泡”与“细胞”的差异。有条件的学校可以事先利用显微拍摄技术，形成静态图像或动态影像，让学生判断，把学生带入到细胞边界的研究氛围中去。从

“工厂的生产程序”的分析，到利用类比的方法，研究细胞内的分工与合作，将抽象的知识形象化，有助于激发学生的学习兴趣，拉近教师与学生之间的距离，通过师生互动、生生互动，提高学习的效率。

对于细胞的结构和功能，教学中应强调教学的直观性。充分利用直观教具，特别是模式图、细胞模型、影像资料等，直观地展现细胞膜、各种细胞器以及细胞核的结构，使学生通过观察理解细胞各部分的形态结构，并在此基础上分析其成分与功能。

教学中可以将体验细胞发现、细胞学说建立的过程作为主线，突出科学史和科学方法的教育，体现科学探究的过程。科学史本身就是一则很好的教育素材。可以让学生从科学史中体会科学研究的过程是一个不断开拓、继承、修正和发展的过程。在教学过程中，还可以介绍细胞膜模型的构建、线粒体的发现等研究过程，在体会方法的同时，培养学生的科学态度与科学精神。

教学中注意加强实验和其他实践活动。在使用高倍镜观察多种多样细胞的实验中，尽量提供不同的生物材料。学生通过实践认识不同生物的各种细胞，从而归纳出细胞的多样性与统一性。通过体验用红细胞制备细胞膜的方法以及用高倍镜观察叶绿体和线粒体的活动，在提高动手操作水平和使用显微镜技能的同时，学会选择实验材料、设计实验过程、观察实验结果、分析实验结论等科学研究方法。通过尝试制作真核细胞的三维结构模型，在了解模型的种类与构建模型方法的基础上，分析科学家的建模过程，并亲自体验建构模型的过程。有条件的学校可组织学生参观电子显微镜实验室。

1.3　细胞代谢

（1）学习要求

具体内容标准	学习要求
说明物质进出细胞的方式	通过渗透实验说出细胞吸水或失水情况 举例说明细胞膜是选择透过性膜 简述生物膜的流动镶嵌模型学说的基本内容，尝试制作生物膜模型 举例说明物质跨膜运输方式的类型及特点 指出被动运输与主动运输方式的异同点 简述主动运输对细胞生活的意义 举例说出大分子跨膜运输的方式

续表

具体内容标准	学 习 要 求
说明酶在代谢中的作用	说出酶的本质和作用，尝试比较过氧化氢在不同条件下的分解效果 举例说明酶的特性 概述酶促反应的原理 通过实验说明影响酶活性的因素，掌握控制变量的科学方法
解释 ATP 在能量代谢中的作用	简述 ATP 的化学组成和结构特点 写出 ATP 的分子简式 解释 ATP 在能量代谢中的作用，了解 ATP 的用途 说出 ATP 的形成途径 说明 ATP 与 ADP 相互转化的过程及意义
说明光合作用以及对它的认识过程	概述色素提取和分离实验的原理，并说出叶绿体中色素的种类和作用 说出叶绿体的结构和功能 说明光合作用以及对它的认识过程，了解光合作用研究的历史 解释光合作用的光反应、暗反应过程及相互关系 举例说明光合作用的原理和应用 简述化能合成作用
研究影响光合作用速率的环境因素	说明环境因素对光合作用强度的影响 收集农业生产上提高农作物光合作用强度的有关信息，了解温室中提高农作物产量的方法 尝试探究影响光合作用强度的环境因素，学习科学研究的一般方法
说明细胞呼吸，探讨其原理的应用	说出线粒体的结构和功能 阐明有氧呼吸和无氧呼吸过程 比较有氧呼吸和无氧呼吸的异同，学会运用对比的方法理解相关的生物学知识 阐明呼吸作用的本质，了解细胞呼吸与细胞供能的关系 说明细胞呼吸的原理和意义，了解其在生产和生活中的应用 通过实验，探讨酵母菌细胞的呼吸方式

(2) 教学建议

本部分内容主要介绍细胞的功能，是从细胞水平来体现生命系统的特点，说明细胞是最基本的生命系统。本部分内容中，细胞呼吸和光合作用既是重点又是难点，而ATP和酶、细胞呼吸和光合作用的原理都与化学知识相互渗透，学习时会有一定的难度。

教学“光合作用”时，可指导学生分析光反应、暗反应这两个阶段中物质和能量的变化，引导学生认识水和二氧化碳是如何转变成糖类等有机物的，进而探讨影响光合作用的环境因素。进行“细胞呼吸”教学时，要让学生重点理解呼吸作用的本质，弄清楚呼吸作用的条件、场所、过程、产物，以及两种呼吸类型的比较等。结合生产实践，要求学生了解光合作用和细胞呼吸原理在农业生产上的应用。有关光合作用和呼吸作用的过程，不宜讲得过深、过难。例如，卡尔文循环和三羧酸循环的内容不宜讲述。

生物学知识与生产实践、生活实际息息相关，因此，教学过程中要重视联系学生原有的经验。例如，学习酶的作用时，可以联系酶在酿酒、制醋、抗生素和胰岛素的生产等过程中的作用，以及酶与人类遗传病的关系等。又如，学习光合作用时可让学生利用各种媒体去调查、收集农业生产上提高光合作用强度所采取的措施，从而调动学生学习的主动性。在具体的教学过程中，可以创设问题情境来激发学生的思维活动，如植物光合作用的场所、条件、原料、过程分别是什么？影响光合作用的因素有哪些？农作物为何要合理密植？如何提高大棚农作物的产量？结合细胞呼吸原理还可以设问：为什么新疆的哈密瓜特别甜？栽种庄稼为何要经常松土？地窖中储存水果、蔬菜时为何要充入适量的氮气？水涝为什么会使小麦等陆生作物减产？光合作用、细胞呼吸中能量的变化与ATP和ADP相互转化有什么关系？倘若教学内容能结合学生的生活经验展开，将有利于激发学生的学习兴趣，激活学生的科学思维，进而提高课堂教学的有效性。

要充分利用教材中关于科学史内容的教学来培养学生的科学素养。如学习光合作用研究史时，可引导学生体验普利斯特里、卡尔文等科学家研究光合作用的历程，从而认识到科学发展的艰难、科学研究方法的重要，感悟科学家崇高的精神境界、实事求是的科学态度。

在指导学生做提取和分离色素的实验时，要求学生理解实验原理，学会自己选择材料，掌握处理实验材料、实验操作方法等技能。以科学探究的理念来尝试设计部分实验步骤，例如，在探究影响光合作用的因素实验、酶特性的实验中，掌握对照实验的原则——单一变量原则，学会确认和控制变量，以及对实验过程进行观察、记录，对实验结果进行分析、讨论，从而培养和提高学生的科学探究能力。

1.4 细胞的增殖

（1）学习要求

具体内容标准	学 习 要 求
简述细胞的生长和增殖的周期性	说出细胞不能无限长大和细胞也不是越小越好的原因 举例说出细胞增殖的意义 举例说出真核细胞增殖的方式 简述细胞生长和增殖的周期性 指出细胞周期的内涵
描述细胞的无丝分裂	举例描述细胞的无丝分裂 说出细胞无丝分裂的特点
观察细胞的有丝分裂并概述其过程	准确描述细胞有丝分裂各时期的重要特征 比较动、植物细胞有丝分裂过程的异同 解释有丝分裂的过程、特征和意义 比较各时期染色体行为，以及DNA和染色体数量的规律性变化 制作植物根尖临时装片 使用高倍显微镜观察装片，比较各期特点，绘制相关简图 描绘曲线图，解释DNA和染色体数量的变化规律

（2）教学建议

本部分内容主要讲述细胞增殖的方式和过程。通过本部分内容的教学，可以促使学生在了解细胞生命系统的物质组成、结构功能之后，进一步认识细胞这一生命系统的产生、发展过程。模拟探究细胞表面积与体积的关系、细胞有丝分裂的过程及特征是本部分的重点内容。由于本部分内容大部分微观而抽象，教学设计应注重思维训练和学法指导。

要切实关注教学内容深度和广度的把握。关于生物体的生长，存在着较多对学生进行思维训练的教学环节，如，生物体的生长取决于细胞生长和细胞分裂两个方面；细胞不能无限长大也不是越小越好；探究细胞大小与物质运输效率间的关系。再如，细胞增殖是通过细胞周期实现的；一个细胞周期包括分裂间期和分裂期两个阶段。需要特别指出的是，细胞只有在完成各种必要的物质准备之后，才能进行分裂；分裂间期的重要物质准备包括遗传物质DNA的复制、所有其他细胞物质的积累、细胞的适度生长。要提示学生注意到分裂间期在细胞周期中所占时间的比例，从而理解分裂间期在细胞周期中的重要性，促进学生对细胞生命周期形成较为完整的认识。此外，在这部分内容的学习中，要引导学生特别关注染色体行为和数目的变化及其规律。教学中通过再现科学家发现细胞有丝分裂的进程，进行知识发生过程的教学，使学生先获得感性认识，再进行理性思考，这种思维上的转换训练，有利于学生展开想象。有关无丝分裂的内容，通过与有丝分裂的比较，让学生简要了解其基本过程和周期性即可，不宜过多发挥。

对于染色体和染色单体之间的关系，学生不易理解，教师应采用一些辅助手段进行突破。另外，教师要注重对各种课程资源进行选择、整合和优化，可指导学生课前学习制作细胞和染色体模型，课堂上随教师的讲解和示范，在细胞模型中操作染色体模型进行规律性的变化，最后通过课件将动态的有丝分裂过程连续呈现，进而强调有丝分裂是一个动态、连续的变化过程。

在观察植物细胞的有丝分裂实验中，装片的制作难度较大，观察效果往往也不是十分理想。因此，教学中可考虑用洋葱根尖固定装片进行弥补。可以用数码显微镜拍摄若干视野，指导学生按照可能的相互关系，尝试细胞分裂图像的正常排序，这样更有利于学生理论联系实际、学以致用、学用结合。此外，教师要重视探究活动后的讨论，以利于促进学生深入思考并学会联想。教师要精心设计思考题，如，为什么细胞越大，物质运输的效率越低？为什么多细胞生物体是由许多体积小的细胞而不是由少数体积大的细胞构成？限制细胞长大还有哪些因素？……学生亲历探究、师生互动、生生互动的教学形式是探究性学习所倡导的，教师应予重视。

1.5 细胞的分化、衰老和凋亡

（1）学习要求

具体内容标准	学 习 要 求
说明细胞的分化	说出细胞分化的概念 举例说出细胞分化在生物界普遍存在的实例 简述细胞分化的特点及意义 描述细胞分化的过程及原因

续表

具体内容标准	学 习 要 求
举例说明细胞的全能性	说出细胞全能性的概念 列举细胞全能性的实例 解释细胞具有全能性的原因 搜集干细胞的研究进展与人类的关系，学会鉴别、选择、运用和交流信息
探讨细胞的衰老和凋亡与人体健康的关系	说出个体衰老与细胞衰老的关系 描述细胞衰老的特征 举例说出细胞凋亡的含义 简述细胞凋亡与细胞坏死的区别 探讨细胞衰老和凋亡与人体健康的关系
说出癌细胞的主要特征，讨论恶性肿瘤的防治	简述癌细胞的概念 说出癌细胞的主要特征和致癌因子 讨论健康的生活方式与癌症防治之间的关系，选择健康的生活方式

（2）教学建议

细胞的分裂、分化、衰老和凋亡是一切具有细胞结构的生物体生长发育的基础，是生物个体发育重要的生理过程和生理现象。其中细胞分化，高度分化的细胞具有全能性，细胞凋亡的含义，癌细胞的特征及细胞癌变的原因等内容是教学的重点。

在教学中，联系生活实际，结合学生的已有经验，通过创设问题情境，引导学生进行探究活动是非常重要的。比如，秋天树叶的凋落，人体器官会老化等问题，可以激发学生探究个体衰老与细胞衰老之间的关系。细胞衰老与凋亡和人类健康之间的关系，可以通过文献调查等探究活动，结合生活经验，提出科学的健康计划与建议。再如，提出臭氧空洞、核辐射等可能导致的影响，说出它们与细胞癌变的关系，引导学生自主探究癌细胞的特征与细胞癌变的原因。

教学中应注意加强学科内知识的联系。细胞分化、衰老、凋亡，既是前面所学细胞内容的延伸，也是理解生物体生长发育、遗传变异的基础和前提。例如，在讲述细胞分化时，可以结合生命系统的不同结构层次来分析，从有关组织、器官、系统的知识来联系不同组织中的细胞形态、结构、成分等特点。从个体发育过程中，各种组织、器官、系统的构成来理解细胞分化的重要地位。通过辨析细胞增殖与细胞分化、细胞坏死与细胞凋亡的关系，加强基本概念的理解。

教学中可充分利用教学资源，开展丰富多彩的教学活动，提高教学的有效性。除要充分利用挂图、模型等传统的直观教具外，还应充分利用多媒体课件、网络、图书馆等课程资源，组织学生网络调查、社会调查、交流讨论、辩论等，从而实现学生学习方式的转变，跳出“教教材、学教材、考教材”的误区。

关注科技新进展的热点问题，落实科学、技术、社会相互关系的教育。本部分内容与当今许多科技新进展热点问题都有紧密的联系，如干细胞的研究、克隆技术、植物的组织培养技术、细胞凋亡机制与人的健康及寿命等。在教学过程中，要倡导探究性学习，要倡导在解决实际问题过程中理解生物的基本概念。同时要激发学生了解科学的积极性，这是激发学生社会责任感的良好契机。教学中重视发挥评价的激励机制和导向作用，突出情感教育目标的实现。讲解和讲授不可能成为培养学生情感态度与价值观的主要方法，应通过设计相应的活动，让学生去体验、培养，激发的兴趣，引起他们对社会、科学、环境、生活等问题的关注，形成内心的震憾。例如，通过“收集恶性肿瘤防治方面的资料”，明确癌细胞的特征、癌变的原因，从而确立积极的生活态度和健康的生活方式。又如，鼓励学生课后完成“资料搜集和分析——社会老龄化的相关问题”，从而对学生进行关爱他人、关注社会问题的情感教育。

必修 2：遗传与进化

本模块目标概述

本模块的内容包括遗传的细胞基础，遗传的分子基础，遗传的基本规律，生物的变异，人类遗传病，生物的进化六部分。

通过本模块的学习，学生能够理解生命的延续和发展，认识生物界及生物多样性，形成生物进化的观点，树立正确的自然观。理解有关原理在促进经济与社会发展、增进人类健康等方面的重要意义。

2.1　遗传的细胞基础

（1）学习要求

具体内容标准	学　习　要　求
阐明细胞的减数分裂并模拟分裂过程中染色体的变化	说出减数分裂的概念及发生的部位 解释同源染色体、联会、四分体等名词 尝试模型建构方法，模拟减数分裂过程中染色体数目和行为的变化，说明减数分裂的过程 概述减数第一次分裂的主要特征 概述减数第二次分裂的主要特征

续表

具体内容标准	学 习 要 求
	区别减数分裂过程中各时期的典型图形 说明减数分裂过程中的染色体和 DNA 的变化规律 使用高倍镜，观察细胞的减数分裂，识别减数分裂不同阶段的染色体形态、数目和位置的变化
举例说明配子的形成过程	区别精子与卵细胞的形成过程的差异 解释配子形成过程中染色体组合的多样性 概述配子的形成与生物个体发育的联系
举例说明受精过程	说明受精作用的概念、特点和意义 阐明减数分裂和受精作用对于生物遗传和变异的重要作用

（2）教学建议

本部分内容包括减数分裂、配子的形成和受精作用等知识。这部分内容在本模块中的主要作用是揭示生命延续的细胞学基础，为学习遗传与进化知识做好铺垫。显然，对这部分内容的学习必须以第一模块的细胞周期及有丝分裂等知识为基础。本部分内容的重点是减数分裂过程中染色体的动态变化以及主要特征的描述，难点是减数分裂过程中染色体、DNA 分子数目的变化规律，以及分裂过程中染色体组合多样性的解释。与原教学大纲相比，新课标增加了模型建构、观察细胞减数分裂实验、搜集有关试管婴儿的资料以及评价其意义与伦理问题，这些新增加的内容旨在倡导学生自主学习或体验学习过程，教学中应予高度重视。近 50 年来，科学家们不仅阐明了生物传宗接代的过程，而且揭示了其中的规律，教师要善于联系相关的科学科技与社会实际等内容进行教学。此外，减数分裂和受精作用还是学习选修模块中有关避孕原理和方法、人工授精、试管婴儿等生殖技术内容的必备知识。

在教学中，本部分内容应以原始生殖细胞—配子—受精卵为线索，以配子的形成与融合为核心，学习减数分裂的发生部位、时间、过程和结果，比较卵细胞与精子形成的异同，并阐明减数分裂与受精作用的意义。教学中应以演示、观察和模拟等活动为主，选择图片、动画、录像等辅助手段为学生提供必要的感性材料，再通过学生自己尝试建构模型来模拟减数分裂过程中染色体的数目和行为变化。

在教学中，教师要以有丝分裂内容为知识背景提出一些问题，引发学生思考，如“减数分裂间期的复制过程发生了哪些变化?”“第一次分裂过程中染色体和DNA分子的数目有什么变化?原因是什么?”“第二次分裂过程中染色体和DNA分子的数目有什么变化？原因是什么?”“受精作用过程中染色体和DNA分子的数目发生了什么变化？有什么意义?”等。通过对这些问题的讨论，引导学生把染色体数目变化与染色体行为联系起来，将DNA分子数目的变化与复制及分裂次数结合起来，将染色体数目的周期性变化与其意义结合起来，从而加深对减数分裂过程的理解。在教学中，应注意准确解释相关专业名词，概述分裂过程中的主要特征，辨认不同时期的典型图形或模拟绘图。

在教学中，要加强对学生的科学价值观和人生观教育。如，在组织搜集有关试管婴儿的资料活动时，可以根据当地情况选择合适的形式（如网络、报刊、书籍、电视录像等）进行，然后交流、讨论、评价其意义及伦理问题。教师要允许学生发表不同的意见，指导学生用辩证的、发展的观点进行评价，对于不正确的观点也要讲明道理，以理服人，使学生确立正确的价值观和人生观。

2.2 遗传的分子基础

（1）学习要求

具体内容标准	学习要求
总结人类对遗传物质的探索过程	分析“肺炎双球菌的转化实验”的原理和过程，得出相应的结论 分析“噬菌体侵染细菌的实验”的原理和过程，得出相应的结论 说出“烟草花叶病毒的感染实验”的原理和过程，得出相应的结论 概述人类对遗传物质的探索过程，并得出“DNA是主要的遗传物质”结论 认同科学实验技术的发展对探索遗传物质过程中的作用
概述DNA分子结构的主要特点	说出DNA分子的基本单位 概述DNA分子双螺旋结构的主要特点 阐明碱基互补配对原则 收集DNA分子双螺旋结构模型的建立过程的资料，体验沃森和克里克的探索过程与互助合作的科学精神 制作DNA分子双螺旋结构模型，体验科学家科学探索的精神

续表

具体内容标准	学 习 要 求
说明基因和遗传信息的关系	说出基因在染色体上的实验证据 举例说明基因与DNA的关系 概述DNA分子的多样性和特异性 阐述脱氧核苷酸序列与遗传信息的关系 探究基因和遗传信息的关系，认同基因的物质性
概述DNA分子的复制	概述DNA分子复制的时期、过程和条件 说明DNA分子复制的特点 阐明DNA分子复制的实质 概述DNA分子复制的生物学意义 认同DNA双螺旋结构模型对研究DNA分子复制的指导意义
概述遗传信息的转录和翻译	概述基因控制蛋白质合成的过程 说出中心法则的内容 指出遗传密码子与氨基酸的关系 举例说明基因、蛋白质与性状的关系

(2) 教学建议

本部分内容以DNA—基因—遗传信息为线索，主要从分子水平了解生物的遗传物质，从微观层面上理解生物的多样性。在本部分内容中，证明DNA是生物主要遗传物质的三个经典实验、DNA的结构和复制以及遗传信息的传递和表达是重点和难点。教学中要把握重点、分解难点。如在学习肺炎双球菌转化实验时，在得出DNA是遗传物质结论的同时，还应引导学生得出DNA分子必需保持完整性才能行使其遗传功能等结论；在学习遗传信息的转录和翻译时，应引导学生理解密码子简并性的特点。本部分内容中所涉及的化学键以介绍氢键为主，其他化学键知识不宜过多讲述。

在教学中，应注重联系学生的生活实际。如在学习DNA分子双螺旋结构模型时，可以将DNA分子的空间结构比作一个旋梯，其中磷酸、五碳糖交替排列形成的长链是扶手，碱基对是台阶，这样，既能帮助学生建立DNA分子的空间概念，也有助于理解两条链的平行关系。但特别要注意对“反向平行”的分析。可以利用DNA分子的可拆分模型讲解DNA分子的基本组成单位；也可以动画演示DNA分子的复制、转录和翻译过程。在学习脱氧核苷酸与遗传信息的关系时，可从计算机的二进制入手，指出DNA分子中的四种脱氧核苷酸具备更强的编码能力，并适时引入DNA计算机和DNA身份证等。教师还可组织学生开展力所能及的一些调查活动，如班级和年级色盲学生性别和比例的调查，将调查结果与“基因在染色体上的实例”结合起来，使本来抽象的知识变成实实在在的客观现实。

在教学中，要充分利用科学发展史进行情感和价值观的教育，如从“DNA分子双螺旋结构发现史”中，可以体验到科学工作的曲折性、互相合作的重要性以及百折不挠的攀登精神；“信使RNA和密码子的发现史”可以使学生认识到正确的预见性思维在科学研究中所起到的关键性指导作用；“DNA是主要遗传物质的探索史”则有利于学生认同科学实验技术的发展在探索遗传物质过程中的作用。

此外，在教学中，还要培养学生搜集信息和处理信息的能力，搜集资料的本身就是一个培养信息处理能力的过程。感兴趣的同学还可以通过相关链接搜集有关现代遗传学发展的更多资料，使学生的学习空间更加广阔。在制作DNA分子双螺旋结构模型的活动中，要以学生自主学习为主，材料的选择可以用不同颜色的塑料片或硬纸片分别代表磷酸、五碳糖和碱基，用金属细丝代表化学键将各部分按一定次序连接起来。制作模型的过程也是一个知识内化的过程，可以促进学生对DNA分子“双螺旋”和“反向平行”特点的认识。

2.3　遗传的基本规律

（1）学习要求

具体内容标准	学　习　要　求
分析孟德尔遗传实验的科学方法	认同孟德尔遗传实验的科学性和他在近代遗传学上的地位 分析孟德尔实验获得成功的原因 认同孟德尔的实验方法和研究步骤，体验科学研究的一般方法
阐明基因的分离规律和自由组合规律	列举生物的性状及表现方式，区别性状及相对性状 阐明孟德尔的一对相对性状的杂交实验过程 区别纯合子与杂合子，等位基因、显性基因与隐性基因，基因型与表现型，杂交、测交与自交等遗传学概念 运用模拟实验，体验遗传因子通过分离及自由组合产生的配子的类型及比例

续表

具体内容标准	学 习 要 求
阐明基因的分离规律和自由组合规律	应用遗传因子的假设，解释与分析基因的分离和自由组合的现象 应用分离定律解释遗传现象 阐明孟德尔的两对相对性状的杂交实验过程以及对自由组合现象的解释 应用自由组合定律解释遗传现象 举例说明遗传规律指导育种工作及人类遗传病防治
举例说明基因与性状的关系	举例说明基因对性状的控制 说出基因与染色体的关系 阐明一对等位基因控制一对相对性状 尝试用遗传学分析的基本方法和技能，根据实验结果判断性状的显、隐性关系及基因型，并能进行相关的计算
概述伴性遗传	概述生物性别决定的类型，解释人类性别比接近1∶1的原因 概述位于性染色体上基因传递及表现的特殊性 举例说明伴性遗传及其特点 举例说出常见的几种遗传病及其遗传特点 举例说明伴性遗传知识与人类遗传病防治及生产实践活动的关系

（2）教学建议

本部分内容以孟德尔的遗传研究与发现为线索，以基因的遗传方式为核心，重点介绍了孟德尔两个著名的豌豆杂交实验，阐明了孟德尔的两个遗传基本定律以及基因与性状的关系，并概述伴性遗传的有关知识。

在本部分内容中，孟德尔遗传实验的科学方法、遗传的两个基本定律及其在生产和实践中的应用、伴性遗传的知识是教学的重点，而等位基因的遗传行为和非等位基因之间的遗传关系则是教学的难点。同时还应该让学生学习和掌握科学研究的方法，领悟假说演绎，建立模型等科学方法及其在科学研究中的应用。要重视建立科学思想的教学，可以通过介绍孟德尔的生平，引导学生分析孟德尔的杂交实验的设计思路和方法，让学生体会孟德尔作为遗传学奠基人对遗传学作出的杰出贡献。建议在分析杂交实验的学习过程中，要帮助学生建立起诸如基因和性状、基因型和表现型、纯合子和杂合子、显性基因和隐性基因、显性性状和隐性性状、等位基因和相对性状等基本概念。要充分利用“性状分离比的模拟实验”。在模拟实验中，随机事件的概率通常在数据越大的情况下越接近，能反映出规律性的特点，从而帮助学生对基因的分离和随机结合与生物性状之间的数量关系的理解，对孟德尔假说的科学构建思路有较深入的理解。

在教学中，要引导学生分析减数分裂与基因的分离定律、基因的自由组合定律之间的关系，特别是等位基因分离的细胞学基础。注意将数学概率统计的原理应用于生物学科学分析中，并学会概率的有关计算。在这两个定律的教学中还要特别注意引导学生对科学探究一般过程和方法的理解。

基因分离定律是学习基因自由组合遗传定律的基础，要帮助学生概括总结孟德尔获得成功的原因，让学生了解任何一项科学成果的取得，不仅要付出艰辛的劳动，还要有正确的研究方法，从而培养学生严谨求实的科学态度和坚韧不拔、持之以恒的探索精神。

伴性遗传这部分内容的教学中，要以遗传学的经典实例——人类的红绿色盲为例，学习研究伴性遗传的主要婚配方式和伴性遗传的规律。考虑到这部分内容主要是基因分离定律的知识在性染色体遗传上的应用，学生比较容易理解，所以，教师可以在适当引导的基础上，让学生进行自我探索，然后得出有关伴性遗传的一些基本规律。

2.4　生物的变异

(1) 学习要求

具体内容标准	学　习　要　求
举例说出基因重组及意义	简述基因重组的概念 举例说出基因重组现象 简述基因重组的意义
举例说明基因突变的特征和原因	概述基因突变的概念 解释基因突变的原因 举例说明基因突变的特征 简述基因重组和基因突变的差异 概述基因突变的意义
简述染色体结构变异和数目变异	简述染色体结构变异的几种类型 举例说出染色体结构变异 简述染色体数目变异的定义 尝试低温诱导染色体加倍的实验 辨别染色体组、二倍体、多倍体、单倍体的概念

续表

具体内容标准	学 习 要 求
搜集生物变异在育种上应用的事例	举例说出多倍体育种的原理、方法及特点 举例说出多倍体育种在生产中的应用 概述单倍体育种原理、方法和特点 举例说出诱变育种在生产中的应用
关注转基因生物和转基因食品的安全性	简述转基因技术的概念 简述转基因的过程 关注转基因技术的发展 举例说出转基因的应用 探讨转基因生物和转基因食品的安全性

(2) 教学建议

本部分内容介绍的变异的几种类型是建立在遗传学的基础上，因此巩固遗传知识就显得尤为重要。根据新课程的教学安排，变异内容的学习多数将在高一进行，因此，教学难度较大，教师在教学中要注意处理好抽象概念与形象教学的关系，突破教学难点，如对染色体组、二倍体、多倍体、单倍体等概念的教学。

变异的概念及原因是本部分内容的重点，教学中可以通过对遗传知识的复习加以演绎归纳得出。在进行基因重组知识教学时可以联系遗传的分离定律和自由组合定律等内容，特别是对自由组合定律中两对相对性状遗传子二代中的表现型差异进行分析，注意联系细胞减数分裂过程中同源染色体之间的交叉互换现象。

基因重组是生物多样性的重要原因，要引导学生尝试分析基因重组与生物进化的关系。利用图文促进学生对重组 DNA 技术概念的理解。基因突变可以联系基因的结构本质以及 DNA 复制情况作为理解基因突变的铺垫。也可以组织学生开展讨论，让学生对基因突变加深了解。还可以采用自学辅导式学习法，组织学生阅读课本并设计相关问题的方式进行学习。教学中还可以设计一段 DNA 复制过程的动画，再根据概念中涉及的碱基对增添或缺失等改变情况，对比相应氨基酸的变化情况，使学生明了基因突变的概念、特征和原因。通过对基因突变的分析，教师可以引导学生回忆并分析基因和染色体的关系，启发学生思考：基因能够发生突变，那么染色体能不能发生变化呢？如果染色体发生变化，它会发生什么样的变化呢？生物的性状又会发生什么样的变化呢？从而引出染色体变异包括染色体结构的变异和染色体数目的变异。

染色体结构的变异是作为了解的内容，要引导学生知道研究染色体结构的变异可以为生产实践服务，也可以为人类健康服务。教学中可以采取的教学策略有：(1) 以辨图、设问、讨论和复习的方式理解染色体组的概念；(2) 通过具体实例、概念的辨析和对比，认识单倍体、二倍体和多倍体之间的关系；(3) 用图解、事例和图表的形式引导学生学习多倍体和单倍体育种；(4) 做好“低温诱导植物染色体数目的变化”的实验。例如，教师在实验开始前，可以先复习染色体组、二倍体、多倍体和单倍体的概念，以及多倍体和单倍体育种的原理、操作方法和优点，同时复习“观察植物细胞的有丝分裂”的实验步骤，为本实验打好基础。在低温诱导染色体数目的变化的实验中，引导学生思考低温的作用为什么与秋水仙素的作用基本相似，低温有哪些优点。

2.5　人类遗传病

(1) 学习要求

具体内容标准	学习要求
列出人类遗传病的类型（包括单基因病、多基因病的监测和预防）	简述人类遗传病的产生原因和特点 列出人类遗传病的类型 举例说出各类单基因病的遗传方式和风险率 列举染色体病对新生儿的严重危害 尝试制订调查计划调查身边常见的人类遗传病，体验在调查活动中进行合作学习
探讨人类遗传病的监测和预防	说出遗传病的产前诊断与优生的关系 说出遗传咨询与优生的关系 简述遗传咨询的一般方法 搜集和交流基因诊断监测遗传病方面的资料
关注人类基因组计划及其意义	说出人类基因组计划的研究对象和目标 简述人类基因组计划的研究成果和意义 搜集和交流有关人类基因组研究方面的资料

(2) 教学建议

本部分内容以遗传病的病理、诊断和预防为知识链，以遗传与优生为核心，主要讲述人类遗传病的常识性知识。在教学上，应着重内容的拓展和丰富，为学生创设一个主动建构知识、发展能力、形成正确的情感态度与价值观的学习环境。

针对人类基因遗传病和染色体遗传病这部分内容的学习，教师可以利用挂图、录像或多媒体课件让学生多了解病例的症状情况，通过真实的图像加深学生对遗传疾病的感性认识，充分了解遗传病的一些特征。教师可通过让学生比较遗传病和传染病的区别，进而加深对遗传病的认识。对于遗传病中的单基因遗传病，教师可以引导学生结合前面学过的知识进行讨论、归纳常染色体上的遗传病、X染色体上遗传病，以及Y染色体上遗传病的传递特征。结合某遗传病的遗传系谱图，使学生能根据图中所表示的遗传规律，判断此病属于何类遗传病，将学过的知识用于实践中。

对于“人类染色体遗传病”这部分内容，建议教师根据自己所教学生的学习能力差异，对某些染色体遗传病的病因进行分析。要让学生知道为什么要进行遗传咨询以及怎样进行遗传咨询，可举例加以说明，并组织模拟咨询，讨论活动。讨论遗传病监测引起的社会问题，以及人类基因组计划在人体健康和社会伦理等方面的正面和负面效应。

本部分内容有一个调查和两个“资料搜集和分析”活动（课标要求可以选择一项）。活动的内容较多，教学时需注意统筹安排。资料搜集可在教学前一周布置，学生可分为两组，一组搜集有关基因诊断方面的资料，另一组搜集人类基因组计划及其影响的资料，以备课堂教学讨论时展示。

调查必须在老师指导下明确目的要求和统计方法，运用遗传学基础理论并针对社会背景中的生产、生活、科研等实际问题设计实验方案，以增加学生的参与、动手机会，培养学生对问题的探究能力，让学生的知识“从实践中来，到实践中去”，以利于更好地理解与掌握。在调查活动中可以参考以下的流程：（1）确定调查的目的要求；（2）制订调查的计划；（3）实施调查活动；（4）整理分析调查资料；（5）得出调查结论，撰写调查报告。

2.6 生物的进化

（1）学习要求

具体内容标准	学习要求
说明现代生物进化理论的主要内容	解释种群、种群基因库、基因频率、隔离、物种的概念 尝试运用数学方法讨论种群基因频率的变化 说明现代生物进化理论的主要内容 阐述突变和基因重组在生物进化中的作用 尝试探究自然选择对种群基因频率变化的影响 分析并阐述隔离与物种形成的关系

续表

具体内容标准	学习要求
概述生物进化与生物多样性的形成	简述生物进化的历程 举例说明生物进化的主要依据 认同不同生物类型的差异性，体会生物的多样性 举例说明生物多样性形成的原因
探讨生物进化观点对人们思想观念的影响	举例说出达尔文之前，人们是怎样看待生物进化的 概述达尔文的自然选择学说的主要内容 说出达尔文探索自然选择学说的方法 指出达尔文自然选择学说的贡献和局限性 探讨生物进化观点对人们思想观念的影响 形成生物进化的观点和生物进化理论不断发展的观念

（2）教学建议

本部分内容的核心是介绍现代生物进化理论。教学中可以以现代生物进化理论的形成过程为主线，将有关内容串联起来进行教学。如可以先通过介绍生物进化理论的发展过程，使学生能够认同生物进化理论的发展是新理论对旧理论的修正、深入和扩展。

达尔文的自然选择学说是进化教学的重点内容，教学方法可多样化。例如，先让学生介绍有关自然选择学说的内容，发表对该学说的看法。教学中也可以补充一些达尔文的生平，培养学生热爱自然、热爱科学，逐步树立正确的世界观。通过评述达尔文自然选择学说的贡献和局限性，从而引出现代生物进化理论。从达尔文的“适者生存”入手，将对个体基因的讨论引入对群体的基因讨论，明确研究生物进化，仅研究个体的表现型是否与环境相适应是不够的，还必须研究群体的基因组成的变化。

关于基因库的概念和基因频率的变化，教学中有一定的难度，教师可着重指导学生练习计算基因频率的方法。在学生理解了基因库的基本含义，以及学会了基因频率的计算方法后，再引导学生用数学方法讨论基因频率的变化。

隔离和物种的形成是本段的重点和难点，教师可结合两个不同的虎亚种——东北虎、华南虎在不同环境中的形成，来帮助学生理解地理隔离在物种形成中的作用。关于“生物进化与生物多样性的形成”，可安排学生根据问题自学，如：举例说明共同进化体现在哪儿？生物具有多样性的原因是什么？

教学中注意帮助学生建立起生物进化理论的网络体系。例如，通过引导学生回忆生物进化理论发展过程中出现的几个重要理论：拉马克理论、达尔文主义、现代达尔文主义、中性学说，比较这些进化理论的区别和联系。同时，教师要让学生认识到每一种理论都是在不断完善和修正的，我们要辩证地、发展地看待每一种理论，形成正确的科学观。在这部分内容的教学过程中，教师还可以指导学生阅读书本知识，讨论归纳现代进化理论的发展对于人类认识生命现象所具有的重大意义，同时也可引导学生回忆杂交育种的相关知识，并让学生收集资料，思考现代进化理论对于动植物育种的指导意义。

必修 3：稳态与环境

本模块目标概述

本模块的内容包括植物激素的调节，动物生命活动的调节，人体的内环境与稳态，种群和群落，生态系统，生态环境的保护六部分。

通过本模块的学习，学生将在宏观层面上理解生命活动的本质，了解系统分析的思想和方法，提高对生命系统与环境关系的认识。有助于学生树立人与自然和谐发展的观念，形成生态意识和环境保护意识。

3.1 植物的激素调节

（1）学习要求

具体内容标准	学 习 要 求
概述植物生长素的发现和作用	概述生长素的发现过程，体验发现生长素的过程和方法 解释植物向光性的原因 简述植物激素的概念 说出生长素的产生、运输和分布 概述生长素的生理作用 列举生长素作用的两重性 描述植物顶端优势的现象、原因、解除方法及应用 举例说明生长素类似物在农业生产实践中的作用 尝试生长素类似物促进插条生根的最适浓度，进行设计实验，收集和处理数据，评价实验设计和结论

续表

具体内容标准	学习要求
列举其他植物激素	说出其他植物激素的种类、合成部位和作用 举例说明植物激素间的相互作用
评述植物激素的应用价值	列出植物激素在生产、生活实践中的应用实例 评述植物激素的应用价值及可能带来的负面影响

（2）教学建议

本部分内容包括植物生长素的发现、生长素的生理作用和其他植物激素。植物激素调节和人体内环境稳态的调节内容属于个体层次生命系统的调节，是学习种群、群落、生态系统等群体生命系统内容的铺垫和衔接。

本部分内容的重点是植物生长素的发现过程、生理作用以及植物生长调节剂的应用等，教学中要注意把握好难度与广度。如，教学中可适当补充植物激素和动物激素的比较以及激素与酶的比较，简介形态学的上端和下端的辨别方法。关于生长素作用的两重性，要注意强调浓度的高低是以该器官的最适浓度为标准。植物的生长发育过程不是仅受单一激素调节的，而是由多种激素相互协调、共同调节的。关于生长素促进生长的机理不必作过多的补充说明。

本章知识都是在实验基础上总结出来的，并且有研究方法的介绍。如，生长素的发现过程是以探究的形式介绍的。教学中要注意引导学生学习科学家的研究方法和科学家的钻研精神，领悟科学家是怎样发现问题、寻找证据、严密推理、作出判断的，理解科学家提出问题、分析问题的认识过程和设计实验的科学方法，以提高自己的科研能力。可设计一些简图、简表来展示生长素的发现历程，有助于学生的理解。根据生长素的发现历史，进行适当的总结、提升，人类的许多科学发现都是通过一代又一代人的努力才积累起来的。在学生学习自己操作实验的过程中，可能感到比较困难，这时一方面要指导学生理解、掌握知识内容，另一方面更要激励他们积极思考，通过合作学习努力在实践中获得提高。在实验教学中要注意变量分析和结果分析，如，探索生长素类似物促进插条生根的最适浓度的活动，其中的自变量为促进某种植物插条生根的生长素类似物的浓度大小，无关变量为取材、处理时间、光照、温度等。探究活动中要注意提醒学生控制无关变量和单一变量，设置重复组和对照组。结果分析包括能否生根，生根多少，从而得到近似最适浓度。另外领悟预期实验现象的方法，在教学中也要给予适当指导。

本章与生产实际联系特别密切，教学中，要重视让学生尽可能地用所学知识来解释、说明相关生物学现象，并运用到生产、生活实际中去。如，透彻理解生长素的生理作用、顶端优势等基本原理，并把这些原理应用于农林业生产及日常的生活中，用它们来解释一些现象（如果实发育、生根等），从而加深对这些原理的理解。

此外，要注重从问题、图表、数据等情境材料中分析植物的激素调节，让学生学会识别图示、图例、图表。指导学生通过阅读或上网查询等方式，收集并分析植物激素和植物生长调节剂的资料，结合生活和生产实际，评价植物激素的应用价值和应用不恰当可能带来的负面影响，使学习内容更加丰富，学习空间更加广阔。

3.2　动物生命活动的调节

（1）学习要求

具体内容标准	学 习 要 求
概述人体神经调节的结构基础和调节过程	概述反射的概念 举例说明反射，并掌握反射弧的5个组成部分以及各个部分的功能特点 简述神经元的结构和功能，说出神经元、神经纤维和神经三者的关系
说明神经冲动的产生和传导	概述兴奋的概念，兴奋与神经冲动的关系 解释静息状态和兴奋状态下神经纤维的膜电位发生的变化 说明兴奋在神经纤维上的传导过程和特点 说出突触的结构特点，解释兴奋在神经元之间单向传递的原因
概述人脑的高级功能	概述人脑的组成及各个部分的功能 说出人的大脑皮层所具有的语言中枢的位置和功能
描述动物激素的调节	概述体液调节的概念 举例说明动物激素的概念和特点 简述人体内主要的内分泌腺所分泌激素的种类与主要作用 举例说出激素间的协同作用和拮抗作用 比较神经调节和激素调节的特点
探讨动物激素在生产中的应用	收集相关的信息了解动物激素在农业生产上的运用情况 评价动物激素在生产中应用的利与弊

(2) 教学建议

本部分内容包括人体的神经调节、人脑的高级功能、人体主要激素的功能以及动物激素在农业生产上的运用等。由于这部分内容较为抽象，学生相关的初中生物知识比较薄弱，因此在教学中应适当进行相应知识内容的补充。与教学大纲相比，新课标增加了神经调节的结构基础和动物激素在生产中的应用知识，在教学中应予以注意。

本部分内容的重点为人体神经调节的结构基础、神经冲动的产生和传导、人体内主要的内分泌腺所分泌激素的种类与主要作用。教学中要注意把握它的难度与广度。如，神经冲动的产生和传导这部分内容，教学时应通过对分析神经纤维表面电位差的实验，引导学生掌握在静息状态下神经纤维的电位和接受刺激时膜电位发生的变化。兴奋在神经元间的传递原理的教学，应先介绍神经元之间的联系方式，弄清楚突触前膜、突触后膜特点和功能以及分别是神经元的哪部分结构，理解神经元之间兴奋单向传递的原因。学习人脑的高级功能这部分内容，要突出人脑特有的语言功能，教师可介绍其中4个言语区的功能以及该言语区损伤可能出现的症状。学习动物的激素调节和探讨动物激素在生产中的应用一节内容，应先简单介绍激素的发现和激素的概念，再组织学生学习人体内主要的内分泌腺及其分泌的激素的功能。

在教学中，要注重安排学生理论联系实践活动，可组织学生进行相关的讨论。如，在进行人体神经调节的结构基础和调节过程的内容教学时，组织学生讨论缩手反射和膝跳反射等现象的原因。通过对实际生活中人的脑部发生了损伤后出现的语言功能障碍现象的讨论，掌握有关脑的高级功能。通过组织学生做甲状腺激素对蝌蚪发育影响的实验，让学生了解激素的有关调节功能。在具体的教学过程中，要设法创造有关的情境，如，兴奋剂和镇静剂与突触的关系，使学生进一步了解和掌握有关突触的功能。通过组织学生到一些养殖户、养殖场参观学习，使学生从感性上认识到动物激素在日常生活中的运用。

此外还要充分利用相关科学史和有关实验的方法介绍，对学生加强科学思想与科学方法教育。例如，通过对有关激素的发现的讨论启发学生建立科学发现的思想与方法；通过电位计测定神经纤维膜电位的变化，引导学生推测出神经传导的方法和有关的原理，使学生的科学思维得到初步的训练和培养。

3.3 人体的内环境与稳态

（1）学习要求

具体内容标准	学 习 要 求
说明稳态的生理意义	描述单细胞与环境的物质交换 描述体内细胞生活的内环境 描述内环境的组成和理化性质 说明内环境稳态及其生理意义 概述细胞外液的成分及其作用 说明内环境是细胞与外界环境进行物质交换的媒介 尝试建构人体细胞与外界环境的物质交换模型 简述稳态的调节机制 关注内环境稳态与健康的关系 简述生物体维持 pH 稳定的机制
举例说明神经、体液调节在维持稳态中的作用	简述神经调节和体液调节的特点 说出神经调节与体液调节间的协调关系 认同毒品危害健康，远离毒品
描述体温调节、水盐调节、血糖调节	描述水盐调节和体温调节 描述血糖平衡的调节 分析胰岛素与胰高血糖素在调节血糖平衡中的作用及相互关系 描述糖尿病的病因及常见症状 运用建构模型的方法，建立血糖调节的模型，加深对胰岛素和胰高血糖素生理功能的理解
概述人体免疫系统在维持稳态中的作用	简述免疫系统组成 概述免疫系统的主要功能 描述人体防御外来病原体侵袭的防线 描述免疫系统的防卫功能 简述淋巴细胞的起源和分化 解释淋巴细胞如何识别入侵者 简述抗原和抗体 描述体液免疫和细胞免疫的过程及两者的关系 举例说出免疫接种 举例说明过敏反应 关注器官移植所面临的问题，进一步探讨科学、技术与社会的关系
关注艾滋病的流行和预防	说出艾滋病的全称 说出艾滋病的病原体及存在部位 描述艾滋病的发病机制、症状 关注艾滋病的流行和预防

(2) 教学建议

本部分内容主要包括生物体维持稳态的生理意义、神经调节、体液调节以及免疫系统在维持稳态过程中的作用等。重点内容是内环境的组成和理化性质、内环境的媒介作用、内环境的稳态及生理意义、血糖平衡的调节、神经调节与体液调节的协调、免疫系统的防卫功能。

了解体内细胞生活的内环境是学习稳态生理意义的基础，这部分内容比较抽象，仅凭教师讲述，学生很难真正理解。可以通过制作多媒体课件辅助教学、开展分小组问题探讨、收集资料、分析思考与讨论建模等技能训练活动，来帮助学生进行知识的建构。

体液的成分及各种细胞外液间的内在联系是教学中的难点，可以用比较生动形象的动画演示来辅助教学。而细胞外液的成分是学习细胞外液的渗透压和酸碱度等内容的基础，这部分内容可以通过分析血浆的化学成分为例进行探讨。渗透压的概念比较难理解，可以与其日常生活经验相联系。内环境是细胞与外界环境进行物质交换的媒介，细胞与内环境之间进行物质交换的内容比较好理解，内环境如何与外界环境进行物质交换的内容，则比较复杂，又是个难点，这部分内容可以通过制作课件模拟人体细胞与外界环境之间进行物质交换的过程，帮助学生学习。

教学中，对稳态调节机制的认识、内环境稳态的重要意义等内容，可以通过引导学生分析化验单上为什么每种成分都有一个变化范围，从而初步认识内环境的各种成分是动态变化的。可以组织学生展开体温日变化规律的调查活动，进入对内环境动态变化的探讨。引导学生理解神经－体液－免疫调节网络是机体维持稳态的主要调节机制。通过“生物体维持 pH 稳定的机制”实验尝试解释内环境稳态的重要意义。

教学过程中要注意培养学生保护自我、关爱他人的意识，坚决拒绝毒品，珍爱生命，尽自己所能关心、帮助艾滋病患者，关注器官移植所面临的问题——主要是缺少可移植的器官，唤醒学生心灵深处的爱心。

3.4　*种群和群落*

(1) 学习要求

具体内容标准	学 习 要 求
列举种群的特性	举例说明种群密度的两种调查方法 描述种群的概念 描述种群密度的概念 尝试用样方法或标志重捕法调查某种群的种群密度，并对调查结果进行分析得出结论 描述出生率和死亡率 描述迁入率和迁出率 举例说明种群的年龄组成类型和性别比例 简述种群基本特征的内在关系 列出种群特征和个体特征的不同之处 说出种群特征的调查所具有的重要实践意义
尝试建立数学模型解释种群的数量变动	概述种群增长模型的方法 说出种群数量变化的两种类型 举例说明种群增长的“J”型曲线 分析种群增长的“J”型曲线产生的条件、特点、量的计算等 解释“J”型增长的数学建模与种群数量变化的关系 举例说明种群增长的“S”型曲线 区别种群增长的“J”型曲线和“S”型曲线 描述环境承载量的概念 解释“S”型增长的数学建模与种群数量变化的关系 解释种群数量的波动类型及其原因，指出能够调节种群数量变动的因素，探究培养液中酵母菌种群数量的变化 阐明研究种群数量变动的意义 关注人类活动对种群数量变化的影响 形成保护濒危物种的意识
描述群落的结构特征	识别群落，举例说出群落水平上研究的问题 简述生物群落的概念 描述群落的结构特征 比较群落的物种组成 举例说出种间关系 说出群落的空间结构 举例说出群落的主要类型 说出生态位的概念 尝试进行土壤中动物类群丰富度的研究 尝试调查当地自然群落中某几种生物的生态位

续表

具体内容标准	学习要求
阐明群落的演替	描述群落演替的概念 举例说出群落演替的过程（初生演替系列、次生演替系列） 举例说出群落演替的主要类型 举例说明人类活动对群落演替的影响 关注我国实行退耕还林、还草、还湖，退牧还草的政策 确立可持续发展的思想

（2）教学建议

本部分内容包括种群的特征、种群数量的变化、群落的结构和群落的演替等，是在群体水平上探讨生命系统的组成、结构和发展变化规律，为后面学习“生态系统及其稳定性”打下基础。在本部分内容中，种群数量的变化和群落的演替是重点内容，种群的特征和群落的结构这部分内容，分别是这两个重点的基础内容。此外，建立数学模型的方法和种群密度调查的方法是本章科学方法教育的重点，在教学中也应当重视。本部分内容学生在生活中有接触，但没有引起足够注意，也没有理论知识为支撑，教师可从周围环境中的实例入手，引导学生质疑、调查、探究，在实践中学习。建立数学模型的方法对高中学生来说有一定难度，教学中应当通过具体实例来让学生领悟。

本部分的有些内容侧重于阐述生态学的原理和规律，具有较强的理论性，教学中要把握好深度和广度。如，对种群增长的数学模型的教学。教师要引导学生认识数学模型所蕴涵的生物学含义，避免离开生物学讨论数学。再如，对种群密度的估算方法，应当尽量结合实例进行分析，避免单纯讲述概念。可通过简单的实验，将 100 个白球和 200 个黑球放入同一个容器，在不告诉数量的情况下，通过学生估算球的比率和数量，对抽样统计（样方法是其中的一种）有一个初步的感性认识。

教学中，可以通过联系学生生活实际，对学生进行情感态度与价值观的教育。例如，学生通过查阅人口增长数据，分析人口增长模型，结合我国人口普查实际对我国人口的现状和未来作出科学的判断，并讨论制定相应的人口政策。课后布置学生结合学校、社区、村镇等实际情况，对环境的绿化提出建议，让学生感受所学的生物学知识就存在于自己熟悉的校园，提高学生活学活用的能力，培养学生的主人翁意识。在具体教学实践中，可创设问题情境。例如，熊猫等物种正处于濒临灭绝的境况，而蚊子和苍蝇，人类投入了大量的人力和物力来消灭它，但其数量为什么依旧有增无减呢？灭鼠时如果只采取杀死老鼠这一方法，效果往往不好，有哪些更有效的灭鼠方法？等来引入相关内容的教学。

教学中，还可充分利用相关科学史的内容，对学生加强科学思想和科学方法教育。如在学习数学模型时，可以介绍在科学史上，牛顿等很多伟大的科学家都是建立和应用数学模型的大师。他们将各个不同的科学领域同数学有机地结合起来，如力学中的牛顿定律、化学中的门捷列夫周期表、生物学中的孟德尔遗传定律等，都是经典的应用数学模型的典范。在当代，由于计算机的运用，数学模型在生态、地质、航空等方面有了更加广泛和深入的应用。

与原教学大纲相比，课标中新增加的群落演替的内容，教学中应注意。群落演替的教学可引导学生通过观察校园环境中草地被践踏情况，并仔细比较经常被践踏的地方的种类、轻微被践踏的地方的生物种类、不太被践踏的地方的种类，了解生物群落的演替，使知识生动直观，学生更乐于接受。

本部分的探究活动应尽可能指导学生认真完成。高中学生的植物分类知识比较缺乏，进行植物密度调查时，首先遇到的困难就是不认识植物，教师需要加强指导。教师要事先对调查区域的植物种类进行了解，做到在探究活动前心中有数。探究培养液中酵母菌种群数量的变化，是一项有着多方面意义和价值的探究活动，本活动的难点在于是否能准确计数。这项探究活动给学生留出了较大的自主探究的空间，包括作出假设、讨论探究思路、制订计划、实施计划等，都需要由学生完成，教材中只给了必要的提示，以期培养学生的探究能力。土壤中小动物类群丰富度的研究，是一项实践性很强的探究，对动手操作能力要求较高，限于学生的知识基础，对土壤中小动物的分类可能有一定困难，教师应加强这方面的指导。

3.5 生态系统

(1) 学习要求

具体内容标准	学习要求
讨论某一生态系统的结构	描述生态系统的概念 举例说明生态系统的范围 举例说出生态系统的类型 解释生态系统的整体性 举例说出生态系统的成分 阐明生态系统各成分之间的相互关系 举例说明生态系统的营养结构 举例说出生态系统的食物链、食物网，分析食物链、食物网中各生物所处的营养级 分析食物网中种群数量变化的连锁反应 认同生物与环境是一个统一的整体
分析生态系统中的物质循环和能量流动的基本规律及其应用	描述能量流动的概念 说出研究生态系统能量流动的方法 分析生态系统能量流动的过程和特点 阐明生态系统能量流动的基本规律 分析某个生态系统的能量传递效率 比较能量金字塔、数量金字塔的差异 概述研究能量流动的实践意义 尝试调查农田生态系统中的能量流动情况 以碳循环为例，分析生态系统中的物质循环 举例说出生态系统物质循环的全球性 阐明生物富集作用 尝试探究土壤微生物的分解作用 说明物质循环与能量流动的关系 关注碳循环平衡失调与温室效应的关系
举例说出生态系统中的信息传递	举例说出生态系统中的信息的类型 说出生态系统中信息传递的作用 举例说出信息传递在农业生产中的应用
阐明生态系统的稳定性	阐明生态系统的自我调节能力 简述生态系统稳定性的概念 阐明生态系统的反馈调节 举例说明抵抗力稳定性和恢复力稳定性 列举提高生态系统稳定性的措施 设计并制作生态缸，观察其稳定性 认同生态系统稳定性的重要性，关注人类活动对生态系统稳定性的影响 形成生态平衡的观点

(2) 教学建议

本部分内容包括生态系统的成分、生态系统的结构及其功能、生态系统稳态的维持，侧重于从宏观方面，在个体和群体水平认识生命系统内部的调节机制及其与环境的关系，是生态学的核心内容。

在本部分内容中，生态系统的结构、生态系统的能量流动和物质循环过程、提高生态系统稳定性的措施是重点。其中生态系统的能量流动、物质循环以及生态系统的稳态等内容较为抽象，学生理解会有一定的困难，对此，教学中应给予注意。如，对于生态系统稳态机制的教学，教师可用计算机将教材的实例制作成动画来模拟演示反馈调节的过程，让学生明确生态系统通过负反馈方式进行自动调节。学会分析在某一具体的食物链（网）中，当某种生物因某种原因而大量减少时，对另一种生物的影响即可，不必补充反馈的另一种类型——正反馈。再如，生态系统的能量流动，只需让学生明确能量在流经各个营养级时的变化过程，让学生能由此总结出能量流动的特点即可，而不必补充更多的相关物理学知识。

在联系学生生活实际方面，如“温室效应”是近年来在日常生活中频繁出现的词汇，学生并不陌生，而且切身感受到了温室效应的存在。对温室效应形成原因的讨论，是学生感兴趣的话题，在讨论中，教师应引导学生充分发表自己的观点，并联系生产生活提出解决的措施。此外教学中，还可创设问题情境。如“煤炭、石油等资源难道不能被耗尽吗？人类能否在生物圈之外建造一个适于人类长期生活的生态系统呢？森林局部大火过后，为什么植株能较快生长？适度捕捞后，池塘中鱼的种群数量为什么不会减少？草原如何放牧才能达到产畜量既高又不会导致草场退化的目的？”等问题，引发学生的认知冲突，引入相关内容新课的学习。

与原教学大纲相比，课标中新增加了生态系统的信息传递的内容，这部分内容对学生来说并不难理解。教师可列举一些学生熟悉的生物学现象，如毒蛇身上的斑纹、猛兽的吼叫、萤火虫的闪光、非洲草原的豹用小便划出自己的领地范围、蜜蜂独特的舞蹈行为等，让学生通过讨论，得出生态系统中信息的种类。关于信息传递在农业生产上的应用这部分内容，较为抽象，教师可多举些农业生产中的例子帮助学生理解。如，短日照处理菊花使其在夏天开花供观赏；短日照作物黄麻南种北移延长生长期，提高麻皮产量；养鸡业在增加营养的基础上延长光照时间可以提高产蛋率等。

在探究土壤中微生物的分解作用的实验教学中，由于学生缺乏微生物学方面的知识，在进行该课题的探究时，教师可先联系生活实际中的一些例子，让学生了解微生物在自然界中的作用，可提出诸如自然界中的动物尸体为什么过段时间后会自行消失？假如没有这些微小的生物，碳、氮等化学元素通过土壤、空气以及生物组织的循环运动能否进行？等问题让学生进行思考。对实验的假设可以是基于已有的知识或经验作出的解释，也可以是想象或猜测。鼓励学生要大胆提出假设，通过分析和讨论修正自己的假设。

3.6　生态环境的保护

（1）学习要求

具体内容标准	学　习　要　求
探讨人口增长对生态环境的影响	简述全球人口增长过程 评述人口增长的原因 描述我国的人口现状与发展前景 探讨人口增长对生态环境的影响 关注我国人口增长过快带来的问题 运用资料收集与分析的方法，说明人口增长过快给当地生态环境带来的影响
关注全球性生态环境问题	举例说出全球性生态环境的主要问题 参与调查当地生态环境中的主要问题，提出保护建议或行动计划
概述生物多样性保护的意义和措施	说出生物多样性的概念 比较生物多样性三个层次的关系 简述生物多样性的内容及保护 评述生物多样性的价值 举例说明生物多样性的直接使用价值和潜在使用价值的含义 举例说出生物多样性保护的措施和意义 举例说明我国利用生物技术保护生物多样性的进展
形成环境保护需要从我做起的意识	形成环境保护需要从我做起的意识 确立可持续发展——人类的必然选择的观念

（2）教学建议

本部分内容包括人口增长对环境的影响、全球性的生态环境问题、生物多样性的保护以及人类的可持续发展等。重点内容是人口增长引发的种种环境问题、生物多样性的保护和人类的可持续发展。高中学生已有一定的理性思维能力，能对许多自然和社会现象或事实作出科学、合理的判断。在本部分教学中，教师应充分调动学生参与讨论的积极性，更多地从思考问题的角度、解决问题的方法等方面给予具体的指导。例如，生物多样性的概念范围比较广，涉及许多生物学的基础知识，教师应注意联系前面学过的基因、物种、生态系统等知识，理解生物多样性所包括的3个层次及其相互关系。关于生物多样性的价值，学生对生物多样性具有的直接价值容易接受和认同，在教学中，应当更多地启发学生思考生物多样性的间接价值和潜在价值。

本部分联系学生生活的实例有很多，是学好本部分内容的重要基础。如，学生通过报刊、杂志、广播、电视、计算机网络等媒体，对于我国因人口过多而对生态环境造成的种种不利影响，计划生育的基本国策，生物多样性的减少以及人们需要树立可持续发展的观念等都有不少的了解。所有这些知识信息，都是十分宝贵的，教师要注意利用学生原有的生活经验和知识基础，引导学生分析讨论发生在身边的事件。再如发生在2003年夏季全球性酷热的现实，我们现在面临的农田减少、住房紧张的生活实际，许多地区限制居民用水及水费增长等，这些素材都是学生已有的宝贵信息和体验，用来自然引入相关生物学问题的学习，进一步探讨这些事实背后的生物学原因，有助于取得良好的教学效果。

教学中，还可充分利用相关科学史的内容，对学生加强科学思想与科学方法教育。在本部分内容中第一次引入关注生态伦理道德问题，这是当前社会学家、人文学家、科学家和环保工作者共同探讨的一个热门话题，具有重要的理论意义和现实意义。学生懂得应当关注生态伦理道德问题，有助于培养学生形成热爱自然、珍爱生命、理解人和自然和谐发展和坚定地走可持续发展道路的情感态度与价值观。

与原教学大纲相比，课标中新增加“资料收集与分析”——人口增长过快给当地的生态环境带来哪些影响的内容。对这部分教学，教师应提醒学生注意：在收集资料前要拟定具体的主题；从揭示人口增长（因）对生态环境带来的影响（果），分析因果间的逻辑关系，而不仅仅停留在一般性的描述上；尽可能探求表面上未直接关联的事物之间存在的关系；根据实际情况，充分拓展思维，提出解决问题的方案或对策。与原教学大纲相比，课标中删去的生物圈的稳态的内容，教学中要注意不要再补充。

学生通过本部分的探究活动，既要学习生态环境保护的知识，又要培养相关的能力，并养成积极的态度和参与意识。例如，交通和住房拥挤以及近几十年城区面积的变化等实例。通过具体实例的讨论与分析，让学生从中找出哪些是人类的不恰当的活动对环境造成的危害。课前可布置学生收集相关图片、文字资料，以小组为单位整理好后，在课堂上以小组代表发言的形式向全班同学做介绍。教师要在重视知识教学的同时，更要重视情感态度与价值观和能力目标的实现，通过设置情境，引导学生自己去体验和领悟。

选修 1：生物技术实践

本模块目标概述

本模块是实验内容，模块中所说的生物技术，是指广义的生物技术，而不限于现代生物技术。本模块内容包括“微生物的利用”“酶的应用”“生物技术在食品加工中的应用”和“生物技术在其他方面的应用”四部分。根据我省普通高中实际教学状况，建议将来倾向学习理工类专业或学习生物科学类专业的学生学习本模块。在学习本模块时，建议从专题 2“酶的应用”、专题 3“生物技术在食品加工中的应用”和专题 4“尝试蛋白质的提取和分离”中选做 5～7 个实验。

通过本模块的学习，使学生能够在教师的指导下自己设计并进行实验。教师应组织学生进行探究性学习，给学生提供实验条件及必要的参考资料等，引导学生自己搜集资料、设计和进行实验，参加和辅导学生的讨论。学习实验原理时要注意密切联系必修 1、必修 2、必修 3 模块和选修 2、选修 3 模块的有关知识。

本模块对实验室的硬件要求较高，各中学要积极加强实验室的硬件建设，尽快配齐必需仪器、药品等，并做好实验仪器的清洁与维护工作，以保证实验的开设。在目前现有实验室条件下，要提高实验室的利用率，如：适当调整课时，合理分配实验室的使用时间；做好实验计划、提前布置实验课目和实验的准备工作，缩短实验室的运转周期等。

4.1　酶的应用

（1）学习要求

具体内容标准	学 习 要 求
研究酶的存在和简单制作方法	说出果胶在植物组织中的主要作用 说出鉴别果胶的简易方法 说出果胶酶的作用 举例说出用于生产果胶酶的微生物

续表

具体内容标准	学 习 要 求
尝试利用酶活力测定的一般原理和方法	尝试利用苹果匀浆制成果汁的最佳条件的实验，测定果胶酶的活性 观察果胶酶对果汁形成的作用 收集果胶酶在其他方面利用的资料
探讨酶在食品制造和洗涤等方面的应用	简述加酶洗衣粉去除衣服污渍的原理 研究并试验将有油渍、汗渍和血渍的衣物洗净的办法 探究不同温度条件下加酶洗衣粉的洗涤效果 收集酶在食品制造方面的资料
尝试制备和应用固相酶	简述固相酶的概念 说出酶固定化的方法 尝试用包埋法制备固定化酵母细胞 探讨固定化酶的应用价值

(2) 教学建议

这部分内容的重点是研究酶在生产生活中的实际应用，包括制作果汁、洗涤衣物以及通过细胞的固定化技术应用酶。

关于酶的存在与简单制作方法内容，重点是通过对果胶酶作用的实验来了解酶的功能。可以由学生自主学习完成，通过资料查询、网络课件演示、小组合作研讨等，让学生认识到酶的研究、生产和应用对于人类生活的重要性。实验时让学生自己动手榨取果汁，分组进行实验，然后通过学生的讨论、交流，研讨果胶酶的作用。

酶活力的测定的重点是通过果胶酶作用最佳 pH 和最佳温度的探究，了解酶的功能。实验时，让学生设计实验方案和实验流程，并通过研讨和评价，确定和实施实验方案。

关于加酶洗衣粉去除衣服污渍的效果，可以尝试要求学生分成若干实验小组，每个小组制订不同的实验方案，用实验找出在什么条件下使用加酶洗衣粉效果最好，比较哪种洗衣粉能更有效地清除油渍。

在尝试制备和应用固相酶内容中，固相酶的概念对学生来说并不难理解，但固定化酶技术在生产中的应用，学生可能感觉比较抽象，所以教师要通过指导学生尝试用包埋法制备固定化酵母细胞，再用制备的固定化酵母细胞发酵葡萄糖液，检验实验的成功与否，体会固定化酶的应用价值，从而体会和探讨固相酶的作用。

4.2 生物技术在食品加工中的应用

(1) 学习要求

具体内容标准	学习要求
研究从生物材料中提取某些特定成分	简述蒸汽蒸馏法的原理 搜集提取植物芳香油的方法 设计一种简单装置，利用蒸汽蒸馏法从芳香植物中提取芳香油 养成求实、创新和勇于实践的科学精神和科学态度
运用发酵食品加工的基本方法	简述发酵的原理 阐明酿酒酵母的代谢特点 尝试利用简单的装置制作果汁酒和醋 简述腐乳制作的原理 尝试制作腐乳，并分析影响腐乳品质的条件
测定食品加工中可能产生的有害物质	说出泡菜制作的原理 尝试制作泡菜 简述比色法原理 尝试用比色法测定食品中亚硝酸盐含量的变化 讨论食品安全的问题

(2) 教学建议

这部分内容在必修模块中出现过的基础知识主要包括原核生物与真核生物的结构、功能、生殖方式的知识，以及细胞的呼吸作用方式、过程、总反应式、条件、原理的知识。另外，还出现了一些新概念新知识，例如芳香植物中的芳香油、发酵的原理、亚硝酸盐的产生与危害等。安排了多种实验操作的方法和原理的学习，例如蒸汽蒸馏法的原理和方法，果汁酒、醋、腐乳、泡菜的原理和制作，比色法的原理和应用等，这些内容大多是学生在必修模块中没有接触过的，因此学生在理论知识的学习和实际操作过程中都有一定的难度。

在教学中可以让学生先自学有关基础知识，弄清原理，再设计实验。在设计实验过程中，要引导学生通过各种途径收集资料。教师对实验设计方案要进行审核，提出修改意见。教师要帮助学生准备有关实验器具材料，组织讨论，作出评价。

从学生情感性目标达成的角度看，教学中还应重视培养学生求实、创新和勇于实践的科学精神和科学态度；从学生安全和健康的角度看，一方面要在学习的整个过程中强化食品的安全性教育，另一方面要在实验的具体操作过程中加强仪器使用的安全性教育。

为了缩短实际操作时间，制作果酒时，可以从市场上买一些菌株；制作果醋时可以先准备一瓶醋，打开盖暴露于空气中，一段时间后在醋的表面有一层薄膜（实际是醋酸菌），用这层薄膜进行接种；在制作泡菜并检测亚硝酸盐含量的操作中要注意：制备样品处理液时，过滤操作花费时间较长，用离心的方法进行过滤，可以缩短过滤时间，第三次离心后，滤液变得无色透明。

4.3　生物技术在其他方面的应用

（1）学习要求

具体内容标准	学 习 要 求
尝试蛋白质的提取和分离	简述蛋白质提取和分离的基本原理 知道乳糖脱氢酶并分离其同工酶的特点 尝试蛋白质的提取和电泳分离

（2）教学建议

这部分内容虽然在中学课程中首次出现，但在科学研究与应用过程中是经常运用的技术，比如在人类基因组计划的完成过程中，人类已跨入了后基因组和蛋白质组的时代，经常需要从复杂的细胞混合物中提取和分离高纯度的蛋白质。

在教学中可以利用图书、报刊或网络获得丰富的参考资料，结合教材提供的资料让学生自学，或让学生查阅资料并进行讨论交流。同时，对于重点和难点知识及实验技能，教师应给予适当的指导，确保学生学习效率和学习质量的提高。

教师在指导学生实验的过程中，要给学生充分的自主发挥的空间。由于实验原理和实验操作都有一定的难度，因此教师要引导学生深刻理解与实验有关的基础知识，明确实验操作中的精细化要求，学会分析实验结果，接受老师和同学给予的客观评价。

在进行用凝胶色谱法分离蛋白质的实验时，有条件的学校应该尽可能创造条件，给学生动手实验操作的机会，让学生充分体会参与科研实验的乐趣。在实验操作的基础上，教师再引导学生分析讨论，加深对所学知识的理解和掌握。关于电泳，如果选用的是鸡血，要注意：分离红细胞时离心速度用 2 000 r/min；检测电泳可以使用非变性胶：鸡血红蛋白为四个亚基，变性后与血红素分离；若使用非变性胶，可以用血红素作为指示剂，不用染色即可观察。

选修 2：生物科学与社会

本模块目标概述

本模块的内容包括生物科学与农业、生物科学与工业、生物科学与健康、生物科学与环境保护四部分，适于继续学习人文和社会科学类专业及直接就业的学生学习。

通过本模块的学习，使学生能够较全面地认识生物科学技术和社会的关系，关注我国生物科学技术在社会中应用的现状和发展，提高社会责任感；帮助学生理解现代生物科学技术及有关概念；组织学生开展生物科学技术与社会领域的调查研究活动，提高收集和处理信息的能力，尝试作出决策的能力；形成正确科学技术价值观。为学生的学习方向和职业选择提供一定的帮助。本模块的各部分之间没有严格的顺序，相互间不存在互为基础或前提的关系，是相对独立的，教师可根据本地区实际情况来组织教学。

按照“标准内容”的要求，本模块中的知识性目标都为了解水平，情感性目标都为感受与认同水平。因此，在教学中要注意广度而不是深度，要密切联系生活生产实际，组织一些调查、讨论活动，帮助学生形成科学价值观、社会参与意识和社会责任感。师生都应当结合教学内容重视搜集当地当前的资料，包括生物科学的新进展，环境、社会中的有关问题等。

5.1　生物科学与农业

(1) 学习要求

具体内容标准	学习要求
概述农业生产中的繁殖控制技术	简述杂种优势的应用 简述动物的繁殖控制技术 举例说出克隆哺乳动物技术 认同生物科学技术的发展和应用推动了农业现代化，形成关心农业发展、热爱农业的情感
列举现代生物技术在育种中的应用	描述转基因技术育种 举例说出转基因技术育种的实例 简述细胞杂交育种 举例说出细胞杂交育种的实例 探讨现代育种技术的前景，关注转基因生物及其产品引发的社会问题

续表

具体内容标准	学 习 要 求
简述植物病虫害的防治原理和技术	简述植物病虫害的预测预报 描述新型农药的概念和开发 举例说明生物防治，认同“以防为主，防治结合”的策略 调查当地主要农作物某种病虫害的防治和效果，并作出评价和提出建议
关注动物疫病的控制	举例说明动物疫病的类型和危害 举例说明动物疫病流行的三个基本环节 说明动物疫病的防治措施 讨论某种动物疫病的发生规律及防治方法 关注动物疫病对社会生产、人体健康和经济发展的影响，确立控制动物疫病人人有责的思想
描述绿色食品的生产	说出绿色食品的含义 识别绿色食品 描述绿色食品的生产过程 举例说明绿色食品的生产管理与普通食品生产管理的显著区别 分析绿色食品的生产标准 调查当地绿色食品生产或消费的情况，增强社会责任感和诚信意识
举例说明设施农业	描述各种具体的设施农业，参观设施农业 说明各种设施农业的优点、局限性 举例说明设施栽培和设施养殖 评述智能农业，形成关心现代农业发展的情感

（2）教学建议

在本部分内容中，杂种优势的应用、动物疫病的控制、绿色食品的生产标准等是重点内容，教学中要注意突出。其中植物转基因技术流程、控制动物疫病等内容较为抽象，学生理解会有一定的困难，对此，教学中应尽可能用各种实例、事实和数字来说明问题，让学生通过分析从而领悟其中的原理和方法。对于植物、动物繁殖控制技术的具体操作过程、有关转基因技术、细胞杂交技术的操作细节等内容可作简化处理，要注意把握好教学内容的难度和广度。

在教学中，要注意紧扣现实中的问题，如通过分析“为什么国家要规定，出售的转基因食品必须要在商品标识上注明?”“消费者信赖绿色食品品质的前提是什么?”等问题引导学生关注生物科学技术与发展农业生产的联系，培养学生的参与意识和社会责任感。

5.2　生物科学与工业

（1）学习要求

具体内容标准	学 习 要 求
举例说出发酵与食品生产	说出微生物发酵生产的基本过程 举例说出微生物发酵与食品生产的关系 参与有关微生物发酵的调查活动 通过发酵工程发展的历史，体验科学、技术、社会三者间的密切联系和互动
举例说明酶在工业生产中的应用	举例说明酶在轻工业和化工工业上的应用 举例说明酶在医药工业上的应用 尝试分析和收集有关酶的专利文献资料 认同解决现实生活中的许多问题离不开科学技术，以及科学技术是不断发展的
举例说明生物工程技术药物和疫苗的生产原理	简述生物技术药物的概念 举例说明生物技术疫苗的生产原理和意义 调查利用生物工程技术研发的药物和疫苗 进一步体验生物科学技术是不断发展的，并理解科学、技术、社会三者间的关系

（2）教学建议

与传统工业相比，生物技术产业具有低能耗、高效益、少污染的特点，而且能生产出许多传统工业无法生产出的产品。本部分内容教学中要注意突出发酵的生产过程、利用基因工程技术生产酶的方法、酶在工业生产中的应用、基因工程药物、细胞工程药物的生产原理和意义、生物技术疫苗的生产原理和意义等内容。

生物技术尽管在工业上的应用非常广泛，但其技术原理、操作与学生的生活和学习相距较远，而且部分技术原理相对较深，学生理解会有一定的困难。对此，教学中要注重从学生的生活经验出发，如学习发酵食品时，应该让学生列举生活中常见的发酵食品，并积极鼓励学生参与市场调查等活动；在了解疫苗的作用时，可让学生回顾曾经注射过的疫苗。通过一些学生曾经亲身经历过的事情，引发学生的热烈讨论，激发其学习的兴趣，参与到进一步学习的活动中来。

教师可以味精生产为例介绍发酵的过程，帮助学生具体解读发酵生产过程，这样不会因抽象而影响到学生学习的积极性。有条件的学校可以组织学生参观发酵车间，获得一定的感性认识。微生物发酵与食品生产是本部分内容的基础，教师要注意指导学生对本部分内容有一个比较整体的系统的认识，避免学生误认为本部分内容只是一些生物技术在工业上应用的彼此孤立的实例。

5.3 生物科学与健康

(1) 学习要求

具体内容标准	学 习 要 求
简述基因诊断和基因治疗	说出基因诊断的基本含义和基本原理 说出基因治疗的基本含义、基本步骤、优点及其前景 体验科学技术的发展促进人类健康方面的积极作用，认同每一项新技术的发展都有逐步完善的过程、都有可能带来相关的社会问题
举例说明器官移植	概述器官移植的科学研究和临床实践的历史 评述器官移植在一些重大疾病救治中的突出贡献 关注供体器官短缺问题，认同解决这个问题的个人社会责任，以及制定相关法律规范的必要性 描述组织工程技术在解决供体器官短缺问题方面的前景
简述避孕的原理和方法	简述各种避孕方法和原理 简述性传播疾病，关注性病的预防 参观性教育展览 开展有关性道德的讨论
举例说明人工授精、试管婴儿等生殖技术	举例说明人工授精、试管婴儿等生殖技术 关注生殖健康与个人、家庭以及社会的关系
简述抗生素的合理使用	说明抗生素在控制感染性疾病等方面所起的重要作用 简述常用抗生素的作用机制 列举生活中不合理使用抗生素的实例，讨论、分析滥用抗生素的危害 认同应合理使用抗生素

(2) 教学建议

健康包括身体健康、心理健康和良好的社会适应状态。初中阶段的生物课程标准中，主题十是“健康的生活”，因此，高中学生对健康问题应该有一定的了解。在实施全民健康的今天，各种媒体十分重视对健康问题的报道与讨论，使学生对于健康问题与疾病预防问题具有了一些感性与理性的认识。在学习本章内容时，学生可在这些已有的经验和知识基础上，建构起更清晰的概念，从而进一步理解、掌握新的知识。

在教学中，要重点关注教材中渗透的生物科学技术、医学的发展对于人类健康的巨大贡献，以及相关技术应用的社会影响，社会伦理道德、法律法规对相关技术应用的规范、约束等。这些内容对学生的情感态度与价值观有重要影响。关于抗生素的作用机制，可以联系诸如细菌的正常结构、蛋白质的合成、内环境稳态、自然选择、食物链等相关内容。避孕、性病等问题对青春期的中学生来说可能是比较敏感的话题，所以把握好教学语言的科学性和调整好学生的学习心态，形成科学、健康的学习氛围很重要。可以结合生殖的过程，侧重于避孕原理的分析，然后点明避孕措施的选择。

5.4　生物科学与环境保护

（1）学习要求

具体内容标准	学习要求
识别生物污染	描述生物污染的特征 列出生物污染的不同类型 区别生物污染与其他污染的不同 指出造成生物污染的原因及防治措施
概述生物净化的原理和方法	说出生物净化的原理 说明绿色植物和微生物在生物净化中起的主要作用 举例说明生物净化在人类生活中的应用 尝试搜集利用生物净化原理治理环境污染的资料
认同有利于环境保护的消费行为	解释绿色消费的含义 说明倡导绿色消费的意义 评价自己的消费行为 讨论日常生活中有哪些不利于环境保护的消费行为
关注生物资源的合理利用	简述生物资源面临的危机 说出过度利用生物资源的后果 说明合理利用生物资源的意义 说出我国有关生物资源保护的部分法律、法规 模拟对某个环境事件或资源利用作出决策和计划

（2）教学建议

本部分内容的学习是从生物科学和技术应用出发，着重探讨个人行为和社会生产活动与环境保护的关系，激发学生关注生活、关注社会的情感。

环境保护是生物学课程中的重要内容，是学生经常接触的内容，也是相对容易理解的内容。教学中特别要注意，通过一些社会中环境污染或环境资源受到破坏的现实，或组织学生调查水体富营养化等环境恶化的现状，使学生耳闻目睹现实生活和生产中存在的环境污染和资源的不合理利用所造成的危害性。引导学生利用所学的生物学原理参与社会实践活动，思考生物科学和技术在环境保护方面的应用。如利用DNA探针检测饮用水中病毒的含量，利用生物膜进行污水处理。对生物性污染的防治，要搞清造成生物性污染的原因，理解生物净化的原理，例如，人类向水体中排放过多的氮和磷，使水体富营养化，导致水华、赤潮的暴发。引导学生根据所学的防治生物性污染的方法去查找资料、研究和分析一些针对性的预防和防治措施。例如，在日常生活中提倡用无磷洗衣粉，控制化肥的使用量，减少有机废水的产生。在生物净化方面，利用微生物来分解土壤和水体中的有机污染物；种植特殊植物，去除土壤中的重金属污染物；通过植树造林净化大气中的各种污染物；综合运用物理法、化学法和生物法使污水得以净化。

教学中，还可以引导学生收集一些国内外有关环境和资源利用的具体事件，使学生认识人类的活动是导致环境污染和生物资源出现危机的重要原因，认识倡导绿色消费的重要意义。倡导绿色消费，要从身边的小事做起，如用手帕代替纸巾，就餐时尽量选用消过毒的可多次重复使用的餐具，拒绝食用饭店兜售的野味等。

选修3：现代生物科技专题

本模块目标概述

本模块的内容包括基因工程、克隆技术、胚胎工程、生物技术的安全和伦理问题、生态工程五部分，与选修2相比，是以专题形式介绍现代生物科学和技术中一些重要领域的研究热点、发展趋势与应用前景。

通过本模块的学习，可以让学生开拓视野，增强科技意识，激发探索生命奥秘和热爱生物科学的情感，为进一步学习现代生物学奠定基础。

根据“内容标准”，本模块的知识性目标以了解水平为主，情感性目标以经历（感受）水平为主，技能性目标体现在活动建议中，主要是参观、调查、资料收集等。教学以专题讲座和学生讨论为主，由于课程内容多属于生物科学前沿领域，进展迅速，教学过程中需要及时补充最新进展的资料。学生活动以搜集资料和讨论为主。鉴于课标中的目标要求大多是了解水平，教学中要注意避免讲得过深过专。

6.1 基因工程

(1) 学习要求

具体内容标准	学习要求
简述基因工程的诞生	说出基因工程的概念 简述基因工程诞生历程 认同基因工程的诞生和发展离不开理论突破和技术创新
简述基因工程的原理及技术	分析基因工程研究的理论基础 说出 DNA 重组技术所需的三种基因工具的作用 简述基因工程基本操作程序的四个步骤 说出目的基因的获得、运载体的构建、目的基因的导入与检测等常用的方法及其基本原理
举例说出基因工程的应用	举例说出基因工程在农业、医疗、环境保护等方面的广泛应用及其发展前景 关注基因工程的发展，认同基因工程的应用促进生产力的提高
简述蛋白质工程	举例说出蛋白质工程崛起的缘由 简述蛋白质工程的原理 通过讨论、进展追踪等活动，提高收集资料、处理资料、撰写专题综述报告的能力

(2) 教学建议

本部分内容要求在必修课有关基因工程的基础上，理解基因工程的基本原理和技术流程，关注基因工程在农业、医疗、环境保护等方面的广泛应用及其发展前景，关注蛋白质工程的原理。其中基因工程的原理及其操作程序、基因工程的应用、蛋白质工程的原理是本专题教学的重点内容。

教学中要重视设计问题情境，积极引导学生在思索和探究中学习新知识。例如，通过大肠杆菌生产出胰岛素、酵母菌生产乙肝疫苗、牛的乳腺生物反应器制造出蛋白质类药物、植物体内含有了某种药物蛋白等内容激发学生对基因工程原理、基本操作及其应用前景产生探索的欲望，并展开丰富的联想。在分析基因工程表达产物时，可通过生物产生的天然蛋白质是在长期进化过程中形成的，它的结构、性能不能完全满足人类生产和生活的需要等问题，分析蛋白质工程的诞生及原理。

按照循序渐进的原则，重视调动学生已有的知识经验，理解两种工具酶的功能，理解基因工程原理及操作程序，都必须重温DNA的结构、复制及遗传信息的传递等基础知识。理解基因工程应用时，应联系基因与性状的关系，联系抗原、抗体、激素、某些营养品的化学本质及功能。比较转基因动物培育过程及转基因植物的培育过程时，联系细胞的全能性、动植物细胞全能性的差异、动物细胞工程、植物细胞工程等相关内容。

基因工程的操作程序及基因工程的应用是本专题教学的重点内容。教学时，可将相关应用进行简单的分类，如培育转基因微生物、转基因植物、转基因动物、转基因细胞等，在理解一般操作程序的基础上，分析差异及其原因。蛋白质工程是基因工程的延伸和发展。教学中应重视分析基因工程与蛋白质工程的差异，结合蛋白质的结构、蛋白质的合成等基础知识，加强对蛋白质工程原理的理解。

充分利用图片、动画等直观教学手段，结合动手实际操作，准确理解限制酶的切割部位和DNA连接酶的连接部位，理解“黏性”的内涵；利用多媒体教学课件，模拟演示基因工程操作技术的连续性和过程性，展示蛋白质结构的多样性与特异性等。

此外，要重视本专题与生产生活实际的联系，关注基因工程的发展。基因工程的产品早就渗入我们的生活，通过“观看基因工程的影像资料”“调查基因工程产品在社会中的应用情况，讨论转基因生物的利与弊”等活动，既加深了基因工程的操作程序及其应用的理解，又提高了学生收集资料、处理资料、撰写专题综述报告的能力。

6.2 克隆技术

(1) 学习要求

具体内容标准	学 习 要 求
简述植物的组织培养	说出细胞全能性的含义及其在植物组织培养中的应用 尝试进行植物组织培养，体验植物组织培养技术 简述植物体细胞杂交技术 列举植物细胞工程的实际应用

续表

具体内容标准	学习要求
简述动物的细胞培养与体细胞克隆	简述动物细胞培养的过程、条件及其应用 简述克隆动物的概念和原理 简述体细胞核移植技术和体细胞克隆及其应用前景，关注体细胞克隆技术的安全性和伦理性问题
举例说出细胞融合与单克隆抗体	简述动物细胞融合的方法和过程 概述单克隆抗体的制备过程及其应用 认同细胞学基础理论研究与技术开发之间的关系 关注细胞工程研究的发展和应用前景

（2）教学建议

本部分内容是从细胞水平和分子水平了解植物细胞工程和动物细胞工程。细胞的全能性是植物细胞工程的基础，植物组织培养技术是植物细胞工程的基本技术手段，是植物体细胞杂交与单倍体育种的基础。动物细胞培养技术是体细胞克隆、细胞融合与单克隆抗体等技术手段的基础。本部分内容以必修 1 中的细胞学、必修 2 中的遗传学以及必修 3 中的内环境与稳态等知识为基础，为后面“胚胎工程”“生物技术的安全性和伦理问题”的后续学习打下了基础，共同构成一个相对完整的知识体系。

在教学中，要注意不同知识的比较与综合，如植物组织培养与植物体细胞杂交的区别与联系，动物细胞培养与体细胞克隆的区别与联系，植物组织培养与动物细胞培养条件的区别等。对克隆技术的原理不必讲解得过深，对克隆技术的操作不必介绍得过细。

教师要充分利用相关科学史，实现教学中的情感目标。如在进行克隆技术的专题讲座前，可让学生搜集有关动物体细胞核移植进行克隆动物的历史、成就，以及克隆动物的安全性和伦理性问题等资料。通过科学实例，拓展学生的视野，激发求知热情，从中得到启迪而产生科学畅想，并进一步培养学生认识、分析和解决问题的能力，以及交流与合作的能力等。

在教学中，教师还应充分利用课程资源。如可以组织学生到附近高校参观克隆技术的实验室，增强感性认识。也可以邀请克隆技术的研究专家到学校做专题报告，以丰富这部分的教学内容，开拓学生眼界，拓宽知识领域。与此同时，还要说明克隆技术可能带来的负面影响。以此来培养学生明辨是非，对事物具有分析、判断、决策的批判性思维能力，全面提高学生的生物科学素养。

6.3 胚胎工程

(1) 学习要求

具体内容标准	学 习 要 求
简述动物胚胎发育的基本过程	说出受精作用的概念 简述动物早期胚胎发育的基本过程
简述胚胎工程的理论基础	简述生殖细胞的形成过程 说出获取动物胚胎的一般方法 简述动物早期胚胎培养常用的方法及其基本原理 说出胚胎移植技术的概念及其应用 认同理论和技术的发展对胚胎工程的影响
举例说出胚胎干细胞的移植	举例说出胚胎干细胞的移植在基础生物学研究、医疗、畜牧业等方面的广泛应用及其发展前景 关注胚胎干细胞的研究对人类社会发展所带来的影响
举例说出胚胎工程的应用	举例说出胚胎工程在畜牧业、医学实践等领域的应用 认同胚胎工程的发展对生产力的促进作用 收集胚胎工程研究和发展方面的资料，提高自己对信息的收集处理以及对问题的探究能力

(2) 教学建议

本部分内容的教学要求是在动物生殖与发育的基础上，了解动物早期胚胎发育的规律，理解胚胎工程的操作流程，关注胚胎工程在生物学基础研究、医疗、畜牧业等方面的应用及其发展前景，关注胚胎干细胞的研究对人类社会发展的影响。其中胚胎工程的理论基础和操作流程、胚胎工程的应用以及对人类社会的发展所产生的影响是本专题教学的重点内容。

在教学中，要从学生已有的生活经验和理论基础出发，激发学生的学习兴趣。胚胎工程是生物技术四大工程之一，在内容的呈现方式上侧重于与技术相关的生物学基本原理，在此基础上贯穿相关的生物学基础知识。本部分内容的教学应侧重于胚胎工程的理论基础以及胚胎工程的应用前景，对胚胎工程的操作技术可以从简，只让学生作为一般性的了解。同时，在教学过程中还应通过收集胚胎工程方面的相关资料，组织形式多样、内容丰富的讨论，让学生对胚胎工程的研究和发展有进一步的了解，关注胚胎工程特别是胚胎干细胞研究对人类生产生活产生的正负面影响。

要充分利用课程资源，通过介绍我国科技工作者在胚胎工程领域的研究成果，激发学生爱祖国、爱科学的思想情感，对学生进行卓有成效的情感态度与价值观的教育。

6.4　生物技术的安全性和伦理问题

（1）学习要求

具体内容标准	学　习　要　求
关注转基因生物的安全问题	收集我国转基因食物安全性的监控和预防措施等方面的资料 举例说出转基因生物技术成果的实例 简述转基因生物与食物安全、生物安全和环境安全等方面的观点 参与转基因生物安全性的讨论和交流 尝试调查当地市场的转基因食物，或农村栽培或饲养的转基因生物
举例说出生物武器对人类的威胁	说出能充当生物武器的病原体 举例说出生物武器对人类的危害
讨论生物技术中的伦理问题	举例说出生物技术的伦理问题 选择合适的角度，参与生物技术伦理问题的讨论 说出我国和国外关于生物技术使用的规定、立场或态度

（2）教学建议

本部分内容的教学主要是要求学生通过学习，加深对转基因生物和生物武器的关注和认识，参与生物技术的伦理问题的讨论和交流。为此，对“关注转基因生物安全问题”的内容，教师可通过组织学生收集资料、讨论、交流、辩论等活动，让学生充分认识转基因生物技术带来巨大成果的同时，理性看待生物技术对生物、食物和环境的影响。

在组织学生参与转基因生物的安全问题讨论时，教师可引导学生在收集资料的基础上，通过梳理、分析和思考，形成一定的观点和证据后，再展开一定的讨论。对“举例说出生物武器对人类的威胁”等内容，教师可以从我国深受侵华日军细菌战灾难的事实入手，让学生认识生物武器对人类的巨大危害。

关于“讨论生物技术中的伦理问题”内容，教师首先要组织学生收集我国和国外有关的法律和法规，这样可以丰富讨论的内容。此外，教师可利用当地的资源，安排一定的时间，组织学生进行转基因生物或转基因食物的调查，由此让学生深切感受生物技术给人类的生产和生活带来的变化。

6.5 生态工程

（1）学习要求

具体内容标准	学习要求
关注生态工程建设	知道生态工程的概念，树立可持续发展的观念 参观当地生态工程建设，体验生态工程带来的收益 收集当地或国内生态工程建设资料 为当地某生态工程建设写一份建议或报告
简述生态工程的原理	说出生态工程与传统工程的差异 简述生态工程的主要原理，如物质循环再生原理、物种多样性原理、协调与平衡原理等 利用生态工程原理，分析、解释生态环境中出现的现象
举例说出生态工程的实例	收集当地或国内生态工程的实例 就某一生态工程实例，说出建立生态工程的原因、建立生态工程的流程和产生的效益 讨论生态工程发展的前景 调查当地某一生态工程的实施情况

（2）教学建议

生态工程的建设，在我省各地都是比较常见的，尤其是农村学校，这部分的教学资源十分丰富。本专题的教学，教师可以组织学生收集当地生态工程建设或生态工程的范例，让学生充分体验到生态工程的建设与我们每个人关系非常密切。有了这份关注，学生就会对生态工程的原理产生浓厚的兴趣。

关于对生态工程的原理的了解，学生必须具有扎实的生态系统结构、生态系统能量流动和物质循环、生态系统信息传递、生态系统稳定性等方面的知识。学生对这些内容的学习间隔时间较长，因此，在教学时，教师应注意有机结合相应的生态系统方面的知识。生态工程的实例较多，教师除了要帮助学生分析清楚教材列举的实例外，也要积极引导学生去关心身边的实例，使所学到的知识真正能够与具体的实践相结合，体验到生态工程的价值。教师要精心指导学生收集资料、参观和调查等活动，尽量让学生参与实践活动，以此来深化学生对生态工程建设的认识，培养学生对生态工程建设的情感。

概 况 与 摘 要

生物学课程研究

曹志江[①]　习　静[②]

概　　况

有关课程的研究，2008年核心期刊发表相关论文25篇，一般期刊85篇。课程的研究包含课程的价值与功能、课程的历史、课程结构，课程内容和实施、课程建设，课程资源开发和利用等方面，相关统计见表1、表2和表3。

表1　2008年度核心期刊生物学课程研究统计

课程研究归类	论 文 数
课程价值与功能研究	5
课程历史研究	0
课程结构研究	0
课程内容和实施	10
课程建设	5
课程资源开发和利用	5
合　　计	25

表2　2008年度一般期刊生物学课程研究统计

课程研究归类	论 文 数
课程价值与功能研究	12
课程历史研究	2
课程结构研究	9
课程内容和实施	37
课程建设	14
课程资源开发和利用	11
合　　计	85

① 曹志江，南京师范大学生命科学学院.
② 习　静，南京师范大学生命科学学院.

表 3 2008 年度生物学课程研究统计

课程研究归类	论文数	比例（%）
课程价值与功能研究	17	15.5
课程历史研究	2	1.8
课程结构研究	9	8.2
课程内容和实施	47	42.7
课程建设	19	17.3
课程资源开发和利用	16	14.5
合　　计	110	100

1 课程价值与功能研究

课程的价值是课程的灵魂，课程的其他方面都是隶属于这个灵魂之下的多方面表现。课程功能介于课程价值与课程的其他方面之间，起到一个纽带作用。中学生物学课程价值和课程功能在课程标准中的主要体现方式是课程目标和课程理念。中学生物学课程目标从知识、能力、情感态度与价值观三个方面规定了学习生物学应该达到的要求。课程理念则体现了课程的价值体系，高中生物学课程理念分别从“提高生物科学素养，面向全体学生，倡导探究性学习，注重与现实生活的联系”四个方面体现了课程价值。

有关价值和功能的研究相对较少，只占 2008 年课程研究总数的 15.5%。可能的原因是中学教师对课程深层次的价值和功能缺乏一定的理论基础。教师可以从课程的核心问题——价值和功能方面，探寻生物学课程理念、课程目标等背后的理论背景，有助于更好地理解生物学课程改革。

例如，有的论文就《全日制义务教育生物课程标准》中的理念、内容和实施等几个方面与可持续发展的思想进行了分析研究。该文认为生物学新课程改革和面向可持续发展之间的内在联系越发明晰，中华人民共和国教育部制定的《全日制义务教育生物课程标准》明确提出课程总目标之一是“理解人与自然和谐发展的意义，提高环境保护意识”。生物新课标与以往生物教学大纲相比，更加明确地提出了“理解人与自然和谐发展的意义”，构建了“人与生物圈”体系，凸显了可持续发展理念和人类社会全面健康、协调发展的课程价值取向。义务教育生物课标对初中生物学课程的功能、结构、内容、实施要求、评价、管理等进行了全面调整，为推进中小学生可持续发展教育提供了良好的契机，义务教育生物课标的有效达成将为可持续发展教育提供广阔的空间和保障。该文分别从三个方面进行了阐述：一是义务教育生物课标构建“人与生物圈”体系中的可持续发展理念；二是义务教育生物课标确定的十大主题中蕴涵的可持续发展教育内容；三是义务教育生物课标的有效实施与可持续发展教育在终极目标上表现出相关性。

2　**课程历史研究**

本年度有关课程历史的研究较少，总共只有两篇论文。这有其客观现实的原因，也有主观的原因。客观现实的原因是生物学课程的历史不够长，2000年随着新课程改革的逐步推进，有关生物学课程的研究才开始逐步得到重视。主观的原因是研究者认为课程的历史不够长，有关课程的研究还处于蓬勃发展的初期，从历史长河来看，生物学课程历史研究还需要更多的后续研究来充实。

本主题的研究应着重研究课程历史演化过程中受社会、经济、政治、科学等领域的影响，以及课程本身演变的内在的历史必然，以更好地探寻课程变化的基本规律，服务课程改革。

例如，有的论文对“生物学新课程与传统课程”进行了比较，就生物学传统课程和新课程在课程目的、课程理念、课程目标、课程内容与体系四个方面进行了比较分析研究。该文认为，《普通高中生物课程标准》的颁布标志着我国开始了新的生物学课程改革。传统生物学课程主要是指那种以“教师中心”“学科中心”“课堂中心”“书本中心”为显著特征的生物学课程。新课程与传统课程在课程目的、课程理念、课程目标、课程内容与体系、课程评价方式、课程管理制度与师生的角色等方面存在不同，但要将这些不同贯彻到教学实践中，还需广大生物学教师大力开展探索性工作。

3　**课程结构研究**

课程的结构根据其特点可分为课程的横向结构和纵向结构。课程的纵向结构包括课程计划（或教学计划）、课程标准（或教学大纲）、教科书，是宏观结构和微观结构的有机集合。课程计划（或教学计划）是课程的宏观结构，课程标准（或教学大纲）、教科书则是课程的微观结构。课程微观结构的变化是新课程倡导的学习方式变化而引起的变化。课程横向结构指的是一定的课程结构内各门各类课程是怎样安排的。新课程中，高中生物学课程的门类包括必修课，选修Ⅰ和选修Ⅱ；必修课中增加了综合实践活动，选修Ⅱ部分增加地方课程、校本课程内容。这部分的研究从总体上看数量较少，只有9篇论文涉猎相关研究，而其中做得比较多的是关于校本课程开发和实践的研究。这是一个可喜的现象，一方面表明研究者的课程意识在不断提高，另一方面表明研究者课程开发和实践的能力增强了。当然，校本课程开发和实践还处于初期阶段，大都研究水平较低，不少研究并没有参透校本课程的真谛，需要更多的研究者参与进来，促进校本课程研究蓬勃发展。

关于课程结构的其他方面研究相对较少，研究者可以从课程纵向结构中的微观结构与课程学习方式变化、课程横向结构中各类课程的合理比例、综合实践活动中社区服务和社会实践基地建设与资源开发、研究性学习等方面深入研究，以促进和完善课程结构研究。

例如，有的论文就本校开展的“植物组织培养”研习课程为例，对校本课程的开展过程如何促进生物学教师的专业发展进行了分析研究。该文认为从“素质教育”到“教育创新”，教育观念、教学内容、教育手段等诸多方面发生了重大变化。校本课程的实施，给学校教师带来很大的自主性、积极性，与此同时，校本课程开发和实施的过程，也给教师带来一定的挑战。该文分别从以下几个方面进行了阐述：“植物组织培养”研习课程的实践探索；由“植物组织培养”课程实践所引起的认识与思考，如校本课程的开发提高了教师的课程能力和研究能力；校本课程的开展给教师带来一系列新的观念；校本课程改变了教师对知识本质的看法，而且为教师知识结构的改变提供了可能。

4　课程内容和实施研究

关于课程内容，有关研究可以涉及课程内容确定的依据，内容的选择与甄别，内容的呈现方式等。课程实施则包括课程实施的计划、教学等。在课程内容和实施研究领域，有关在教学中落实课程目标的研究相对较多。2008 年相关研究有 47 篇，占全部的 42.7%。这种现象反映了中学教学的实际状况，因为中学教师在教学中非常重视目标的达成度。但我们也应该注意到，在课程内容和实施方面，教师需要关注课程生成问题，不能把目标达成作为唯一的衡量课程实施水平的标准。

研究者可以多加关注课程内容确定的依据，内容的选择与甄别，内容的呈现方式等问题的研究，只有更好地组织好课程内容，课程的实施才有源头活水。

例如，有的论文对高中生物课程标准中科学方法教育进行了探索，就中学生物学教学中如何凸显科学方法教育和提高生物学科学素养进行了分析研究。该论文认为科学方法教育、学科素养与综合能力的培养是中学理科教学的着力点。“授生以‘鱼’，不如授生以‘渔’。”科学方法就是“渔”，是有利于学生可持续发展之“渔”，新课程教材则更重视知识的发现过程及学生的学习过程。为了实现这一转变，必须要加强科学方法教育、整合教学内容。该文分别从三个方面进行了阐述：科学方法教育的基本内容与其在生物学新课程教学中的实施策略；生物学教学中凸显科学探究一般方法教育的实践；课内课外结合强化科学方法教育。

5 课程建设研究

课程建设既有体制上的制约，也有观念上、技术上的制约。有关本内容的研究，2008 年共有 19 篇，占全部的 17.3%。我国生物学课程的建设时间短，问题多，任务相当繁重。我们不可能指望这种情况一夜之间得到根本改变，这需要一代人，甚至几代人的共同奋斗和努力。研究者可以从结合我国课程历史变化规律，探讨课程建设中存在的主要问题，着力通过调查研究和课程实践，使课程建设跃上一个新台阶。

例如，有的论文就新课程改革中出现的问题，以哲学的视角进行了审视。论文从四个方面反思了高中生物学课程建设的问题，这四个方面分别是：正确处理物质与意识的关系，正确处理内因和外因的关系，正确处理主要矛盾和次要矛盾的关系以及正确处理量变与质变的关系。关于物质与意识的关系问题，论文认为高中生物学课程的建设过程是实现理性追求与发展现状之间相互统一的过程。没有理性追求的课程建设是盲目的；同时，我们也要积极探索解决问题的对策，竭尽全力去接近理性追求的目标。关于内因与外因关系的问题，论文认为内因就是生物学课程自身的学科发展，外因则是高中课程改革的整体推进。要坚持将高中生物学课程建设置于高中课程改革的大背景之中，利用好高中课改整体推进的一切有利条件和支撑性环境，提升生物学课程建设的水平和质量。关于主要矛盾和次要矛盾的问题，论文认为，在现阶段，影响高中生物学课程建设的主要矛盾应该是提高每个高中学生的生物科学素养与现阶段教育发展水平之间的矛盾，其余为次要矛盾。作者提出要在矛盾分析中抓住“提高每个高中学生的生物科学素养”这一矛盾的主要方面，竭尽全力地去实现它。关于量变和质变关系的问题，论文认为在高中生物学课程建设过程中，量变即是课程建设的过程性积累，质变即是课程建设的结果性发展，要学会在积累中等待；对于质变，要学会理性对待。学生的学习成绩并不能作为衡量生物学课程建设有无质变的标准。

6 课程资源开发和利用研究

课程资源包含使课程实施得以顺利进行的各种资源，一般分为条件性资源和素材性资源。新课程非常注重关于课程资源建设的问题，因为我们认识到，面对有较大自由空间的课程标准，教师需要有充足的资源去组织和安排好课程。无论是学校资源，还是社区、家庭、媒体和学生隐性资源，都有待教师去深入挖掘。

有关课程资源利用研究的文章有 16 篇，但实际上相关研究要远远超过此数字，因为在教学实践中有相当数量的文章是涉及课程资源利用的，本处未做进一步统计。本研究需要在深度和广度上做好文章。研究者需要借助调研，弄清楚课程资源开发与利用中存在的主要问题，通过实践研究，解决相关问题。比如，有关社区资源，不少教师了解甚少，不清楚社区有哪些资源可以供给教师使用，他们也不关心如何建设社区资源，促进社区和学校双赢的问题。例如，有的论文就高中生物课程资源开发与利用调查了某市部分中学教师。论文从两个方面：生物学课程资源开发利用的基本现状以及对生物学课程资源开发利用的影响因素进行了剖析。

在生物学课程资料开发利用的基本现状中，调查发现教师对课程资料的概念清楚，但课程资源意识淡薄，59.3%的课程资源没有被利用。教师利用课程资源上课的方式大都是讲授式教学，学校也缺乏支持教师开发课程资源的环境。论文对影响生物学课程资源开发利用的影响因素作了分析，这些因素既包括城乡因素，也包括教师的学历和其他因素。论文最后就调查内容提出了自己的思考和建议。作者主要从教师开发课程资源的意识和能力问题和外部激励机制问题进行了探讨。作为教师应转变传统观念，树立正确的课程资源观，发挥自身特长，实现资源共享，作为教育行政主管单位应加大课程资源的投入力度，努力完善生物学课程资源开发利用的政策保障体系。

部分文献及评述

1　课程价值与功能研究

陈敏的论文“全日制义务教育生物课程标准中可持续发展教育思想研究”就《全日制义务教育生物课程标准》中的理念、内容和实施等几个方面与可持续发展的思想进行了分析研究。

该文认为生物学新课程改革和面向可持续发展之间的内在联系越发明晰。中华人民共和国教育部制定的《全日制义务教育生物课程标准》明确提出课程总目标之一是“理解人与自然和谐发展的意义，提高环境保护意识”。生物新课标与以往生物教学大纲相比，更加明确地提出了“理解人与自然和谐发展的意义”，构建了“人与生物圈”体系，凸显了可持续发展理念和人类社会全面健康、协调发展的课程价值取向。义务教育生物课标对初中生物学课程的功能、结构、内容、实施要求、评价、管理等进行了全面调整，为推进中小学生可持续发展教育提供了良好的契机，义务教育生物课标的有效达成将为可持续发展教育提供广阔的空间和保障。

该文分别从以下三个方面进行了阐述：义务教育生物课标构建“人与生物圈”体系中的可持续发展理念，义务教育生物课标确定的十大主题中蕴涵的可持续发展教育内容，以及义务教育生物课标的有效实施与可持续发展教育在终极目标上表现出相关性。

2　**课程历史研究**

周升团和许东风的论文“生物学新课程与传统课程的比较”就生物学传统课程和新课程在课程目的、课程理念、课程目标、课程内容与体系四个方面的比较进行了分析研究。

该文认为《普通高中生物课程标准》(以下简称高中《标准》)的颁布标志着我国开始了新的生物学课程改革。传统生物学课程主要是指那种以“教师中心”“学科中心”“课堂中心”“书本中心”为显著特征的生物学课程。新课程与传统课程在课程目的、课程理念、课程目标、课程内容与体系、课程评价方式、课程管理制度与师生的角色等方面存在不同，但要将这些不同贯彻到教学实践中，还需广大生物学教师大力开展探索性工作。

3　**课程结构研究**

何东慧和唐士赟的论文“开展植物组织培养校本课程的实践探索”以本校开展的“植物组织培养”研习课程为例，对校本课程的开展过程如何促进生物学教师的专业发展进行了分析研究。

该文认为从“素质教育”到“教育创新”，教育观念、教学内容、教育手段等诸多方面发生了重大变化。校本课程的实施，给学校教师带来很大的自主性、积极性，与此同时，校本课程开发和实施的过程，也给教师带来一定的挑战。

该文分别从以下几个方面进行了阐述：“植物组织培养”研习课程的实践探索；由“植物组织培养”课程实践所引起的认识与思考，如校本课程的开发提高了教师的课程能力和研究能力；校本课程的开展给教师带来一系列新的观念；校本课程改变了教师对知识本质的看法，而且为教师知识结构的改变提供了可能。

4　**课程内容和实施研究**

冯小勇的论文“高中生物课程标准中科学方法教育的探索”

就中学生物学教学中如何凸现科学方法教育，提高生物学科学素养进行了分析研究。

该论文认为科学方法教育、学科素养与综合能力的培养是中学理科教学的着力点。“授生以‘鱼’，不如授生以‘渔’。”科学方法就是“渔”，是有利于学生可持续发展之“渔”，新课程教材则更重视知识的发现过程及学生的学习过程。为了实现这一转变，必须要加强科学方法教育，整合教学内容。

该文分别从以下三个方面进行了阐述：科学方法教育的基本内容与其在生物学新课程教学中的实施策略；生物学教学中凸现科学探究一般方法教育的实践；课内课外结合强化科学方法教育。

5 课程建设研究

张小亚的论文“关于高中生物学课程建设的若干思考”就新课程改革中出现的问题，以哲学的视角进行了审视，论文从四个方面反思了高中生物学课程建设的问题，这四个方面分别是：正确处理物质与意识的关系；正确处理内因和外因的关系；正确处理主要矛盾和次要矛盾的关系；正确处理量变与质变的关系。

关于物质与意识的关系问题，论文认为高中生物学课程的建设过程是实现理性追求与发展现状之间相互统一的过程。没有理性追求的课程建设是盲目的。同时，我们也要积极探索解决问题的对策，竭尽全力去接近理性追求的目标。

关于内因与外因关系的问题，论文认为内因就是生物学课程自身的学科发展，外因则是高中课程改革的整体推进。要坚持将高中生物学课程建设置于高中课程改革的大背景之中，利用好高中课改整体推进的一切有利条件和支撑性环境，提升生物学课程建设的水平和质量。

关于主要矛盾和次要矛盾的问题，论文认为在现阶段，影响高中生物学课程建设的主要矛盾应该是提高每个高中学生的生物科学素养与现阶段教育发展水平之间的矛盾，其余为次要矛盾。作者提出要在矛盾分析中抓住“提高每个高中学生的生物科学素养”这一矛盾的主要方面，竭尽全力地去实现它。

关于量变和质变关系的问题，论文认为在高中生物学课程建设过程中，量变即是课程建设的过程性积累，质变即是课程建设的结果性发展。对于量变，要学会在积累中等待；对于质变，要学会理性对待。学生的学习成绩并不能作为衡量生物学课程建设有无质变的标准。

6 课程资源开发和利用研究

钱洋的论文“高中生物学课程资源开发与利用的调查研究”

就高中生物学课程资源开发与利用调查了常州市部分中学教师。

论文从两个方面：生物学课程资源开发利用的基本现状以及生物学课程资源开发利用的影响因素分析进行了剖析。

在生物学课程资料开发利用基本现状中，调查发现教师对课程资料的概念清楚，但课程资源意识淡薄，59.3%的课程资源没有被利用。教师利用课程资源上课的方式大都是讲授式教学，学校也缺乏支持教师开发课程资源的环境。

接着论文对影响生物课程资源开发利用的因素作了分析，这些因素既包括城乡因素，也包括教师的学历和其他因素。

论文最后就调查内容提出了自己的思考和建议。作者主要从教师开发课程资源的意识和能力问题以及外部激励机制问题进行了探讨。作为教师应转变传统观念，树立正确的课程资源观，发挥自身特长，实现资源共享；作为教育行政主管单位应加大课程资源的投入力度，努力完善生物学课程资源开发利用的政策保障体系。

论　文　摘　要

初中生学习生物学课程态度的调查与分析

周建荣

该论文就在新课程标准的实施下，对中学生物学教学能否适应新课程标准，对初中生学习生物学的态度进行了调查研究。

该文认为教学是以教师为主导，学生为主体，教师和学生组成的双边活动，这种活动的共同目标就是完成教学任务，这一目标把教与学连结成统一的整体。因此，只有比较全面地了解学生的学习兴趣和实际情况，在教学中因材施教，才能使教育具有意义，才能实现提高学生素质和学生能力的目标。

该文分别从以下四个方面进行调查研究：中学生学习生物学的兴趣；学校是否重视生物学教学；学生是否喜欢教师采用的教学方法；学生对生物学教师的要求。

《调查与研究》2008年第10期

环境教育多学科渗透模式和单一学科模式的比较和分析

戴　赟

该论文就课程体系结构、课程的价值取向及特点三个方面，对环境教育中单一学科模式和多学科渗透模式这两种主要模式进行了分析和比较。

该文认为环境问题是20世纪以来人类面临的重大问题之一，环境教育诞生至今已近60年，国际教育界一直在努力寻求一种有效的课程组织方法，将环境教育作为新的学习领域有效整合到现行的课程体系之中，并尝试了多种课程组织模式，但目前被国际环境教育界广为接受的是包括“多学科渗透模式”和“单一学科模式”在内的“混合模式”。我国目前也主要采用这种“混合模式”，为了促进环境教育课程理论的发展，这种混合模式环境教育的发展需要更多协调。

该文分别从以下三个方面进行了阐述：课程体系结构剖析；课程价值取向剖析；单一学科模式和多学科渗透模式的特点比较和分析。

《生物学教学》2008年第10期

科学本质观与科学探究的意义及实践——美国李德曼教授访谈录

王晶莹

该论文通过对李德曼教授关于“科学本质和科学探究”这一科学教育目标的相关认识进行了分析和研究。

该文认为学生很难在做科学探究活动中理解科学本质和科学探究，在教师专业发展方面也没有过多关注教师对科学本质和科学探究的理解，所以教师必须采用外显的方法帮助学生反思他们的活动，另外还可通过科学史的方法来进行科学本质的教育。科学本质和科学探究都属于认识论的范畴，一个在科学本质教学方面高效的教师必须有能力教授学生科学本质的内涵并且帮助学生真正理解科学本质，而且作为理科教师也应该了解建构主义和平衡的科学哲学观，等等。

该文分别从以下四个方面进行了阐述：科学本质与科学探究的历史背景；科学本质和科学探究的研究框架；教师和学生的科学本质观；在课堂教学和中美情境中的科学本质观问题。

《全球教育展望》2008年第2期

渗透新课程基本理念　促进生物学课程改革

丁志光

该论文以2007年部分省（市、区）高考生物学试题为例，对高中生物学课程基本理念：“提高生物科学素养、面向全体学生、倡导探究式学习、注重与现实生活的联系等”在高考试题中的渗透进行了分析和研究。

该文认为普通高中生物学课程的基本理念在试题中得到了不同程度的体现，试题中大量探究性、开放式试题，对中学生物学教学走向注重能力培养起到了很大的促进作用，这是“以考促改”指导思想得以贯彻落实的表现。新课程基本理念必将发挥其特有的功能，促进学生学习方式的改变，推动新一轮课程改革不断向前发展。

该论文分别从以下四个方面进行了阐述：关注生产生活实践，渗透“注重与现实生活的联系”理念；注重考查实验探究，渗透“倡导探究性学习”理念；重视兼顾个性，渗透“面向全体学生”理念；全面落实课程目标，渗透“提高生物科学素养”理念。

《生物学通报》2008 年第 2 期

“情感态度与价值观”教学目标的落实

龚雷雨　缪国忠

该论文通过对《生物课程标准》中课程具体目标“情感态度与价值观”和原《生物教学大纲》中的“思想情感目的”要求相比较，对教学过程中如何落实情感与态度价值观的教学目标进行了分析与研究。

该文认为“情感态度与价值观”是生物学课程标准具体目标的一个重要方面，与原生物学教学大纲中的德育目标相比，“情感态度与价值观”目标更显柔性，彰显了课程的教育功能，凸显了教育过程对人的生命的关注和育人的时代要求。

该文分别从以下三个方面进行阐述：端正教学价值观念，充分发掘实施“情感态度与价值观”目标的课程资源；加强过程性评价，密切关注“情感态度与价值观”目标的形成和发展；加强实验和实践活动，促进“情感态度与价值观”目标的实施。

《生物学通报》2008 年第 6 期

挖掘课程的人文价值，培养学生的人文素质

朱桂贞

该论文以青岛市崂山区三年来的高中生物学课程改革为例，以人教版普通高中课程标准实验教科书为载体，在重视课程的人文价值、加强学生人文素质培养方面进行了分析与研究。

该文认为生物学作为研究生命现象和生命活动规律的自然科学，处处洋溢着人文性。从生物科学的发展史到诸多生物学家的道

德示范，生物学所包容的人文价值非常丰富厚重，重视生物学课程的人文价值，加强学生人文素质的培养是时代发展所必需的。只要生物学教师具有“人文关怀”的教育使命意识，“目中有人”，就能够尽己所能，通过有效教育把存在于生物学课程中的人文价值揭示在学生面前，就能引导学生在学习生物科学知识的过程中，去体验人类追求真、善、美精神，去感悟生命的意义，并在潜移默化中培植出较高的人文素质，实现个体的整体生成。

该文从以下四个方面进行了阐述：问题提出；探究过程；探究收获；感悟与思考。

《生物学教学》2008 年第 1 期

新课程背景下高中生物学思想模型的建构探讨

田　艳

本论文结合笔者自身的教学实际，以 DNA 分子的双螺旋结构模型为例，对生物学思想模型的建构过程、方法以及教育价值进行了分析和研究。

该文认为模型和模型方法在现代生命科学研究中发挥的作用越来越大。不仅生命科学利用构建模型的方法进行研究，数学、物理和化学以及其他人文学科也都采用了此方法进行研究。生物学建模能力的培养不仅有助于学生对生命科学知识的学习，而且也加强了与其他自然科学和社会科学的内在联系。因此，在新课程的背景下，教师应当努力搭建有利平台，加强学生模型建构能力的培养，促进其综合素质的完善和综合能力的提升。

该文分别从以下三个方面进行了阐述：生物学思想模型的由来和类型；思想模型的建构和思想模型建构的教育价值。

《教学研究》2008 年第 28 期

生物学教学中研究性学习目标的确定

张　涛　宋　凤

研究性学习特别注重学生对知识和技能的实际应用，强调学生参与学习的过程和亲自的实践及体验。论文研究认为应从 6 个方面确定研究性学习的目标：培养学生的社会责任心和使命感；促使学生获得亲身参与研究探索的积极体验；促进学生发挥潜能和发展个性；培养学生理论和实践相结合的能力；培养学生发现问题、获取信息和解决问题的能力；培养学生学会分享和交流合作。

作者从以上 6 个方面，结合研究性学习实践，阐述了确定以上目标的理由和需要注意的问题。

《中学生物学》2008 年第 9 期

校本课程的构建与价值探讨

曹冬林

该文论述了两个问题，即校本课程的构建与校本课程的价值。作者从校本课程的特点与校本课程内容两个方面探讨了校本课程建设的问题。校本课程的特点包括导向性与协调性；时代性和先进性；地域性和个性化；简约性和通俗性。选择课程内容需要遵循一些基本原则：校本课程与学科课程内容互补原则；全面发展与个性培养相统一原则；规定性与创造性相结合的原则；实效性和因地制宜原则；趣味性和多样性原则；自主性和主导性原则。

论文以作者所开设的《生物与环境》校本课程为例，介绍了该校本课程的内容选择和安排，并就此探讨了校本课程的价值问题。作者认为，校本课程的价值包括：有效地掌握知识；培养以创新为核心的能力；形成学生积极的个性心理特征。

《教学参考》2008 年第 10 期

新课程背景下生物学教师的成长

孙庆兴

新一轮基础教育课程改革对教师的思维方式、教育理念、价值倾向、行为表现产生了深刻的影响，并已成为教师不断成长的推动力。教师的成长一般经历新教师、合格教师、骨干教师和专家教师一系列发展阶段等。论文认为在新课程背景下，教师角色要向广度延伸，向深度扩展，“改变自己，赢得学生”也应该成为每个生物学教师的教学及行动实践。

作者认为，教师应该从三个方面来促进生物学教师的成长，即危机感是推动生物学教师成长的动力；生物学教师成长的途径；重视向专家学习，向优秀教师学习。关于危机感，论文阐述了危机的来源有三个方面，分别是学生、同行和教学改革。教师的成长需要注重自我提升和加强同行互助。教师还应该走出去参加各种培训，通过与专家对话能使教师的思路更加清晰，激发更深层次的思考。教师还应在繁忙的工作之余认真阅读专家论著，读优秀教师的教学经验总结，提高理论修养，使自己的理论水平跟上课改的步伐，即“沉下去”。在理论指导下，对教学工作进行总结，将内省外化成文字，上升为新概念，指导今后的实践，即所谓“浮上来”，如写教学案例、教学叙事、教后记等。

《生物学教学》2008 年第 9 期

新课改理念下生物学学习方式的转变

王品贤

该论文指出倡导新的学习方式是新课程改革的核心理念，围绕这一理念，在生物学新课程学习中，学生必须转变自己的学习方法，树立全新的学习理念。

论文首先论述了“转变学习方式，培养学生创新精神和实践能力的必要性”的问题。作者从我们所处的时代，我国的教育事业发展以及生物学科的发展的角度阐述了以上问题。

接着论文阐述了转变举习方式主要包括以下三个方面的内容：转变学习方式是倡导由他主学习转向自主学习；转变学习方式以创新精神和实践能力作为目的；转变学习方式就是要突出学习过程中发现、探究和研究等认识过程。

论文最后阐述了实现学习方式转变的举措：要激发学生的学习兴趣，让学生热爱生物科学，喜欢生物课，教师在课堂教学中，要善于创设问题情境；引导学生主动参与教学活动；贯彻“因材施教”教学原则；重视渗透人文精神的教育。

《宿州教育学院学报》2008 年第 3 期

生物学教材研究

曹志江[①]　应蒙蒙[②]

概　　况

从我们所能收集到的数据来看，2008 年发表的论文中有关生物学教材的研究，核心期刊为 22 篇，一般期刊为 38 篇，其他为 1 篇。有关的教材研究可以归类为以下几个方面：(1) 教材体系研究，这其中又包括教材历史研究，教材栏目研究，教材使用情况研究，新旧教材对比，教材能力结构研究等；(2) 教材介绍，这部分主要包括各个版本教材的介绍；(3) 教材处理，这部分主要的研究内容是如何对教材进行适当处理，使得教材活色生香，适应各个地区和各个层次的学生。

① 曹志江，南京师范大学生命科学学院.

② 应蒙蒙，南京师范大学生命科学学院.

各来源对应的教材研究统计如下。

表 1　2008 年度核心期刊生物学教材研究统计

教材研究归类	论 文 数
教材历史	0
教材栏目	2
教材使用情况	3
教材对比	0
教材能力结构	1
教材介绍	5
教材处理	11
合　　计	22

表 2　2008 年度一般期刊生物学教材研究统计

教材研究归类	论 文 数
教材历史	2
教材栏目	7
教材使用情况	4
教材对比	3
教材能力结构	3
教材介绍	3
教材处理	16
合　　计	38

其他来源的教材研究论文 1 篇，主要有关教材栏目研究。

表 3　2008 年度生物学教材研究统计

教材研究归类	论 文 数	比　例/%
教材历史	2	3.3
教材栏目	10	16.4
教材使用情况	7	11.5
教材对比	3	4.9
教材能力结构	4	6.5
教材介绍	8	13.1
教材处理	27	44.3
合　　计	61	100

部分文献及评述

1　教材体系研究

1.1　教材历史研究

谭永平的论文“中学生物教科书的历史追溯与现实透视”回顾了教科书发展的历史，论述了教科书的产生及其背景，生物学课程的诞生与早期教科书依稀的背影以及我国生物学教科书发展历史的启示。该文认为教科书往往要体现主流文化意志，是文化传承的载体；教科书的内容具有比较价值；教科书的编写需要处理好国际借鉴与尊重国情的关系；教科书需要“不偏不易的中庸”。该文分析了教科书的文本系统，重点阐述了“教科书是理想与现实之间的过渡桥梁”“教科书是学科逻辑与心理逻辑的结合”两个问题，指出教材编写要处理以上两个关系。但这两个问题之间存在着一定程度不可调和的矛盾，需要在教学系统中去试图解决这些矛盾。教学系统由教师、学生和课程内容这三个要素构成，教科书则是课程内容的代表。该文指出教科书与教师、学生的关系，其核心问题是如何用教科书——是做教科书的主人还是成为教科书的奴隶。学生使用教科书进行学习，需要教师做适当的引导。该文还批评了“现实中把掌握教科书作为学习生物学的目的”的现象，如果是这样的话，教师和学生都将成为教科书的奴隶，但这个现象的产生牵涉的方方面面很多，需要综合考虑。

可能是由于大部分中学教师或教学管理人员对教材发展的历史并不感兴趣，也没有足够的资料去进行历史研究，导致有关教材历史演变的研究论文相对较少。关于教材的历史研究，可以着力研究教材历史演变的社会、政治、经济等背景，从哲学角度深入探讨教材历史变化的基本规律。

1.2　教材栏目研究

徐业义的论文“对高中生物学教材“问题探讨”的利用”认为人教版高中生物学教材必修本的每一节开始都安排了一个“问题探讨”，每一个问题探讨都为学生学好或者为教师教好本节内容提供了一个非常好的问题情境。教师如何充分利用好这些资源组织有效的教学呢？该论文根据教材中的“问题探讨”，具体情况具体分析，介绍了在生物学教学中对于“问题探讨”的三种不同的利用方式，分别为直接运用、修改再用和摒弃重构后再用的教学处理方法，并依次举例进行了相应的说明和解释。

陈孝彬的论文“浅析高生物学教材中的插图”对2004年人教版高中生物学教材中插图数量进行统计，有编号的插图共计238幅，另外“科学·技术·社会”“技能训练”“练习”“自我检测”等栏目内没有编号的插图数目约为185幅，而且部分是综合性的、组合性的大插图，如生命系统的结构层次、蛋白质的主要功能示例、细胞间信息交流的方式举例、生物进化的历程示意图、发生在裸岩上的演替、弃耕农田上的演替等都是由若干个小插图组成的。教材中鲜活、精美的图片，使得课本图文并茂，知识更直观、更形象，有效地激发了学生学习生物学知识的兴趣。

论文讨论了两个问题，第一是教材增加了几类插图；第二是教材改进了部分插图。在第一个问题中，作者谈到增加的几类插图分别是：微观性插图、实物性插图、模式图和生物学家相片等。在第二个问题中，作者谈到改进的插图包括：插图由“静”变“动”、插图由“偏”变“全”和插图由“简”变“繁”。

研究教材栏目设置的文章相对较多，可能的原因是教师在面对栏目设置的问题比较直观易见，他们想探索教材栏目设置背后所存在的缘由并进一步运用好这些栏目。教材栏目的研究可以进行各种版本栏目对比研究，栏目历史变化研究，并着力探讨这些变化后的教育思想、理念的变化，使栏目设置既具有特色，又能更好地促进学生的发展和教材发展。

1.3　教材使用情况研究

李高峰和张迎春的论文“五个版本《生物科学与社会》内容的不一致”从五个版本教材有关内容的数据不一致、时间不一致、名称不一致以及英文注释不一致进行了详细的对比，指出其不一致的具体表现。论文还简要地从性别不一致、动物种类不一致、术语不一致以及动宾搭配不一致等几个方面作了阐述。

论文最后从四个方面简要阐述了教师如何对待以上不一致的问题，分别是：教师要依据课程标准用教材教；教师要积极开发和利用各种课程资源；培养批判精神，提高质疑能力；教师要转变角色，不仅做课程的执行者，还要做课程的建设者。

在教材使用情况方面，可以着力通过调查研究，找出教材使用中存在的主要矛盾，并通过研究，提出促进教材更好使用的各种方法。

1.4　新旧教材对比研究

朱文艺和王志坚的论文“人教版高中生物新课程必修教材与原教材重要概念的比较浅析”对人教版普通高中课程标准实验教科书与全日制普通高级中学教科书中的一些重要概念进行了比较

浅析，包括概念页码安排、相关定义描述，以及修改后的特点。

2008年有关新旧教材的对比研究的文章相对较少，其中可能的主要原因是新教材使用已经有了一段比较长的时间。在新旧教材对比研究上，可以着力从教材结构、教材内容、教材编著思想与课程理念、教材的生活化和社会化等方面加强研究，从原先的简单教材对比研究，到深入教材内部，看教材变化所产生的背景、原因以及可能的结果。

1.5　教材能力结构研究

周丽威，王亚娣和陈志发的论文“人教版高中生物学教材能力结构的研究”采用文献调查法和内容分析法，对人教版高中生物学教材能力培养结构的构建以及在教材中的具体呈现方式进行了研究，结果表明：教材十分重视对学生能力的培养；教材中的能力结构分为观察能力、实验能力、思维能力、自主学习能力、科学探究能力和创造能力。本文还对这六种能力在教材中的呈现方式做了详细的分析。该论文从三个方面进行了探讨，依次是：能力的概念及层次；能力结构在教材中的呈现方式以及教学建议。

有关教材的结构问题，我们可以从教材的认知结构、能力结构、情意结构等方面进行构建。当然关于教材的结构，我们也可以从其他方面进行研究，比如图文结构、生态结构等，在本领域，我们可以着力探讨现有教材能力结构的各版本教材的对比研究，以取长补短，实现教材能力结构，甚至其他结构的飞跃式发展，促进教材建设。

2　**教材介绍**

杨计明的论文“《青春期指导》（小学生用）教材介绍”认为根据青少年的生理发育和心理发展特点，开展青春期性健康知识教育，帮助他们正确认识和对待生活过程中遇到的各种实际问题，促进健康成长，是我国教育领域面临的一个十分重要而紧迫的任务。随着人民生活水平的提高，青少年的生理发育提前，为满足学生身心发展的需要，对《科学（3～6年级）课程标准》(实验稿）中的青春期内容进行丰富和拓展，在小学高年级开展青春期专题教育显得必要而紧迫。从2004年开始，广东省教育厅考研室研究并编写了《青春期指导》(小学生用）专题教育教材，供小学生学习。

该论文主要针对《青春期指导》(小学生用）教材的编写指导思想、教材设计思路两方面进行了探索与阐释。在第一个问题中，作者认为教材以教育部《基础教育课程改革纲要（试行)》和《科学

(3～6 年级) 课程标准》(实验稿) 为主要编写依据，突出三维目标有机结合。第二个问题中主要研究了 (1) 教材内容的选择：选择小学生便于体验及能够理解的、最必要的基础知识与基本技能以及培养青春期情感态度与价值观的内容；(2) 教材内容的组织：要有机地整合青春期课程的三维目标，符合小学生认知青春期的特点和规律并具有科学而合理的逻辑结构；(3) 教材内容的呈现方式：从小学生观察青春期的角度、自主学习的角度和青春期学习活动的方式来表述；充分考虑小学生学习方式多样化的需要，内容载体富有小学生特点并且多样化；单元的体例设计用“图片＋诗句”“图片＋情境”和“案例＋问题”方式来呈现。

因为新课程下的新教材使用已经多年，2008 年有关教材介绍的研究已经不是热点。在有关教材研究的方面，可通过国内外对比研究，以更好地促进生物学教学改革和教材编撰质量的提高。

3 教材处理研究

赵瑞芬的论文“课程创生：生物教材处理策略”认为新课程的教材地位发生了改变，新课程的教材只是素材，是一种教学资源，是学生学习的辅助工具。新课程鼓励教师积极能动地处理教材，倡导教师“用教材教”，而不是“教教材”。新教材给教师留有了足够的空间，如何根据生物学课程理念和学生实际合理有效地处理教材，是课程创生面临的重要课题。生活中的生物学教学资源非常丰富，谁有心去挖掘，谁就能使课堂变得更有活力！教材处理既是技术又是艺术，需要教师在教学实践中不断完善。

该论文主要讨论了四种处理策略，一是主干知识结构化，相应的方法有调整与重组、补充与删减、先行组织者、构建概念图；二是结论知识探究化，相应的方法有问题探究、资料探究；三是抽象知识直观化，相应的方法有模型制作、图片动画、模拟表演；四是书本知识生活化，相应的方法有联系日常生活、联系生产生活、联系名人生活。

由于论文作者大都为教材使用者，有关教材处理的文章相对较多。大多数中学教师在无法改变教材这样一个事实的基础上，着力发掘教材，进行适当的教材处理。从课程角度而言，教师进行教材处理的过程，也是一个研究课程、深化对课程认识的过程。在教材处理研究上，大部分研究文章是从教学角度研究教材处理的问题，但我们也可以从课程角度研究教材处理。而从课程角度进行研究，更具有理论高度，更符合课程的理念，也有助于教师跳出教学的狭隘圈子，从课程角度研究教材处理。

论 文 摘 要

对高中生物学教材的几处探究性延伸

张铁民

该论文就高中生物学教材中的实验原理延伸出七个相关的探究性实验，角度新颖，符合学生的学习习惯和学习规律，有利于生物学教学三维目标的实现。探讨的几处探究性延伸分别是：(1) 观察洋葱表皮质壁分离和复原实验延伸至估测洋葱表皮细胞的细胞液浓度；(2) 观察酶的高效性延伸至在多种实验材料中选择并确定最佳材料，观察酶的高效性；(3) 德国植物学家萨克斯研究光合作用的经典实验延伸至相关的四个实验设置方面；(4) 用淀粉酶探究温度对酶活性的影响延伸至估测淀粉酶彻底催化分解淀粉所需时间；(5) 可溶性还原糖的鉴定延伸至探究高等动物血液中有无可溶性还原糖；(6) 化学致癌因子延伸至探究香烟对动物细胞的危害性；(7) 生长素的极性运输是指生长素只能从形态学的上端向形态学下端运输延伸至探究胚芽鞘和根中生长素的产生部位、运输方向。

《中学生物学》2008 年第 4 期

初中生物学课程标准实验教材使用情况的调查与分析

燕 艳 李庆峰

随着课程改革在教学实践层面的进一步开展，教材多样化建设已初见成效，在初中生物学教材的建设中已出现百花齐放的可喜局面，各种版本的生物学教材在全国陆续出版使用。从 2004 年起，山东省济宁地区的大部分县市选择了其中一种生物课程标准实验教材（苏教版），至 2007 年完成了第一轮教材的使用。该论文为了解生物课程标准实验教材的使用情况及适用程度，调查了该教材在广大师生的教学实践中有何评价、使用情况、使用效果、还存在哪些不足等问题。

该论文设计了“初中生物学教材使用情况的调查问卷”，内容包括教材内容选择与组织、与学生心理发展规律适应度、教育功能、编制水平以及可行性 5 个方面，以抽样的方式进行调查，在分析调查结果的基础上，得出结论：生物课程标准实验教材内容科学性强，编写符合学生认识规律，教育功能全面，适合许多地区的使用。

《中学生物学》2008年第11期

高中生物学三种新教材（必修）栏目设置比较

张建尚

目前经国家中小学教材审定委员会审查通过的普通高中生物课程标准实验教材共有五种，分别是人民教育出版社、江苏教育出版社、中国地图出版社、浙江科学技术出版社和河北少儿出版社。新教材为体现自主、合作和探究性学习的新课程理念，设置了形式多样、功能强大的栏目，而五个版本的教材在围绕“知识”“能力”“情感态度与价值观”三个维度目标设置的栏目又各有千秋。

该论文分别从六个方面重点比较了人教版、苏教版和中图版三种新教材的栏目设置特点：探究栏目、习题栏目、课外阅读与实践栏目、知识链接栏目、正文旁栏和其他栏目。新教材中众多栏目的设置，可以引领学生的学习活动，促进学生学习方式的转变。在教材实施过程中若能将其与正文的内容融会贯通，必能取得很好的效果。

《中学生物学》2008年第2期

高中生物学新教材中透视出的性教育问题——道德教育缺失与教育模式匮乏

金　燕　陈志伟

随着全国第八次课程改革如火如荼的展开，性健康教育又被纳入高中生物学教材中，然而新教材的编写仍存在着一些问题。该论文以教材内容编排为线索，与国外性健康教育进行比较，提出改善意见，旨在帮助学生确立健康的性观念，为我国合理有效地开展性教育及解决现存问题提供对策。

该文分别从以下三个方面进行了阐述：我国生物学教材与国外科学教材性健康教育内容的比较，我国与国外性教育模式的比较，以及国外性教育对我国合理有效开展性教育的启示。

《中学生物学》2008年第5期

高中生物学新课程教材的独特风景——科学家访谈

孟咸荣

本文主要分析了普通高中课程标准实验教科书中独创的“科学家访谈”所体现出的创新特点，同时对如何充分运用这一独特的资源作进一步探讨。

人教版普通高中课程标准实验教科书有一道独特的风景——“科学家访谈”。与旧人教版绪论相比，新课程“科学家访谈”充分地体现了许多独到的创新理念。那么，以“科学家访谈”代序究竟有着怎样独特的价值和意义？广大中学生物学教师怎样才能充分地认识和运用好这一独特的资源？作者主要从三方面作了进一步的探讨，分别是：新课程“科学家访谈”与旧人教版“绪论”比较；以“科学家访谈”代序的独特价值；更新教育教学理念，充分彰显“科学家访谈”的价值。

《人教网》2008 年 3 月 17 日

例谈苏教版义务教育课程标准《生物》教科书的特色

丁志光

生态环境是人类赖以生存和发展的条件，也是人类认识和开发的资源，这种资源对于教学，特别是对处于发展中的学生来说，必将产生直接或间接的影响。因此，教学也存在着生态环境。所谓“教学生态环境”，就是以教学为中心对教学的发生、发展和存在产生制约和控制作用的多维空间和多元的因素。它是按照一定的目的和需要专门设计和组织的一种特殊环境，可以及时调节控制，使其向着有利于教学活动顺利进行的方向发展。该论文以苏教版义务教育课程标准《生物》教科书为例，探讨了新教材中教学生态环境的构建及其利用。

在教学生态环境的构建问题中，主要从以下几方面进行探讨：设置明确的目标系统；配置新颖的图文系统；构建丰富的活动系统；设计多元的评价系统。在教学生态环境的利用问题中，作者谈到的方法包括：盘活资源，用足教学生态环境；开拓创新，用活教学生态环境。

《生物学教学》2008 年第 3 期

人教版课程标准高中《生物》教科书编写特点

王修建

准确理解并把握教科书的编写特点，是使用好教科书的关键，也是提高教学效益的重要保证。该论文结合教学实践及研究，就人教版课程标准高中《生物》实验教科书（必修）的编写特点作了探讨，以期对刚开始使用新教科书的教师们有所启示。

该文主要从六个方面进行了探讨，分别是素材选取——重视科学家的研究过程与研究方法；内容组织——突出并再现了科学发展的逻辑；知识引入——注重从现实生活中引出新知识；活动设计——突出探究及探究性学习；目标达成——通过多种方式途径促成三维目标的落实；评价方式——注重多样化以及学生的自我评价。

《生物学教学》2008 年第 1 期

人教版与新世纪版高中新课程《生物学》实验教材（必修部分）比较及教学思考

李庆文

北京市普通高中课程改革实验中生物学科选用的两套教材分别为人民教育出版社编写出版的高中《生物》新课程标准教材（简称“人教版”），北京师范大学编写、浙江科学技术出版社出版的高中《生物学》新课程标准教材（简称“新世纪版”）。该文分别就两套新教材特点的比较和对教师使用新教材教学的思考两方面进行了阐述。

人教版与新世纪版高中新课程生物学实验教材具有如下特点：教材内容的选择和组织脉络清晰，教材内容的呈现和表达方式丰富，注重对教学过程和教学活动的设计与引导，注重与其他课程资源紧密结合，版式设计和印刷装帧达到较高水平。教师教学时应坚持“用教材教”的理念，准确把握教材，充分利用教材的优势，注意教材的新变化。

《教育科学研究》2008 年第 2 期

新编人教版初中生物学教材特点探析

杜　洁

该论文从学科理念、趣味性、能力培养和学科进展四个方面分析了新编人教版初中生物学教材的特点，为初中生物学教师更好地认识教材、使用教材提供借鉴。

新编人教版初中生物学教材立足于学生的发展，以全面提高学生的科学素养为宗旨，以培养学生的创新精神和实践能力为重点，以改变学生学习方式，实施探究式学习为突破口，体现时代特点，反映生物科学的新进展及其在社会中的广泛应用，同时，追求人文教育与生物学能力培养的协同互补。当然，也对教师提出了更高的要求，为了更好地认识新教材，使用新教材，笔者谈了对新教材的认识。

该论文分别从以下四个方面进行了阐述：新教材新思路，体现课程标准理念；新教材寓教于乐，激发了学生学习的兴趣；新教材独具匠心，培养了学生的综合能力；新教材时代气息深厚，注意反映生物科学的新进展。

《南阳师范学院学报》2008 年第 9 期

生物学教学中教材插图的有效利用

王 姮

高中生物学教材的一大特点就是插图丰富，在每个章节的教材内容中都有着各种各样的插图。教师在教学过程中，若能注重对插图教法的研究，充分发挥教材插图的作用，指导学生学会正确地观察插图和分析插图，不仅有利于学生对生物学知识的掌握，更能有效地提高和培养学生观察、分析和解决问题的能力，使学生在高考中的识图作答能力得到全面提高。

论文从三个方面探讨了插图的利用，第一是利用插图培养学生的观察能力；第二是利用插图培养学生的分析能力；第三是通过对插图的观察、分析，提高学生识图作答的能力。在第一个方面，作者谈到的方法分别是：明确观察目的，提出观察要求，多启发联想，善于对比观察；说明观察方法，注意观察顺序。第二个方面，作者谈到的方法分别是：对于生物结构图，要与其生理功能相联系进行分析；对于生理功能示意图，要与相应的结构相联系进行分析；对于有相互关联的生物插图，要能前后联系进行分析；第三个方面，作者谈到的方法分别是：说图、画图和练图。

《课程教材教学研究》2008 年第 2 期

谈初中生物学教材的再度开发

石华建

教材是最基本的课程资源，是教师组织教学的主要依据。教材编写虽然力求创新，辑入当今科技、教育发展最新成果，力图融入学生的经验，但无论教材编得多么完美，也不可能适应所有学生的学习。教师在教学时仍需对这些教材进行加工和改造，保证呈现给学生的教学内容能理论联系实际，适合于学生学习，有利于学生发展。

该论文分别从以下四方面对初中生物学教材的再度开发进行了阐述：加减——让教材变得厚重；重组——让教材变得科学；活化——让教材变得生动；链接——让教材变得丰富。

《生物学教学》2008 年第 5 期

高中生物学《遗传与进化》模块教材的三个特点

周　斐　张迎春

该论文分析了五个版本的高中生物学《遗传与进化》模块，认为新教材具有方式新、内容新、要求新三个特点。深入领会多版本教材的共性和特性，有利于教师根据课程标准，在课堂教学层面落实新的教育理念。

关于新教材方式新，论文认为教材通过设置各种小栏目为学生呈现了不同层次的知识或资料，知识呈现方式多样化有利于促进学生学习方式的转变。论文阐述了典型的栏目设置：导入、科学探究、资料呈现、评价、拓展。

接着论文阐述了新教材内容新，五个版本生物教材有个共性，那就是有关科学过程与方法的内容在教材中比重较以往大大增加。论文从科学探究活动数量增加、突出科学方法的训练以及充分体现科学、技术、社会（STS）三者间的互动关系进一步阐述教材内容新的观点。

论文最后阐述了新教材对教师的要求提升到了一个新的高度，教师需要学会育人、融会贯通和善于引导，从而提高学生的生物科学素养，培养学生的科学思维，在课堂教学层面落实教育新理念。

《生物学教学》2008 年第 12 期

对高中生物学教材处理的探索

罗树伟

该论文论述了高中生物学教材处理的方式，作者认为教材处理必须立足教材，在钻研大纲、考纲的前提条件下，依纲扣本，超越教材、大纲和考纲，达到拓展创新。

作者认为，在教学中，根据学生认知水平的程度，教师对教材的处理实行四步走，即新课学习阶段，对教材初步加工，突出基础，突破重点、难点，通过重点、难点的突破达到以点带面；第一轮复习阶段，对教材中度加工，对知识点进行系统化，对每章内知识点进行比较综合，理解知识脉络，建立起知识结构，使学生掌握知识结构并明确知识点在其中的位置，达成以面带点；第二轮复习阶段，对教材深度加工，打破章节界限，对知识重组，使学生在重建知识结构中明确知识点在不同知识网络中的位置，做到点面结合；第三轮复习阶段，对教材拓展加工，从学生已有知识出发，引导学生去学习一些新知识，让他们知道天外还有天，激发学生的学习兴趣，使学生在学习中体会、总结，学会学习。

在各个阶段，论文提出了相应的教材处理方法。比如在教材中度加工阶段，作者采用比较法和知识网络法，通过对每章内知识点进行比较综合，理解知识脉络，建立起知识结构，使学生掌握知识结构并明确知识点在其中的位置，达成以面带点。

《课程教材教学研究》2008 年第 Z6 期

人教版高中生物学新教材中“问题串”的教学处理

李克刚

人教版高中生物学新教材章节编排有一个鲜明的特色，就是大量运用了“问题串”。从“问题探讨”到“本节聚焦”，从教材正文到“思考与讨论”以及“资料分析”等栏目，大多设计了3～4 个问题，构成了问题串。以问题串的形式来引导学生步步深入地分析问题、解决问题、建构知识、发展能力，无疑对生成性课堂的构建大有裨益，但在实践课堂教学中，针对具体的教学内容和学生知识、能力的实际，对教材中的“问题串”进行恰当的处理与优化，能更有效地开展教学活动，达到更好的教学效果。该论文就人教版教材正文中的部分“问题串”进行的教学处理提出了几个方法。

作者认为，对“问题串”的处理，可以从以下四个方面进行：将“问题串”生活化，激发学生求知欲望；将“问题串”精细化，培养学生自学能力；将“问题串”再优化，引发学生理性思维；将“问题串”延展化，诱发学生创新思维。对每一种处理方法，作者都辅之以实例进行了具体研究。

《生物学教学》2008 年第 3 期

高中生物学新教材“问题探讨”栏目的细化

梁嘉声

人教版高中生物学实验教材每节课开端的“问题探讨”，是教材的亮点之一。它由图片、文字情境和讨论题三部分组成。该栏目图片精美，能吸引学生的注意；创设的情境紧扣实际生活，源于科学实验，取材于科学史，有的来自最新生物技术和研究成果，能开阔学生的视野；设置的讨论题能激发学生的积极性，驱动学生主动学习和自主探究，如果运用得当，对新课的教学将发挥积极的作用。该论文对“问题探讨”栏目的细化提出了自己的看法。

论文认为，要进行“问题探讨”栏目的细化，需要设置适宜的难度梯度，唤醒学生已有的知识并适当缩小问题的范围。作者就这三个方面分别通过实例进行了阐述：如“适当缩小问题的范围”，作者认为可以把“大情境”分为若干个“小情境”，每个“小情境”结合1～2小问题，化整为零，然后分组讨论，最后进行综合。这样学生经过对“细化”了的情境的讨论，实际上已经对相关的信息进行了初步的条理化、系统化，学习新课时心里有底，自然就可以事半功倍。

《生物学教学》2008年第3期

人教版课程标准高中《生物》教科书编写特点

王修建

准确理解并把握教科书的编写特点，是使用好教科书的关键，也是提高教学效益的重要保证。本文结合教学实践及研究，就人教版课程标准高中《生物》实验教科书（必修）的编写特点作些探讨。

论文从六个方面阐述了人教版高中《生物》教科书的编写特点：(1) 素材选取——重视科学家的研究过程与研究方法；(2) 内容组织——突出并再现了科学发展的逻辑；(3) 知识引入——注重联系现实生活；(4) 引出新知识活动设计——突出探究及探究性学习；(5) 目标达成——通过多种方式途径促成三维目标的落实；(6) 评价方式——注重多样化以及学生的自我评价。

作者结合教材对以上编写特点进行具体阐述，如对第一个特点，作者结合新旧教材对“基因与染色体的关系”这一知识内容处理，说明旧教科书相关内容是对知识的结论性的描述。新教科书则首先介绍了萨顿的假说，包括研究发现及推论；接着介绍了摩尔根的实验研究，包括研究问题的确立，实验材料的选取，实验方案的设计、实施，以及根据结果获取结论等，充分体现了教科书编写注重科学研究过程与方法的思路和特点。

《生物学教学》2008年第1期

同位素标记法在生物学教材中的应用归纳

顾巨林

同位素用于追踪物质运行和变化过程时，叫示踪元素。用示踪元素标记的化合物，化学性质不变。人们可以根据这种化合物的放射性，对有关的一系列化学反应进行追踪。这种科学研究方法叫做同位素标记法。高中生物学教材中涉及的同位素主要有：

氢的同位素—^{3}H、硫的同位素—^{35}S、磷的同位素—^{32}P、氮的同位素—^{15}N、碳的同位素—^{14}C、氧的同位素—^{18}O。该论文对这些同位素在教材中的应用进行了归纳。

作者结合实例归纳了以上同位素的应用。论文分别从必修《分子与细胞》模块、必修《遗传与进化》模块和必修《稳态与环境》模块中相关内容进行了归类整理，有助于教师更好地利用教材进行教学。

《生物学教学》2008 年第 2 期

谈人教版生物学教材"自我检测"中的概念图

沈 惠 毕晓白

该论文在介绍了概念图的来由和理论后，重点阐述了人教版新生物学教材中概念图的整理及价值分析。作者认为新版人教生物学教材的章节自我检测中，引入了概念图，通过整理归纳教材中概念图、剖析概念图在教和学中的价值，有助于师生更好地利用概念图。

论文认为概念图具有以下价值：思维训练的良好媒介；对师生各尽其用；是良好的教学工具。论文结合教材对概念图的价值进行了具体化的阐述。如在对概念图是良好的教学工具的阐述上，作者认为在人教版新教材中，概念图出现在章节自我检测中，凸显了概念图的评价功能。进一步的研究发现，概念图不仅是评价的工具，也是课程和教学设计的工具、多媒体设计的工具、合作的工具、创造的工具。概念图运用于生物学课程和教学设计，更进一步地体现了新课标中系统论的观点：章节知识的概括化、模块知识的整体化、学科知识的系统化。

《科学教育》2008 年第 2 期

生物学教学实践

沈浩宁① 高 勍②

课堂教学概况

有关生物学课堂教学的研究，总体上来看研究论文数量不少，但在研究内容和深度方面有待进一步拓宽和深入。2008 年发

① 沈浩宁，南京师范大学生命科学学院.
② 高 勍，南京师范大学生命科学学院.

表有关课堂教学研究的篇数约 1 000 多篇，其中发表于核心刊物的研究论文就有近 170 篇，具体课堂教学设计的论文近 60 篇。这些论文主要包含以下几个方面：

（1）课堂教学设计与实施技能研究；（2）课堂教学方法和教学模式研究；（3）课堂教学的有效性、优效性教学研究；（4）课堂教学对学生能力培养研究；（5）课堂教学中学习方法指导的研究；（6）复习课的课堂教学研究；（7）生物学知识点研究；（8）与其他学科渗透的教学研究。

1 课堂教学设计与实施技能研究

2008 年度课堂教学设计与实施技能研究的论文，涉及板书、导入、提问、课堂结束、教学反思等教学各个环节的设计和实施技能方面的研究，也涵盖教学目标确定和课堂时间管理等研究内容。提问设计的研究除对提什么样问题、为什么提这样的问题等研究外，还出现应用科学提问的策略研究、设计有效问题的策略研究等论文。

有些教师提出针对不同的知识从不同的角度进行设计提问的策略，设计问题应该围绕核心知识，针对不同的知识设计问题，注意用语的科学严谨，注意问题的针对性等策略。

有些教师针对当前生物学教学课堂板书的问题，例如缺少计划，板书显现随意性；过分依赖多媒体把板书制作到课件中，一闪而过；缺乏书写功底；不讲究书写姿势等，提出板书设计可以有：逻辑演绎式板书；因果关联式板书；倒位式板书；概念图板书。包国芳阐述了插图在生物学教学中的作用和在教学中使用插图的技巧：使用插图要紧扣课文，使用插图要讲明插图的内容和重点，运用的过程要分两步走，还提出使用插图应注意的问题，如不能孤立地使用，不能喧宾夺主，不能超越教材。

高效的课堂时间管理对保障学生完成学习任务，以及促使教学的顺畅进行都极为重要，其关键在于教师如何依据学生的个体差异，促使每个学生都享有足够的“用功时间”。有些教师针对初中生物学课堂时间管理中存在的现实问题，时间分配重量轻质，学生“用功时间”不足，无谓时间消耗过多，时间利用效率偏低等，提出了对课堂时间进行有效管理的若干策略：以质代量地分配教学时间；保障并适度增加“用功时间”；实现教学时间无谓消耗最小化；高效利用既定教学时间等。

在 60 篇具体课堂教学设计的论文中，高、初中教学设计的论文数量基本相当。在高中生物学课堂教学设计中有关必修Ⅱ的内容居多，例如遗传学内容、生态学内容等。在初中生物学课堂教学设计中更多的是关注植物学和人体生理学的内容。在上述教学设计中教师一般都重视三维目标的达成，体现了课程改革的课程理念。

从教学设计中也可以看到，相当数量的教师对于教学目标的描述仍很混乱。例如，对于能力目标和情感目标的描述忽视了以学生为主体的基本思想。所以，读一读《生物学教学》2008 年第 10 期上吴银银、陈志伟“有效生物学课堂教学目标的表述应正确处理几对关系”论文应该有较好的启发。

2　课堂教学方法和教学模式研究

课堂教学方法与教学模式研究是一个经典的而又融入时代新元素的话题，这类论文篇数仍然比较多，涉及的面也比较广。例如，探索（究）教学法、案例教学法、任务驱动教学法、问题教学法、创设教学情境法、比较教学法、参与发展课堂教学模式、5E 学习环教学模式等。论文中有对方法的总结研究，如有的教师在论文中总结出 16 种相应的初中生物学教学方法。

也有一些论文针对某个教学环节采用何种具体的教学方法的研究，如有的教师对中学生物学教学结课的方法归纳总结出“学以致用法”“延伸拓展法”“设置悬念法”“解疑问答法”“首尾呼应法”“情感激励法”“设置情境法”“空白法”等。

也有论文研究教学方法在实际应用中遇到的问题，以及如何分析和解决此类问题的对策等。如一些教师的文章认为探究点不等于教学点、探究性教学不等于科学研究、探究过程不等于环节完整、探究教学不等于实验教学等。

对于探究性教学的研究比较多，许多教师提出可以利用网络、图文资料拓展探究背景知识、动手实验、体验探究，关注探究主题的有效度、关注探究时空的有效度等措施，提高探究式教学的效果。

有些论文分析教学方法在应用中对教和学的可能作用。例如，一些论文总结出创设教学情境法在教学中的作用有“资料情境引入问题探究、问题情境促进探究发现和认知情境改变学习方式”等。

在 60 篇具体课堂教学设计的论文中几乎都涉及教学方法的创造性运用。例如，有的论文认为，生物学教师既要主动地设计教学创新环节，发现、捕捉学生的创新表现，又要充分挖掘教学内容中固有的创新教育因素。所谓“创新支点”，即实施创新教育教学的支撑点，就是要求教师在每一堂课中都要立足于通过一个（或几个）实施创新教育的关键环节（或要素），来突出或强化对学生创新素质的培养。在基于创新教育的教学设计中，最值得倡导的方面应当就是对“创新支点”的设计。作为教师应当富于创造性地进行教学设计，为学生的主动建构提供必要的学习材料上、时间上及空间上的保障，以实现学习与生活经验的紧密结合。同时，应当让学生在多种多样的真实情境中学习，以增强学生对变式问题的灵活处理能力。

3　**课堂教学的有效性、优效性教学研究**

课堂教学的有效性、优效性是新课程改革后教学研究的热点之一，也是课堂教学的永恒研究主题。在新一轮课程改革中，如何在规定的课时内完成教学，并体现新课程理念，出路之一是实施有效教学。诸多论文都提出课堂教学有效性的落实涉及因素很多，如营造和谐课堂气氛，增进师生亲和力；运用激励评价和开放性评价等发现性评价方式评价学生；优化课堂教学方法，合理使用教学手段等都对生物学课堂教学有效性具有影响。

有研究涉及避免学生课堂学习中的饱和情绪以提高教学有效性。例如，有的教师从教材处理的角度提出实现教学的有效性的具体做法，如细化、精化、深化教学内容，教师从学生的感受出发设计教学，培养学生积极的态度等都能提高课堂教学有效性。

有的教师从提高课堂教学有效性的教学资源入手，阐述了充分挖掘教材中的生物学史资源，将生物学史渗透到课堂教学的各环节，通过创设学习情境、构建命题网络、实施探究学习等形式，促进课堂教学的有效性。

有的教师从优化探究课入手，通过控制课堂效率、课堂目标、教案、课堂行为、教学评价等环节实施有效教学。例如，有教师认为“先学后教—反思内化”课堂教学模式和教学方法是课堂教学的指导思想，也是“情意领先，以学定教，目标达成，整合内化”的具体体现和落实。

有的研究则从教学目标的表述方面出发，提出有效生物学课堂教学目标应正确处理四对关系：行为主体的主动与被动；行为动词的内隐与外显；过程性目标与结果性目标；具体目标与中长期目标。

在60篇具体课堂教学设计的论文中更从具体细节入手，探索有效教学之路。例如，有一项关于“细胞呼吸”一节的教学研究，教师认为按教材的编排顺序，既花费较多的时间，又造成讲解难以透彻，导致重点不能突出，难点不能突破，而且糖的有氧分解内容抽象、枯燥，如果不与生产、生活实际联系，没有一定的知识作铺垫，很难调动学生的学习积极性，学生也难以理解有氧分解的实质。经过调整教学顺序，即先做酵母菌的呼吸方式演示实验，并分析实验现象。播放同学学做馒头、酒酿的视频，交流实践体会，并运用呼吸作用原理分析做馒头、酿酒过程中的操作要点。请学生简单介绍制酸奶、做泡菜过程，了解不同微生物发酵的产物是不同的。结合教材中“想一想、做一做”中的两个思考题，培养学生应用无氧呼吸的原理分析实际生活现象的能力。然后，由学生总结无氧呼吸的两个反应式，了解不同生物无氧呼吸的产物是不同的。最后，教师可简单介绍无氧呼吸和有氧呼吸的本质区别，书写有氧呼吸的反应式，为下一课时讲解糖的有氧呼吸过程作好铺垫。第二课时，先复习细胞呼吸的三个反应式，然后了解有氧呼吸和无氧呼吸的本质区别，再重点介绍有氧呼吸的过程，最后总结有氧呼吸和无氧呼吸的区别。这样处理教材，既使教学容量比较合理，又符合学生从现象到本质的认知规律，可突出重点、突破难点。

还有些教师在有效教学的基础上进一步探索，提出了教学的更高要求——优效教学，即优效教学理念、优效教学结构、优效教学方式、优效教学评价等。

4　课堂教学中培养能力的研究

新课程改革非常重视能力培养，因此课堂教学中培养学生能力研究的论文数量很多。论文中提到的能力包括阅读能力、思维能力、自主探究能力、语言表达能力、审题能力、提问能力、观察能力、自学能力、质疑能力、记忆能力、求异创新能力、动手操作能力、交流合作能力、收集和处理信息能力、实践能力、想象能力、读解图表、分析数据的能力、批判性思维能力，发散性思维能力等。研究者们对学生阅读能力、自主学习能力的培养展开了较全面和深入的研究，提出了一些新颖的方法，取得了一定的成效。

有教师提出了“提纲式”阅读法、“表格式”阅读法、“练习式”阅读法等指导学生阅读的方法，以训练学生的阅读能力。

有研究关注培养学生的自主学习能力。他们提出借助多媒体辅助教学为培养学生自主学习能力创造条件。有研究提出五个知识结构化途径培养学生自主学习能力：①解构分割知识点；②横向联系知识点；③充分利用分支图；④自主构建知识结构图；⑤纵向串联知识点。

针对生物学实验中对学生思维方法培养上存在的问题，例如教师给予学生过多的指导，错误认为学生实验是一种重复性的活动；学生关注解决问题的质量而不是思维方法；学生没能使知识成为解决实际问题的思维方法等，研究者认为可以采取“创设讨论式的问题情境，发挥学生学习主动性”“树立正确的教学观念，鼓励学生对思维方法的创新性应用”“注重对过程中思维方法的探索，形成系统的思维方法体系”，利用知识解决问题，使知识成为一种思维方法。

分析170余篇发表在核心刊物中的论文题目，我们可以看到“浅谈如何培养学生的生物学语言表达能力”“用好教材中的资料锻炼学生分析能力”“在技能训练中培养学生的能力”“在问题探究、问题教学中培养学生的能力”“在教学中培养学生的阅读能力”“在教学中培养学生能力的探索”“利用插图培养初中学生的能力”等论文的题目，这反映出能力培养受到广大教师的高度重视。

5　**课堂教学中学习方法指导的研究**

这部分研究也比较多，例如对合作学习的指导研究，有的论文提出合作学习是新课程标准倡导的学习方式之一。在初中生物学教学中开展小组合作学习，其过程包括课前准备和课堂操作，课前准备由分组、制定规则、选题和预习构成，课堂操作由提出目标、小组分工、讨论解疑、得出答案、班级交流和合理评价等程序进行。在合作学习过程中教师应是组织者、引导者和参与者，既要充分尊重和发挥学生的主体作用，又要增强教师的引导调控作用。

对于探究式学习的指导研究也比较多。一些研究表明，高中生物学中实施探究性教学存在“应试体制的影响”“教师未能在探究式学习实施中起主导作用”“学生的知识储备和学习观念不适应探究式教学”等问题，可以采取的应对的策略包括“提高教师实践探究式教学的能力”“学习过程中辩证处理教师指导和学生自主的关系”“加强多方合作”等。有的研究以日常教学中最常见的新授课为例，初步阐述了在教学中如何引导学生进行探究性学习。论文提出要善用“问题探讨”，提供探究情境，激发学生探究兴趣；重用“本节聚焦”，以问题（任务）驱动学习，引导学生自主探究；应用“资料分析”和“思考讨论”，鼓励学生自己解决问题；活用“生命科学发展史”，体验科学探究的一般过程；利用教材“思维拓展”，开展问题研究等。

当然，对于学习方法指导的研究也存在一些误区和问题。例如，有研究表明目前合作学习也存在流于形式、缺乏实质、各自为政、缺乏合作、重视个体、忽略整体、放任自流、缺乏监控、盲目组合、缺乏科学等合作学习的误区。有研究归纳了合作学习中容易出现的问题：课堂教学中不分条件地采用合作学习方式，合作学习过程中缺少教师的指导和参与，合作学习过程中学优生在小组中处于主宰地位，学困生则处于从属或忽略地位，无形中失去了思考、发言、表现的机会，在一定程度上被变相剥夺了学习的权利。

6　**复习课的课堂教学研究**

高考复习的课堂教学研究肯定是生物学课堂教学的大热点。由于高三备考复习时间紧迫，任务繁重，涉及的因素方方面面，因此在同等的时间内，谁能提高复习效率，谁就掌握了高考致胜的法宝，谁就占据了高考制高点。提高复习课的课堂教学效果，是教师和学生追求的共同目标，因此关于这方面的研究论文较多。

有的研究总结出七条高考复习原则：基础性原则、系统性原则、针对性原则、“三精”原则、主体性原则、指导性原则、应用性原则和反思性原则。有的研究总结了在高三复习教学中从精选习题教学、搭建知识支架、利用类比推理及小组合作交流四方面帮助学生构建隐性知识。有的是针对高考的不同复习阶段的研究，有的是对高考策略的研究，提出明确课程标准要求，狠抓基础、重视知识点之间的联系等内容。

有些研究针对高三复习中有盲目扩大复习范围、过多依赖复习资料，造成信息量增殖、效率下降的现象，提出了“典型分析法”，以期提高学生的思维能力，真正提升复习价值。

但多数论文只是教学心得和体会，少有能深入研究得出较为普遍有效的复习方法的论文。例如，“对高三生物学一轮复习的体会”“高中生物学备考复习方案及研制”“生物学备考的单元复习要把握知识细节”“生物学复习要关注规律以外的特例”“在复习课中帮助学生构建隐性知识的实践与思考”等论文缺乏真正的研究基础。

此外，课堂教学中常规性的复习研究也受到教师们的高度重视。一些新课教学中的教学方法和模式在复习课中都可以使用。有论文尝试在课堂教学中采用概念图的教学策略，他们认为概念图既可以作为教学策略，也可以作为学习策略。在生物学科复习课中应用概念图策略，可以提高教师教的效益和学生学的效益。有的研究提出上好复习课的关键是如何抓住教学中的“三条线”，即知识结构明线、能力训练主线、教学教法暗线等。

7 针对生物学知识点的课堂教学研究

生物学课堂教学中三维目标的达成，离不开知识目标的确定和完成。生物学科中有诸多的知识点（概念）成为重点和难点，攻破这些重点和难点，才能帮助学生掌握好应有的生物学知识。2008 年针对生物学知识点教学的研究论文很多，主要是针对光合作用、遗传和细胞的易错或难理解的知识点归纳解析；也有涉及免疫、血亲、血型、能量、酶、种群、激素、物质跨膜运输、反馈调节等面广、量大的论文。例如，有些教师围绕光合作用中间产物量的变化，考查光反应和暗反应之间的关系，对净光合速率和实际光合速率分辨不清展开讨论。再例如，“关于光照强度对光合作用强度影响问题的思考”“光合作用与细胞呼吸及其相互关系难点解析”“‘光合作用——C3 植物和 C4 植物’教学难点的化解”等许多相关研究论文说明知识点的教学（概念），仍然是教学研究的重中之重。

8 生物学课堂教学与其他学科相互渗透的研究

这部分研究主要表现在珍爱生命教育、尊重他人思想教育、辩证和唯物思想教育、竞争思想教育、适应思想教育、统一思想教育、创新思想教育、生态道德教育、开放创新的科学意识教育、青春期健康教育，培养学生严谨的科学态度与精神、渗透爱国情感教育等。有的论文着重挖掘相关的素材，如充分利用科学家事迹和科学史实、努力研究辩证唯物主义观点在教材中的表达方法。有的在课外活动中深化德育教育，有的着重研究教师的言传身教，善于把握教育时机、根据学生的心理特征实施德育教育。例如，张建华提出榜样示范、陶冶教育、说服教育、实际锻炼、评价方法要多用表扬和奖励，加强自我修养；王颖的论文则阐述了生命教育的核心是引导学生正确认识人的生命观，端正人生态度，增强自信心和责任感，从而善待生命，完善人格，健康成长。提出可以采取的教学原则包括“浅显性和广泛性原则”“生活性和开放性原则”“适度性和需求性原则”等。该论文还提出生命教育的方法与途径：利用多种渠道，唤醒学生的生命意识；开展多种活动，强化学生的生命意识；实施挫折教育，增强学生的承受能力。有些研究还提出“呈现生命的历程，感悟生命的艰辛”“了解生态平衡的概念及动物社会行为的意义”“理解生命的价值”“欣赏生命的绚丽多彩，陶冶学生热爱生命的情感”“参与生物学实践活动，从中体验生命的真谛”等。

对于渗透环境教育的研究，许多教师提出：课堂教学是环境保护意识培养的主阵地、走出课堂来强化环境意识；可以通过开展形式多样的活动，亲自参与社会实践活动，实施环境教育。认为在课堂教学中可以采取“挖掘教材的相关因素”“引入当地的实际事例”“激发学生的危机感”“从生活点滴拾起‘天人合一’思想”等。一些研究还注重第二课堂，通过生物学实践活动、环保课外活动、校园文化生活等方面，加强环境保护渗透，辩证看待生物科技高速发展，强调保护环境中科学知识的重要性。一些教师则认为了解我国目前存在最突出的生态环境问题、当地环境现状及主要生态环境问题等，对树立生态文明观念有重要意义。

渗透健康教育是生物学课堂教学应给予关注的重要问题之一。许多研究提出教育者要更新观念，以人为本。这表现在：灵活驾驭教材，营造科学、宽松的课堂氛围；正确引导异性交往，提高自我保护能力和自我控制能力；培养学生自信、不怕挫折、勇于进取、善于合作的心理品质；帮助学生树立正确的人生观、生命观和价值观。

对于渗透美育教育也受到生物学教师的重视。许多研究论文都强调在生物学课堂教学中应展示自然环境中的生物美景，有利于激发学生对大自然的热爱；利用生物界中的美与丑，培养学生的辩证唯物主义世界观；揭示人和事物的内在美，使学生具有高尚的思想品德；利用珍稀和特有物种的美，对学生进行爱国主义教育；欣赏生物的美，提高学生的生活情趣。周维新提出在生物学教学中要充分挖掘教材内涵，多角度地渗透美感教育，潜移默化地培养学生正确的审美观、生态观、道德伦理观、人生观和健康的个人品质，是素质教育的重要方面。

还有一些论文涉及渗透人文教育和生活化教育与生物学教学生活化的问题，提出充分挖掘教材的社会功能，增强学生的社会责任感；发挥生物学史的德育功能，塑造学生的高尚人格。例如，卫红云在论文中，提出要通过利用区域优势开展生活化教育、运用生活环境渗透生活化教育、借助学生自身资源推进生活化教育和把握生成性课程深化生活化教育，在初中生物学教学中进行生活化教育。

多数生物学课堂教学研究属于行动研究的范畴，因而受到一线教师的重视。例如，贵州师大、华中师大、湖南师大、东北师大、内蒙古师大、华东师大、广西师大、福建师大、西北师大、上海师大、四川师大、天津师大、北京师大、南京师大、山东师大等的教育硕士就撰写了90余篇相关的毕业论文。

更多的有关生物学课堂教学的研究论文涉及教学案例，涉及范围极其广泛。这些论文带有比较明显的个性特点，主要属于个案经验。

实验教学概况

近代，由于大规模的学校的出现和学科知识的丰富，课程几乎与学科知识画上了等号，课程主要强调的是工具理性，强调知识专精化和窄化，过分强调了学生对学科体系的知识网构成的形式化。这样的生物学教学从概念定义出发，强调逻辑上的严密，着眼于生物学知识的系统性及结构性，期望学生建成完整生物学知识网络。到了现代，知识的形态发生了剧烈的变化，人们也不再是静态地看待知识，知识的内涵被拓展为有着广大文化背景和文化意蕴，任何一个认识系统都可以看做为一个知识体系，因此人们也不再把课程局限于学科知识本身，而是更多地介入了经验、过程、方法、活动等因素，使课程出现了综合化、动态化、过程化等特点。

生物学是自然科学的分支，是一门基础学科，主要是以观察、实验和思维相结合的学科。实验教学是生物学教学的重要组成部分，在过去的很长一段时间里，实验仅仅是课堂教学验证原理或规律的补充手段，不少的教师通过讲实验来代替学生做实验。随着此次课程改革的推进，实验已经成为培养学生各方面能力的重要手段。学生通过主动探究，经历科学家的探究过程，自主学习，完善知识结构，锻炼能力，形成积极向上的情感态度与价值观。因此越来越多的一线教师加入对实验教学研究的行列，从实验教学的教育理论研究到具体的实验材料或方法的改进等各个方面入手，以期为其他教师提供宝贵的教育理论支持和实践教学经验。

2008年发表的论文中有关中学生物学实验教学研究的共收集到428篇，其中来源于核心期刊的153篇，来源于一般期刊的275篇。这些论文可以归类为以下几个方面：（1）课程与课堂教学研究，这其中包括实验教学改革研究、实验教学模式研究、实验教学策略与教学设计研究、实验教学反思研究等；（2）实验改进研究，主要分为实验材料和实验步骤与方法的改进；（3）科技活动研究。

1　论文的收集情况分析

论文主要是通过几大期刊网收集的，因此从来源上来说，只要是已经录入数据库的有关文章基本上都已经收集到。这 425 篇有关实验教学的论文来源于《生物学教学》《生物学通报》和《中学生物学》等 100 家刊物。

1.1　来源于核心期刊的论文

153 篇来源于核心期刊的有关中学生物学实验教学研究的论文主要是来自于《生物学教学》和《生物学通报》等 7 家期刊，具体情况如下表。

期　刊	论文数量/篇
生物学教学	117
生物学通报	27
教学与管理	4
教育理论与实践	1
教育探索	1
上海教育科研	2
中国教育学刊	1

由于专门针对生物学教育的核心期刊是《生物学教学》与《生物学通报》，因此在这两份期刊上发表的论文数量明显多于其他期刊。

1.2　来源于一般期刊的论文

275 篇来源于一般期刊的有关中学生物学实验教学研究的论文主要来自于《中学生物学》等 93 家期刊，其中超过 5 篇的有以下几家期刊，具体情况如下表。

期　刊	论文数量/篇
中学生物学	64
教学仪器与实验	17
贵州教育	12
中国教育技术装备	9
新课程（教育学术版）	8
成才之路	7
才智	5
科技信息（科学教研）	5
科教文汇	5
中国科教创新导刊	5

随着新课程改革的进一步实施，新课程的教学也开始逐渐成熟，教师对新课程的认识也越来越深刻，因此对实验教学的研究也越来越多，可以看到，2008年共有93家期刊发表了与实验教学研究有关的论文，其中由于《中学生物学》是针对生物学教育的，因此它发表的相关论文是一般期刊中最多的，共64篇。另外像《甘肃教育》《科技信息（科学教研）》《安徽农学通报》等不少家期刊虽然只发表了一篇，但是这说明对实验教学研究的开展越来越广泛。

2 论文的分类分析

研 究 内 容	论文数量/篇
课程与课堂教学研究	314
实验改进的研究	56
科技活动研究	57

由于教学时间以及教学条件等客观因素的限制，教师研究实验教学时，往往都注重的是教材中实验的研究，因此这部分内容包括课程与课堂教学研究、实验改进的研究两部分，共370篇，约占所有实验教学研究论文的87.1%。而有关科技活动的研究论文则相对较少，但是与前几年相比，却有逐渐增多的趋势。

2.1 课程与课堂教学研究

关于课程与课堂教学研究的实验教学研究论文中，又可以分为实验教学改革研究、实验教学模式研究、实验教学策略与教学设计研究、实验教学反思研究。这部分论文共有314篇，具体情况如下表所示。

研 究 内 容	论文数量/篇
实验教学改革研究	85
实验教学模式研究	43
实验教学策略与教学设计研究	44
实验教学反思研究	142

教师在开展新课程实验教学时，由于需要一个过程才能逐渐成熟，在这期间每位教师都会碰到各种各样的新问题、新情境，因此教师需要不断自我学习、自我发展。从有关的课程与课堂教学研究的314篇论文中可以看到，实验教学反思的共142篇，占45.2%，是四类中最大的一类。教师通过对实验教

学中实际问题的不断反思和解决，不仅专业能力获得了提高，同时也积累了教学经验。要想使实验教学能够符合新课程理念，取得较好的教学效果，需要教师首先了解原来的实验教学的状况、改革与发展的趋势，以及支撑实验教学的教育理论。因此，在课程与课堂教学研究的论文中，共有85篇是关于实验教学改革的研究，这类文章总数在此类中居第二位。只有在明确了实验教学的现状、改革与发展的趋势后，教师才能不断地用教育理论武装自己，提高自己的专业教学能力，使学生在实验教学的训练中，学习和掌握生物学实验操作的技能，强化所习得的知识，提高他们的观察能力和思维能力，以及对实验结果进行分析和解释的能力。

2.1.1 实验教学改革研究

有关实验教学改革的研究论文主要是从理论的角度分析实验教学的现状、改革与发展趋势等。

唐加富的论文“中学生物学实验在课程改革中的现状和发展趋势”，从整体上对中学生物学实验在课程改革中的现状和发展趋势进行了综述，通过比较新旧教科书中安排的实验，提出了六点新课程改革中中学生物学实验的变化趋势。例如，根据学校办学条件的差异，分析了薄弱中学生物学实验教学的现状。并根据实际情况，为了在这些薄弱中学更好地开展中学生物实验，对教学提出了若干可行的建议和改革的措施。

生物学新课程倡导教师要尽可能对地让学生参与实验和其他实践活动。过去的实验教学中，学生几乎都是对验证性实验的再操作，很少会自己设计一个探究实验并操作，再加上由于学校的差异，有的学校甚至是实验大都是以教师演示的形式出现，学生动手的机会很少。因此，随着课程改革的进行，教师会越来越多地关注实验教学的改革。在当前的教学条件下，实践活动大多在实验室里开展，但是实验的开展受到如学校条件等客观因素的限制，因此不少教师开始研究如何根据当地和学校的实际情况，对实验进行改革。但是从整体和理论上分析如何因地制宜，根据学校现有条件，选择适当的内容和方式组织学生实验，并提出理论指导的文章并不多。中学生物学实验是生物学课程的一个重要组成部分，有关课程资源的开发和利用的理论研究的文章则更少，大部分都是具体的某个案例的设计等。

2.1.2 实验教学模式研究

这个部分的论文主要研究实验教学模式的原理、具体模式以及实验教学模式的应用。但是有些教师在研究时会将教学模式与教学方法混淆。教学模式是建立在教学理论基础上，为实现特定教学目标而设计的一种教学模型。在教学模式中，各种教学因素以一定的方式组合，形成相对稳定的结构。教学模式的种类很多，每种教学模式都有其适应范围和一定的局限性。教学方法是指“为了完成一定的教学目的和任务，师生在共同活动中所采用的方式、手段。既包括教的方法，也包括学的方法，是教法与学法的统一”。一般的教学方法应该有以下的几种：讲授法、演示法、讨论法、训练和实践法、合作学习法、示范模仿法、强化法、实验法、练习法等。例如，有的论文提出了一种探究性实验教学相对稳定的范式型教学模式，并探讨了生物学探究性实验教学模式的理论依据、教学目标、教学程序、教学评价、实施条件。

从这个部分的研究论文中发现：由于新课程强调探究式教学，倡导探究实验，所以很多教师都将实验教学模式与探究式教学模式、生物学实验教学方法与探究式教学法完全等同起来。其实针对不同的实验，实验的教学模式还应该有所差别，实验课的教学方法也应该是多种多样的，例如合作学习法、示范模仿法一样也可用于实验教学。教师根据具体的教学情境以及具体实验的特点选择适当的教学模式和教学方法。并且教师要在教学活动中，根据教学的内容和教学开展的实际情况，合理、有效地优化组合教学方法，真正实现因材施教。

2.1.3　实验教学策略与教学设计研究

不少教师认为教学策略和教学方法是一样的，其实两者有所差别。教学策略是指在不同的教学条件下，为达到不同的教学结果所采用的方式、方法、媒体的总和，它具体体现在教与学的相互作用的活动中。例如支架式教学策略、抛锚式教学策略、启发式教学策略、基于 Internet 的探索式教学策略、协作式教学策略等。因此这部分的研究论文主要是研究在实验教学时，如何根据教学实际，利用好教学策略，取得较好的教学效果以及实验教学中具体案例的设计。例如，有的论文从科学探究的作用出发，结合实例论述如何在高中生物学实验教学中进行科学探究的教学策略。有的论文则从培养学生的实验技能出发，对“微生物的利用”专题的教学进行了设计。

这个部分的研究论文不少是针对具体的某个内容或某个实验采取了某种教学策略的研究，但是缺乏讨论在实验教学中这些教学策略的一般性适用情况的讨论，甚至还会出现有的教师研究的是某个教学策略，但自己却会认为是某种教学方法的情况。所以教师在开展这部分研究时，需要不断提升自己的教育理论水平，而且要不断开拓眼界，多接触国内外各种学科先进的教学策略。另外有关实验课堂案例的文章并不少见，相关论文都会从教学目标、教学内容的分析以及教学情况的开展来叙述，也有一部分论文对实验的每个步骤都有描述。对于新课程改革而言，很多教师在阅读这样的文章时，并不是在寻找一个样本，而是对自己已经遇到的和将会遇到的问题寻找一种解决方法，因此其他教师的灵感火花、放开思想后的开拓性教学、对某个问题的思考及处理方式则更显得有价值。所以有关实验案例的论文中应该有教师思想的闪光点，并且可以供其他教师借鉴使用。

2.1.4　实验教学反思研究

在传统的教学中，教师容易满足于以往的教学经验，固守某些特定条件下形成的结论，机械地教学，而现代教学倡导探究性教学，教学中常会出现各种新情境、新问题，这就需要教师有敏锐的和及时的应变能力，重视各种教学情境的独特性。再加上实验教学中，很多时候都是由学生自己动手来探究，因此更会出现很多意想不到的问题。因此教师只有不断通过教学反思，积累教学经验，时刻发现实验教学中的问题，才会及时有效地解决问题。这部分的研究论文主要是关于教师在实验教学后，总结经验，自觉反思，自己分析教学中的各种行为，对出现的新问题、新情境进行探究的研究。例如，有的论文论述了在新课程改革中，教师应当依据教材，适当改革实验教学，充分发挥生物学实验培养学生创造性思维的教学功能。有的论文则分析了在实验教学中常遇到的一些问题以及探讨解决这些问题的方法，进一步深化对高中新课改理念的理解，以达到素质教育的目的。

生物学本身就是一门实验性科学，实验教学对于培养学生的各方面能力具有举足轻重的地位，因此教师在实验教学后的反思就显得更为重要。教师在教学完成后，都应该进行自我反思。教师通过反省、思考、探索和解决教育教学过程中各个方面存在的问题，可以不断更新教学观念，改善教学行为，提升教学水平，同时提升自己的思维能力。有关实验教学反思的论文从教学前、教学中、教学后各个方面，阐述了教师自己在教学过程中的想法和意见。这部分的文章对于其他教师实验教学的有效开展具有重要作用。其中还有不少文章是对中学生物学实验室的建立与管理进行研究。

2.2　实验改进研究

有关实验改进的研究论文共 56 篇，主要包括实验材料和实验步骤与方法的改进，有些文章同时涉及实验材料、步骤与方法的改进。例如，有的论文从实验材料准备的简单和快捷角度出发，介绍了几种实验材料的准备，如梨组织样液、蛋白质组织样液、淀粉溶液和猪肝研磨液等。有的论文通过对菜花DNA粗提取实验结果的分析，认为实验中提取到的絮状物大部分为蛋白质，而不是DNA，从而引导学生对实验原有方案进行改进和完善。

在实践教学，组织学生实验时，不少教师发挥自己的主观能动性，针对实验时碰到的问题，对实验材料和器材进行改进。有关实验材料和器材的论文很多，而且还有不少是教师因地制宜，根据学校实验室实际情况，从简约出发，寻找合适的实验材料和器具替代品。在今后的研究中，教师可以更多地发挥学生的积极性和想象力，让他们来自主探究实验材料的替代品和对实验器材的改进。另外，教师也可以对校本课程以及教科书中的课外探究实验进行实验改进的研究。

有关研究实验步骤与方法的改进的论文，其中不少也会出现实验材料的改进。因为在实验改进中，材料与方法是紧密联系的。但是不少文章对实验方法或步骤的改进做研究时，只是详细描述了改善方案，又或者是介绍了教师在实验准备时是如何改善的。其实教师可以以此为契机，像赵晓刚老师一样，引导学生来探究如何改善或完善实验，这样可以更好地发挥生物学实验的功能和作用。

2.3 科技活动研究

有关科技活动研究的论文共57篇。课外科技活动应该是教材实验的有机组成部分和有效补充及延伸内容。随着课程改革的进行，越来越多的教师开始重视课外科技活动，相关的研究论文也越来越多。例如，有的论文以生物兴趣小组为主体，让高二学生参与的关注湿地，保护“地球之肾”科技活动的过程。有的论文结合近两年的环境教育教学中对“项目学习树”教育理念的理解以及所开展的多项相应模块式教学活动，说明“项目学习树”在教学中的实际应用和教育意义。并叙述如何通过在校本课程“环境科学”的教学中设置的几项切实可行的模块开展环境教育教学。

但是这些论文中大部分是科技活动案例以及科技活动的作用和功能，相对来说对科技活动的教学理论指导的研究比较少。开展科技活动可实现生物课内与课外的有机衔接，弥补课堂实验时间的不足。教材中的许多实验在课堂上用一两节课是无法完成的。所以大部分教师注重的是教材实验的拓展性研究。但是也有不少教师开始关注教材中有关内容的拓展性专题研究。但是从学校实际出发，从因地制宜的角度思考学校开设校本课程的案例和研究的论文还比较有限。

课堂教学部分文献及评述

1 课堂教学设计与实施技能研究

姚宝骏、陆建身的论文“生物学课堂教学如何应用科学的提问策略”，通过对中学生物学课堂教学的观察，总结出课堂提问中存在低层次问题多，可思考的问题少；无意义问题多，有意义的问题少；模糊问题多，明确问题少；零散的问题多，系统的问题少的现象，且分析了原因。根据 Posner 的概念转变模型，提出了应用科学的提问策略的建议。文章谈到了探查学生前科学概念或模糊概念的问题，促使学生审视和解决认知冲突的问题，扩充学生知识基础、构建新概念的问题，帮助学生应用概念的问题。

陈钦国的论文“初中生物学教学中‘导’的艺术”，阐述了充分发挥教师“导”的作用是促进学生“学”的关键。提出着眼于诱导，变“苦学”为“乐学”；着力于引导，变“死学”为“活学”；着重于疏导，变“难学”为“易学”；着重于指导，变“学会”为“会学”等。

2 课堂教学方法和教学模式研究

杨骏的“对高中生物课堂教学运用案例教学法的研究”论文阐述了案例教学法的内涵，陈述案例教学法在生物学课堂教学中的意义，案例教学法在中学生物学教学中的应用适用范围、案例教学法在生物学教学中的局限性，如生物学案例的形式过程往往花费较大，时间消耗过多，并且需要进行现场核对，生物学案例教学有时效率较低等问题。另外案例教学法还需与其他教学法有机结合。

高莹的“探究式课堂教学的误区”文章认为当前探究式课堂教学中存在一些误区，如把“探究式教学”等同于“提问式教学”“‘探究’等于‘动手操作’”“什么问题都进行探究”“探究过程形式化”“探究过程只能连续进行，不可间断”“重探究过程，轻结果分析”等。探究的目的不仅仅是解决某一特定的问题，更重要的是加深和拓展对核心概念的理解。探究的结果无论对或错，都是有价值的，都能够使学生在反思的过程中加深理解。“提问式教学”是教师提出明确的要解决的问题，这些问题对学生的抽象思维通常具有一定的挑战性，需要学生运用逻辑推理等较高级的思维技能，寻找正确的答案，指向性很强。这一过程以问题开始，以答案结束。有的教师不太理解两者的区别，为了体现探究式教学，设计了一连串的问题，请一个又一个的学生回答，始终是教师——学生一对一式的一问一答。

3　课堂教学的有效性、优效性教学研究

黄卫华的论文“生物学教学中加强‘有效教学’的策略”中阐述：有效备课：有效备课要求考虑学生的求知热情；有效备课要求对教材进行“再度开发”；有效备课要求对教学目标描述具体和精确。有效讲授：有效讲授要求能够吸引学生的注意；有效讲授要求给学生指明学习的重点和难点；有效讲授要求保持一定的节奏；有效讲授要求控制教学平稳过渡。有效提问：有效提问要求具有一定的开放性；有效提问要求问题保持一定的难度；有效提问要求避免“满堂问”。有效倾听：提问后要给学生留出足够的时间进行思考和回答，让学生感觉到教师在等待和倾听。

4　课堂教学问题与对策

袁超在“高中生物课堂教学中的问题与建议”中，认为学校课堂教学作为课程改革前沿阵地，在新课程实施的过程中，难免会出现一些认识上的误解和偏差，导致课堂教学行为走入误区，如学生活动过滥，教师从此“沉默是金”，从“满堂灌”到“满堂问”等。并提出新课程生物学课堂教学的思考与建议，如重视教师教学理念的更新，要采用灵活的教学策略，致力于提高生物学探究教学的成效，避免程式化。

此类论文主要是针对新课程实施过程中，课堂教学中出现的一些问题展开的研究。有不少论文对这些问题展开探讨，并提出一定的解决对策。如出现学生活动过多、“满堂问”等问题，还有多媒体应用多而乱、课堂提问脱离教学目标、课堂活动实效性差、课堂教学形式化、低效化的现象，并形成一些教学误区。总体来看，问题研究较多，但对策研究还不够充分，这可能是一线教师思想上、教学理念上对新课程改革的理解不到位所致，建议各级领导和专家，加强对教师的培训、引导。

5　课堂教学中情感态度与价值观的培养研究

贺迎飞、陆建身的“在中学生物学教学中重视科学方法的教育”论文中，认为在生物学教学中加强科学方法的教育有利于培养学生的科学能力和提高科学素养。高中生物学教材的科学方法体系中有获取感性材料的认识方法、获取生命对象信息的直接方法，理性分析的逻辑思维的方法，数学方法。实施科学方法教育的主要途径包括知识点传授过程中渗透科学方法教育，利用生物学史进行科学方法的教育，积极开展探究活动，体验科学方法等。

培养学生生物科学素养是生物学课堂教学中重要的教学目标之一，是情感态度价值观内容的组成部分。本年度此类内容的论文的研究相对较少，应引起研究者注意。另外有一种现象是描述提高学生学习生物学兴趣的文章较多，论文篇数多达 40 篇，其研究深度比较浅，涉及的观点集中且雷同，缺乏新见，质量不高。

6 课堂教学中培养能力的研究

生物学教学中需要培养的能力是多方面的，龚新平的论文“在教学中培养学生能力的探索”中，从阅读能力的培养、思维能力的培养、探究能力的培养等方面进行了探讨，意在教学中将知识、能力、技能的培养统一起来。阅读能力的培养方法有：有的放矢，引导阅读；提纲导读，问题引读；并列易混内容对比阅读；重点关键内容反复阅读。思维能力的培养方法有：加强观察、实验等直观教学，培养学生思维能力；教学要有逻辑性和辩证的观点；引导学生善于激疑、质疑，启发学生积极思维。探究知识能力的培养方法有：启发学生通过联想进行探究，引导学生运用学过的知识展开联想；引导学生运用生活经验联想；指导学生通过推理进行探究；提供假设，探究结论；提供结果，探索原因；训练学生通过比较进行探究；通过同类事物间的比较探究同一类事物间的共同的本质特征；将不同类事物进行比较，探究不同类事物间的差别。

研究课堂教学中培养学生的能力的论文，涉及的面很广，谈到的能力包括阅读能力、思维能力、自主探究能力、语言表达能力、审题能力、提问能力、观察能力、自学能力、质疑能力、记忆能力、求异创新能力、动手操作能力、交流合作能力、收集和处理信息能力、实践能力、想象能力、读解图表、分析数据的能力、批判性思维能力，发散性思维能力等。研究者们对学生阅读能力、自主学习能力的培养展开了较全面和深入的研究，提出了一些新颖的方法，取得了一定的成效。如提出了一些指导学生阅读的方法：“提纲式”阅读法、“表格式”阅读法、“练习式”阅读法等，以训练学生的阅读能力。对于培养学生的自主学习能力，有研究者提出了借助多媒体辅助教学为培养学生自主学习能力创造条件。邱钢提出五个知识结构化途径培养学生自主学习能力：①解构分割知识点；②横向联系知识点；③充分利用分支图；④自主构建知识结构图；⑤纵向串联知识点。针对生物学实验中对学生思维方法培养上存在的问题，教师给予学生过多的指导，错误认为学生实验是一种重复性的活动；学生关注解决问题的质量而不是思维方法；学生没能使知识成为解决实际问题的思维方法等，李成双认为可以采取如下对策：创设讨论式的问题情境，发挥学生学习主动性；树立正确的教学观念，鼓励学生对思维方法的创新性应用；注重对过程中思维方法的探索，形成系统的思维方法体系；利用知识解决问题，使知识成为一种思维方法等措施。杨医珍进行了自我导向学习的研究。总之，研究论文集中在阅读能力、自主学习能力方面，但对思维能力、观察能力等的研究力度不够，高质量的论文不多。创新能力培养的论文多达57篇，但多是较肤浅地从激趣、创设环境等角度论述创新能力的培养，缺乏深度。

7 课堂教学中学习方法指导的研究

7.1 合作学习研究

颜清在论文“中学生物教学实施小组合作学习的体会”中指出，合作学习是新课程标准倡导的学习方式之一。在初中生物学教学中开展小组合作学习，其过程包括课前准备和课堂操作，课前准备由分组、制定规则、选题和预习构成，课堂操作按照提出目标、小组分工、讨论解疑、得出答案、班级交流和合理评价等程序进行。在合作学习过程中教师应是组织者、引导者和参与者，既要充分尊重和发挥学生的主体作用，又要增强教师的引导调控作用。

课堂教学的学法研究中，有关合作学习的研究论文较多，多数是比较宏观地叙述合作学习过程中，学生和教师应起的作用；或在教学过程中合作学习的具体操作。另外宋世亮从流于形式，缺乏实质；各自为政，缺乏合作；重视个体，忽略整体；放任自流，缺乏监控；盲目组合，缺乏科学等方面，论述了生物学教学中开展合作学习的误区。杨立敏认为合作学习中容易出现的问题有：课堂教学中不分条件地采用合作学习方式；合作学习过程中缺少教师的指导和参与；合作学习过程中学优生在小组中处于主宰地位，承担了主要的职责，学困生则处于从属或忽略地位，无形中失去了思考、发言、表现的机会，在一定程度上被变相剥夺了学习的权利；在合作学习过程中，小组成员间缺乏必要的人际交流和小组合作技能，合作流于形式。她对容易出现的问题提出了解决策略：全面分析教材内容，找出重点、难点，并找到学生容易产生疑问的知识点、具有探讨性的知识点，从而确定讨论的话题。在小组合作前，教师要做适当的讲述，要正确处理异质学生间的关系，课前要有精心的准备。

从论文数量和质量看，现在教师越来越重视对学生的学法指导，找出了过去研究中未找到的新焦点，如在探讨组内异质的小组合作学习时，对过去没有提及的学困生在学习过程中的权利和学习能力的提高的问题进行了研究。说明合作学习的研究力度在加强，教师的研究水平在提高。

7.2　探究式学习研究

谢伟雄的论文“探究性学习在生物学新授课上的应用”，以日常教学中最常见的新授课为例，初步阐述了在教学中如何引导学生进行探究性学习：善用“问题探讨”提供的探究情境，激发学生探究兴趣；重用“本节聚焦”，以问题（任务）驱动学习，引导学生自主探究；应用“资料分析”和“思考讨论”，鼓励学生自己解决问题；活用“生命科学发展史”，体验科学探究的一般过程；利用教材“思维拓展”，开展问题研究。

高中生物学科中实施探究式学习中存在的问题：应试体制的影响；教师未能在探究式学习实施中起主导作用；学生的知识储备和学习观念不适应探究式教学。应对的策略：提高教师实践指导探究式学习的能力，学习过程中辩证处理老师指导和学生自主的关系，加强多方合作。也有研究者指出探究式学习方法的指导应“立足于课堂，将课堂教学转变成学生自主探究过程”“立足于实践，组织开展探究性学习”“立足于探究过程，培养学生在探究问题时的合作能力”“立足于实验，开发探究性学习课题”。探究式学习的学法指导研究，已有一定进展。今后的研究中，可以关注与其他学法结合的研究。

课堂教学的学法指导还有“问题导学法”“研究性学习”“学生学习的主体性激发”“自主学习”等内容，也有专门研究帮助学生学法转变的文章。但研究深度不够，只是停留在激趣、空洞地谈论以课标为指导、不拘泥于教材等层面，且研究焦点分散。

8　**复习课的课堂教学研究**

陈永洪在论文“对高三生物学一轮复习的体会”中，从指导复习方法——指导阅读教材、指导归类区分、指导识图读表及文字表达、指导学生会用复习资料；指导完成相关知识链，向第二轮的知识网及专题复习靠拢；用具体的高考题引导学生分析解题思路；注重基础，突出主干知识；注重知识的整合，突出能力的提高；注重图文转换能力的训练，突出图表信息的采掘，语言文字表达能力的提升；注重突出实验题型的探究与训练等方面进行了阐述。

王冬梅在“高中生物学备考复习方案及研制”论文中，提出高考复习首先要确定指导思想，研究制定方案的依据，如研读《考试大纲》，明确考什么；解析高考试题，体会怎样考；调查学生实际，了解现状与需求。然后制定复习方案：划分复习阶段，重组单元课题，揭示实施要点：整合教学内容，突出主干知识；全面梳理知识，注重辨析细节；围绕核心概念，建立知识间联系；变换提问方式，活化知识结构；创编或精选试题，训练应变能力。

高三备考复习时间紧迫，任务繁重，涉及的因素方方面面，在同等的时间内，谁能提高复习效率，谁就掌握了高考致胜的法宝，谁就占据了高考制高点。提高复习课的课堂教学效果，是教师和学生共同追求的目标，因此关于这方面的研究论文较多，如吴扣兰总结出八条高考复习原则：基础性原则、系统性原则、针对性原则、“三精”原则、主体性原则、指导性原则、应用性原则和反思性原则。刘沧平总结了在高三复习教学中从精选习题教学、搭建知识支架、利用类比推理及小组合作交流四方面帮助学生构建隐性知识。有的是针对高考的不同复习阶段的研究，有的是对高考策略的研究，如提出明确的课程标准要求，狠抓基础、重视知识点之间的联系等内容。孙仲平针对高三复习中有盲目扩大复习范围、过度依赖复习资料，造成信息量增殖、效率下降的现象，提出了“典型分析法”，分别从“典例”的典型性、分析视角就价值进行探讨，以期提高学生的思维能力，真正提升复习价值。论文多数是教学心得和体会，少有能深入研究得出较为普遍有效的复习方法的论文。还有一些涉及常规复习的课堂教学研究。例如，范少迎认为概念图既可以作为一种教学策略，也可以作为学习策略。在生物学科复习课中应用概念图策略，可以提高教师教的效益和学生学的效益。范甲朋提出上好复习课的关键是抓住教学中的“三条线”，即知识结构明线、能力训练主线、教学教法暗线。总之，有作者进行常规复习的课堂教学研究，但缺乏深度。

9　**针对生物学知识点的课堂教学研究**

李德成在论文“解析孟德尔分离比”中，认为孟德尔遗传定律是高中生物学教学的重点，是高校入学考查学生能力和选拔学生的重要素材。在重温经典遗传学知识的基础上，归纳了孟德尔分离比出现的若干前提条件。通过对典型习题的解析，文章认为正确理解孟德尔分离比及其变式，是掌握孟德尔遗传定律实质的基础和关键，这也有利于培养学生思维能力和遗传定律解题能力。

温勇刚在“遗传分析中‘正反交结果’的几点归纳”论文里，认为在遗传教学中，“正反交结果”是判断遗传方式的重要依据。通过对“正反交结果”的几点探究，总结出正反交结果相同为细胞核遗传，正反交结果不相同，若与母本不一样，有明显的性别差异即子代雌雄表现型不一致者，是伴性遗传，伴性遗传是一种特殊的核遗传。它是指性染色体非同源部分的遗传。若与母本一样，子代表现型似母本性状为细胞质遗传；分离比表现延迟一代者为母性影响；还可能是果皮或种皮的遗传。

生物学课堂教学中三维目标的达成，离不开知识目标的确定和完成。生物学科中有诸多的知识点成为重点和难点，攻破这些重点和难点，才能帮助学生掌握好应有的生物学知识。2008 年针对生物学知识点研究的论文有不少，主要是对光合作用、遗传和细胞的易错或难理解的知识点归纳解析；也有涉及免疫、血亲、血型、能量、酶、种群、激素、物质穿膜运输、反馈调节等知识点的涉及面广、数量不集中的论文。王学丽围绕光合作用中间产物量的变化，考查光反应和暗反应之间的关系，对净光合速率和实际光合速率分辨不清展开讨论。另外有“关于光照强度对光合作用强度影响问题的思考”“光合作用与细胞呼吸及其相互关系难点解析”“‘光合作用—C3 植物和 C4 植物’教学难点的化解”的论文。总之，知识点研究较分散，不成系统研究。即便是论文篇数相对较多的“光合作用”“遗传和细胞”的研究深度也不够。

10　生物学课堂教学与其他学科相互渗透的研究

10.1　渗透德育教育

王春燕在论文“在中学生物教学中构建学生生态哲学观”一文中提出，通过中学生物学的学习，学生要树立以哲学为指导的生态学观点，并提出了“天人合一”观、中度干扰观、边缘观、开放观、多态观、竞争观、协同观、限性观、适度观、时空观、主次观、双刃观、双赢观、生态价值观、生态平衡观、可持续发展观，共 16 种生态哲学观。在生物学教学中，构建学生生态哲学观，寓德于教，克服了单纯传授知识而忽视德育的倾向，坚持教学的科学性与教育性相统一，进一步促进学生的态度观念与认知能力协调发展。

德育教育主要表现在珍爱生命教育、尊重他人思想教育、辩证和唯物思想教育、竞争思想教育、适应思想教育、统一思想教育、创新思想教育、生态道德教育、开放创新的科学意识教育、青春期健康教育、培养学生严谨的科学态度与精神、渗透爱国情感教育等。有的论文着重挖掘相关的素材，如充分利用科学家事迹和科学史实，努力研究辩证唯物主义观点在教材中的表达方法。有的在课外活动中深化德育教育，有的着重研究教师的言传身教，提出善于把握教育时机，根据学生的心理特征实施德育教育。如张建华提出榜样示范、陶冶教育、说服教育、实际锻炼、评价方法要多用表扬和奖励等措施。

10.2　渗透生命教育

王颖在论文“简论生物选修课教学中的生命教育”中阐述了生命教育的核心是引导学生正确认识人的生命观，端正人生态度，增强自信心和责任感，从而善待生命，完善人格，健康成长。其教学原则：浅显性和广泛性原则，生活性和开放性原则，适度性和需求性原则。生物学教学中生命化教育的教学设计：确立以人为本的教学目标、实施动态生成的教学内容、巧用鲜活生动的教学资源（巧用生物之材、展示生物之美、揭示生命之道、引导自我之爱、实施生命之教）。生命教育的方法与途径：利用多种渠道，唤醒学生的生命意识；开展多种活动，强化学生的生命意识；实施挫折教育，增强学生的承受能力。

本年度有一些在生物学教学中渗透生命教育的文章。有作者提出通过呈现生命的历程，感悟生命的艰辛；有作者从了解生态平衡的概念及动物社会行为的意义角度来理解生命的价值；通过欣赏生命的绚丽多彩，陶冶学生热爱生命的情感；通过参与生物学实践活动，从中体验生命的真谛。研究的内容丰富，研究角度各异。

10.3　渗透环境教育

安雪丽的“中学生物教学与环境教育”文章指出，目前中学教学中，许多学校没有单独开设环境保护课，因此利用生物学课程向学生渗透环境知识、进行环境教育具有很直接很现实的效果，具有重要的现实意义和长远的历史意义。其具体做法是：(1) 提高中学生的环境意识，对于这一点生物学教师负有相当的责任。(2) 利用生物学教学进行环境教育。利用课堂教学，进行环境教育的渗透，进行环境知识教育；利用数字，进行环境教育；组织课外兴趣小组，开展社会实践活动，充分调动学生的参与意识和社会责任感。(3) 加强生物学科与其他学科中有关环境知识的联系与渗透。

相关的研究论文主要表现在：课堂教学——环境保护意识培养的主阵地、走出课堂——强化环境意识；途径：可以通过开展形式多样的活动，亲自参与社会实践活动，实施环境教育。挖掘教材的相关因素、引入当地的实际事例、激发学生的危机感、从生活点滴抓起，灌输“天人合一”思想。确立学生的生态环境长久意识。注重第二课堂，营造环境保护氛围；生物学实践活动、环保课外活动、校园文化生活注重生活点滴，加强环境保护渗透；辩证看待生物科技高速发展，强调保护环境中科学知识的重要性。了解我国目前存在最突出的生态环境问题、当地环境现状及主要生态环境问题，树立生态文明观念。重新认识“人类能征服自然”，播下生态伦理的种子。生态审美、法律意识也不可或缺。论文研究面广，焦点多而散。

10.4 渗透健康教育

滕春喜的论文“在生物教学中注重心理健康教育”中认为现在的学校教育专门开设的心理辅导课十分有限，而生物学科特有的知识结构对心理健康教育的渗透则显得非常重要。生物学是一门研究生命现象和规律的科学，充分发挥学科优势，利用生命科学的丰富资源，结合学生实际，在生物学教学中渗透心理健康教育，如珍爱生命的教育、渗透青春期性教育、培养学生自信、不怕挫折、勇于进取、善于合作的心理品质等。不仅教给学生生物学知识，也培养了学生的健康心理。

本年度有关渗透健康教育的论文有 7 篇，主要涉及的内容为生理健康、心理健康和青春期阶段独特的健康教育。阐述了教育者要更新观念，以人为本；灵活驾驭教材，营造科学、宽松的课堂氛围；正确引导异性交往，提高自我保护能力和自我控制能力；培养学生自信、不怕挫折、勇于进取、善于合作的心理品质；引导学生树立正确的人生观、生命观，树立自信。还有韩鹏飞以“人和动物体内三大营养物质的代谢”的教学为基础，阐述了肥胖的成因和危害，介绍了科学减肥的方法。这些文章旨在倡导重视并加强对学生的健康教育，引导青年一代健康地生活；但深入研究且质量高的论文不多。

10.5 渗透美育教育

周维新的论文“浅谈生物学教学中的美感教育”，提出在生物学教学中充分挖掘教材内涵，多角度地渗透美感教育。美感教育亦称审美教育，是培养学生正确的审美观和鉴赏美、创造美的能力的教育，是潜移默化地培养学生健康的个性品质的重要方面。途径主要有：利用多媒体等各种手段，结合教材内容，让学生欣赏生命体的美；采用各种形式组织好学生领略大自然的美景，培养学生审美情趣和爱祖国、爱家乡的情怀，引导学生树立正确的生态观；利用教材折射科学家们伟大的人文精神，树立学生正确的审美观，养成优良的个性品质；渗透相关的哲学观点，感受哲学思想的美感。

本年度出现少量生物学教育中渗透美育教育的教育思想和内容。提出的途径有：展示教材生物美景，激发学生对大自然的热爱；利用生物界中的美与丑，培养学生的辩证唯物主义世界观；揭示人和事物的内在美，使学生具有高尚的思想品德；利用珍稀和特有物种的美，对学生进行爱国主义教育；欣赏生物的美，提高学生的生活情趣等，提出从多种角度渗透美育教育，体现了新课标培养学生公民素养的宗旨。文章篇数较少，有待研究者加强研究。

10.6　渗透人文教育和生活化教育与生物学教学生活化

陈珊的论文“在高中生物进化教学中渗透科学教育与人文教育”提出在高中“生物进化”教学中，应注意引导学生揭示进化论所蕴涵的哲学观念，了解生物进化理论的发展历程及价值，从而达到在教授知识的同时，渗透科学思想、现代科学意识及哲学观念的教育，即在科学教育的同时渗透人文教育，提升生物学教学的整体价值。途径有：引导学生挖掘自然选择学说蕴涵的哲学观点，帮助学生树立正确的自然观；引导学生了解进化论的发展历程，认识科学发展的规律，客观地看待不同时期的科学成就；引导学生了解进化论的价值，从而认识生物学教学的价值；引导学生正确理解科学理论对社会的双重作用，及科学所涉及的范畴。

此类论文主要表现在贯彻“以人为本”的理念，教学中结合前沿生命科学技术成就，让学生理解科学技术的中性特征；教学过程中发掘知识的产生和发展过程中的人文精神；通过情境的方式，培养学生的责任感。有的文章阐述要充分挖掘教材的社会功能，增强学生的社会责任感；发挥生物学史的德育功能，塑造学生的高尚人格。本年度还有涉及生物学教学生活化教育的内容，如卫红云在论文“初中生命科学教学中生活化教育的实践”中，提出通过利用区域优势开展生活化教育、运用生活环境渗透生活化教育、借助学生自身资源推进生活化教育和把握生成性课程深化生活化教育，并阐述了对初中生命科学教学中进行生活化教育的实践。研究论文篇数不多，焦点分散。

10.7　与数学理论的相互渗透

刘本举在“运用数学探究生物进化的实质”论文中，阐述了生物进化的实质是种群基因库基因频率在环境选择作用下的定向改变这个变化过程。提出运用数学计算与分析，引导学生自主探究，深刻理解生物进化的实质，在计算、分析与讨论的合作交流过程中体验和尝试数学探究的过程和方法，建构知识、提高能力、丰富情感体验。

本年度出现少量涉及与数学教育相互渗透的论文。有数学理论在生物学中的应用，也有体现生物学中的数学元素的论文论述，表现教师教学研究的思路正在打开，与其他学科整合的意识逐渐增强。

另外2008年的与其他学科渗透的教学论文中还涉及与语文教学的渗透、生态经济的渗透等。也有生物学教学中的科学史教育和赏识教育的论文等。

实验教学部分文献及评述

1　课程与课堂教学（与实验教学有关的）的研究

1.1　实验教学改革的研究

唐加富的论文“中学生物学实验在课程改革中的现状和发展趋势”，从整体上对中学生物学实验在课程改革中的现状和发展趋势进行了综述，通过比较新旧教科书中安排的实验，提出了六点新课程改革中中学生物学实验的变化趋势。这篇文章对新课程改革中中学生物学实验从数量、形式、设计、内容以及对学生能力的培养等方面，提出了发展的特点。

郭雪玲和王洁华的论文“浅析薄弱中学生物实验教学现状及改革措施”，根据学校办学条件的差异，分析了薄弱中学生物学实验教学的现状。为了在这些薄弱中学更好地开展中学生物学实验，根据实际情况，对教学提出了若干可行的建议和改革的措施。

刘天学、李俐俐、毛健民、杨同文和朱自学的论文“生物实验教学资源的开发与应用”从课程资源的开发与利用上，对生物学实验教学资源进行了研究。从学科建设的角度上，分析了生物学实验教学资源的分类、作用、开发原则和途径，同时还探讨了生物学实验资源的具体应用。

生物学新课程倡导教师要尽可能地让学生参与实验和其他实践活动。过去的实验教学中，学生几乎都是对验证性实验的再操作，很少会自己设计一个探究实验并操作，再加上由于学校的差异，有的学校的实验大都是以教师演示的形式出现，学生动手的机会很少。如今，随着课程改革的进行，越来越多的教师开始关注实验教学的改革。有关实验教学改革的研究论文主要是从理论的角度分析实验教学的现状、改革与发展趋势等。在当前的教学条件下，实践活动大多在实验室里开展，实验的开展受到如学校条件等客观因素的限制，因此不少教师开始研究如何根据当地和学校的实际情况，对实验进行改革。但是从整体和理论上分析如何因地制宜，根据学校现有条件，选择适当的内容和方式组织学生实验，并提出理论指导的文章并不多。中学生物学实验是生物学课程的一个重要组成部分，有关课程资源的开发和利用的理论研究的文章则更少，大部分都是具体的某个案例的设计等。

1.2　实验教学模式与教学方法的研究

陈建新的论文“中学生物学探究性实验教学模式初探”提出了一种探究性实验教学相对稳定的范式型教学模式：提出问题—作出假设—验证假设—得出结论—交流评价。作者根据自己的教学实践体会，探讨了生物学探究性实验教学模式的理论依据、教学目标、教学程序、教学评价和实施条件。

张建霞的论文“开放式教学在高中生物实验教学中的运用”结合了我国高中生物学新课程改革的背景探讨了高中生物学实验教学中开放式教学的运用的相关问题。在新的教育观念的指导下，开放式实验教学突破传统的教学模式的羁绊，注重学生的科学态度、创新精神和实践探究能力的培养。

刘惠玲的论文“VIPP 教学法在指导学生进行艾滋病课题研究中的应用”介绍了一种将可视性与参与性结合起来的教学方法，并对这种方法进行了实践。在实践过程中，根据 VIPP 教学法应用多种手段设计教学活动，充分激发学生的学习兴趣，实现了新课程理念中的“以学生为主体，实现探究性学习”，并在活动中通过教师的引导使学生会学，使学生多方面的能力得到培养。为中学生物学实验的实践教学，尤其为课题研究的实验开展提供了一个很好的方向。

教学模式是建立在教学理论基础上，为实现特定教学目标而设计的一种教学模型。在教学模式中，各种教学因素以一定的方式组合，形成相对稳定的结构。教学模式的种类很多，每种教学模式都有其适应范围和一定的局限性。教学方法是指“为了完成一定的教学目的和任务，师生在共同活动中所采用的方式和手段。既包括教的方法，也包括学的方法，是教法与学法的统一”。一般的教学方法应该有以下的几种：讲授法、演示法、讨论法、训练和实践法、合作学习法、示范模仿法、强化法、实验法、练习法等。从这个部分的研究论文中发现：由于新课程强调探究式教学，所以很多教师都将实验教学模式与探究式教学模式、生物学实验教学方法与探究式教学法完全等同起来。其实针对不同的实验，教学模式应该有所差别，实验课的教学方法也应该是多种多样的，例如合作学习法、示范模仿法一样也可用于实验教学。教师要根据具体的教学情境以及具体实验的特点选择适当的教学模式和教学方法。在教学活动中，教师要根据教学的内容和教学开展的实际情况，合理、有效地优化组合教学方法，真正实现因材施教。

1.3　实验教学策略与实验案例

边丽荣的论文“基于探究的高中生物实验教学策略”从科学探究的作用出发，结合实例论述如何在高中生物学实验教学中进行科学探究的教学策略。作者结合了高中生物学的重要内容之一的“酶的催化效率”，根据科学探究的特点对实验进行了改进，改变了以往学生无目的实验，场面热闹，但是实验的成功率低，未能锻炼能力和构建知识的现象。从实践中研究了生物学实验教学的教学策略。

安军的论文“‘微生物的利用’的教学构思”是一篇关于高中生物学新课程标准教学的教学设计的文章，从培养学生的实验技能出发，对“微生物的利用”专题的教学进行了设计。

不少教师认为教学策略和教学方法是一样的，其实两者是有所差别的。教学策略是指在不同的教学条件下，为达到不同的教学结果所采用的方式、方法和媒体的总和，它具体体现在教与学的相互作用的活动中。例如支架式教学策略、抛锚式教学策略、启发式教学策略、基于 Internet 的探究教学策略、协作式教学策略等。这个部分的研究论文不少是针对具体的某个内容或某个实验采取了某种教学策略的研究，但是缺乏在实验教学中这些教学策略一般性适用情况的讨论，甚至还会出现有的教师研究的是某个教学策略，但自己却会认为是某种教学方法。所以教师在开展这部分研究时，需要不断提升自己的教育理论水平，而且要不断开拓眼界，多接触国内外各种学科先进的教学策略。另外有关实验课堂案例的文章并不少见，相关论文都会从教学目标、教学内容的分析以及教学情况的开展来叙述，也有一部分论文对实验的每个步骤都有描述。对于新课程改革而言，很多教师在阅读这样的文章时，并不是在寻找一个样本，而是对自己已经遇到的和将会遇到的问题寻找一种解决方法，因此其他教师的灵感火花、放开思想后的开拓性教学、对某个问题的思考及处理方式则显得更有价值。所以有关实验案例的论文中应该有教师思想的闪光点，可以供其他教师借鉴。

1.4 实验教学反思的研究

姚二梅的论文“生物学实验教学改革与创造性思维培养”论述了在新课程改革中，教师应当依据教材，适当改革实验教学，充分发挥生物学实验培养学生创造性思维的教学功能。并从六个方面论述了生物学实验教学改革如何培养学生的创造性思维。

崔凤国的论文“高中生物实验教学中常遇到的问题及解决办法”分析了在实验教学中常遇到的一些问题以及探讨解决这些问题的方法，来进一步深化对高中新课改理念的理解以达到素质教育的目的。作者从实际出发，对生物学实验中常碰到的问题提出了自己的解决措施，还提出可以促进其他教师不断发现问题，并且去研究解决这些问题的方法。

每个教师在教学完成后，都应该进行自我反思。教师通过反省、思考、探索和解决教育教学过程中各个方面存在的问题，可以不断更新教学观念，改善教学行为，提升教学水平，同时提升自己的思维能力。生物学本身就是一门实验性学科，实验教学对于培养学生的各方面能力具有举足轻重的地位，因此教师在实验教学后的反思就更显得尤为重要。有关实验教学反思的论文从教学前、教学中、教学后各个方面，阐述了教师自己在教学过程中的想法和意见。这部分的文章对于其他教师实验教学的有效开展具有重要作用。其中还有不少文章对中学生物学实验室的建立与管理进行了研究。

2 实验改进

2.1 实验材料和器材的改进

谭庚林、汤井林的论文“高中几种实验材料的实验室准备”从实验材料准备的简单和快捷角度出发，介绍了几种实验材料的准备，如梨组织样液、蛋白质组织样液、淀粉溶液和猪肝研磨液等。

吴杨广的论文“简易唾液收集器的制作”在探究唾液对淀粉的消化作用时，唾液的收集有很多方法，为了获得纯净的唾液，笔者设计了一种简易唾液收集器。

有关实验改进的论文从理论上应该算在实验教学反思的论文中，但由于生物学科的实验性，特将此部分独立出来进行分析。在实践教学，组织学生实验时，不少教师发挥自己的主观能动性，针对实验时碰到的问题，对实验材料和器材进行改进。有关实验材料和器材的论文很多，而且还有不少是教师因地制宜，根据学校实验室实际情况，从简约出发，寻找合适的实验材料和器具替代品。在今后的研究中，教师可以更多地发挥学生的积极性和想象力，让他们来自主探究实验材料的替代品和对实验器材的改进。另外，教师也可以对校本课程以及教科书中的课外探究实验进行实验改进的研究。

2.2　实验步骤与方法的改进

赵晓刚的论文“高中生物学 DNA 提取实验的思考和改进”通过对菜花 DNA 粗提取实验结果的分析，认为实验中提取到的絮状物大部分为蛋白质，而不是 DNA，从而对实验原有方案进行改进和完善。本文通过师生的共同探究，从材料的预处理和对蛋白质的抽提上考虑，得到一种可以获得较好实验结果的提取和鉴定 DNA 的实验方案，使得此实验可以更有效地开展。

何瑞芳的论文“高中生物学实验的几则改进”对高中生物学教材中几个主要实验的改进方案作一简单的归纳，其中包括：生物组织中可溶性还原糖、脂肪、蛋白质的鉴定；观察植物细胞的有丝分裂；探索淀粉酶对淀粉和蔗糖的水解作用；叶绿体中色素的提取与分离；观察植物细胞质壁分离及复原。本文从实践出发，对一些按照教材的设计方案进行，却往往得不到满意的效果的实验进行改进，使生物学实验更好地发挥培养学生的动手能力、科技创新能力以及探索科学知识的方法技巧的作用。

有关研究实验步骤与方法的改进的论文，其中不少也会出现实验材料的改进。因为在实验改进中，材料与方法是紧密联系的。但是不少文章对实验方法或步骤的改进的研究，只是详细描述了改善方案，又或者是教师在实验准备时是如何改善的。其实教师可以以此为契机，像赵晓刚老师一样，引导学生来探究如何改善或完善实验，这样可以更好地发挥生物学实验的功能和作用。

3　**科技活动的研究**

吕秀华的论文“关注湿地，保护“地球之肾”科技活动”从随着经济的加速发展，城市规模的不断扩大以及工业的迅猛发展导致当地湿地受到污染，从湿地资源所面临威胁出发，引出选题背景，叙述了以生物兴趣小组为主体，高二学生参与的关注湿地，保护“地球之肾”科技活动的过程。在这个活动中，作者充分发挥指导者的作用，引导学生查阅资料、了解湿地，引导学生考察湿地、研究湿地，从而使学生加深对湿地重要性的理解。

刘华的论文“环境科学教育中的“项目学习树””结合近两年的环境教育教学中对“项目学习树”教育理念的理解以及所开展的多项相应模块式教学活动，说明“项目学习树”在教学中的实际应用和教育意义。通过在校本课程“环境科学”的教学中作者设置的几项切实可行的模块开展环境教育教学，使学生树立了对环境保护和资源利用的正确观点，培养了他们的环保意识和责任感。

课外科技活动应该是教材实验的有机组成部分和有效补充及延伸内容。随着课程改革的进行，越来越多的教师开始重视课外科技活动，相关的研究论文也越来越多。但是这些论文中大部分是科技活动案例以及科技活动的作用和功能，相对来说对科技活动的教学理论指导的研究比较少。开展科技活动可实现生物课内与课外的有机衔接，弥补课堂实验时间的不足。教材中的许多实验在课堂上用一两节课是无法完成的，所以大部分教师注重的是教材实验的拓展性研究，也有不少教师开始关注教材中有关内容的拓展性专题研究。但是从学校实际出发，从因地制宜的角度思考学校开设校本课程的案例和研究的论文的数量还比较有限。

论 文 摘 要

中学生物学实验在课程改革中的现状和发展趋势

唐加富

本文通过课程改革前后教科书中安排的实验的对比，提出了以下六点新课程改革中中学生物学实验的变化趋势：(1) 实验数量增加，形式呈现多样化；(2) 由验证性实验向探究性实验转变；(3) 由重视实验结果向重视实验过程转变；(4) 定性实验与定量实验并存；(5) 注重实验的生态环保；(6) 注重实验的安全教育。实验数量的增加，极大地丰富了学生的实践活动，增强了学生的能力锻炼，真正体现“实验室是素质教育的最好切入点”。实验从实验形式和实验设计两方面表现出多样化。由于探究性实验在结果上的不确定性，学生的求知欲被激发，实验热情和兴趣陡然高涨，思维自由发挥的空间展开了，创新精神和实践能力同时得到很好的锻炼，这也许就是探究性实验的魅力所在，也是验证性实验向探究性实验转变的重要原因。此外，本文还根据人与自然和谐发展的理念，叙述了新课程中的实验应该要注重生态环保和安全教育。因此这篇文章较全面地介绍了当今中学生物学实验的现况，为其他正在进行改革实验的教师指明了方向。

《生物学教学》2008 年第 1 期

从失败实验中引导学生探究——“生物中过氧化氢酶活性的实验研究”案例指导

张作仁

在人教版高中生物第一册第三章第一节《新陈代谢与酶》中的实验：比较过氧化氢酶和 Fe^{3+} 的催化效率，教师进行演示实验时，结果发现实验现象没有预期那样剧烈、明显，甚至是两只试管内的现象没什么区别。借此作者确立了“生物中过氧化氢酶活性的实验研究”课题，并确定了探究内容：不同植物、不同动物的肝脏、同一动物不同器官中过氧化氢酶的活性高低。本文主要叙述了“生物中过氧化氢酶活性的实验研究”的指导。针对实验失败现象，教师引导学生把握好问题关键点，利用现成的实验条件，通过课内探究，缩小问题范围，最后把问题定位在实验材料上。

本文的立意另辟蹊径，对于教学中出现的失败的结果，没有一带而过，或者是将演示实验重复一次，而是从失败的演示实验中引导学生确立探究的选题。教师的偶尔失误反而会成为教学的一个新契机，这时教师引导学生分析原因，引导学生进一步探究。学生的学习兴趣和学习热情得到提升，并且容易发现问题的关键点，教师也可以更有效地指导学生探究。对学生而言，这时他们问题明确，对探究的任务明确，充满着探究的欲望，在教师的指导下，可以有条不紊地完成实验，获得正确的数据，并对数据进行科学的分析，就如同一个科学家在工作一般，自己亲历着实验探究的历程，锻炼着自己的能力。本文将教师教学中出现的败笔转化成了教学的闪光点，很值得教师去思考教学中如何将出现的意外转化成教学契机。

《网络科技时代》2008 年第 1 期

高中生物学 DNA 提取实验的思考和改进

赵晓刚

“DNA 提取实验与鉴定”是现行高中生物学教材中的唯一的分子生物学水平的实验，它的顺利实施具有很重要的意义。作者在对菜花 DNA 粗提取实验结果的分析，认为通过教科书中的方法提取到的絮状物大部分为蛋白质，少量的 DNA 并未看见。为了引导学生对生物遗传物质有个清晰的认识，培养学生的科学素养，教师启发学生对一系列问题进行思考和展开实验探究。最终通过师生的共同探究，提出从材料的预处理和对蛋白质的抽提进行改进，并组织学生设计和改进实验方法，得到一种实验改进方案，使得此实验可以更顺利更有效地开展。另外作者还针对学校条件的差异，提出因地制宜开展此实验的建议，使得这个实验能真正发挥它的作用。

《生物学通报》2008 年第 1 期

高中生物学实验教学中常遇到的问题及解决办法

崔凤国

随着教学改革的不断深入，对学生的动手操作能力、观察能力等方面的要求也进一步提高，因此在生物学教学中实验教学也就越来越重要。本文重点分析了在高中生物学实验教学中经常遇到的一些问题，并提出解决这些问题的方法。对教材中部分实验题目取舍的问题，就要求教师在学期前进行统筹安排。在选用实验材料上既要考虑经济和来源，又要兼顾实验效果等情况。对学生实验能力参差不齐的问题，在实际教学中教师采用了较为灵活的教学方式，不同的情况不同对待，不同的水平不同的要求。对镇属高中实验师资力量薄弱的问题，认为镇属高中可以根据自己的实际情况选择学校现有条件下能开展的教学内容进行教学，同时也能创造性地开发一些有利于学生今后开展生产实践的生物技术实验内容。

《中学生物学》2008 年第 3 期

创造发明技法在青少年生命科学课题研究中的应用

曹晓清

青少年开展生命科学课题研究活动的价值在于通过活动树立青少年的创新意识，培养创新思维、提高创新能力。创造发明技法是从创造发明的活动、过程、成果中总结出来的方法，在青少年生命科学课题研究中应用创造发明技法有利于开阔学生的创新思维，提高项目的创新性。联想发明法，就是有意识地把由此及彼的思考方式，灵活运用到发明创造活动中，以取得具体发明创造设想或完成发明创造课题的技法。把大家已经知道的原理，已有的物品或方法等，移植运用到自己的发明上，这种方法叫做移植法。运用组合的方法，就是把分散的，已有的物品或方法原理，进行巧妙地调节，并重新恰当地进行组织合成。在探索发明课题时，改变一下思路的顺序，从事物的正反、上下、左右、前后、里外、因果等颠倒一下去思考，常常会产生奇妙的方案。类比方法，就是通过两个或两类不同的事物进行比较分析，找出它们的相似点，之后再根据这些相似点或相同点，把其中某一事物的有关知识推移到另一个对象事物中去的一种发明技法。本文分析介绍了五种创造发明技法在青少年生命科学课题选题、实验设计、数据处理、结果分析等方面的应用。

《生物学教学》2008 年第 5 期

生物学实验教学资源的开发与应用

刘天学　李俐俐　毛健民　杨同文　朱自学

在关于新课程的生物学教学改革中，教师越来越重视对教学资源的开发与利用，但是对生物学实验的教学资源的研究相对来说并不多。本文结合实际和生物学科建设进程，探讨了生物实验教学资源的开发与应用途径，以期提高生物学实验教学质量。本文阐述了生物学实验教学资源的分类、作用、开发原则和途径。作者根据三种不同的标准对生物学实验教学资源进行了分类，并描述了各自的特点，为其他教师在进行生物学实验教学资源分类时提供了帮助。尤其是从理论上对生物学实验教学资源的开发提出了需要注意的基本原则：协调性原则、以人为本的原则、开放性原则、科学性原则、节约性原则。并提出了制度建设、师资队伍建设、实验室建设、信息资源建设以及社区资源开发与校际相互合作的资源开发的途径，为正在进行实验资源开发的教师或研究人员提供了理论指导和开发方向。同时还探讨了生物学实验教学资源的具体应用，为广大一线教师的生物学实验教学中对生物学实验教学资源的利用提出实际的建议，这些具体应用包括：人力资源的应用、实验室资源的应用、信息资源的应用、图书馆资源的应用。

《周口师范学院学报》2008 年第 5 期

关注湿地，保护“地球之肾”科技活动

吕秀华

湿地是地球上独特的自然生态系统，具有生物多样性和独特的生态景观，是人类社会赖以生存和发展的重要自然资源之一。很多珍稀水禽的繁殖和迁徙离不开湿地，因此湿地被称为“鸟类

的乐园”；湿地具有强大的生态净化作用，能降解水中各种沉积物、化学污染物，因而又有“地球之肾”的美名。本文在学生掌握相关知识后，展开课题研究，培养学生探究能力，参与广泛宣传，建立环保意识，具体如下：（1）普及湿地知识；（2）培养学生调查研究、完成调查报告的能力；（3）培养学生分工合作能力；（4）广泛宣传湿地知识，呼吁保护湿地环境，保护地球之肾；（5）树立关注环境、保护环境的意识；（6）增强社会责任感和主人翁意识，实现自觉遵守生态道德。

同时作者还引导学生在了解当地湿地的现状的情况下，参与广泛的环保宣传，普及湿地的重要性，让更多的人重视这个问题。这样的活动，对学生的生态意识和生态道德的形成有重要的作用。在学生实地考察的基础上，教师进一步提出研究的子课题，让学生根据自己的兴趣进行选择，使他们能在较高积极性的前提下完成课题。值得一提的是学生通过创建网上Blog来讨论问题，交流经验，展示成果。另外教师通过多元化的评价方式来评价这样的活动，可供其他教师评价科技活动时借鉴。

《生物学教学》2008年第5期

高中生物学课本实验的拓展

王国顺

高中生物学课本中安排了许多实验，本文对这些实验进行适当拓展，培养学生的实验设计创新能力和对实验理论、方法迁移应用的能力，从而达到“能将这些实验涉及的方法和技能进行综合运用”的要求。从培养学生的实验设计创新能力和对实验理论、方法迁移应用的能力出发，对高中生物学教科书中的实验从以下5个方面进行拓展：模仿性拓展、应用性拓展、优选性拓展、定量性拓展、探究性拓展。模仿性拓展就是模仿课本实验的原理、方法或者步骤，在教师设定的新情境条件下，设计新的实验。通过这些模仿性拓展，学生能加深对课本实验的理解和掌握。课本实验的应用性拓展能引起学生浓厚的兴趣和强烈的求知欲望。在实验过程中，引起学生的兴趣主要表现在：对实验现象的观察、实验过程的操作、实验结果的预期、分析解释等方面会产生直接和间接的兴趣。通过优选性拓展，不但实验效果明显，还使学生加深了对实验原理的理解，同时也激发了学生做实验的积极性和创造性。在进行了课本实验的基础上，教师给予一定的条件，引导学生作进一步的探究，从而培养学生探索未知世界的兴趣和能力。

通过这些拓展，使得教科书所安排的实验得到深化：模仿性拓展使原理、方法或者步骤深化，使得学生对相应实验的理解加深；应用性拓展培养了学生运用知识解决实际问题的能力；优选性拓展激发了学生的主动性和创造性；定量性拓展培养了学生的逻辑思维；探索性拓展提高了学生的学习兴趣，培养了他们的探究性学习的能力。针对高中生物学课本实验的拓展立足于教科书，又不局限于教科书，对提高学生学习的兴趣、培养学生的多种能力、促进学生的主动学习等方面具有积极作用。

《生物学教学》2008 年第 5 期

生物学实验教学改革与创造性思维培养

姚二梅

在生物学教学中，实验教学是培养学生创造性思维的重要途径。该文从以下六个方面论述了生物学实验教学改革如何培养学生的创造性思维培养：变封闭实验室为开放实验室；变演示实验为学生分组实验；变验证实验为探索性实验；变经典实验为设计型实验；开展课外实验和实习活动；组织学生开展课题研究。

作者将每个方面与学生创造性思维培养的关系进行了阐述，并以教学实例加以说明，更能使其他教师明白这些生物学实验教学改革的措施与培养学生创造性思维的关系，对实验教学能更加有效地开展有重要作用。

《中学生物学》2008 年第 5 期

浅析薄弱中学生物学实验教学现状及改革措施

郭雪玲　王洁华

中学生物学实验是生物学教学的组成部分，具有特殊的教学功能，它不仅能为学生提供感性知识，而且能激发学生的学习兴趣和求知欲，提高学生的综合素质和能力。中学生物学教学中的实验内容对于培养学生的创新精神与实践能力具有不可忽视的作用。高中生物学新课程的改革已经全面实施，但是由于地区经济的差异所造成的学校办学条件各有不同，这就使得薄弱学校在开展生物学实验时困难重重。本文分析了薄弱中学生物学实验教学现状：实验与教学不同步；个别实验成功率低；学校领导重视不够；评价手段不利于实验教学的开展；实验设施跟不上课程改革步伐。并对所出现的困难和问题提出了一些具体的改革措施，为广大薄弱中学的中学生物学实验教学的开展提供了不少可行的建议：更新生物学实验教学理念；改革生物学实验教学方法；加强对生物学实验教学的评价。

作者结合实际教学案例阐述了具体的改革措施，尤其是对生物学实验教学方法以及生物学实践教学评价的建议更值得广大薄弱中学的一线生物学教师思考与借鉴。这对那些在实验教学经费投入不足的，但正在努力创造条件，就地取材或是积极开发具有地方特色生物学实验的教师们，提供了不少有用的建议。

《中学生物学》2008年第6期

用行为量规指导学生练习使用显微镜

何　刚　白岩青　王重力

表现性评定是利用一种行为量规来实施评定的。量规是一种表格形式的评价工具。它既可以进行评价或者等级评定，同时也是一个有效的教学工具，可以进行学生的行为指导，是连接教学与评价之间的一个桥梁。本文的行为量规设计是让学生借助量规的指导，学习和练习使用显微镜。生物学实验的评价改革一直是新课程生物学教学改革中的一个重点，并且教学评价越来越关注形成性评价。根据国家课程标准和以往教学评价的要求，经过比较、分析采用以操作技术、观察结果、知识掌握、安全与维护几个目标作为评价要素。将练习使用显微镜分解成取镜、安放、对光、观察、理解计算、收镜、清洁等几个步骤，再将每一个步骤细化并赋予不同的权重，最终制作成评价量规。这种量规除了具有指导作用以外，也具有评价的作用。但作为评价工具的时候，由于主观因素无法控制，所以会导致评价结果的信度不高。为了能够提高信度，可以让被评价者与评价者共同讨论，使大家对评价的重点达成共识，对评价的标准和等级有相同的理解，澄清观察中的模糊现象，制订行之有效的评分规则，并且采用师生共同评价，生生相互评价等方法来解决。

该文创造性地利用行为量规来指导学生练习使用显微镜，将表现性评价引入生物学实验教学的学生学业评价中来，为广大一线生物教师介绍了一种既可以用来评价又可以用来辅助教学的一种新的方式。表现性评定的方式是行为量规，通过这种评定方式，教师可以更加准确地评价学生在真实的任务情境中的学习情况，更客观地评价学生。文中通过使用行为量规指导学生练习使用显微镜的案例，来总结在生物学实验教学中使用行为量规的优点：它使学生在知道怎么做的过程中，又明确了如何做；在已经做了什么的同时知道还需要做什么；在知道实验做了哪些的同时知道做得如何。通过采用这种行为量规教学，学生的知识可以得到巩固，实验能力可以得到锻炼。这种行为量规不仅仅可以用来作为教师评价的一部分，同时也是教师开展生物学教学的有机组合。

《生物学通报》2008 年第 6 期

“微生物的利用”的教学构思

安　军

选修 1“生物技术实践”模块为实验内容，“微生物的利用”是其中的一个教学单元。本单元包含 3 个微生物实验，按照新课标对本模块的要求，实验涉及的基础知识主要通过学生自学来完成，教师的任务主要是指导学生进行实验设计、完成实验、收集整理数据、写出报告和讨论交流。实验课是发展学生科学探究能力的良好载体。在“微生物的利用”教学单元中，就如何培养学生实验技能，充分发展学生的科学探究能力，作者阐述了自己的教学构思。

新课程改革将生物学的学习内容以专题的形式呈现，“微生物的利用”是选修模块“生物技术实践”中的一个专题。这部分内容在以前的教科书中的“微生物与发酵工程”的基础上作了改进，使得这部分内容更加密切联系生活实践，更加符合新课改的要求。作者根据自己的实际教学经验，提出了知识、能力、情感态度与价值观 3 个维度的课程目标，从整体上对专题的教学安排提出了建议，同时从培养学生的探究性学习出发，以 2 个具体课题为例，提出教学设计的注意点以及教学策略和教学方法，可供其他教师在开展教学时借鉴。

《生物学通报》2008 年第 7 期

“酶的应用”的教学构思

许　静

“酶的应用”是选修模块生物技术实践的第 2 个专题，属于现代生物技术中的酶技术范畴。本专题围绕着酶的应用组织学生参与相应的实验探究活动，如检测酶活力、探讨酶的应用、尝试制备和应用固相化酶等，培养学生的实验操作技能。本文从教学内容、学习目标、教学策略 3 方面，对“酶的应用”专题的教学进行了设计。根据对教学内容和目标要求的阐述，笔者选择课题“探讨果胶酶在果汁生产中的作用”和课题“酵母细胞的固定化”，谈了“酶的应用”这一专题的教学策略和方法。专题内容的学习主要是以实验为核心展开的：学生通过实验探讨利用果胶酶制取果汁的最佳条件；通过实验体验固相化酶的制备方法和应用价值。教学活动贯穿以科学探究的基本过程，即提出问题、作出假设、设计实验、实施实验、分析结果、得出结论。实验的设计需要科学的知识和方法，实验的实施需要精确的操作技能，实验的结论针对社会需求指导生产实践。因此教学时应重点突出“实验原理的理解”“实验方案的设计”“实验实施的操作”以及“实验后的分析”4个环节，通过这几个教学环节突出科学探究方法的训练和“科学、技术、社会”协调发展的关系。

新课程改革将生物学的学习内容以专题的形式呈现，“酶的应用”是选修模块“生物技术实践”的第二个专题。这部分内容在以前的教科书中涉及得不多，同时这部分内容又密切联系生活实践，不少教师在开展教学时由于对此部分内容的不熟悉等问题，会导致教学开展得不顺利，或是教学目标未达到。作者根据自己的实际教学经验，从课程目标的知识、能力、情感态度与价值观3个维度出发，从整体上对专题的教学安排提出了建议，同时从培养学生的探究性学习出发，以2个具体课题为例，提出教学设计的注意点以及教学策略和教学方法，可供其他教师在开展教学时借鉴。

《生物学通报》2008年第8期

中学生物学探究性实验教学模式初探

陈建新

探究性实验教学作为新课程提倡的探究性教学中的重要内容之一，越来越受到一线教师的重视。作者认为，探究性实验教学具有相对稳定的范式型教学模式。这一教学模式的流程可简单概括为：提出问题—作出假设—验证假设—得出结论—交流评价。本文从教学实践出发，研究如何开展探究性实验教学，并提出了一种探究性实验教学模式。这种探究性生物学实验教学模式主要是根据科学探究的程序而设计，因此比较符合中学的生物学实验教学实际，值得广大教师思考。

对实验探究能力评价依据的教学目标是课程标准的探究能力目标。评价的要点是：(1) 提出问题和作出假设。①确定一个可以通过探究活动回答的问题；②说出与问题有关的背景知识；③作出一种可检验的假设。(2) 构思解决问题的策略并制订实验计划。①明确实验目的；②陈述自变量与因变量的关系；③描述观察或测量变量的方法；④列出重要的步骤和材料器具。(3) 实施实验计划。①执行实验计划中规定的步骤；②记录实验现象和数据；③重复收集实验数据；④处理实验数据；(4) 阐述和交流实验结果与结论。①根据实验现象和数据得出结论；②应用有关科学知识解释结论；③说出假设是否得到支持；④对探究过程进行反思和评价。

作者结合中学生物学实验教学，为这种实验教学模型的应用提供了参考。尤其是指出了探究性实验教学模式的教学评价要点，为实验教学评价的改革提出了一个重要方向。最后作者还叙述了实施这种探究性实验教学模式的体会，通过反思来进一步提高实验教学的效果，也是为其他教师实施时提出了建议。

《生物学教学》2008 年第 9 期

环境科学教育中的“项目学习树”

刘　华

起源于美国的“项目学习树”教育活动利用生态情境作为通向自然、保护环境的窗口，帮助人们增加对周围环境的认识。它通过强调“如何考虑环境”的训练，使学生对环境保护和资源利用作出明智的选择。“项目学习树”可以解决环境教育内容的界定以及课程设置的有关问题。作为项目学习树的高级主线“探索环境问题”包括生态系统、野生动植物、树木和植物、水和空气质量、城市环境、生物多样性和土地使用等模块教育活动。受这些模块的启发，在校本课程“环境科学”的教学中结合实际，作者借鉴并设计了几项切实可行的模块开展环境教育教学，取得了一定的成效。其中包括：探索环境问题之一——人口与环境资源、探索环境问题之二——温室效应与全球气候变化、探索环境问题之三——生命的源泉、探索环境问题之四——风险聚焦。“项目学习树”教育活动发展了学生对环境科学知识的积极态度，不仅让学生从活动中增长了知识，而且提高了学生的原创意识和正确评价的能力，激发了创新思维和批判思维，培养了他们的理解情感和对环境问题的责任感。

《生物学教学》2008 年第 3 期

VIPP教学法在指导学生进行艾滋病课题研究中的应用

刘惠玲

本文描述了起源于成人教育理论和实践参与式的可视性教学法（简称VIPP），这种教学法强调可视性与参与式的有机结合。教学法中可视性与参与式是相互促进、相互作用的有机整体。通过形象生动的可视性材料，创设生动活泼的教学环境，激发学生的学习动机，发挥学生的主体作用，使学生处于“我要学”的主动参与状态，全身心地投入学习活动中，学生的智力、能力得到发展。学生智能的发展又使其更好地把抽象的知识形象化，更好地理解课本中抽象的概念和原理，用形象思维来支撑抽象思维。同时，可视性与参与式相互配合，使教学内容以多种形式呈现给学生，使学生获得不同形式的表征，更轻松、牢固地掌握知识。同时叙述了如何应用此法指导学生进行艾滋病课题研究，为学生创设一个开放的课堂，使学生真正融入教学活动中并得到充分发展。

《中学生物学》2008年第9期

新课改背景下中学生物学实验教学探讨

张玉兰

生物学实验是生物学的重要内容，实验教学的改革是新课改很重要的一部分内容。生物学实验不仅是提出生物学教学理论问题的重要途径，而且还能够激发学生的生物学学习兴趣；生物学实验不仅能为学生认识生物科学知识提供生物实验事实，而且能够创设生动、活泼的生物学教学情境；生物学实验不仅能为学生检验生物学理论，验证生物学假说，提供生物学实验事实，而且实验探究是转变学生学习方式和发展科学探究能力的重要途径；生物学实验不仅能使学生受到“科学方法”的熏陶，而且也是落实生物学新课程中观念、情感态度与价值观等体验性目标的重要手段。本文对新课改下的中学生物学实验教学进行了探讨：首先分析了新课程中学生物学实验设计的特点；接着从这些特点出发，对中学生物学实验的教学提出了建议。作者将新课程中学生物学实验设计的特点总结为：内容形式多样化；实验生活化；组织灵活化；教学功能多元化。这样使得教师更加了解新课程实验应该如何设计，尤其是实验设计时要让学生感到“生物就在我们身边，身边无处不生物”，体现出生物学实验的实用价值。教师可以学生身边常见的生物作为实验品，也可选择日常生活中的生物学现象作为实验素材，揭示生物学的原理和奥秘。在生物学实验中，究竟应采取分散或集中还是分散集中相结合的方法，要根据实验的内容而定。另外作者从教学实践出发，提出新课程生物学实验教学的建议：引导学生由教师演示向学生动手实验的转变；重视生活实验，培养学生学以致用的科学意识；发挥实验的育人功能，培养学生的科学素质。这样更具有可操作性，可更好地达到培养学生主动探究学习、实验能力和科学素养的目的，并且使他们学会如何应用所学知识解决实际问题。

《教育探索》2008 年第 9 期

开发生物家庭小实验辅助高考专题复习——温州农村酿酒调查

陈　靓

完整的实验设计既要求学生有较强的思考及操作能力，也要求学生有较强的分析综合和逻辑思维能力，也就是说实验设计考查的是学生的综合能力。作者思考了在高三二轮复习阶段，如何让学生在比较枯燥的学习中激发和培养学生的实验综合能力，打破在实验室进行的 40 分钟中培养实验能力，解决目前应试教育中普遍以题目来训练学生的实验能力的做法。本文叙述了在高三阶段，在教师的指导下，学生成功进行生物学家庭小实验——温州农村酿酒调查的过程，即达到辅助高考专题复习的目的，又开发了具有当地特色的生物学研究性课题。

在高三阶段，大多数教师都采用题海战术，通过一道道的习题来强化学生的实验应考能力。作者打破僵局，让学生跳出枯燥的学习，同时又培养了学生的实验综合能力，并使得他们对相应知识的理解更加深刻。通过开展和开发生物学课外家庭小实验，使得学生不受时间和空间的限制进行实验探究，锻炼能力，同时也对高三生物学科复习课的开展提出了一个新的方向。另外，这也为开发具有当地特色的生物学研究性课程提供了素材。生物学课外家庭实验的进行，锻炼了学生发现问题、解决问题的能力，培养了学生设计实验、验证实验的能力，同样也将会使他们对高考中的实验问题的解答更加准确和迅速。

《中学生物学》2008 年第 10 期

基于探究的高中生物学实验教学策略

边丽荣

基于探究的实验教学策略，是在吸收以往实验教学改革中有益经验的基础上，探索一条有效、完整、开放的实验教学方式，以回归实验教学在培养学生实证意识、思维品质、质疑精神等方面的作用和地位，为全面提高学生的科学素养服务。本文从两个方面入手将验证性实验转变成探究性实验：改变实验活动在整个教学中的次序，使学生在不知道结果的情况下主动探究；从注重验证课本的理论转变成注重学生探究的过程。

这样的操作使得学生的思维更加充分，更加有利于激发学生的探究热情。作者所探讨的基于探究的生物学实验教学，挖掘了课本实验的探究作用，符合新课程的理念，对提高学生的科学素养有着很重要的作用。

《中国教育学刊》2008 年第 11 期

在实验教学中培养学生的问题意识

沈　琳　胡兴昌

作者综合了大量调查研究，结果显示我国学生在相当大的程度上不敢质疑权威、缺乏问题意识。教师帮助学生把一个个问题解决消化，学生也就没有了问题。长此以往，学生逐渐就形成不愿思考，甚至不会思考的惯性，他们的探究意识、创造意识也就在“没有问题”之中慢慢倒退甚至于走向泯灭。充分发挥各学科的特点，综合运用多种手段，培养和强化学生的问题意识是新课改的主要目标之一。本文在分析了中学生问题意识的现状的基础上，对中学生物学实验教学加强学生问题意识培养的意义和可行性进行了阐述。科学探究过程的第一步就是提出问题，而中国的很多学生主动提问的意识薄弱，这对开展探究性学习很不利。作者根据实验教学中培养学生问题意识的特点，提出了一些在生物学实验教学中培养学生问题意识的方法和策略：明确教学意义，开发生物学实验教学的有利因素；改革教学形式，创设良好的实验教学氛围；结合实验教学内容，创设问题意识条件。文中列举出了生物学实验教学有利于培养学生问题意识的因素，并加以说明；同时创造性地将 K－W－L 策略引入实验教学，进行问题情境的创设，以开阔学生思路，使他们学会如何通过观察发现问题，激发了学生的创造性思维。

作者根据实际教学，通过设计有梯度的思维“台阶”，给学生指明了思维的方向，培养了学生由表及里抓住问题本质的能力。另外，作者还提出了培养学生问题意识时的注意点，这样使得教师在教学时可以更加有效地进行相关教学。

《生物学教学》2008 年第 11 期

生物学教学评价

高 勍[①] 房 娴[②]

概 况

在传统的教学中，长期以来，课堂教学以纲为纲、以本为本、整齐划一、过于系统严谨的教学内容体系，制约着教师“教”与学生“学”的创新。2001年开始实施课程改革，此次改革所建立的生物学新课程，分为义务教育阶段和普通高中阶段两部分，从实际出发，关注全体学生的身心发展，在重新审视生物科学“基础性”知识的同时，以促进学生的生动活泼发展为目标；从实际出发，联系生物学事实与现象，注重生物学知识对学生发展的作用，促进学生在全面发展的基础上实现个性的最优发展。因此新的生物学教学不是一种在教学前已经规定好、计划好、编制好的某种现成的东西，而是看做学生的一种求知活动，通过在教学中学生与环境的交互作用，特别是教师及其他同学的交互活动中，使学生自己逐渐形成和建构起来的独特的体系。

新的课程改革在课程内容上，注重密切联系学生的生活经验以及社会、科技发展的现实，强调学生经验、学科知识、社会发展三方面内容的结合。因此，这就要求教师在课堂中，改变那种对教材的完全依赖及照本宣科的做法。因此，教师在课堂教学中，应该做到有所为、有所不为，增强教学内容的针对性。那种机械地为学生堆积知识，重复性作业训练和简单地死记硬背的模式于学生思维创新是毫无意义的。生物学的基本概念、基本原理、基本结构图形识别等技能是知识体系的核心，只有突出了这些核心的教学，才能为学生日后的创造性、思维的新颖性提供坚实的基础。因此教师如何从整体上了解教学的质量，全面检查教学任务的完成程度和教学目标的达成程度，这些都有赖于教学评价的科学进行。

以往的教学评价，只是注重评价教师讲授情况，而忽视学生学的情况。教学评价的创新，应突出全面性、导向性和创新性的原则，应包括课堂教学教师对学生学的评价，教师对自身教的评价及第三者对执教人的综合评价几个方面。教师对学生的评价，应突出新思新见，重在鼓励，生物课的评价以往有两种做法，一

---

① 高 勍，南京师范大学生命科学学院.
② 房 娴，南京师范大学生命科学学院.

是批评否定；二是一味地表扬。这两者都是不行的，教师课堂对学生的评价应建立在事实的基础上，恰当分析其思维独创之处，有待完善的方面，明确教学导向，引导学生勇于发散思维，求新立异，激励学生自学，最终实现课堂教学“无师”也“自通”的目标境地。因此随着新课程的逐渐成熟，对新课程各项的研究逐步深入，有关教学研究的论文也更加注重对教学评价的理论研究，以及对如何提高教学评价效果的研究。

2008年发表的论文中有关中学生物学教学评价研究的论文共收集到185篇，其中来源于核心期刊的46篇，来源于一般期刊的有139篇。这些论文可以归类为以下几个方面：(1) 国外有关评价内容介绍；(2) 教的评价；(3) 学的评价；(4) 有关生物学考试的评价。

1 论文的收集情况分析

论文主要是通过几大期刊网收集的，因此从来源上来说，只要是已经录入数据库的有关文章基本上都已经收集到。这185篇有关实验教学的论文来源于《生物学教学》《生物学通报》和《中学生物学》等64家杂志。

1.1 来源于核心期刊的论文

46篇来源于核心期刊的有关中学生物学教学评价研究的论文主要是来自于《生物学教学》和《生物学通报》等4家杂志，具体情况如下表。

杂 志	论文数量/篇
生物学教学	36
生物学通报	8
教学与管理	1
教育理论与实践	1

1.2 来源于一般期刊的论文

185篇来源于一般期刊的有关中学生物学教学评价研究的论文主要来自于《中学生物学》等60家杂志，其中超过4篇的有以下几家杂志，具体情况如下表。

杂 志	论文数量/篇
中学生物学	39
试题与研究	13
科学教育	5
成才之路	4
高中生	4

随着我国在课程与教学方面取得的进展，对教学的评价问题也有了相当的认识，但是我国有关教学评价的研究与英美等国仍有很大的差距，存在着不少的问题，因此越来越多的一线教师以及教育研究者越来越关注教学评价的研究。

2　论文的分类分析

研　究　内　容	论文数量/篇
国外有关评价内容介绍	3
教的评价	13
学的评价	18
有关生物学考试的评价	151

教学评价的目的在于完善课程与教学，最终促进学习者的发展和参与者的提高。因此教学评价是教学中的一个不可缺少的重要环节。由于发达国家的教学评价的发展比我国成熟，因此需要广大研究者深入分析和研究国内外已有的研究成果，考察我国课程与教学评价的现状，进一步改革我国教学评价的观点和方法。但是由于研究者中主要是一线教师，因此他们获得国外有关成果的机会就比较少，所以在 2008 年中，国外有关评价内容介绍只有 3 篇，占有关教学评价论文的 1.62％。

教学包括“教”和“学”两部分，而教学评价的重点是教学，因此也包括教的评价和学的评价两部分。所以在 2008 年发表的论文中有关教的评价和有关学的评价的论文数量相当，分别占 7.03％和 9.72％。

在我国的教学评价以考试制度为本，以甄别和区分学生为目的，再加上我国高考的选拔制度，所以教师更多地是关注有关生物学考试的研究，此部分的论文占有关教学评价论文的 81.6％。

2.1　国外有关评价内容介绍

教育的主渠道是教学，教学评价在教育评价中居于核心地位。国外在教学评价这一领域的繁荣为我国的教育评价提供了非常有利的条件，可以使教师进行学习和借鉴。教师可以在研究国外有关评价内容的基础上，结合我国的国情，根据教学评价实践中的问题，有针对性地改革教学评价的方法和手段。例如，有的论文介绍了我国台湾地区生物学高考的情况，并通过对自然科中生物科考试题的分析，阐述了自然科中生物科考试题的特点。有的论文通过对美国纽约州高中环境生物学科学区考试试题的分析，阐述了从中获得的有关我国生物学考试的启示。

教师要更好地发挥教学评价的功能，促进学生各方面的发展，使他们学会学习，就不能只局限于自己有关教学评价的改进，还要不断吸收他人的经验，尤其是拓宽自己的眼界，了解多种评价方法，学会针对学生的具体情况采取适合的评价方法。但是有关这部分内容的研究文章比较少见，教师可以多研究有关的内容，争取为广大的一线生物学教师提供可供参考的范例。

2.2　教的评价

有关教的评价的论文共13篇。课程改革中，教师在教学中发挥着主导作用，教的质量直接影响着学生的学习效果以及能力的发展。对教学进行评价，可以使教师及时获得教学的信息反馈，是提高教师自身教学水平和课堂教学质量的有效手段。教学评价作为一种反馈——矫正系统，可以使教师在教学过程中明确每一步教学过程是否有效，以确保教学过程的有效性。教的评价的对象应该是教师教的效果和行为，可以通过领导评价、同行评价、学生评价以及自我评价四个方面来进行。例如，有的论文阐述了在新课改中评价生物学课堂教学质量的方法：教学内容实现由课堂内向课堂外的拓展；教学方式既注重结果又注重过程。有的论文则主要阐述了在新课程理念下生物练习设计的几个要点，以实例来说明生物练习设计的要点，具有可操作性。

对生物学教学质量的评价，可以使教师及时掌握教学任务的完成程度和学生学习目标的达成程度，有效地对生物学教学进行改进，获得更好的教学效果。但是由于大部分教师都关注学的评价，而对教的评价往往是教学反思的内容，对教的评价的途径和方法研究不多。因此还有待于更进一步地研究新课程改革中教的评价，从而更好地改进教学，提高教学效果的质量，使学生人格和智力协调发展，知识、能力、情感态度与价值观全面发展。在所收集到的13篇论文中，大部分都是教师的自我评价。虽然同行评价可以很方便地对教学作出恰如其分的判断，易于发现问题和提出合理的建议，但是由于这种评价往往在教学研究等讨论会的时候就当场评价完毕，所以写成论文则很少。

2.3　学的评价

教学评价中学的评价，是指对学生个体学习的发展、变化和成效的评价。在新课程中，学生是学习的主体，教师起引导作用。因此学的评价在教学中具有重要作用，学的评价方法也多样化。教师通过对学生个体学习的进展和变化的评价，对学生的学习过程和学习结果的综合评价，激发学生学习的动力以及教师教学的动力。在过去对学的评价上，由于受应试教育思想的影响，教师希望能更加简明、精确地评价学生，因此过分强调量化的评价手段，而现在新的课程更加关注学生作为“整体的人”的发展，因此教学评价更加注重质性评价，更加注重多元化的评价。例如，有的论文分析了多元学习评价的特征和意义，并以“检测生物组织中的糖类、脂肪和蛋白质”这一实验为例，构建出该实验课程的一种多元化学习评价方式，以期更好地发挥评价反馈、导向、激励和发展的功能，同时也为高中生物学实验课程学习评价的改革与研究提供真实而客观的信息。有的论文阐述了教师采用加德纳提出的“多元智能理论”来指导对学生进行评价的理论基础和策略，可以更好地发挥学习评价的激励和发展功能，使学生从评价中获得成功的体验，激发其学习兴趣，使他们积极参与学习活动，提高生物学习水平。

有关学的评价的研究比教的评价要多，因为在课程改革中学习的主体是学生，把学生作为评价的对象，不仅可以使教师了解教学，及时调整教学，改进教学方法，还可以使学生了解自己在学习中存在的问题，帮助他们有针对性地选择学习策略。过去的有关学的评价的研究主要集中在对学生学业成绩的评价，尤其是围绕着知识进行的评价，而 2008 年所发表的论文中更加注重研究多元评价所发挥的作用，注重评价在非结构化的情境中，学生所表现出的真实的学习能力、判断力及创造力。广大教师在以后开展学的评价的研究时，应该更注意对学的评价的理论研究，因为只有在理论的支持下，学的评价才能不断深化和更新。理论也只有通过实践的检验，才能知道是否符合我国的国情，是否能更好地推动我国评价实践的发展。

2.4　有关生物学考试的评价

此部分的研究论文共有 151 篇。由于有关教学评价的研究论文大部分都是有关考试这种评价方式的研究，因此将有关考试的评价论文单独列出来。由于我国的人才选拔大多数采用甄别的考试制度，因此考试作为学的评价中的一种基本的评价手段，具有举足轻重的作用。过去很长一段时间的应试教育，为了选拔少数尖子生，淘汰了大多数学生，因此也使得学的评价成为一种甄别的过程，而考试几乎成为了学的评价的唯一手段。随着课程改革的进行，多样化评价方式的开展，对学生注重量化评价与质性评价的结合，对生物学考试的改革也受到越来越多的关注。另外由于我国高考的选拔制度的存在，因此有关生物学高考的研究论文共有135篇，占89.4%。但是现在的研究除了注重如何引导学生思考方面，也注重研究如何更好地命题，使得考试不再局限于对学生的知识掌握的考查，而是考查学生如何分析问题和解决问题的能力。例如，有的论文提出了新课程下高考生物评价标准及试卷结构技术指标的构想，并提供了高中生物课程标准评价的框架。有的论文则分析了近几年出现的一种新的开放性题型——信息材料题的特点，并利用实例，分类介绍了高中生物学信息材料题的解题策略，为学生如何更好地解答此类试题提供了解题方法。

学的评价最传统的、最基本的方法是考查和考试。新课程的进行并没有排斥考试这种基本的对学的评价方法，而是通过对命题的改革，以期考试在对学生能力的考查中发挥更大的作用。学生可以通过纸笔测验、考查实验操作等手段和方法，明确自己在学习中存在的问题，从而调整学习策略，有效地完成学习任务，主动建构知识，建立自己的知识体系，锻炼和发展自己的能力。另外由于我国高等院校的入学方式是高考，因此考试这种评价方式在课程改革中继续发挥着很重要的作用。教师通过对考试的研究，使得题目类型、题目编制、测试内容更具有灵活性，可以考查学生的综合素质，从而使学生了解自己的学习状况，找出学习的问题，解决学习的问题，使得教学的作用更有效。有很多研究论文为命题者提供了理论指导和命题改革的方向。但是由于教师的目光都集中在高考上，所以有关义务教育阶段的生物学考试的研究论文不多。并且在有关高中阶段生物学考试的研究论文中，有很多的有关解题策略的文章，不少文章是就题目论题目的解答，而非引导学生学会解题，发展他们的思维能力，从而学会举一反三，迁移利用。

部分文献及评述

1 国外有关教学评价内容的介绍

张兴娟、郑晓蕙的论文“美国纽约州高中环境生物学学区考试试题分析”通过对美国纽约州高中环境生物学学区考试试题的分析，阐述了从中获得的有关我国生物学考试的启示。

教育的主渠道是教学，教学评价在教育评价中居于核心地位。教师要更好地发挥教学评价的功能，促进学生各方面的发展，使他们学会学习，就不能只局限于自己的有关教学评价的改进，还要不断吸收他人的经验，尤其是拓宽自己的眼界，了解多种评价方法，学会针对学生的具体情况采取适合的评价方法。但是有关这部分内容的研究文章比较少见，教师可以多研究有关的内容，争取为广大的一线生物学教师提供可供参考的范例。

2 **教的评价**

王学武的论文“新课改中生物教学质量的评价与研究”阐述了在新课该中评价生物学课堂教学质量的方法：教学内容实现由课堂内向课堂外的拓展；教学方式既注重结果又注重过程。对生物学教学质量的评价，可以使教师及时掌握教学任务的完成程度和学生学习目标的达成程度，有效地对生物学教学进行改进，获得更好的教学效果。文中研究了新课改中生物学教学质量的评价，为那些新课改下的正在进行生物学教学研究的教师们提供了可供参考的经验。

许东升的论文“浅谈新课程理念下生物练习设计的几个要点”主要阐述了在新课程理念下生物练习设计的几个要点：基础性和典型性；针对性和梯度性；变通性与综合性；互动性与合作性；探究性和开放性；系统性和生活性；精练性与迁移性。生物练习是教师评价学生的方法之一，如何更好地发挥生物练习的评价功能，需要教师根据新课程理念，不断改进生物练习的设计。本文从实际出发，以实例来说明生物练习设计的要点，具有可操作性。

教学包括“教”和“学”两部分，而教学评价的重点是教学，因此也包括教的评价和学的评价两部分。新课程改革中，教师在教学中发挥着引导作用，教的质量直接影响着学生的学习效果以及能力的发展。对教学进行评价，可以使教师及时获得教学的信息反馈，是提高教师自身教学水平和课堂教学质量的有效手段。但是由于大部分教师都关注学的评价，而对教的评价往往是教学反思的内容，对教的评价的途径和方法研究不多。因此还有待于更进一步地研究新课程改革中教的评价，从而更好地改进教学，提高教学效果的质量，使学生人格和智力协调发展，知识、能力、情感态度与价值观全面发展。

3 **学的评价**

宋汉萍、崔鸿的论文“构建高中生物实验课程多元学习评价体系的研究”分析了多元学习评价的特征和意义，并以“检测生物组织中的糖类、脂肪和蛋白质”这一实验为例，构建出该实验课程的一种多元化学习评价方式，以期更好地发挥评价反馈、导向、激励和发展的功能，同时也为高中生物学实验课程学习评价的改革与研究提供真实而客观的信息。教师通过对学生个体学习的进展和变化的评价，对学生的学习过程和学习结果的综合评价，激发学生学习的动力以及教师教学的动力。作者从实践中出发，创造性地构建一种高中生物学实验课程多元学习评价体系，为高中生物学实验课程中实行科学有效的学习评价体系指明一个方向。

金水丽的论文“用“多元智能”审视“生物学习评价””阐述了教师采用加德纳提出的“多元智能理论”来指导对学生进行评价的理论基础和策略，可以更好地发挥生物学习评价的激励和发展功能，使学生从评价中获得成功的体验，激发其学习兴趣，使他们积极参与学习活动，提高生物学习水平。作者使广大生物学教师了解了传统生物学习评价的弊端，并给出了如何用“多元智能”审视“生物学习评价”的建议。

李荣的论文“高中生物学探究性实验的评价方法”阐述了对高中生物学探究性实验的评价方法的分析与探讨。作者利用自主设计的评价表对高中生物学探究性实验中学生的自主性、合作性、探究性进行评价，从而引导学生做好生物学探究性实验，提高探究能力。

教学评价中学的评价，是指对学生个体学习的发展、变化和成效的评价。有关学的评价的研究比教的评价要多，因为在新课程改革中学习的主体是学生。通过学的评价，不仅可以使教师了解教学，及时调整教学，改进教学方法，还可以使学生了解自己在学习中存在的问题，帮助他们有针对性地选择学习策略。

4　有关生物学考试的评价

王后雄、徐启发的论文“新课程下高考生物考试评价标准与试卷结构技术指标构想”提出了新课程下高考生物学科评价标准及试卷结构技术指标的构想，并提供了高中生物课程标准评价的框架。本文从理论上对新课程下高考生物学科考试评价标准与试卷结构进行了研究，为解决各课程改革实验省区由于教材版本及考查方案的差异，而导致影响新课程高考效能发挥的问题的解决提供了一个思路。

周敏的论文“高中生物学信息材料题的解题策略”分析了近几年出现的一种新的开放性题型——信息材料题的特点，并利用实例，分类介绍了高中生物学信息材料题的解题策略，为学生如何更好地解答此类试题提供了解题方法。

田兵洪的论文“例谈生物学复习的编题”就如何提高高考

生物学复习中的练习题质量来提高训练的实效性和针对性，进行了以筛选整合资料原题为基础，原题改编以及原创自编题的尝试。

由于有关教学评价的研究论文大部分都是有关考试这种评价方式的研究，因此将有关考试的评价论文单独列出来。学的评价最传统、最基本的方法是考查和考试。同时由于我国高等院校的入学方式是高考，因此考试这种评价方式在新课程改革中继续发挥着很重要的作用。教师通过对考试的研究，使得题目类型、题目编制和测试内容更具有灵活性，可以考查学生的综合素质，从而使学生了解自己的学习状况，找出学习的问题，解决学习的问题，使得教学的作用更有效。有很多研究论文为命题者提供了理论指导和命题改革的方向。但是由于教师的目光都集中在高考上，所以有关义务教育阶段的生物学考试的研究论文不多。并且在有关高中阶段生物学考试的研究论文中，有很多的有关解题策略的文章，不少文章是就题目论题目的解答，而非引导学生学会解题，发展他们的思维能力，从而学会举一反三，迁移利用。

论 文 摘 要

我国台湾地区生物学高考试题评析

史永蓉　汪　忠

我国台湾地区从 2002 年开始取消长达 47 年的“大学联考”制度，实行“招考分离的多元入学”方案，即高中毕业生采用个人申请、大学甄别和学校推荐的方法升入大学。每个高中毕业生至少有两次机会：在寒假可参加学测考试，拿到成绩可以向自己理想的大学去申请入学；如果考得不好还可参加暑假的指定考科的考试，再向大学提出入学申请。这一改革改变了过去“一考定终生”的局面。自然科的考试是由生物科、化学科和物理科组成。自然科的考试目标分为三部分。第一部分为考生应该具备的基本知识和科学概念，因为基础扎实与否关系后续的学习。第二部分为应用科学资料及图形、图表的识别程度，以此来加强学生之逻辑推理能力。第三部分为透过全方位的学习能力，加以融会贯通，达到举一反三的学习效果。作者以例题分析了自然科中生物科考试题的特点：重视基础；贴近生活；关注科研。通过作者提供的试题，及其对试题的具体特点进行分析，广大的一线教师可以开阔眼界，并可以作为我国生物学高考命题者的借鉴。

《生物学教学》2008 年第 7 期

美国纽约州高中环境生物学学区考试试题分析

张兴娟　郑晓蕙

学区是美国州政府用于管理公立中小学的基本单位。学区考试相当于我国的地区会考。以 2007 年 1 月美国纽约州高中环境生物学学区考试试题为例，分析纽约州高中环境生物学学区考试的命题特点、典型例题和对我国生物学考试的启示等。2007 年 1 月美国纽约州高中环境生物学学区考试试题的命题特点是：采用新形式考查基础知识，出题“新颖化”；联系学生生活，出题“生活化”；联系社会问题，出题“社会化”；考查学生能力，要求“逐步化”；突出诚信教育，签名“实际化”。通过对美国纽约州高中环境生物学学区考试试题的命题分析，提出了对我国生物学考试的以下几点启示：弱化考评功能，强化“生成功能”；出题形式多样化，注重试题创新；联系生活实际，体现“STS”精神；注重引导，能力要求细节化。

《生物学通报》2008 年第 7 期

新课改中生物学教学质量的评价与研究

王学武

高中课程改革的主要目标是实现素质教育。高考中的综合能力测试有助于正在进行的新课程改革的推进。综合能力测试是培养学生的综合素质，考查学生的综合素质。教师在日常教学中，为了全面提高学生的素质，正逐步由封闭式教学向开放式教学转变。因此在课程改革中，评价生物学课堂教学质量也需要不断改进。作者阐述了在课改中评价生物学课堂教学质量的方法。（1）教学内容实现由课堂内向课堂外的拓展：拓宽重点和难点渠道；拓宽获取信息的渠道；拓宽学科与专业渗透。（2）教学方式既注重结果又注重过程：评价教学形式；评价教学手段；评价教学管理。课堂教学评价应具有一定的激励和导向作用，是课堂教学的指挥棒。开放式的教学评价应当是打破“教师中心、知识中心、书本中心、考试中心”的评价体系，充分突出学生的自主性和创造性，能实事求是地评价课堂教学。

《教育艺术》2008 年第 9 期

浅谈新课程理念下生物练习设计的几个要点

许东升

生物练习作为教师的教与学生的学的交叉点，它是学生学习知识、发展思维和提高能力最常用的一项实践活动，是学生在学后自我巩固知识、深化知识和形成技能的重要环节，也是教师用来了解教学效果、帮助学生进一步升华所学知识的重要手段和方式，是师生进行信息交流的一个重要窗口。在新课程中，生物练习也需要改革，设计生物练习要有基础性和典型性，使学生通过练习能进一步巩固知识，使不同的学生的思维能力得到共同的发展；同时，教师要根据以往学生在作业时常出错的知识点进行强化练习，引起学生的高度重视。设计生物练习要有针对性和梯度性，适合思维和能力层次不同的学生。设计生物练习要有变通性与综合性，可防止学生形成定势思维，而且可以培养学生应变能力。设计生物练习题要有互动性与合作性，帮助他们在自主探索和合作交流的过程中真正理解和掌握基础的生物学知识与技能，获得广泛的生物学实验活动经验。设计生物练习要有探究性和开放性，探究有利于学生能力的提高，更有利于发挥学生的个性，并激发起学生浓厚的兴趣。设计生物练习要有系统性和生活性，有利于学生从被动的学习方式向主动获取知识的转变，让学生更全面、更系统地掌握生物学的知识。设计生物练习要有精练性与迁移性，能提高学生对知识信息的贮存效率，保证信息输出质量，同时调动学生思维的积极性，触发思维的"灵活性"和"变通性"发展，生物学教师应将设计生物练习这一环节做好，设计更适合自己学生的练习题，让学生在有限的学习时间内不但能够有效地掌握生物学知识，而且更有利于他们创造性思维的培养，让生物练习设计真正成为提高生物学教学质量的重要一环。

《中学生物学》2008 年第 4 期

高中生物学作业的探索与实践

高素阳

作业是学生学习的一个重要环节，在生物学教学中应发挥这一环节的课后教育主渠道作用，赋予新的生机，贯穿新的理念，呈现新的面貌，让学生在生成问题、解决问题中成长，在知识应用和能力发展中成长，从作业中获得最大收益，使作业环节成为实现教学目标的催化剂。作者在教学中对作业的形式和内容创新方面进行了探索和尝试，实践表明立体的、多形式的作业组合有利于提高学生学习生物学的兴趣。并在高中生物必修1《分子与细胞》这一模块的实践教学中，针对传统作业过于单调的弊端，设计了以下几种作业形式：口头型作业、绘图型作业、实验型作业、提问型作业、创编型作业。口头型作业着眼于学生学习用语，注重表达和与他人的交流，有着不可替代的作用。口头型作业的问题可以来自课本中的问题探讨、资料分析和旁栏思考以及课后练习，也可以是教师根据具体教学内容重新整合的。题目尽量富有思辨性，能激发学生积极思考。生物学绘图、示意图和概念图是学习研究生物科学的重要技能和方法之一，通过绘制各种图形，学生能把所学的知识融入图形中，起到事半功倍的效果。并且，适宜的绘图型作业是生物学观察的再现和继续，有效促进了学生观察、理解能力的发展。实验型作业可以加强实践，常包括两种形式：一是布置一些与日常生活紧密相连的家庭实验；二是设置实验角作为载体和平台，有兴趣的学生可以在课后继续探究。提问型作业的主要作用是引导学生质疑，在学生学完每一章节后，要求他们提若干个问题，教师对学生所提的问题进行筛选和整合，并启发和诱导学生来评鉴、判断。创编型作业就是引导学生根据已有的知识，通过改、说、唱等形式再现、拓展、延伸课文内容，或加工、整理、采集和剪贴与课文有关的图文资料等。

《生物学教学》2008 年第 5 期

构建高中生物学实验课程多元学习评价体系的研究

宋汉萍　崔　鸿

多元学习评价是建立在多元智能理论的基础上，是一种以尊重学生个性、促进学生发展为目的的评价方法，由多个评价主体采用多种评价手段和方式，来对学生的学业成绩、学习行为、学业特长与综合素质等方面进行评价。实验课程的学习评价是生物学实验教学的重要环节，在高中生物学实验课程中建立科学有效的学习评价体系，可以有效地促进学生能力的发展和素养的提升。多元评价的特征：评价标准的多元化；评价对象的多元化；评价主体的多元化；评价方法、形式的多元化。多元学习评价的意义：多元学习评价的目的是为了促进学生全面、主动地发展，它注重学生长远的需要和未来的发展；多元学习评价是一种注重学生学习过程的评价，使学生在评价中了解自己的学习情况，调整实验中的学习活动，反省总结，发现自己的优点与不足，及时进行调整，激励学生的学习热情和求知欲望；多元学习评价是一种注重学生学习过程的评价；多元学习评价是一个注重多主体参与的评价方式，让教师、学生、同伴等参与到评价中来；多元评价提倡评价方法的多样化，从多个方面搜集学生的信息，重视学生自我反馈、自我调控、自我完善和自我认识的作用，关注个体的差异，有利于学生个性的发展。因此，本文以“检测生物组织中的糖类、脂肪和蛋白质”这一实验为例，构建出该实验课程的一种多元化学习评价方式，以多元化学习评价的多主体、多方法、多维度、过程性的评价方式贯穿于实验教学的每一个环节，充分发挥评价辅助教学的功能，促进学生的有效学习和自我反思，以期通过多元学习评价的方式来提高学生的生物学能力、反思能力和科学素养，促进高中生物实验学教学的完善。

《高等函授学报（自然科学版）》2008 年第 6 期

用“多元智能”审视“生物学习评价”

金水丽

随着基础教育课程改革的不断推进，教学改革正进入更深一层次，由于教学评价对教学改革具有制约作用，因此评价的作用也越来越重要。高中生物学新课程要求评价学生对生物学知识的理解和应用，评价学生对生物学技能的形成和运用，评价学生掌握生物科学方法及进行探究活动的质量，评价学生在生物学学习过程中所形成的情感态度与价值观。新课程中的评价再也不是传统的只局限于基础知识与技能的评价，而是同时关注生物学习中的“过程和方法”，更关注生物学中学生情感态度与价值观的养成。作者首先从评价内容的局限性、评价方法的单一性以及评价对象的被动性三方面分析了传统生物学习评价的弊端：传统的生物学学习评价强化了分数，忽视了过程评价；助长了死记硬背；弱化了主体意识。然后简要叙述了加德纳提出的“多元智能理论”，并指出其为新课程中教学和学习评价改革指明了方向，并为“建立促进学生全面发展的评价体系”提供了有利的理论依据与支持。作者从教学实践出发，提出了具有实际操作性的对学生生物学学习实行多元评价的策略：开放生物学学习评价的内容、丰富学生学习评价的形式、扩充生物学学习评价的主体。尤其是从教师评价、相互评价和自我评价方面对扩充生物学学习评价的主体提出了建议，这样一方面可以使评价信息的来源更为丰富，从而使评价结果更加全面、真实；另一方面有利于被评价者自我评价和自我发展能力的提升，同时增强了与他人合作的技巧和精神。

《中学生物学》2008 年第 5 期

高中生物学探究性实验的评价方法

李　荣

生物学学习评价是新课程改革中重要的环节，它对生物学教学改革具有制约作用。而生物学实验作为生物学中的有机组成部分，在基础教育新课程改革中也是重点的改革对象。大多数关于学习评价的教学论文都是针对学生对生物学学习的评价，而本文是侧重于对高中生物学探究性实验的评价方法进行分析与探讨。课程改革倡导探究性实验，做好生物学探究性实验是新课程实施中的难点和重点，但由于评价过程的缺失或者评价方法的不当，导致学生不积极探究或无法从探究中积累经验、提高探究能力。教学实践中学生评价的缺失同样使教师难于控制实验进程、把握探究方向，无法了解教学目标实施的情况。为了改变这些弊端，改进高中生物学探究性实验的评价方法，作者以人教版教材“探究酶活性的条件”实验为例，介绍了 PTA（基本要素分析）量表法的应用。以学生的探究性、自主性和合作性作为基本要素，编制了 PTA 量表。在经过教学实践后，又从以下几个方面对《分子与细胞》模块探究性实现的学生评价进行了反思：多主体地进行学生评价；对学生自主性的评价；对学生合作性的评价；对学生探究性的评价。同时提出了设计探究性实验学生评价表时要注意的细节：评分点要控制，要求少而精；语言表述重变化，要求形式活泼；评价的目的不是加压而是减压，不是迫使而是诱导。

《生物学通报》2008 年第 5 期

新课程背景下高中生物学课堂发展性学习评价

任　姬

如何评价学生是此次新的一轮基础教育课程改革中的一个焦点问题。基础教育课程改革的核心理念是“以学生的发展为本”，建立促进学生全面发展的评价体系是一个教师应该有的新课程评价理念。新课程倡导“立足过程、促进发展”的评价理念，发展性学习评价方法是以促进学生发展为最高目的的一个系统的连续活动过程，以学生的动态发展过程为对象的学习评价，真正促进学生全面、主动、和谐、持续地发展。本文从评价的内容、方式和主体三个方面阐述如何在生物学课堂教学中实施发展性学习评价策略。教师要注重学习过程，评价内容科学化。新课程要求教师将诊断性评价、形成性评价和终结性评价这三种方式有机结合起来实践于教学之中，更好地发挥评价的发展功能。教师可将反映高中生物学科素养的主要评价内容分为学习常规评价、课堂表现评价、融合式测验评价、实验素养评价、突出表现评价等几个方面。教师要尊重个性差异，评价方式开放化。通过多样化的评价方式，强调评价不是为了给学生在群体中确定所处位置，而是用于分析学生存在的优势和不足，为了让学生在现有基础上谋求实实在在的发展。教师要强调以人为本，评价主体多元化，将学生自我评价、学生小组评价、家长评价和教师评价相结合，引导学生不断更新学习方式，不断超越自我。评价改革最重要的不是评价方案本身，而是评价理念对学习意识的影响，评价过程对教学过程的优化。

《中学生物学》2008 年第 11 期

坚持在“注重”中进行形成性评价

胡琴娣

新课程改革顺应时代发展的需要，以培养学生健全的个性和完整的人格为己任。评价的改革就是新课程改革中的一个重要部分。新课程中的评价不仅要关注学生的学业成绩，而且要发现和发展学生多方面的潜能，以促进每个学生在原有的基础上都有所发展。新课标改变了传统教学中只以考试成绩来评价学生的做法，提倡采用形成性评价和终结性评价相结合的方式，尤其鼓励对学生进行形成性评价，既关注学生学习的结果，更关注学习能力的发展过程。作者在教学中，坚持进行形成性评价，以帮助学生更好地了解自己的学习情况，促进自己更好地发展。教师注重对学生日常过程的表现，主要对学生课堂学习、探究实验及课外活动中的表现进行评价。尤其是评价学生要用全面发展的眼光来看待，而不能拘泥于课堂学习活动的评价。通过开展丰富多彩的生物学课外活动，如课外调查与实践活动，就某个与生物学有关的问题进行调查，以培养学生的实践能力。教师注重设计一些开放性的情感问题进行评价：采用提问的评价方法，通过情境设置、提问，不但能考查学生应用知识的能力，同时增进家庭成员之间的感情，体验到关心、体贴、照顾他人的感受；采用纸笔的评价方法，用具有推广性和可操作性的问卷调查对学生的情感态度与价值观进行评价。教师注重运用学习记录卡、成长记录袋对学生学习生物学的全过程进行综合评价，以不断激发学生的学习兴趣。通过注重对学生日常学习过程的表现、注重设计一些开放性的评价问题和注重运用学习记录卡及成长记录袋进行评价，激发了学生的学习兴趣，改善了学生的学习方式，鼓励了学生在学习和活动中施展个性和才能。

《中学生物学》2008 年第 9 期

利用档案夹提高学生的参与程度

谢文栋

利用档案夹记录学生学习生物学的全过程是此次课程改革倡导的一种学生的评价方式。但是也有不少教师在教学实践中，不知道如何合理有效地利用档案夹，使得档案夹成了摆设，有的平时不注意积累，到了学期结束档案夹甚至成了累赘，因为有的教师会要求学生一下子补充整个学期的档案夹中的内容。作者探讨了如何利用档案夹提高学生的参与程度。新课程倡导提高学生在教学中的参与度，引导学生主动参与，乐于探究、勤于动手，逐步培养学生收集和处理科学信息、分析和解决问题以及交流与合作等多方面的能力。叙述了在用档案夹记录学生学习过程时，档案夹的制作要求、档案夹收集的内容、学习形成性评价一览表的设计。其中档案夹收集的内容包括学生学习过程中的测试卷，探究活动的报告、小论文、小制作、小标本，查阅的文献资料，收集的生物图片和照片、剪报、获奖证书等，并将各项资料详细地分项目记录在一览表中以便查阅和对比。并从用一览表调控课堂教学，利用一览表发现存在的问题，并采取相应措施、课型的评价标准，开展有奖活动，定期展示学生学习成果方面介绍了档案夹的运用。通过近一学期档案夹的应用，学生在收集档案夹内的各种资料的同时，提高了收集、整理、分析以及处理信息的能力，学习生物的兴趣更加浓厚了，学习成绩呈直线或曲线进步，各种层次的学生在教学中的参与积极性大幅度提高，有的班级参与课堂教学人数可达到 3/4 以上。另一方面，教师可以利用档案夹内的各种资料如实地对学生进行评价，通过激励、师生谈话等措施从另一个角度对教学的参与面进行调控，也取得了一定的成效。

《中学生物学》2008 年第 3 期

用新课程理念指导生物学纸笔测试

杨海英

考查和考试是最传统的、基本的学的评价方式。考试的基本方法以纸笔测试为主。纸笔测试具有较大的灵活性，可以用于教学的各个阶段。虽然我国基础教育课程改革正在逐步深化，可纸笔测试仍然是目前评价学生学业常用的方式之一。因此传统的纸笔测试有必要在新课程理念的指导下进行必要的变革，并以促进学生的发展为目标。作者以人教版高中生物必修 1《分子与细胞》第 1～4 章的单元测试为例，阐述了如何进行实际生物学纸笔测试，以及如何实施的过程。纸笔测试的命题要符合课程标准的要求：着重考查生物学的核心内容和具有良好结构的知识；强调以生活、生产实例、实验、生物科技发展等为素材，以能力测试为主导展开设问；努力实现情感态度价值观的渗透，利用纸笔测试同样能进行情感态度价值观的考查。在新课程中具体实施纸笔测试时，教师要注意对测试结果的评价要能激励学生进取，要及时表扬学生，具体而有针对性地表扬有利于增强学生的自信心，提高他们学习生物学的兴趣。除了公开表扬以外，教师还要做好与学生的个别交流。纸笔测试后常常需要讲评，讲评要促进学生知识与能力多方面的发展，教师要注意以下几点：学生人人参与讲评；教师的指导要到位；做好讲评后的矫正补偿。

《生物学教学》2008 年第 1 期

新课程下高考生物学考试评价标准与试卷结构技术指标构想

王后雄　徐启发

2007 年首批进入普通高中课程改革实验省区中共有 120 万考生参加新课程高考。而且随着新课程的推广，会有更多省市更多考生参加新课程高考。由于各地使用的新课程教材的版本以及各地的考查方案的差异，导致各地对课程标准的评价标准有所差别，课程标准的执行与高考试题命制的矛盾更加突出，存在着标准不一、质量失控等问题，严重影响了新课程高考效能的发挥。要真正实现高考从知识立意向能力立意的转变，必须科学、系统地规划高考命题各项构成要素，真正地提高高考试卷的结构效度，提炼出生物学科命题的质量标准。作者依据《基础教育课程改革纲要（试行）》的基本精神和《普通高中生物课程标准（实验）》，在全面贯彻国家教育方针的基础上，依据学生身心发展的特点和教育规律，体现国家对学生在生物科学知识、情感态度与价值观、能力等方面的基本要求，提出了新课程下高考生物学科的评价标准及试卷结构技术指标，主要包括试卷的结构模式、内容要素、能力要素、题型要素、难度要素、分数要素、时限要素。高考生物学科试卷结构建模的技术指标是高考生物学科命题、审题评估监控的标准，是实施试题及试卷质量控制的依据，可以为素质教育的推进和新课程标准的贯彻落实起到正向反馈调节的作用。其中题型要素由于不同的题型测试功能不同，分为选择题、简答题、信息处理题、实验探究题、综合开放题和论述题等。同时还提供了高中生物学科课程标准的评价框架。

《中国考试》2008 年第 7 期

高中生物学信息材料题的解题策略

周　敏

随着基础教育课程改革的进行，高考也在一直进行改革。开放性试题是一种可以考查学生多方面能力的试题，信息材料题是近几年出现的一种新的开放性题型。信息材料题指的是将与生物科学密切相关的，在社会生产、生活中新出现的焦点问题，人们所普遍关心、关注的热点问题，浓缩为几段背景材料提供给学生，让学生利用已有的生物学知识，通过阅读、分析来回答题目所给出的问题。它及时将新现象、新假说、新问题、新事件反映在考题中，对学生应用知识的能力是很好的锻炼，也体现了高中生物学课程改革中全面实施素质教育的新理念，有利于对学生创新精神与实践能力的培养。作者分析了信息材料题的特点：起点高、落点低；提供的材料不一定都是有效信息，也有无效信息。信息材料题目一般取材于社会生活中的实际问题，或者是生物科学发展和社会发展中的热点、焦点问题（即起点高）。但所问的问题往往又是能够利用现有基础知识解答的（即落点低）。要求学生即时学，即时用（现学现用），现场阅读，迅速接受、处理和运用信息。作者将信息材料题分为单一信息题和多段信息题、针对现实生活中的热点问题给出材料的信息题。通过实例，阐述了在解答不同类型的信息材料题时，识别、筛选、用好有效信息的过程。

《生物学教学》2008 年第 10 期

例谈生物学复习的编题

田兵洪

考前复习是全面巩固和加深所学知识，进一步形成系统化的知识结构网络，从而有效培养学生对生物学知识综合运用能力的重要途径。学科思想、学科能力的考查最终是通过一定的题目呈现的，复习中进行一定量的训练是必需的。但劣质习题无疑会浪费学生的有限时间，甚至误导学生的视线，干扰复习方向。所以在复习中不能盲目一味依赖现成资料，应根据自身学情实际，紧扣课程标准和高考考纲，既重“双基”又抓“主干知识”，有计划、有组织、有针对性地精心选编题。笔者在多年的教学实践中，从以下几方面进行了以筛选整合资料原题为基础，原题改编以及原创自编题的尝试。（1）认真筛选复习资料中各考点的习题。此项工作应充分发挥备课组的集体力量，从而提高训练的效率。（2）对易错题进行收集辨析。教师及时收集整理、辨析讲解易错题，让学生明白自己的知识错误点，并举例说明。（3）对优秀原题进行改编，以实例说明在剖析一些经典优秀原题、掌握不同题型的结构及解题规律、规范答案格式的基础上，对每年全国及各省市高考题进行及时收集并作为改编题的重要素材来源，使学生对每一道题所考查的知识能触类旁通，举一反三。（4）原创自编。原创自编可通过学生的提问、错误的前概念、概念理解的表面化以及不能进行相关知识的综合联系等方面设计。作者从实际出发，分析了生物学复习的编题，给广大一线教师的编题提供了方向。

《生物学教学》2008 年第 5 期

普通高中实施课程标准后生物学科高考设计研究

杨　帆

2007 年高考海南生物卷、宁夏理综卷是这两地普通高中实施课程标准后使用的第一份高考试题，其对今后课程标准的实施和高考命题有重要的价值，因此开展高考课标卷的设计研究就成为高考命题的首要任务。2007 年高考生物学科课标卷的设计在内容抽样和目标确定方面，做到了总体保持稳定、适当体现新课程的理念，主要体现在：重视对考生科学素养的考查；体现注重与现实生活联系的理念；面向全体学生，促进学生有个性地发展。在试卷结构方面，理综卷生物学科增加了所占的分数比例，试卷难度控制在 0.5～0.6 之间。选做题尽量做到了形式的等值。从 2007 年高考课标卷的设计、编制、考试到评价整个过程来看，试卷总体保持稳定，体现了新课程理念，这是新老高考实现平稳过渡的关键。考前进行调研性试测，命题者熟悉课标版教材对提高命题工作的效率也是非常有益的。

《教育理论与实践》2008 年第 4 期

“产婆术”在试卷评析中的应用

程卫琴

试卷讲评课一直是复习课中的有机组成部分，尤其是对于高三复习而言，试卷讲评课是一个很重要的环节。不少教师在上试卷讲评课时只是就试卷论试卷，讲评分析试题，但是经常会出现教师讲得千辛万苦、口干舌燥，学生却听得枯燥乏味，下次再考时仍然做错。作者介绍了如何将苏格拉底的“产婆术”应用于试卷讲评课，使学生在试卷分析讲评过程中养成良好的思维习惯，提高学生的解题能力。苏格拉底的“产婆术”是指教师通过交谈和讨论，消除学生的一切错误和模糊认识，唤醒学生的潜意识，从而自觉发现真理。这个方法倡导通过教师与学生交谈、辩论，掌握一类题或一类问题的解决方法。这种方法的运用包括 3 个步骤。(1) 讽刺。教师以无知的角色出现，通过巧妙的诘问，使学生意识到原有认识中存在的错误、混乱和模糊。(2) 定义。通过教师的进一步归纳，使学生逐步明确定义和概念，使学生经常有意识地从不同角度、不同方向去审视、思考同一问题，从而优化解题过程，寻找解决问题的最佳方案。(3) 助产术。教师进一步启发、引导学生自己思考得出结论。作者以实例介绍了“产婆术”在试卷讲评中的应用，为其他教师提供实例借鉴。同时作者从自己的教学实际出发，认为“产婆术”在试卷讲评中的运用取得好的教学效果，教师要做到以下几点：提供“问题链”；营造和谐的教学氛围；让学生互为“产婆”。“产婆术”这种试卷评析的方法以学生为主体，可以充分调动学生的主动性和积极性，促使他们独立地思考问题，能更好地锻炼学生的思维能力。采用这种方式后，通过教师引导学生在已有经验的基础上，不断提升、不断建构知识，就可以避免已经做错的题目继续出错。

《中学生物学》2008 年第 2 期

“材料用具消元法”解生物学高考实验补充题

柴彦军

生物学实验设计的题目在高考中是一个难点和重点，学生解答此类题目比较困难。作者介绍了一种如何快速准确地找到解实验题的突破点的解题方法——“材料用具消元法”。常提到的实验的一些基本步骤、方法和技巧外，“材料用具消元法”就是解生物学高考实验补充题最简单快捷的一种方法。“材料用具消元法”就是在实验材料给全的前提下，根据实验步骤中所涉及的材料用具逐一消去，然后根据所剩材料用具完善补充实验步骤的方法。作者先通过典型试题的分析介绍了“材料用具消元法”的具体应用，接着又通过对近年高考中的生物学实验设计题目的汇总进一步说明此方法在实际解题中的应用过程。在近几年高考题中，实验的材料和用具几乎没有设置过干扰项，基本上实验步骤中全都用上，而实验的材料和用具，在实验设计中既是一种限定，又是一种提示，所以可以根据“材料用具消元法”快速准确地解答实验补充题。另外还特别提示：如果实验材料用具中有“蒸馏水”，则不应马上消去，应考虑有多种可能，如可以作对照实验组、可以用作漂洗、可以稀释原液、可以培养种子生根生芽等。

《高考》理科版，2008 年第 4 期

2008 年上海市生物学高考试卷评析

丁银娣

2008 年上海市生物学高考试卷突显核心内容的考查，注重对基础知识与基本技能的评价，同时适度关注能力的测量。作者分析了 2008 年上海市生物学高考试卷，认为试卷的题型及分值分配与前两年相同，体现了生物学高考试卷的相对稳定性。学科命题的指导思想是以能力测试为主导，在考查生命科学基础知识与基本技能的基础上，兼顾学习能力倾向的考查；对以问题探究为背景的研究性学习，以学生终身学习能力发展为目标的自主学习能力的关注，对创新精神和实践能力的重视。2008 年上海市生物学高考试卷的特点是：突显学科核心，注重基础能力；平实中见内力，温和中藏峥嵘。并提出了三大亮点：数学语言表达问题信息，简洁中提升能力考查要求；形成常考常新的传统，促成“教评”相长的态势；重视知识的迁移，关注认知策略的考查。通过分析试卷的内容效度、试卷的区分度表现；试题表述与评分的标准化三个方面，叙述了试卷的几项质量指标表现。并提出了几点供商榷的意见：试卷的难度值偏高；试题的难度排序与赋分的合理性尚可加强；学科语言特色还可增强。

《生物学教学》2008 年第 12 期

生物学课程资源开发与利用

汪　忠[①]

概　　况

2008年发表的论文中有关中学生物学教学资源的研究可以归类为以下几个方面：(1) 教学资源开发和运用的理念、策略和方法研究等；(2) 中学生物学教学资源开发技术的研究。其中，有关教学资源开发和运用的理念、策略和方法等研究的论文在36篇核心刊物论文中有16篇，有关中学生物学教学资源开发技术的研究论文有20篇。在非核心刊物上发表的133篇论文中，绝大多数论文集中在有关中学生物学教学资源开发技术的研究方面。

1　中学生物学教学资源开发和运用的理念、策略和方法研究

课程改革要求充分利用各种教学资源的主要目的之一是促成教学开放，因此，中学生物学教学资源开发和运用的理念、策略和方法研究非常重要。2008年的有关研究主要集中在：生物学新课程教学中课堂教学资源的生成；选择有效的内容、采用恰当的方式进行基于网络的学习；校本资源、乡土资源的开发；隐性资源的开发；中学生物学课程资料库建设策略等方面。

一些教师的论文从学生的生活经验、生成性课堂资源、学生家庭氛围以及教师自身等四个隐性课程资源来源进行了总结，文章认为教师是隐性生物学课程资源的发现者和开发者，教师对各类资源的开发和利用能力直接决定了其他资源的利用效益，优秀的教师善于积极地发现、引导和开发学生拥有的隐性课程资源。文章的新颖观点是认为显性（有形）课程资源是有限的，而隐性课程资源是不断生成的，是无限的；认为要立足校内资源，促进校内外无形资源的整合、优化，重视主体内在资源，挖掘师生自身的教育价值，实现课堂教学的最优化。

有的论文介绍了如何应对新教材和现代教育需求，建设适合中学生物学课堂教学的资料库，培养教师学科教学资源开发策略。文章认为，当前正在进行的课程改革中，多维的知识结构和多元化的教学手段使得广大教师普遍面临教学元素匮乏的局面，许多教师都开始自发建设学科类教学资料库。建立学科资料库，

① 汪　忠，南京师范大学生命科学学院.

属显性课程资源的系统性开发研究。提出应“遵循课程资源开发与利用原则”“注重课程资源开发与利用策略”。文章特别提出：资料库构建格局要有可塑性，不能受某版本教材和区域的束缚。目前，中学生物学教材版本较多，新老教材也大有不同，新教材还在不断完善之中，而且课改在各地没有完全铺开，显然按照教材章节编排来分割资料库研究内容不现实。那如何安排资料库构建格局呢？新教材的模块化给出了答案，按学科知识研究体系来划分。对于生物学科，可以将所建资料库元素按照“分子与细胞”“营养与代谢”“生殖与发育”“稳态与调节”“遗传与进化”“生态与环保”“技术与生活”七个模块分类研究。这样的资料库不拘泥于教材章节，能实现和各种版本教材有机整合，从而也就能适应教材的不断改革和发展变化，使教材具有可塑性和可持续性发展空间。

一些教师结合当前生物学教学实际，论述了利用多媒体教育技术与生物学教学整合的实践，能提高学生兴趣，减轻学生的负担，大大提高学习效果。教学媒体的应用，不但充实和沟通了各学科知识的传送和相互渗透，而且实现了学科知识内涵的丰富与外延的扩展。生物学是研究生物的形态、结构、生理、分类、遗传和变异、进化、生态的科学。生物学科的教学注重于宏观和微观两个方面，强调实验能力和科学素质的培养。而多媒体可以化静为动，化虚为实，化抽象为直观；能够拓宽课本知识体系，拓宽教学的时间和空间，拓宽和加深课堂学习的内涵和外延，使生物学的抽象概念变得生动具体。学生对所学的知识看得见、摸得着，更加激发和调动了他们的学习积极性，并有效地提高了他们理解和分析问题的能力。

有的论文从信息技术与课程整合的本质与内涵出发，把以计算机及网络为核心的信息技术作为促进学生自主学习的认知工具、情感激励工具以及丰富教学环境的创设工具。研究认为，全面地运用到各学科的教学过程中使各种教学资源、教学要素和教学环节，经过组合、重构、相互融合，在整体优化的基础上产生聚集效应，促进传统的教学结构与教学模式的根本变革，从而达到培养学生创新精神与实践能力的目标。研究认为，信息技术与生物学科的有机整合，给生物学教学带来了新的生机和活力。在信息技术与生物学课堂教学整合的过程中，信息技术起到了演示工具和交互工具的作用，并最终成为辅助学生学习的高级认知工具。它能充分发挥学生的主动性，为学生创新能力和信息能力的培养营造了最理想的教学环境，而这样的教学环境也正是创建新型教学模式所必不可少的。

许多论文重视让乡土资源走进生物学课堂，提出在生物学教学中教师可以充分发挥当地的乡土资源，拓宽学生的学习渠道。让当地的特产成为活生生的教学材料，学生对自己的乡土是最熟悉的，家乡的山山水水、一草一木都蕴藏着极大的教育价值。

有些论文更多地从理论上阐述了课程资源的应用问题。例如，有的论文依据约翰·斯威勒教授提出的“认知负荷理论”，依据工作记忆存储容量有限的特性和认知资源总量恒定的规律，提出教师应在认知负荷理论的指导下，通过减少外在的认知负荷，使多媒体教学真正达到预期的效果。并针对目前对多媒体课件设计的误区：没有将同时注意的材料整合在一起，导致注意分散效应；信息以冗余的方式呈现，增加工作记忆负荷；以装饰性而不是支持性方式使用多媒体，不能激励内部学习动机；单一感官模式呈现教学内容，降低了工作记忆效率；控制信息呈现速度，避免两条信息加工通道同时认知超负荷等，提出针对各种误区的解决方法。

也有论文认为随着现代教育技术的发展，多媒体辅助教学也越来越融入到生物学教学之中。而随着在教学中广泛使用，其某些方面也陷入一些误区之中。多媒体辅助教学并不是运用得越多越好，关键在于多媒体辅助教学要恰到好处。误区一是多媒体辅助教学中使用的媒体信息越多越好。误区二是在课件中大量使用伴声、图像、动画、视频。误区三是计算机多媒体可以取代其他媒体。误区四是多媒体教学替代教师教学。误区五是多媒体辅助教学代替板书内容。误区六是多媒体模拟实验代替学生实验或演示实验，这一误区的危害极大。生物学是一门实验科学，实验、观察、标本的采集和制作等在生物科学中有着十分重要的地位，这些教学手段对于培养学生学习生物学的兴趣、更好地理解生物学基础知识、掌握实验的基本技能、发展他们的智力和培养学生的自学能力、观察能力、科学地分析和理解一些生命现象的能力具有极其重要的作用。虽然多媒体模拟实验的演示性和直观性都很强，但充其量只能培养学生的观察思维能力，而不利于学生动手能力的培养，也不利于对学生进行科学态度和科学方法的教育。当然，对于一些耗时太多、花费过高、在实验室中无法完成的实验，如生长素的生理作用实验、豌豆的杂交实验等，用多媒体模拟倒是很可取的。总之，多媒体辅助教学是不可能完全取代现行的教学方式的，它只能作为一种辅助教学的手段。

还有些论文认为在新一轮的基础教育课程改革中，生物学教师面临着跟进生命科学日新月异的发展、确立新的教学理念和掌握新的教学策略等一系列挑战，只有不断提高自身专业素养才能适应新课程对教师的要求。互联网的出现，使得传统的教师专业发展模式有了新的变化和扩展。论文谈到：(1) 基于网络的学习对于新课程背景下生物学教师专业发展的价值；(2) 生物学教师基于网络学习的内容；(3) 生物学教师基于网络学习的方法等三方面的内容。并提供了一些有价值的网站。这为教师专业发展提供了积极的信息。

2008 年有关教学资源的研究主要存在的问题是：第一，从外在形态上看，课程资源十分丰富，而从内在切实性而言，课程资源又异常缺乏。例如，许多教师从学校所处的自然环境出发，积极开发地域资源的课程性。而对乡土资源的开发与利用而言，多数研究只是“拿来主义”，直接运用。但如何适切地运用却又没有成熟的研究成果。第二，研究多媒体或传统教学资源的文章并不少，但在生物学教学与信息技术整合的研究方面，主要停留在形式上，或者说信息技术仍然仅仅是辅助手段。虽然有的研究已经提出“在信息技术与生物学课堂教学整合的过程中，信息技术起到了演示工具和交互工具的作用，并最终成为辅助学生学习的高级认知工具”的观点。但并没有进一步研究和总结。生物学教学与信息技术整合的内涵究竟是什么？整合的模式或策略又是什么？这可能是今后研究的重点之一。

2　中学生物学教学资源开发技术的研究

有关中学生物学教学资源开发技术的研究论文主要集中在多媒体技术和具体课件开发技术方面。

有的论文研究生物学教学资源开发技术（主要是多媒体技术），例如，“ActiveX 控件加入 Flash 动画和视频片段的方法”。也有论文关注生物学数字化教学资源的开发和利用。

有些论文则重研究具体课件的开发。例如，有些教师研究积件在生物学教学中的应用等。他们认为课件与积件的应用是计算机辅助教学最直接的体现。作者认为，随着计算机技术在教学中的广泛使用，多种计算机软件已经被越来越多的教师熟练掌握，利用各种软件进行积件组合，从而可以制作出更具针对性、多样性、有效性、灵活性的教学课件。论文的重要观点之一是，生物学教师在平时应注意制作、收集和整理教学素材，尤其是动画素材。至于动画素材的来源则比较广泛，例如，中国教育台—2、中央一套的“人与自然”栏目和新闻报道、中央三套的“动物世界”栏目、中央十套的“科学世界”栏目、各类科普光盘和教学光盘等。这些动画素材可利用超级解霸中的“分割与合并”工具进行简单的制作，便可成为很好的“生物学教学积件”，只要持之以恒，丰富的“生物学教学积件库”必将为多样化和个性化的课堂教学提供有力的保障。

对于传统的教学媒体的开发和利用研究的论文不多。例如，有的论文重视自制教具在生物学教学中的应用，介绍了“动脉出血和静脉出血模型”“显性基因和隐性基因模型”“染色体和DNA的模型”“制作血细胞头饰”和“小肠皱襞和小肠绒毛模型”5种具体的教具制作与使用。而文章的重要意义是其隐性观点，即在今天多媒体时代，传统教具仍然具有重要的教学价值。

课程资源的开发涉及许多理念问题、策略问题等，也存在许多技术问题，诸如“ActiveX控件加入Flash动画和视频片段的方法”“用Flash打造生物学画版”“数字化教学资源”等具体开发技术的研究。这类研究虽然水平并不太高，但作为生物学教师，如果完全不懂相关技术，也很难设计出能充分利用新技术的课件脚本，也就无法出现非常适切生物学教学的好资源。

许多一线教师的研究表明，随着计算机技术在教学中的广泛使用，多种计算机软件已经被越来越多的教师熟练掌握，利用上述软件进行积件组合，从而制作出更具针对性、多样性、有效性、灵活性的教学课件，是广大生物学教师的主要任务。

2008年相关研究的不足之处在于：(1) 生物学教师在生物学课程资源的开发过程中的作用的研究不够深入；(2) 开展校际间的合作与研究可以避免低层次地重复开发，但如何合作、共同开发和利用信息技术的问题并无成功的案例。

部分文献及评述

1 中学生物学教学资源开发和运用的理念、策略和方法研究

石进德“高中生物新课程教学中课堂教学资源的生成”论文，从案例分析出发，阐述了通过学生的问题、学生的“错误”、教师的“知识空白”、联系生活实际等进行生物学课堂教学资源的生成，深入地开展高中生物学新课程教学实验。其中，文章提出“借题发挥”，利用学生的“错误”生成资源的做法值得借鉴。在课堂教学中，一旦有学生的回答与教师的预设不一致，甚至是

“错误的答案”，教师常会脸露愠色或不知所措，急于下结论加以改正或草草收场了事。因此，也就常常忽视了这些“错误”资源，从而丢失了课堂中的许多“亮点”，浪费了宝贵的课堂动态资源。

张雪群“开发生物学课程资源培养学生现代意识”的论文，认为现代意识是人们的头脑对现代社会现象的反映，具体包括：环保、人口、健康、求异思维、可持续发展等意识。教师在实施生物学教学中，应注意培养学生的现代意识，使学生真正能适应时代的需要。其中关于“求异意识”观点的描述很有特色。文章认为，求异思维是要求学生从同一知识来源，从不同方向探求答案的思维过程。将知识系统化、网络化，才有利于知识的迁移，这是实现学科能力向综合能力转化的基础。

刘真、佘建云、刘恩山“新课程背景下生物学教师网络学习的内容与方法”论文，认为在新一轮的基础教育课程改革中，生物学教师面临着跟进生命科学日新月异的发展、确立新的教学理念和掌握新的教学策略等一系列挑战，只有不断提高自身专业素养才能适应新课程对教师的要求。互联网的出现，使得传统的教师专业发展模式有了新的变化和扩展。通过不受时空限制的网络，教师们可以获知最新的生物学知识，分享高质量的教学资源，反思自己的教学行为以及参与网络研讨等活动。因此，选择有效的内容、采用恰当的方式进行基于网络的学习已经成为教师实现专业发展的一种新的有效途径。文章谈到：（1）基于网络的学习对于新课程背景下生物学教师专业发展的价值；（2）生物学教师基于网络学习的内容；（3）生物学教师基于网络学习的方法等三方面的内容。文章中还提供了一些有价值的网站。

卢福好的“岭南水乡文化资源与初中生物课程整合的实践探索”论文，作者所在学校处于岭南水乡地带，到处是田野、湿地、池塘、河流，蕴涵着丰富的淡水生物、湿地生物等自然资源。该校学生生于斯，长于斯，对生活的家园、自然景观、民风、民俗等这些独特的人文资源，是耳熟能详的。在新的课程标准中，学校的课程包括国家课程、地方课程和学校课程三级课程。所以，该校在开发利用岭南水乡文化资源方面独具优势。他们把岭南水乡文化资源与学校的课程整合起来，在以上三级课程中融入岭南水乡文化资源，丰富和充实本地学校的课程资源，可以支持本地学校课程的发展，并激发学生的学习兴趣，加深学生对本土的认识，培养学生热爱家乡的情怀，提高学生的综合素养，以达到提高本地学校的教学质量和办学水平的目的。作者还在近几年的教学实践中体会到，通过各种途径把岭南水乡文化资源与学校的生物学课程整合起来，是行之有效的方法。

秦亚平“生物学隐性课程资源的开发利用”论文，对学生的生活经验、生成性课堂资源、学生家庭氛围以及教师自身四个隐性课程资源来源进行了总结，并以案例的形式作了剖析。同时，强调了教师在开发和利用隐性生物学课程资源中的作用。文章认为教师是隐性生物学课程资源的发现者和开发者，教师对各类资源的开发和利用能力直接决定了其他资源的利用效益，优秀教师善于积极地发现、引导和开发学生拥有的隐性课程资源。文章的有些观点比较新颖。例如，文章认为显性（有形）课程资源是有限的，而隐性课程资源是不断生成的，是无限的。在新课程的背景下，要确立“课程资源无处不在，瞬时即逝的尤其宝贵”的课程资源观，确立对隐性课程资源的开发意识；立足校内资源，促进校内外无形资源的整合、优化，重视主体内在资源，挖掘师生自身的教育价值，实现课堂教学的最优化。

杨京举“中学生物学课程资料库建设策略之管见”论文，介绍了如何应对新教材和现代教育需求，建设适合中学生物学课堂教学的资料库，培养教师学科教学资源开发策略。文章认为，当前正在进行的课程改革中，多维的知识结构和多元化的教学手段使得广大教师普遍面临教学元素的匮乏局面，许多教师都开始自发建设学科类教学资料库。建立学科资料库，属显性课程资源的系统性开发研究。提出应“遵循课程资源开发与利用原则”和“注重课程资源开发与利用策略”。文章特别提出：资料库构建格局要有可塑性，不能受某版本教材和区域的束缚。目前，中学生物学教材版本较多，新老教材也大有不同，新教材还在不断完善之中，而且课改在各地没有完全铺开，显然按照教材章节编排来分割资料库研究内容不现实。那如何安排资料库构建格局呢？新教材的模块化给出了答案，按学科知识研究体系来划分。对于生物学科，我们可以将所建资料库按照“分子与细胞”“营养与代谢”“生殖与发育”“稳态与调节”“遗传与进化”“生态与环保”“技术与生活”七个模块分类研究。这样的资料库不拘泥于教材章节，能实现和各种版本教材有机整合，从而也就能适应教材的不断改革和发展变化，使教材具有可塑性和可持续性发展空间。

张韶君“让乡土资源走进生物学课堂”论文，分析了该校地处珠江三角洲的旅游度假区和有着丰富的生物资源的特点，提出在生物学教学中，教师可以充分发挥当地的乡土资源，拓宽学生的学习渠道。例如，让当地的特产成为活生生的教学材料，由于学生对自己的乡土是最熟悉的，因此家乡的山山水水、一草一木都蕴藏着极大的教育价值。

童媛“实现初中生物学笔记本的功能多样化”论文，值得借鉴的是论文提出在新课程背景下，初中生物学笔记本的功能也将发生转变，作者在教学过程中大胆尝试，实现了学生笔记本功能的多样化。文章的新颖之处在于“创新课后作业形式”的观点。作者认为，新课程的理念是面向全体学生、提高生物科学素养、倡导探究性学习。传统的课后作业一般脱离社会生活、生产实践，不适应不同学校和不同学生的学习需求，不能体现和培养学生的探究能力和相关的情感态度与价值观。课后作业应该不拘一格，根据教学的具体情况，促进学生个性化发展，如当学生学习了人体的消化系统的知识以后，作者布置的课后作业是一篇科普小短文，主题是关注合理饮食和食品安全。这样，不但检查了学生对知识的掌握情况，还提高了学生应用知识、提高生活质量的能力。

王生宏“初探信息技术与生物教学的整合”论文，从信息技术与课程整合的本质与内涵出发，把以计算机及网络为核心的信息技术作为促进学生自主学习的认知工具、情感激励工具以及丰富教学环境的创设工具。作者认为，全面地运用到各学科的教学过程中使各种教学资源、教学要素和教学环节，经过组合、重构、相互融合，在整体优化的基础上产生聚集效应，促进传统的教学结构与教学模式的根本变革，从而达到培养学生创新精神与实践能力的目标。文章的重要观点之一是，信息技术与生物学科的有机整合，给生物学教学带来了新的生机和活力。在信息技术与生物学课堂教学整合的过程中，信息技术起到了演示工具和交互工具的作用，并最终成为辅助学生学习的高级认知工具。它能充分发挥学生的主动性，为学生创新能力和信息能力的培养营造了最理想的教学环境，而这样的教学环境也正是创建新型教学模式所必不可少的。

谷键立“多媒体教育技术与中学生物教学整合研究”论文，结合当前生物学教学实际，论述了利用多媒体教育技术与生物学教学整合的实践，能提高学生兴趣，减轻学生的负担，大大提高学习效果。教学媒体的应用，不但充实和沟通了各学科知识的传送和相互渗透，而且实现了学科知识内涵的丰富与外延的扩展。

生物学是研究生物的形态、结构、生理、分类、遗传和变异、进化、生态的科学。生物学科的教学注重于宏观和微观两个方面，强调实验能力和科学素质的培养。而多媒体可以化静为动、化虚为实、化抽象为直观；能够拓宽课本知识体系、拓宽教学的时间和空间、拓宽和加深课堂学习的内涵和外延，使生物学的抽象概念变得生动具体。学生对所学的知识看得见、摸得着，更加激发和调动了他们的学习积极性，并有效地提高了他们理解和分析问题的能力。

姚东“多媒体辅助教学在生物学运用中的几个误区”论文，认为随着现代教育技术的发展，多媒体辅助教学也越来越融入到生物学教学之中。当然，随着在教学中广泛使用，某些方面也陷入到一些误区之中。多媒体辅助教学并不是运用得越多越好，关键在于多媒体辅助教学要恰到好处。误区一是多媒体辅助教学中使用的媒体信息越多越好；误区二是在课件中大量使用伴声、图像、动画、视频；误区三是计算机多媒体可以取代其他媒体；误区四是多媒体教学替代教师教学；误区五是多媒体辅助教学代替板书内容；误区六是多媒体模拟实验代替学生实验或演示实验，误区六的危害极大。生物学是一门实验科学，实验、观察、标本的采集和制作等在生物科学中有着十分重要的地位，这些教学手段对于培养学生学习生物学的兴趣、更好地理解生物学基础知识、掌握实验的基本技能、发展他们的智力和培养学生的自学能力、观察能力、科学地分析和理解一些生命现象的能力具有极其重要的作用。虽然多媒体模拟实验的演示性和直观性都很强，但充其量只能培养学生的观察思维能力，而不利于学生动手能力的培养，也不利于对学生进行科学态度和科学方法的教育。当然，对于一些耗时太多、花费过高、在实验室中无法完成的实验，如生长素的生理作用实验、豌豆的杂交实验等，用多媒体模拟倒是很可取的。总之，多媒体辅助教学是不可能完全取代现行的教学方式的，它只能作为一种辅助教学的手段。

俞丽萍“基于认知负荷理论的生物多媒体课件设计误区分析”论文，依据约翰·斯威勒教授提出的“认知负荷理论”，依据工作记忆存储容量有限的特性和认知资源总量恒定的规律，得出结论：如果我们在设计教学时能够尽量减少学习任务中不必要的认知负荷，则可大大提高学习者的学习效率。但是，不良的多媒体组合会增加学习过程中的认知负荷，使多媒体教学不能获得预期的学习效果。多媒体课件设计应遵循认知负荷理论的基本规律。认知负荷与认知资源的关系表明：若要学习有效就必须减少总体认知负荷。两种认知负荷中，内在认知负荷不可改变，那么减少认知负荷的唯一办法便是改变教学材料的设计与呈现方式。为此教师应在认知负荷理论的指导下，通过减少外在的认知负荷即对多媒体教学材料进行科学设计，通过优化教学设计促使学生快速而有效地学习，使多媒体教学真正达到预期的效果。目前对多媒体课件设计的误区分析如下：没有将同时注意的材料整合在一起，导致注意分散效应；信息以冗余的方式呈现，增加工作记忆负荷；以装饰性而不是支持性方式使用多媒体，不能激励内部学习动机；单一感官模式呈现教学内容，降低了工作记忆效率；控制信息呈现速，避免两条信息加工通道同时认知超负荷。论文还对各种误区提出一定的解决方法。

课程改革要求充分利用各种教学资源的主要目的之一是促成教学开放，因此，中学生物教学资源开发和运用的理念、策略和方法研究非常重要。2008 年的有关研究主要集中在：生物学新课程教学中课堂教学资源的生成；选择有效的内容、采用恰当的方式进行基于网络的学习；校本资源、乡土资源的开发；隐性资源的开发；中学生物学课程资料库建设策略等方面。

2 中学生物学教学资源开发技术的研究

胡双全“ActiveX 控件加入 Flash 动画和视频片段的方法”论文，介绍了在利用 PowerPoint 2003 制作生物学课件时插入 Flash 动画和视频片段的基本操作方法。文章针对一些共同的技术问题提出自己的解决方法，主要是有些教师按以上方法操作后，可能发现仍然不能播放动画或视频，原因可能是：(1) 在指定要播放的文件时文件名输入出错，比如多输入了空格、全角与半角字符问题、或是没正确输入文件后缀名。为避免输入出错，最好的方法是直接复制动画或视频文件的文件名（包括后缀名），然后在文件名框中进行粘贴。(2) 文件名输入正确，但仍不能播放。可能是你的课件还没有进行过保存，请先将课件保存在建好的文件夹中，并确保要播放的动画或视频文件也在此文件夹中，然后再试试。再次提醒注意，幻灯片和动画、视频文件须保存在同一个文件夹中。(3) 课件制作完成后，在自己的电脑上播放正常，复制到别的电脑上动画或视频就放不出来。出现这种情况最常见的原因就是有许多教师只复制了幻灯片课件一个文件（即只复制了 ppt 文件），而动画或视频文件却没有一起复制。只要将幻灯片和所用到的 Flash 动画和视频文件一起复制到别的电脑上，一般是不会出现问题的。

崔绪昌“浅谈积件在初中生物学教学中的应用”论文，认为课件与积件的应用是计算机辅助教学最直接的体现。该文阐述了课件与积件的不同，并以实例的方式介绍了积件在具体课堂教学中的应用。作者认为，随着计算机技术在教学中的广泛使用，多种计算机软件已经被越来越多的教师熟练掌握，利用各种软件进行积件组合，从而可以制作出更具针对性、多样性、有效性、灵活性的教学课件。论文的重要观点之一是，生物学教师在平时应注意制作、收集和整理教学素材，尤其是动画素材。至于动画素材的来源则比较广泛，例如，中国教育台—2、中央一套的“人与自然”栏目和新闻报道、中央三套的“动物世界”栏目、中央十套的“科学世界”栏目、各类科普光盘和教学光盘等。这些动画素材可利用超级解霸中的“分割与合并”工具进行简单的制作，便可成为很好的“生物学教学积件”，只要持之以恒，丰富的“生物学教学积件库”必将为多样化和个性化的课堂教学提供有力的保障。

裴景娜“自制教具在初中生物学教学中的应用”论文，介绍了“动脉出血和静脉出血模型”“显性基因和隐性基因模型”“染色体和DNA的模型”“制作血细胞头饰”和“小肠皱襞和小肠绒毛模型”5种具体的教具制作与使用。而文章的重要意义是其隐性观点，即在今天多媒体时代，传统教具仍然具有重要的教学价值。

高原、杨改学“生物标本制作多媒体仿真实验课件的设计与开发”论文，认为生物标本制作是高等教育生物学实验的重要组成部分，依据对标本制作实验教学的现状分析，在进行详细方案设计和充分准备工作之后，组织相关人员对实验进行了多媒体仿真课件的开发。文章完整论述了课件的设计和开发过程。论文着重论及“开发软件工具的选择”，认为良好而合适的软件工具是成功开发多媒体仿真实验课件的基础和保障。这些常用的软件有3D MAX、Visual Basic、Flash等，通过实践得知，3D MAX和Visual Basic软件使用时工作量较大，对制作人员的计算机专业水平要求比较高，而且开发出的课件通常体积庞大，使用时不够灵活、方便。Flash是矢量图形编辑和动画创作专业软件，本身不仅具备逐帧动画、补间动画、变形动画、引导线动画和遮罩动画的创作功能，而且还自带了面向对象编程的Action Script内置脚本语言，面向对象的编程极大地增加了课件设计、创作的自由度，开发者在不必编写大量程序的情况下就能够轻松开发出交互性极强的仿真实验，因而Flash软件成为我们开发仿真实验课件的最佳选择。Authorware 软件采用面向对象的设计思想，是一种基于图标和流线的多媒体开发工具。Authorware将多媒体素材交给其他软件处理，自身则主要承担多媒体素材的组织和集成工作，能够结合其他多种软件开发工具，共同实现多媒体的功能。因而 Authorware 成为平台搭建、环境开发的优秀软件。在开发仿真实验课件过程中，需要对大量的视频、声音、图形、图像等素材进行处理，所以还需要应用 Premiere、Cool Edit Pro、Photoshop 等软件辅助多媒体仿真实验课件的开发。

程莉君、高学林“中学生物学数字化教学资源的开发和利用”论文，提出数字化教学资源是指按照课程内在逻辑关系构建的，由通过数字化媒体制作和使用的教学素材构成的可扩充再造的开放式教学支持系统；数字化教学资源是课程资源的一个重要组成部分。由于数字化教学资源是随着近几年来信息技术的发展应运而生的课程资源，成熟的东西不多，目前中学生物学科的数字化教学资源还是以开发多媒体积件和网络教学的探索为主，缺乏一定的体系，多数不能适应新课改的需要，教育思想陈旧，教学内容和方法过时，不能直接用于授课，更无法实现有效交流和共享，低水平的重复性开发资源现象严重。文章认为，课改目标应当是资源开发和运用的价值取向。在数字化教学资源运用中“书本教材再现式”的、“灌输辅助式”的、“板书替代式”的、网络教学形式化的教学模式很多，导致数字化教学进入误区。课程改革呼唤信息技术的支撑，信息技术的运用渴望新教育理念的指导，资源的生命力在于运用。在生物学教学中数字化教学资源开发和利用并举并重，一定能使生物学教学得到最优化。

许多一线教师的研究表明，随着计算机技术在教学中的广泛使用，多种计算机软件已经被越来越多的教师熟练掌握，利用上述软件进行积件组合，从而可以制作出更具针对性、多样性、有效性、灵活性的教学课件，是广大生物学教师的主要任务。例如对于中国教育台、中央一套“人与自然”栏目和新闻报道、中央三套的“动物世界”栏目、各类科普光盘和教学光盘等内容，可利用超级解霸中的“分割与合并”工具进行简单的制作，便可成为很好的“生物学教学积件”，只要持之以恒，丰富的“生物学教学积件库”必将为多样化和个性化的课堂教学提供有力的保障。同时，研究表明，开展校际间的合作与研究，共同开发和利用信息技术可以事半功倍，提高效益。

论文摘要

用 Authorware 制作“中学生物学教学系统”（一）

曾 波

论文通过案例论述了使用 Authouware 制作教学资源的具体问题，认为该软件使用非常方便，特别是结合博客或者学校校园学习网，发布交互性的习题检测学生学习效果，受到教师和学生的欢迎。但是此软件功能还不是很强大，模块不是很多，而且汉化得不是很好，针对生物学习题，有 JCross（填空游戏）和 JMix（句子重组）两个模块不能使用。同时生物学习题有很多图表，输入比较繁琐，如果能整合生物画板的功能就更强大了。

《生物学教学》2008 年第 5 期

新课程理念下，生物学教师个人课程资源的构建

徐瑞雅 王淑敏

论文认为，新课程倡导课程共建的文化，需要教师重新认识自己的角色，教师不再是专家编写的教科书的忠实执行者，而应是与专家、学生、家长、社会人士等一起共同建构新课程的合作者。新课程为教师和学生提出了更多的自主发展、主动发展的机会，也从多方面对教师提出了新的要求。教师作为教学的组织者和执行者，在教学中担当主导作用，新课程要求教师能担当“主持人”角色，具有“演讲家”的魅力、“艺术家”的风采、“政治家”的气度、“军事家”的谋略。因此，教师才是所有课程资源中最为重要的资源，是素材性课程资源的重要载体，教师的素质状况决定了课程资源的识别范围、开发与利用的程度以及发挥效益的水平。因此，教师主动构建个人生物学课程资源的过程，就是一个教师主动学习、不断提高自身业务素质和学科能力的过程，它对提高教师的学科理念，追随新课程改革的时代潮流，勇做开拓创新型、终身学习型的新型生物学教师，都将起着极大的推进作用。

《教学与管理》2008 年第 5 期

生物学实验教学资源的开发与应用

刘天学 李俐俐 毛健民 杨同文 朱自学

文章阐述了生物学实验教学资源的分类、作用、开发原则和

途径，并就生物学实验教学资源的应用进行了探讨。其中，文章特别提出了生物学实验教学资源开发的基本原则：1）协调性原则。生物学实验教学资源的开发是一个复杂的系统工程，内容丰富，涉及面广，需要各级政府、教育主管部门、高校领导、教师、学生、民间组织乃至个人等共同参与，协调进行。2）以人为本的原则。高校最根本的任务是为社会培养人才。坚持以人为本的原则，就是以提高教师实验教学水平和学生的生物学素质为基本出发点，加强生物学实验教学师资队伍建设，面向全体学生制订切实可行的实验教学方案。3）开放性原则。生物学实验是一个开放系统，实验内容与自然界和人类社会息息相关，有些实验是对生物体形态结构的观察，有些实验是对生命规律的探索与验证，有些实验是对生命体结构及生命过程的模拟。因此，生物学实验不能拘泥于实验室这一狭隘的空间，更应该到大自然中去，到广阔的田野中去，只有这样才能开阔思路，有所发现，有所创新。

《周口师范学院学报》2008 年第 9 期

民族地区生物学教学应为当地经济发展服务

何德烈

文章提出如何有效地进行民族地区的生物学教学的问题，并认为：(1) 教师应利用生物学课堂教学这一主渠道，在推进素质进程中，不断拓宽教学的知识领域。尽量将课本知识渗透到农作物的种植和动物的饲养等实用技术中去，与当地经济发展相衔接，以缩短课堂和社会的距离。(2) 教师应利用活动课，让学生走出课堂，亲自到田野、菜棚、猪场和牛场等进行实践学习，将学到的课本知识应用到种植和养殖的实际操作中去，做到理论与实践的统一。(3) 教师应依据当地经济发展的需求，调整课程内容设置，自编乡土教材。如编写《小麦的田间管理》《果树的整形与防病》等，让每位学生在生物学的学习过程中学掌握几门实用技术，丰富他们的知识，提高他们的素质。

《读与写杂志》2008 年第 1 期

农村中学生物学教学的优势

张培銮

论文的主要内容是：(1) 农村中学直观教具取之不尽。很多学校校园里一片片碧绿的草坪四季如春，种类繁多的风景树、果树枝叶茂盛，五颜六色的鲜花开遍校园，令人心旷神怡；校园外有大片的农田、菜园、果园、树林、池塘、小溪、农牧场……生机盎然。许多学生家里或邻居养猪、养鸡、养鸭、养鸽、养牛、养牛蛙……学生可以接触到的动物种类繁多。校内外优越的生态环境和多样的生物群落为教师提供了取之不尽的直观教学资源，这是城市中学所无法相比的。(2) 第二课堂教学空间广阔。优势表现为采集制作标本的优势，培养学生科技探究能力的优势。(3) 活学活用服务当地经济发展的优势等。

《广东教育》2008 年第 6 期

泰州市农村初中“四项配套”工程生物学教师培训的实践和思考

黄　敏

文章从调查入手，分析了来自 124 所农村初中的生物学教师或实验员提供的学校基本情况、生物学教师情况、实验室情况、实验开出率和实验教学情况进行访谈，发现的突出问题如下：(1) 义务教育阶段初中新课程改革已经整整 6 年了，这批学员竟然绝大多数人还没有《课程标准》，或有但平时备课根本不看课标。(2) 由于一些学校对于升学不考的科目很不重视，待遇差，一些学校领导视生物课为人人都可以教的副课，兼教生物课的现象普遍，参加此次培训的老师 70％左右是兼课的生物学教师。(3) 由于实验经费与实验课时没有保障、实验条件的缺乏或实验指导能力不够或会做不想做，实验开出率低，很多学校不开生物学实验，只是在黑板上画实验、讲实验，或让学生念实验、背实验。(4) 不少学校对生物学实验教学不作要求，任其自然，随意性很大。生物学实验教学无学期计划、实验课带领学生操作一些验证性的实验，不要求写实验报告、对实验教学没有考核。(5) 有的学校生物标本保存不善，被虫蛀，或霉烂等；仪器设备损坏常得不到及时维修，有仪器设备尘封多年不用，其原因是怕学生用坏。(6) 初中生物学任课教师或实验员认为在评职称、评优、福利、劳保方面学校对他们存有偏见，在认定实验教学工作量时，同工不同酬。不少人从未参加过任何短期培训、从未参加过校际教研活动，校园网还没有通到教师办公室，进修途径缺乏，业务素质难以提高。文章针对以上现实，提出了相应的解决建议。

《中国现代教育装备》2008 年第 5 期

中学生物学教育资源网站推介

红　丽　蒋小满　王　晓

该论文推介了若干生物学教育网站，并对各网站进行了相应的介绍。例如，文章介绍的“中国生物课程网”是中国教育资源服务平台，即新思考网下设的一个子网，主要收录了初中和高中生物学的教学论文、教学设计、图片、试题和课件等资源。网站设置了“教学设计”“教材研究”“测量评价”“课外空间”“生物技术社会”“生物论坛”等栏目。其中“教材研究”主要包括现行版本的生物学教材、国内外优秀教材的介绍和评价报告等。“测量评价”主要介绍新课程改革实验区考试的最新动态，体现了新课程理念的可操作性评价方法等。“生物技术社会”主要介绍当前生物技术发展及应用的最新动态。“生物论坛”定期举行在线研讨活动，生物学教育专家与一线教师可以以此为平台进行交流。其他还介绍了中国基础教育网——生物、中国教育曙光网——“了解生命”专题、生物学教育网等。

信息技术在生物学实验教学中的应用

顾　彪

生物学实验是生物学教学的重要组成部分，通过实验让学生验证所学知识，探究未知世界，培养学生多方面的能力。但是，在实际教学中由于各种客观原因，并不是所有实验都能够通过学生的亲自操作完成的。例如，有的实验过程太快，只能够看到结果而无法观察到中间过程；有的实验过程耗时太长，在课堂上无法完成；有的场景太大或有危险性而无法进行，等等。将信息技术应用到生物学实验教学中来，不仅可以解决以上一些难题，而且还带来了传统教学手段所不具有的功能。采用的方法有拆分实验、缩小实验、放大实验、动静互换等。

《教学仪器与实验》2008 年第 10 期

高中生物学课程资源开发与利用的调查研究

钱　洋

文章认为，学校缺乏开发利用生物学课程资源的支持环境，教师要成功开发和利用课程资源，除了自身因素，还需要一些外部条件的支持。首先要取得学校的支持和帮助。而调查发现，有些中学校长没有课程资源意识，对教师开发利用课程资源不愿意提供经费和政策的扶持。其次，家长的理解和支持也是不可缺少的因素。而调查中大部分家长以为只要学生能考出高分，开不开发课程资源无所谓。最后，教师在开发课程资源的过程中必须思考、尝试、交流，必须查找相关资料，这就需要一定的时间和精力。为此，文章提出应加大课程资源的投入力度，在当前的教育经费存在严重短缺的困难时，要缓解这一矛盾首先应加大国家教育经费的投入，特别在课程资源的投入上要优先予以保证。同时，教育管理者要多方面积极筹措资金，高效益地使用资金，保证用于课程资源开发和利用资金的落实与有效使用。完善生物学课程资源开发利用的政策保障体系。

《中学生物学》2008 年第 9 期

多媒体课件在中学生物学课堂教学中的优势和局限

王雯斌　解金辉

多媒体课件在中学生物学教学中有着容易引起兴趣、便于理解难点、提高课堂效率等优势，但与传统教学手段如板书、实验等相比又有其局限性，认清其优缺点有助于在教学过程中扬长避短，提高课堂效率。文章提到多媒体课件在课堂教学中的局限性。例如，直接显示答案，限制了学生的想象力。学生的学习是一种思维活动，思维贯穿于学生学习的始终，离开了思维，任何能力都难以形成和发展。多媒体课件画面制作得越精美、直观、形象，越拉远学生与课本的距离，扼杀学生的想象，影响学生的个性阅读和独立思考，使课堂教学效益大打折扣。一味以直观形象的画面代替文本阅读，必然会弱化学生的语言感受能力、阅读能力和想象能力，甚至造成学生思维水平的停滞不前。再例如，过多演示实验，限制了学生的动手能力。生物科学是一门实验科学，没有实验就没有生物科学的成就。让学生在实验室亲自动手操作，既能锻炼学生的动手能力，更有助于对教材知识的深入理解。

《中学生物学》2008 年第 4 期

警惕信息技术与生物学科教学整合的盲目性

于玲玲

作者结合从教几年来的切身体会，认为信息技术与生物学科教学整合的优越性主要体现在以下几方面：课堂容量大；有利于解决重点和难点问题；有利于激发学生学习兴趣。在承认以上优点的基础上，作者提醒要警惕信息技术与生物学科教学整合的盲目性。作者认为，R对一些过于抽象与难于理解的知识点完全可以借助多媒体教学手段的直观形象来加以解决。然而，在实际教学过程中，对一些普通的知识点有些教师往往通过多媒体的方式来展示在大屏幕上，而教学过程中的重点问题和难点问题，教师反而抛弃了利用多媒体的优势，是通过讲述的方式来让学生理解。换句话说，在突破重点和难点问题的时候，教师往往依然是利用传统教学的方式，而并没有利用多媒体教学的优势。这一点在我们对大量教师的教学课件和教学设计的分析上也得到了验证。

《中国教育技术装备》2008年第16期

充分利用本地国家森林公园资源开展环境教育

吴卫明

论文认为，环境问题是当今全球面临的严峻问题，环境教育是解决环境问题的重要手段之一，是可持续发展的根本保障。国家森林公园具有较大的开展环境教育的优势和潜力。充分利用本地区国家森林公园资源对学生进行环境教育，不仅可以增强学生本身的环境意识，也能使他们在未来的社会中懂得如何利用和保护资源，如何保护人类的环境，实现社会可持续发展。本文就如何利用国家森林公园来开展环境教育工作做了有益的探讨。方法包括：(1) 自制CAI课件辅助教学，用园区美丽的风景熏陶环境之美，崇尚绿色，融入自然。在课件中呈现泉水的叮咚、百鸟的鸣叫、动物的嬉戏、草木的翠绿，再加上选用精美的风光图片作为课件背景，清新脱俗，赏心悦目，令人向往，这是任何语言难以言传的环境之美的意境，能取得其他教学手段难以达到的理想环境教育效果。(2) 利用破坏的边缘，警示环境现状，树立环境危机意识。以森林公园破坏的边缘为题材，把收集的数百幅摄影作品和宣传画图片以及生动的视频分别从水土流失、森林植被破坏、野生动物偷猎、园区白色污染等方面一一再现园区及周边生态环境恶化的真实状况，以触目惊心的视觉形象，警示学生爱护自然环境，唤醒他们对生存环境的深深忧患，树立环境危机意识。(3) 建立环境教育基地，开展生态体验，培养环境意识和技能环境教育基地是环境教育拓展和延伸的课堂，是实现环境教育根本目标的有效途径。

《中国科教导刊》2008年第11期

学　科　动　态

概　况

广义地说，中学生物学课程研究主要包括生物学课程编制理论的研究。例如，确定课程目标、选择和组织课程内容、实施课程和评价课程，完成课程计划、课程标准（或教学大纲）和编制教科书等。新课程设置的目标非常明确，就是要让每个学生得到充分发展。新课程改革以来，学科课程的变革受到学校和教师的重视，新课程和实施新课程的研究进展顺利。但是，许多课程改革的目标并未真正达到。例如，实施校本课程和改变学生的学习方式都对学生的充分发展具有十分重要的作用，但目前状况并不乐观，应该有针对性地思考解决问题的思路。

课堂教学是教育教学的主要过程。课堂教学一直面临着时代的挑战和教育问题的考验，其原因既由社会急剧变革和快速发展必然带来的对于公民素质和人才培养的新的诉求所决定，又由现行教育体制发展过程中自身存在的诸多问题所决定。新课程改革以来，生物学课堂教学改革受到学校和教师的重视，研究如何使用新教材和实施新教材的课堂教学进展顺利。但是，在一线生物学教学中，为什么教、教什么的老问题仍然困扰着广大普通生物学教师。例如，一方面，生物学教师认同生物课程标准提出的新课程理念；另一方面又面对日益沉重的“评价改革滞后”的现实和社会、家庭的种种压力。如果这些问题不能得到有效解决，课程改革期待的课堂教学变革必将成效甚微。

早在20世纪20年代，泰勒就提出了一套以教育目标为核心和依据的课程和测验编制的原则，试图以此把社会的要求、学生的需要反映在课程与测验中。根据泰勒的理解，教育评价就是衡量教育活动达到教育目标程度的一种活动，主要分为形成性评价和终结性评价。形成性评价重视对学生学习过程的评估和评判。它通过多种渠道多种方法收集、综合和分析学生日常学习的信息，了解学生的知识、能力、兴趣和需求，着眼于学生潜力的发展。由于中考和高考的本质是终结性评价，新课程改革重视教学的形成性评价而不仅仅是终结性评价的理念难以真正体现。目前，生物学科评价体系仍然是阻碍课程改革的最主要因素之一。国家教育行政部门和考试主管机构应将中考和高考改革这一“牵一发而动全身”的研究放在绝对优先考虑的位置。

教师和教育一样，是一个古老而又能常常引起人们重新思考的话题。只要时代处在深刻变革的转折关头，人们就会重新审视现有教育，就希望赋予它新的使命，就会提出教师质量和教师发展的问题。近年来随着对基础教育新的质量要求与目标的明晰，随着课程、教材改革和学校内部的教育、教学改革的深化，有关教师及教师教育的研究也日趋活跃。教师教育中一直受到忽视的问题之一是生物学教师的学科教育研究能力的培养。生物学教师通过开展学科教育研究工作不仅能提高自己所任教学工作的质量，也是提高自身专业素养的有效途径。例如，我们探讨了许多年的变“教教材”为“用教材教”的问题，新课程改革以来仍然没有得到改观。教师的职前培养“追逐学位”，职后培养“受制于繁重的教学任务”，教师处于“流出多流入少”的“蜡烛燃烧”状态，专业发展谈何容易。

会议和交流活动

第四届全国高等师范院校生物学课程与教学论专业学术研讨会

李　健[①]　宋锡全[②]

为了进一步加强生物学课程与教学论领域研究成果的交流，探讨中学生物学课程、教材的发展，促进高素质生物学教师或科学教师教育的发展，商榷高等院校生物学课程与教学论研究生的培养，以推动我国生物学课程与教学论的发展迈向一个更高的台阶，由贵州师范大学主办的“第四届全国高等师范院校生物学课程与教学论专业学术研讨会”于2008年7月25日至28日在贵州省贵阳市贵州师范大学举行。

来自全国59所高等院校生物学课程与教学论专业的专家、学者及研究生代表共123人参加了本次会议。北京师范大学的刘恩山教授、华东师范大学的陆建身教授、南京师范大学的汪忠教授、陕西师范大学的张迎春教授、河北师范大学的付尊英教授、

① 李健，贵州师范大学生命科学学院.
② 宋锡全，贵州师范大学生命科学学院.

以及浙江师范大学的陈秉初教授等应邀出席了本次会议。

大会由贵州师范大学生命科学学院李亚军副教授作引言，会议开幕式由贵州师范大学生命科学学院宋锡全教授主持，贵州师范大学副校长李存雄、贵州师范大学研究生处处长谢廷秋分别代表主办方致开幕词，北京师范大学生命科学学院刘恩山教授代表来宾致开幕词。

大会分为特邀嘉宾讲座、学术交流、学术座谈和参观考察四个部分。在特邀嘉宾讲座上，刘恩山教授作了“从科技创新大赛看生物学教师教育的改革”的报告，刘教授根据目前国内的情况和国际上高校教育已有的研究和经验提出以下建议：我国应该在生物学（理科）教师教育（特别是师范生教育）计划中加强学生独立或小组完成研究项目的要求和内容，并主动实施相关方案；允许并鼓励教育硕士在生物学科学研究领域选择学位论文选题。陆建身教授作了“生物学科教育研究生的培养目标及教育质量控制”的报告，陆教授根据我国的现状和时代的发展需求，提出生物学教育研究生培养目标是培养未来的生物学教育专家，对教育全程质量控制分为三个阶段即：第一阶段为入学考试选拔控制，科学考试是基础和关键；第二阶段为入学到毕业培养控制，课程内容、导师水平和学生努力缺一不可；第三阶段为毕业考核，研究生学位论文答辩控制，论文质量和学生实际水平“出厂”把关检验。汪忠教授作了“用教材教还是教教材”的报告，报告指出在新课程理念下，教材的一“标”多“本”使教师们的思想得到了解放。面对多样化的教材，教师必须面对“用教材教”，还是“教教材”的两难选择。汪教授对美国、我国台湾地区以及苏教版高中生物学教材的功能进行了比较和分析，通过分析说明教材的功能是阐述课程标准具体内容、培养学生自主学习能力、强化科学课程的情感教育以及积极培育创新思维。总结了教师的“教材观”影响“用教材教”还是“教教材”，教材的“功能体现”影响“用教材教”还是“教教材”。张迎春教授作了“我们应怎样进行研究?”的报告，张教授对生物学课程与教学论研究生在研究生阶段怎样学习做研究以及研究什么问题提出了建议，认为对生物学课程与教学论研究生的研究定位应明确为具有深厚生物学专业背景的高素质教育人才，认为研究的问题首先应当是教育问题，其次是学科教育问题。付尊英教授作了“河北版课程标准高中生物学教材特点”的报告，报告详细介绍了河北版高中生物学教材的特点。接下来的学术交流分成三个分会场，共25位教师和同学作了学术交流报告，报告包括了新课改背景下的高师教育问题、生物学教师的培养和生物学教学方法的探究等问题。学术座谈会分为两场，分别为教师座谈会和学生座谈会，座谈会进行的非常热烈，大家积极地交流了各自正研究的问题。

此次会议是生物学课程与教学论专业相关人士的第四次相聚。虽然相聚时间短暂，但进行了充分而有益的交流，收获丰富。与会人员一致认为，今后更要加强交流，相互促进，把握当前的大好机遇，为生物学教育事业作出更大贡献。

2008 中美数学与科学教育研讨会

US - Sino Workshop on Mathematics and Science Education (2008/6/22 - 6/27，Middle Tennessee State University)

汪 忠[①]

中美数学和科学教育研讨会是由位于美国田纳西州默夫斯里伯勒市中部的田纳西州立大学和位于中国甘肃省兰州市的西北师范大学联办的。田纳西州立大学和西北师范大学的伙伴关系是在2003年建立的，当时，两所大学都参加了由美国州立学院及大学联合会和中国教育国际交流协会主办的中国领导能力培训计划，此次研讨会的举办是促进两所大学互相合作的活动之一。

此次研讨会是田纳西州立大学校长西德尼和西北师范大学校长王利民在2006年的一次会晤时提出的，针对当前两国在数学和科学教育上的改革，两位教授一致认为讨论认识两国的共同优点既可以促进合作又对数学和科学教育发展有好处。西德尼和王利民校长分别委托米勒黛安和邓华陵作为田纳西州立大学和西北师大的代表担任协会主席。

举办这次研讨会的目的是为来自中国和美国的数学和科学教育研究者提供一个讨论问题交流观点的机会，他们就各自研究内容的六个方面问题进行讨论交流，这六个方面分别是：课程（设计及实施）、设置、教师培训（培训将走进课堂的教师）、专业发展（当前教师的继续教育）、技术与数学教育的结合，以及使教育水平低下的群体受到数学和科学教育。

中美数学和科学教育研讨会自2008年6月22日至28日在美国田纳西州州立大学举行，会议的宗旨是资源共享促进合作，协会组织者希望在本协会中广泛认同的观点能够为研究人员提供研究框架、方向以及动力来建立一种多元的合作的研究关系。

中美数学和科学教育研讨会邀请了中国生物学教育研究学者共计3位，分别是兰州师范大学生命科学学院龚大杰教授、北京师范

① 汪 忠，南京师范大学生命科学学院.

大学生命科学学院刘恩山教授和南京师范大学生命科学学院汪忠教授。会议收集了两国数学与科学教育学者的论文。美国的生物学教育很少独立于科学教育之外，多数学者更多的是研究综合的科学教育。其中龚大杰教授、刘恩山教授和汪忠教授的3篇论文在会议上进行了交流。龚大杰教授的论文主要论述了在中学生物学教学中使用的多媒体技术；刘恩山教授的论文主要论述了教师培训的网络途径；汪忠教授的论文则从中国大陆、台湾和香港三地初中学生学习的不同的生物学的比较得出初中生物教学的目标应该是包括知识、能力和情感的三维目标。会议期间中美学者还对两国生物教学中的"黑板上讲实验"或"Talking Lab"的问题与解决方法进行了较为细致的探讨，也达成了进一步合作的意愿和计划。

附：部分会议交流的研究文章

[1] 初中生应该学习哪些生物学知识　　汪忠

[2] 科学认识论的自动调节：促使对元认知的研究　　惠伦·彼得斯

[3] 专业发展：为科学教师服务　　惠勒·杰拉德

[4] 新课程背景下生物学教师网络学习的内容与方法　　刘恩山

[5] 科学教师在教学过程中构建三人学习小组　　贝尔·托德坎

[6] 准确理解"评价"在科学教育改革中所处的地位和意义　　艾代尼兹·麦赫迈

[7] 将国际化评价作为促进学生学习的手段：我们在哪以及我们将去哪　　蔡金发

[8] 利用等级分析决定"探究评价指数"的权重　　付民

[9] 中国新课改和初中生物课存在的问题　　高凌彪，仲梅

[10] 在教学中应用计算机技术：促进批判式思考的必要以及将计算机技术导入教学过程中去　　巴特勒·凯尔

[11] 计算机专业知识的积累对教师学习的影响　　卡迪·约安

[12] 在中学生物学教学中使用多媒体技术　　龚大杰，郝越和穆迈

[13] 学习有障碍的科学家的特征　　梅力·克里斯他

[14] 对西部教育现状的分析及对策　　胡玉来

附：2008 中美数学与科学教育研讨会英文目录 (TABLE OF CONTENTS)

教师继续教育

关于中学生物学教师科研素养的调查与思考

高　远[①]

摘　要 《中共中央国务院关于深化教育改革全面推进素质教育的决定》提出的“全面推进素质教育，促进学生身心全面发展”已成为我国当前教育改革的核心。《决定》还进一步指出“建设高质量的教师队伍是全面推进素质教育的基本保证”。“教师成为研究者”已成为教师专业化发展的一个重要趋势，教育理论研究和教育实践训练的融合在教师的专业成长和专业发展中发挥着主导作用。教师只有科学地研究教育，才能不断加深其对教

① 高远，盐城师范学院生物系.

育事业发展和教育活动内在规律及表现形式的认识，才能提升人们在教育活动中的自由度和扩展创造空间，才能进行科学的教育，从而切实保证素质教育的实施。本文调查范围为江苏省盐城市，拟从一个“点”分析问题，并作出相关思考。

关键词　教育科研素质　教育科研　中学生物学教师

1　研究目的和方法

1.1　研究目的

本调查研究的目的在于了解盐城市中学生物学教师的教育科研精神、教育科研意识、教育科研知识以及教育科研能力。

1.2　研究方法

1.2.1　问卷调查法

（1）问卷的编制、预测与修订

本文采用文献检索法，并有选择地参照了冯琛、龙承建、同翠萍等老师研究所采用的调查问卷，结合自身对教育科研素质的理解，拟订了本次研究所用的调查问卷。

问卷初稿完成后进行预测，预测的对象是盐城师范学院 2006 年暑期生物学骨干教师培训班部分学员。根据预测的结果以及其中几位中学生物学教师的建议，对问卷进行了修改，修改后的问卷共 20 题。

（2）问卷的发放与回收情况

从 2007 年 2 月到 2007 年 4 月，共向盐城市中学生物学教师（教龄在 9～11 年之间）发放问卷 86 份，回收问卷 80 份，回收率 93%。其中中学二级教师 37 人，中学一级教师 43 人。

1.2.2　访谈

访谈是针对问卷中所涉及的几个问题所考查的内容进行补充研究，主要从中学生物学教师对教育科研精神、教育科研意识、教育科研知识、教育科研能力等方面进行访谈，希望补充问卷所遗漏或不足的信息。

2　调查结果

2.1　中学生物学教师的教育科研精神状况

表 1　中学生物学教师的教育科研精神的调查结果

调查内容	主要选项	人数（个）	比例（%）
您平时阅读各种教育报刊和生物教育专业理论书籍的情况	经常	10	12.5
	偏多	27	33.8
	偏少	36	45.0
	极少	7	8.7

续表

调查内容	主要选项	人数（个）	比例（%）
您每周用于生物学教育科研的时间	1 小时左右	29	36.2
	2 小时左右	38	47.5
	3～5 小时	8	10.0
	5 小时以上	5	6.3
当您遇到生物学教育教学问题时，您主要通过哪种方式解决	自我研究和思考	23	28.8
	和同事交流解决	25	31.2
	查阅书刊杂志	32	40.0
当您在教育研究中遇到困难时您会怎么办	非常努力去克服	18	22.5
	比较努力去克服	21	26.2
	放弃努力去克服	41	51.3
您怎样应对当前中学生物学课程改革	观望	12	15.0
	消极抵制	41	51.3
	积极响应	27	33.7

如表 1 所示，12.5%的中学生物学教师平时经常阅读各种教育报刊和生物教育专业理论书籍，33.8%的中学生物学教师较多地阅读，有 52.8%的教师平时偏少或极少阅读；用在教育科研的时间，36.2%的教师每周只有 1 小时左右，在 3 小时以上的只占 16.3%，通过访谈，绝大多数中学生物学教师科研工作量占总工作量不足四分之一；28.8%的中学生物学教师遇到教育教学问题时自己研究和思考，31.2 %的教师和同事交流解决，40%的教师查阅书刊杂志。只有 22.5%的中学生物学教师在教育研究中遇到困难时会非常努力去克服；33.7%的中学生物学教师积极响应当前中学生物课程改革，51.3%的教师消极抵制，15%的教师持观望态度。

2.2　中学生物学教师的教育科研意识状况

表 2　中学生物教师教育科研意识的调查结果

调查内容	主要选项	人数（个）	比例（%）
您同意教育科研能力是教师业务能力高低的重要体现吗	同意	51	63.8
	不同意	29	36.2
您认为教育科研相对于学校发展居何等地位	主导地位	45	56.2
	亚于教学活动	30	37.5
	不清楚	5	6.3

续表

调查内容	主要选项	人数（个）	比例（%）
您认为中学生物学教师从事生物教育科研是否有必要	非常必要	30	37.5
	有必要	36	45.0
	无必要	10	12.5
	说不清	4	5.0
您参加生物学教育科研最主要动机是	提高自身科研能力	18	22.5
	改进教学	26	32.5
	评职称所需	30	37.5
	服从学校安排	6	7.5
您在平时生物学教学中对科研的思考情况	经常思考	16	20.0
	偶尔思考	52	65.0
	没有思考过	12	15.0

如表 2 所示，63.8%的中学生物学教师同意教育科研能力是教师业务能力高低的重要体现；56.2%的教师认为教育科研相对于学校发展居主导地位，37.5%的教师认为亚于教学活动，6.3%的教师说不清；82.5%的中学生物学教师认为从事生物学教育科研非常有必要或有必要，只有 17.5%的教师说不清或认为无必要；22.5%的教师参加生物学教育科研最主要动机是提高自身科研能力，32.5%的教师是为了改进教学，37.5%的教师是满足评职称需要，其余则是服从学校安排；20%的教师平时在生物学教学中经常思考科研，65%的教师偶尔思考，15%的教师没有思考过。通过访谈发现，绝大部分中学生物学教师认为教育科研与教学之间存在着比较统一的关系。

2.3　中学生物学教师教育科研知识状况

表 3　中学生物学教师教育科研知识的调查结果

调查内容	主要选项	人数（个）	比例（%）
您知道教育科研论文的写作要求吗	知道	27	33.8
	不知道	53	66.2
您对中学生物学教育科研的方法了解程度	非常了解	11	13.7
	基本了解	23	28.8
	了解不多	34	42.5
	不了解	12	15.0

续表

调查内容	主要选项	人数（个）	比例（%）
教育科研是什么	教育科研就是课题	11	13.7
	教育科研是探索并解决教育领域中发生的现象的创造性	20	25.0
	教育科研就是实验	5	6.3
	教育科研就是研究学校教学工作中产生的问题	44	55.0
您目前教育科研的基本理论知识最主要来自	职前教育	51	63.8
	学校或上级组织理论培训班	5	6.2
	职后的学历进修	10	12.5
	工作中发现问题后自觉学习	14	17.5
您对与生物学专业有关的教育教学研究新进展了解程度	非常了解	15	18.8
	比较了解	20	25.0
	不太了解	36	45.0
	完全不了解	9	11.3

如表 3 所示，66.2%的教师不知道生物学教育科研论文的写作要求；13.7%的中学生物教师对中学生物学教育科研的方法非常了解，28.8%的教师基本了解，42.5%的教师了解不多；超过50%的中学生物学教师对教育科研是什么的回答是错误的。通过访谈，有 60%左右的中学生物学教师对教育科研的一般程序不了解；63.8%的中学生物教师认为自己目前教育科研的基本理论知识最主要来自职前教育；18.8%的中学生物学教师对与生物专业有关的教育教学研究新进展非常了解，25%的教师比较了解，45%的教师不太了解。

2.4　中学生物学教师教育科研能力状况

表 4　中学生物学教师教育科研能力的调查结果

调查内容	主要选项	人数（个）	比例（%）
近 5 年来您发表文章数量	0 篇	3	3.7
	1～3 篇	55	68.8
	4～6 篇	14	17.5
	7 篇以上	8	10.0

续表

调查内容	主要选项	人数（个）	比例（%）
您是否能将自己或他人的教学研究成果运用于自己的生物教育教学活动中	能	35	43.7
	否	45	56.3
您所从事的生物教育科研课题的来源	教育教学实际	23	28.8
	学校安排	21	26.3
	自己兴趣	11	13.7
	社会热点	15	18.8
您能根据研究目的来自行设计并制订科学、可行的研究计划吗	能	11	13.7
	基本能	43	53.8
	不能	16	20.0
在生物教育教学中，您能敏锐地发现和把握出现的问题，并做出积极思考吗	不能	25	31.2
	比较能够	39	48.8
	能	16	20.0

如表 4 所示，10％的中学生物学教师近 5 年来发表文章 7 篇以上，17.5％的教师发表 4～6 篇，68.8％的教师 1～3 篇，只有 3.7％的中学生物学教师未曾发表过文章；43.7％的中学生物学教师能将自己或他人的教学研究成果运用于自己的生物学教育教学活动中，56.3％的教师不能；28.8％的中学生物学教师从事的生物学教育科研课题来自于教育教学实际，26.3％来源于学校安排，13.7％源于自己的兴趣，另有 18.8％来源于社会关注的热点；13.7％的中学生物学教师能根据研究目的来自行设计并制订科学、可行的研究计划，53.8％的教师基本能够，20％的教师不能；31.2％的中学生物学教师在教学中不能敏锐地发现和掌握问题，48.8％的教师比较能够，20％的教师能够做到。

3　调查结果分析

3.1　对中学生物学教师教育科研素质现状的分析

首先，中学生物学教师缺乏积极进取的科研精神。从科研过程来看，大部分教师仅仅从观念上认同了教师应该参与科研，但是他们在行动参与上还明显不够。据调查、访谈，教师每周用于生物学教育科研的时间在 2 小时以上的只占 17.6％，当遇到生物学教学问题时只有 35％的教师自我研究和思考；近三年内许多老师除了发表 2～3 篇教学论文外未参与其他教育科研。同时由于人的天性本能，存在着一种“惰性”倾向，引用到课堂教学中那就是：既然我以前的教法可以使学生得高分，为什么还要费力尝试其他的课堂教学呢？因此教师对课改的反应，18％观望，60％消极抵制，只有22％积极响应。究其原因一是很多学校领导只把科研作为提升学校知名度的手段，没有重视科研本身对学校教学的作用，科研课题与学校教育活动脱节。二是大部分生物学教师发表论文的目的是为了评职称，科研过程明显体现出重外在效能、忽视内在效能的情况，再加上学校领导要求升学率，工作压力大、时间长，这也成为教师缺乏积极进取的科研精神的客观原因之一。

其次，中学生物学教师对教育科研的意识和观念正在发生转变。调查显示，有60％以上的教师同意教育科研能力是教师业务能力高低的重要体现；70％以上的教师认为从事生物学教育科研很有必要；50％以上的教师认为教育科研相对学校的发展居主导地位，这说明教师的科研意识在增强，对教育科研的认识和理解上达到了一定的高度，但仍缺乏“教科研一体化”的认识，将教育科研隔离于教学之外。如近50％的生物学教师参加生物学教育科研最主要的动机是评职称需要，只有25％的教师是为了改进教学。通过访谈，也有50％以上的教师认为中学生物学教育科研很难与生物学教学间统一，可见教学与科研之间的间隙严重，教师教育科研从根本上讲没有走出当“花瓶”的误区。究其可能原因，一是中学生物学教师大多感受不到科研对提高教学质量的实际意义与价值。由于教学科研成果转化率低，导致许多生物学教师失去对教育科研的热情。有的生物学教师认为教育科研不过是写几篇论文，还是非常时候（如评职称）的非常行动。二是学校对教师的教科研素质的评价强度不够。教育科研往往是长期效益，短时间难有效果。因而学校对教师教育工作评价时，往往弱化其科研水平评价力等，教育科研也成了少数教师的业余爱好。

再次，教师对教育科研基本理论知识、教育科研方法欠缺，这已成为阻碍中学生物学教师教育科研素质提高的重要原因。我们知道，教育科研是对教育现象进行研究，发现教育规律促进教育发展的一项系统工程。显然，必要的教育理论知识、基本的教育科研方法是从事教育科研的基础。对中学教育科研来说，其重点是教育理论和教育实践的结合点。具备一定的教育理论知识，掌握一定的教育科研方法是搞好中小学教育科研的前提和必要条件。但从调查、访谈结果来看，80％以上的教师平时没有阅读教育理论著作，绝大部分只读了一些生物学科教学杂志、教育杂志、德育杂志、教师杂志等。另外，教师对教育科研的方法的知识准备不足，超过50％的教师对生物学科研论文的写作要求不知道，只有40％的教师对中学教育科研的方法基本或非常了解。可见当前生物学教师对教育科研基本理论知识、教学科研方法的掌握不容乐观。究其原因，一是职前教育存在诸多弊端。通过调查，60％以上的生物学教师教育科研的基本理论主要来自高师院校，而师范院校在师范教育上存在“专业划分过细、重深度、轻广度”的弊端。二是职后培训流于形式。尽管教师的职后培训是我国基础教育师资培训的重要内容，但是随着基础教育改革的深入发展，被培训的教师日益增多，导致中学教师继续教育规模不断扩大，其弊端日益凸显，理论与实践脱节的现象严重，功利化倾向明显，只注重讲授的培训方式难以调动培训教师的积极性。同时通过访谈发现，许多老师非常希望在科研过程中得到大专院校科或研机构的指导。可见，如何提高师范生对教育科研基础知识的学习效率以及职后培训的效能非常重要。

最后，中学生物学教师进行教育科研的能力偏低。良好的教育科研能力是广大教师进行教育科学研究、探索教育教学规律，把教育科研知识运用于教育科研情境、解决相应问题的实际操作能力。主要包括语言表达、写作能力、信息收集与处理、运用科研成果能力、恰当选题能力、课题方案设计能力等。通过调查、访谈发现，目前中学生物学教师教育科研能力不容乐观，相比而言，许多生物学教师具备较好的语言表达、写作能力、信息收集与处理能力，但在恰当选题能力、发现问题能力、运用科研成果能力、课题方案设计能力方面存在明显不足。分析其原因，一是同广大教师职前所受的师范教育有关。在校师范生由于教育见习、实习时间偏短，再加上中学与大学教师在指导教学科研方面的脱节，使得他们只能初步掌握上课的基本要求，完成规定的见习、实习任务，根本不可能涉足实习学校的教育科研。二是广大中学生物学教师缺乏必要的实践活动，科研能力只有在科研的实践活动中才能形成和发展。通过调查、访谈发现，教师自我感觉在课题设计能力、发现问题能力、运用科研成果能力等方面需要加强，这主要是由于他们平时主要参与科研活动是集体备课、校内听课等基本教研活动，而参与完整的科研工作较少，甚至部分教师没有什么科研活动。

3.2　对存在问题的进一步思考

本调查涉及范围主要局限于江苏省盐城地区的中学生物学教师，相对全国来说样本较少，因此部分调查结果可能不具广泛代表性，但笔者认为本次调查有助于在一定程度上发现问题，为寻求有针对性的解决策略提供帮助。

从对调查结果的分析看，中学生物学教师在教育科研的知识和能力等方面的欠缺与职前师范教育中忽视对教育科研素质的培养密切相关；而师范生教育科研素质水平偏低的原因固然复杂，笔者认为以下几点是影响师范生教育科研素质培养不力的主要原因。

3.2.1 专业思想的不稳定性阻碍了教育科研兴趣的养成

师范生专业思想问题一直是困扰师范院校教育工作的一大难题，特别是近几年来，随着社会主义市场经济体制的逐步完善，大学毕业生人才市场的日趋成熟，师范生的职业思想和择业观念受到很大的冲击，部分师范生不安于所学专业对自己今后职业定向，专业价值观发生转变，职业信念产生动摇。具体表现在：第一，专业奉献精神不强。许多师范生并不是因为热爱教育事业而选择师范类院校和教师职业，仅为了找到职业，填报志愿时考虑被录取的安全系数或者迫于家庭或社会的压力而填报师范院校的。他们中的一部分人对“教师是太阳底下最光辉的职业”这一命题持否定或模糊的态度，加上受社会“注重经济效益、突出个人发展”择业观的影响，使得一进大学便知自己今后职业的高师生的择业理想心态与教师的职业要求存在较大差距。不少高师生认为教师工作缺少刺激，收入不高，成就感不强，因而对教育专业奉献意识显得薄弱。第二，专业进取精神不够。理想与现实的反差，使一些学生师范意识不强，学习热情不高，疏于基础理论、专业知识学习和教育科研能力培养，而溺于热门专业选修或假勤工助学之名行安逸享乐之实。这一现象在生物学专业师范生中表现尤为突出，由于受高考指挥棒的影响，一方面，各级教育行政部门淡化了对中学生物学的关注，中学生物学教育课时得不到保障，必要的教具和实验设备得不到及时添置；另一方面，中学生物学教师在学校不能享受公平待遇，在社会上不能享受平等地位，这一社会现象严重挫伤了生物学专业师范生进取的积极性。他们在专业的学习上失去动力，缺乏教育科研的兴趣和动机。专业思想不巩固造成学生对教育科研的兴趣淡薄，已成为高师院校提高教育科研素质的瓶颈。

3.2.2 现行的师范教育类课程设置影响了学生教育科研知识结构的构建

随着基础教育课程改革的深入，以服务于基础教育、为基础教育输送高质量的人才为主要目标的高师院校迫切需要为基础教育输送一批具有较高素质的科研型教师。然而，长期以来，我国高师院校普遍存在课程设置以学科体系为主，过分强调专才教育，忽视学生教育科研素质的提高。具体表现在：第一，课程结构体系不合理。一是重学科课程知识而轻教育理论课程。在现行的高师本科课程设计结构中，缺少师范特色，缺少为各专业学生开设应有的教育教学理论、方法、技巧的教师职业训练的课程。许多高师院校的教育理论课程一般为教育学、心理学和学科教学论，俗称“老三门”。而发达国家的教育课程大都由教育学、教学史、教育哲学、教育社会学、普通心理学、教育心理学、实验教育学、教育制度、比较教育、职业指导、教育评价与测量、学校卫生、学科教学法和教育实习等组成。我国教育类理论课程的课时只占总学时的5%左右，远远低于英、法、德、美、日等发达国家的教育课程在师范教育中的比重（16%～33%）。二是必修课与选修课的厚此薄彼。总的来说，必修课门数过多，课时比例过大。由于教师及课程资源匮乏，导致选修课程门数偏少，再加上课程修读限制太多，自由选择余地小，基本不允许或不能跨专业选课。三是理论课与实践课的比例失调。高师院校的实习一般安排6～8周，远低于发达国家教育实习的1～2年时间。应该说，教育课程中的每一门学科都有其培养教师职业素养的特殊功用。我国高师的教育课程设置得贫乏、选修课程的匮乏注定师范生职业素养的贫乏，导致学生难以获得扎实的教育科研知识。第二，课程内容陈旧，脱离实际。课程内容是学生智力训练的载体，它应体现时代的变革和社会的需求。然而，目前高师院校使用的教材有很多是20世纪80年代的教材，一些学科专业课程尽管增加了新的内容，却没有进行新陈代谢，内容越来越复杂；如植物学是生物学教育专业一门基础课，多年来一直使用华东师大编写的第二版教材（未见再版），该书体系落后，内容陈旧，难以满足新的教与学的需要。一些教育专业类课程内容仍然过分强调体系性、完整性、学科性，与我国当前中学教育实际有较大的差距。它不能反映教育研究的最新理论成果，脱离中小学生发展的实际需求，不能结合基础教育的要求对未来教师进行指导。导致其前瞻性、应用性、实践性不强。比如教育学教材内容普遍空洞、抽象，缺乏实践意义和价值；心理学只是普通心理学，只有学科概念体系而没有应用心理学的痕迹，社会心理学、心理健康内容、儿童心理学、教育心理学在这一学科中没有体现。课程内容存在的这些问题使得课程很难引起学生学习的兴趣和满足学生教育科研知识学习的需要。

3.2.3 传统的教学模式妨碍了学生教育科研能力的发展

从整体上来看，我国高师院校仍然沿袭着传统的教学模式。虽然许多教育工作者已经认识到其弊端性，但是，在教学实际中，依然盛行“仓库理论”。这种理论认为“大脑是储存知识的仓库”，教学就是用知识去填充“仓库”。这种教学模式非常注重记忆的作用，把知识记忆的多少作为教学效果评价的重要参考指标，把积累和学习前人留下的知识作为教学的主要内容。在教学中，重结果、轻过程，采用“注入式”“满堂灌”“照本宣科”的方式，片面强调知识的传授，忽视学生技能的培养。然而，随着知识经济时代的到来，这种教学模式与基础教育对教师的要求颇有不协调之处。基础教育课程改革使得课程具有综合化、多样化的特性，给教师带来了很大的挑战，也带来了机遇，它要求教师要有较强的教育教学的探索和研究能力，学科课程的综合，综合课程的教学，活动课程的实施，研究型课程的设计与指导都不可能有现成的经验去借鉴，教师必须在课程实施过程中去研究、去探索，不断提高自己的教学科研能力，才能实现基础教育课程改革的既定目标。

3.2.4 薄弱的实践教学难以激发学生教育科研创新的潜能

实践教学具有鲜明的实践性和自主性，它是高师院校实施创新教育，激发学生科研创新潜能的重要手段，是培养创新型人才的关键。通过实践教学，师范生的认识建立在内容丰富、实事求是的感性材料基础上，在掌握必要的职业技能的同时，其思维能力也在不断地发展。因此，教学改革的成败在很大程度上取决于实践教学这一观点是否已被教育界有识之士普遍接受。不容否定，实践教学一直是高师人才培养的一个薄弱环节。首先，实践教学缺乏主动性。目前，高师实践教学环节，大多数是被动的实践。如高师生物学实践教学就是对课堂教学内容的重复或验证，教师在实验前，把实验方法和步骤都设计好，然后学生照着做。像这种完全按照教师制订的方案、思路进行、缺乏灵感和激情的实验，其后果不仅窒息了学生的创新思维，而且还形成了学生的依附性人格，唯师、唯书，不能独立思考。20世纪初，英国学者罗素就提出：“没有思想的自由，也没有时间使他们智能方面的爱好得以畅所欲为，以第一次进学校一直到离开大学为止，从头到尾没有别的，只有一个长期的忙碌考试的赏赐和课本上的事实，使学生一切自发的愿望都受到伤害和挫折。”其次，缺乏长期、稳定、牢固的校外实习基地。师范生教育实践活动没有地方可去，这是困扰高师院校实践教学的一大难题。从我国高师教育实习的现状来看，大多数高师院校缺乏实习基地，这其中的原因是多方面的，从客观方面来看，由于高师教育实习人员多，资金少，需要解决备课及活动场所，还要解决食宿等问题；从主观上来分析，高师教育实习难免会打乱实习单位正常的教育活动与管理秩序。近几年来，许多高师院校除保留传统的“集中实习”外，先后推出了“委托式”“分散式”“回原籍式”等教育实习模式。但实践证明，这些实习模式存在着很大的弊端，难以推广，因此大多数院校还是临时找实习单位，即“打一枪换一个地方”。这种教育实习主要以“学院为基地”，而不是以学校现场为基地，与中学教学疏远，使教育理论缺乏生长成熟的土壤，高师生难以在真实的教育教学环境中体验教育教学理论，难以创造性应用教育教学理论，更难以激发其教育科研创造性的潜能。

3.2.5　高师院校教师队伍现状制约了教育科研型人才的成长

在高师院校实际教育过程中，教师是培养教育科研型人才的主角。高师的培养目标要靠教师去落实，而最能体现教师地位的则是他们在人才培养过程中的作用。教师作为教育进程中的主体因素，自始至终贯穿于学校的一切教育教学活动之中。要引导、培养学生的教育科研兴趣和教育科研能力，必须努力提高高师院校教师自身队伍的整体素质，促使教师去了解当代学科前沿知识，去从事教育科学和研究，从而探索有利于培养教育科研型人才的教学方法。

目前，高师院校教师教育教学水平不高。主要表现在：教学观念陈旧，教学手段比较落后，缺乏创新。由于高师教育兼具高等教育和师范教育双重特性，对教育教学观念和教学手段创新的要求尤为迫切。它是培养教育科研人才的关键环节。目前由于部分教师不能经常自觉更新知识，观念落后、创新能力不强、授课内容与方式多年“一贯制”等问题依然存在。大多数高师院教师仍然固守传统的“教师是主导，学生是主体”的教学观念，尚未真正接受“教师与学生均为教育教学主体”的“双主体观”，实践实训教学中理论特色较浓，能力仍更多体现为“只说不练”。部分教师知识面偏窄，观念落后，知识结构的单一，以及缺乏批判思维和创新能力，外语水平和掌握现代化教育技术知识水平低下，已与教育科研型人才成长的要求不相适应。

同时，高师院校教师教育科研意识淡薄。高师院校既是教学基地，又是教育科研基地。教师除教书育人外，更多的还要承担教育科研的任务，积极参与科学研究，在探索研究中提高教育科研素质。但目前，随着招生规模的扩大，教师的教学工作量增大，导致他们将绝大多数精力都放在教学上，没有时间和精力去进行教育科研。虽然教育行政部门和高师院专门设立了教改研究课题，但是鲜有人参与。他们普遍注重对自身专业水平和学历的提高，认为教育科研花时间，经费少，平时缺乏主动进行教育科研的意识，只有在晋升职称时才会想起申报项目，才会去查文献，而在这种动机下取得的教育科研成果就可想而知了。这种状况必然会导致高师院校教师教育科研水平下降，制约着师范院校教育科研人才的成长。

参考文献

1. 中华人民共和国教育部．全日制义务教育生物课程标准（实验稿）[M]．北京：北京师范大学出版社，2001.
2. 钟启泉，崔允漷．新课程的理念与创新——师范生读本 [M]．北京：高等教育出版社，2003.
3. 朱慕菊．走进新课程——与课程实施者对话 [M]．北京：北京师范大学出版社，2002.
4. 刘恩山．中学生物学教学论 [M]．北京：高等教育出版社，2003.
5. 李其龙，陈永明．教师教育课程的国际比较 [Z]．北京：教育科学出版社，2002.
6. 窦才，宗树兴．中小学教师教育科研素质的现状调查与分析 [J]．教育导刊，2007(4).
7. 王铁军．中小学教育科学研究与应用 [M]．南京：南京师范大学出版社，2004.
8. 刘进杰，于世明．科研型教师素养的刍议 [J]．辽宁教育，2002(11).
9. 肖钰士．论中学教师教育科研素质的培养 [J]．数学教育学报，1994(4).
10. 郝林晓．高师师范生科研素质教育论纲 [J]．高等农业教育，2005(11).
11. 龚怡祖．论大学培养模式 [M]．南京：江苏教育出版社，1999.
12. 汪忠．走进高中新课改——生物教师必读 [M]．南京：南京师范大学出版社，2005.

上海市程元英生命科学名师培养基地教师专业化成长模式探索

杨振峰①

上海市程元英生命科学名师培养基地创办于 2006 年 5 月 18 日，是上海市首批 22 个名师培养基地之一。基地先后两批招收

① 杨振峰，上海市建平中学.

来自全市不同区县的28名中青年教师作为两期学员。基地开办以来，在导师及专家、学员的共同努力下开展了一系列形式多样、内容丰富、扎实有效的教育教学实践活动，探索出了独特的师资队伍建设、改进教师课堂教学的方法，形成了一套新的教师专业化成长的实践模式。

上海市程元英生命科学名师培养基地以“用先进的教学理论和教学思想为学员在教学研究与实践中夯实基础，提升创新能力，形成自身特色和风格，从而成为能在上海乃至全国生命科学教学中发挥示范与引领作用，能为提升中学生命科学教师的整体水平做出贡献，具有影响力的生命科学名教师”为目标，确立了“专家引领、实践反思、行为跟进；同时强调学习领先、个人努力、同伴互助”的指导思想，基于“重视学员教学理论提升，更关注学员对教学实践的反思；重视教学经验的传授，更关注教学实践的创新；重视学员的自身发展，更关注生命科学学科未来的发展”的原则，设计了思想理念、教育研究、教学实践等方面的培养方案，开设了三类课程，为学员提供了背景性知识、条件性知识以及经验性知识，通过专家报告、沙龙研讨、考察观摩、自学研习等方式引导学员对生命科学教学的感悟和理解，从而向高端发展。

1　开展丰富活动，搭建发展平台

为学员搭建平台，探求高端教师的培训方法，这是上海市教委交给基地的任务，根据市教委的任务，我们认为基地培养的学员应该有新的教育理念，有高超的教学艺术、有很强的实践反思能力，有较高的科学研究能力。基于此，基地一年来的每个活动都是从教育、教学的实际出发，将理论学习、课堂实践、教学研究紧紧结合起来，解决教师成长过程中的实际问题，让每个学员在活动中真正有所获、有所得。

1.1　理论学习方面

1.1.1　学习先进理念，提高思想认识

掌握教育部、上海市教委新一轮课程改革的基本思想，树立先进的教育理论，了解基础教育前沿理论，了解国内外中学教育改革的基本动态以及发展趋势，是开阔学员眼界的重要一环，为此，我们和其他一些基地一起聘请了国内外知名的教育教学专家为学员开设了各种教育教学讲座，提高学员们的思想认识。这些讲座包括教师发展、教育科研、课程改革、课堂教学、考试评价、实验技术、学科德育等方面，这些讲座帮助学员开阔了视野，使学员们更深刻地理解上海市的二期课改，特别是能充分认识到教师是实施新课标、优化课堂教学的关键，从而提高了教师

在教学改革和课堂教学实践过程中加强学习和促进专业化发展的自觉性。

1.1.2 提供学习材料，培养读书习惯

基地强调教师要养成自愿读书的好习惯，享受读书的乐趣，乐于思考问题。基地为学员购买了“走进新课程——与课程实施者对话”“新课程课堂教学探索系列”共十二本书，要求学员们自觉读书，做好读书笔记。基地以“学习理论、反思实践”为题，由学员们选择典型个案，进行剖析，也就是结合学员自己所熟悉的教学案例，通过理论联系实践交流个人学习体会。读书要取得实效，关键要把书中的理论运用于教学实践，所以，每次学员在开设研究课之前都要确定一个研究的专题，评课时就围绕其研究的主题并且结合理论学习进行。实践证明，这种“任务驱动式”的学习是一种有效的方法。

1.2 教学实践方面

立足本职，聚焦课堂，不断反思实践，提高教育教学能力，形成每个学员的教学特色，这是成为一个真正意义上的名师的关键所在。

1.2.1 外出观摩，在交流中共进

一年来，基地学员用研究的眼光来观察教育；思考生命科学教学在落实上海市二期课改的理念、全面推进素质教育的过程中应如何提高课堂教学的有效性。因此我们采用积极走出去、参加地区与全国性大型教学研讨活动的方式，让学员与全国同行交流，向全国同行学习，并借此开阔学员的眼界，我们先后到安徽黄山参加华东地区优秀课的观摩与研讨，到大连参加全国生物学教学年会，学员们在两次活动中共听了十一节完整的课以及六节说课。还听了北京市生物特级教师、全国生物学教育学会副理事长朱正威老师与全国生物学教育学会裘伯川老师的点评。

1.2.2 理论学习，在研究中提升

聚集课堂不是一句空话，它包含的内容有课程标准的落实，有教材的研究，有教法与学法的探索等。立足上海生命科学教学的实际，研究上海高中生命科学教学是我们的重点。

了解高中教材编写思路　请上海市高中生命科学教材的副主编，对上海高中《生命科学》教材内容特点与编写思路进行介绍。

学习课堂教学评价方法　请生命科学课程标准制定组组长彭瑞怡老师作“高中生命科学新课程课堂教学设计与评价”的报告。

提高课堂教学评价水平　俗话说："磨刀不误砍柴工"有了这些条件性与背景知识后，基地组织学员对华东地区的优秀课进行点评，点评是否到位呢？学员的把握是否准确？基地再请四位专家对学员的评课进行点评。862 节课是市教委提供给教师的校本研修资源，通过观课、评课来实施有效的培训。对基地来说，这不仅仅是评课，还是一个高端的学习与研究过程，所以基地强化了听课、评课的实践环节。

推动课堂教学深入研究　"什么样的课才是好课?"具有实际意义的深层次思考开始了。新课改背景下生命科学优质课的要素有哪些？带着这样的问题，学员们进行了思索，发挥名师基地辐射效应，举行了第一次的上海市生命科学教学论坛。会上有顾志跃先生的"课改背景下生命科学优质课的思考与实践报告"，有学员们对好课标准理解的交流，还有专家们对学员发言的点评。本次论坛受到媒体关注，专家与学员的发言由《现代教学》杂志以名为"探寻生命科学优质课的要素"发表。

以实践反思促行为跟进　在学习思考的基础上，基地学员精心准备，每人开设一节研究课，课后自我反思，与同伴交流，同行评课。具体做法是：观课（学习）——评课（反思）——上课（实践）——评课（反思感悟）——再上课（实践升华）。这些沙龙式的研讨活动有效地提高了基地学员的实践智慧。

在现代教育理论的指导下，进行听课评课活动，对课堂教学进行理性的剖析，大大提高了学员对课堂教学的认识水平，丰富了教师的实践性知识。

1.3　专题研修

1.3.1　通过专题研究提高教科研水平

专家型教师的核心特征是具有自觉的问题意识与较强的课题研究能力，每位学员要成为专家型教师，必须提高自身的教育科研水平。

基层学校的教师普遍存在科研意识不强，科研能力不高的问题。为此，确立了"以科研促发展"的课题研究式的带教活动，要求所有参加培训的教师每人都有自己的科研课题，以科研课题为载体，促进理论学习，提高科研能力。

在基于课堂、课程的课题研究中发展，就是把生命科学的课程建设和课堂教学改革与教学科研课题研究有机地联系起来，把课题作为一个"专业引领"，通过课题研究使理论对实践进行指导，通过课题研究使理论与实践进行对话，通过课题研究使理论和我们的经验与实践关系进行重建。

之所以重视这一环节，是因为学员参加课题研究可以提升自己的专业发展。在参与研究的过程中，学员通过收集信息、整理信息和决策判断，对自己知识结构进行重组，把自己已有的学科知识转化为多重的、复合型的、研究型的知识结构。

同时，教师最主要的活动场所是课堂，从实验研究的角度讲，教室是检验教育理论的实验室，教师可以通过一个科学研究过程来系统地学习课程教学理论，解决课堂中遇到的问题，所以教师研究的价值，是对教育理论的自我解读。研究的过程，则是教师对自己教育行为、行为发生的环境的反思。

因此，我们基地的想法是，在基于课堂、课程的课题研究过程中，学员可以从课堂入手挖掘自己的个性，从课题研究中思考自己的个性。以课题推动教师发展，以科研提升教师素养，以研究来形成教师的特色。

为了使学员真正在研究的过程中学会研究，我们分四个阶段进行课题的方案设计，基地安排了四次活动，这些活动保证了课题的质量和研究的有效性。

所有的学员在导师的帮助下，修改了自己的课题申请报告，其中有三位基地学员的课题被上海市教委批复为“2006 年度上海市普教系统名教师工程”教育科研专项课题。

课题研究的成果要经得起检验，检验的目的是为了更好地提高。为此基地举办了“在基于课堂、课程的课题研究中发展”的成果展示会，上海市特级教师、生命科学教学专家、市生命科学教研员、各区教研员、骨干教帅应邀出席。展示会上，有学员代表介绍 13 位学员的课题研究成果；有 4 位学员当场接受专家提问与答辩；有 2 位学员作基地学习体会交流。这种以课题汇报和答辩的形式进行的成果展示活动得到了专家的高度评价。

1.3.2 根据学科特点开发经验性课程

生命科学是门实践性很强的学科，所以基地要求学员多动手实验，对新教材的实验进行研究和创新。基地请上海市生物学特级教师周维镐老师作了“生命科学实验中的实践与创新”报告，报告的内容有：实验中可以拓展的部分，结合高考的实验题设计，有关实验的内容分析与拓展，等等。这个报告的内容具体而实在。我们同时发挥了基地的辐射作用，邀请了高级研修班的学员以及交大附中的生命科学教育基地的教师一起来做实验，做到资源共享。生命科学发展迅速，现代生命科学实验的技术也不断更新，为此我们还邀请专家做各种传感器等仪器设备的使用培训。

1.3.3 掌握生命科学学习评价的一般方法

经验性知识还包括提高命题和试卷分析在内的学习评价能力。因此，我们基地还安排了“大规模教育考试命题”与“试卷评价的依据”两个讲座。

2 师生齐心协力，基地成果显著

2.1 教育科研工作

一年来，学员结合日常的教学工作，借做课题推动教学实践，在平时的教学工作中把课题研究落到实处，课题意识与科研能力大大提高。学员们承担的与生命科学有关的课题 19 项，其中国家级课题 1 项，市级课题 3 项，区级课题 5 项。

此外，基地学员还另外承担的学校管理与教师培训等类的课题 10 项，其中国家级课题的子课题 3 项，市级课题 2 项，区级课题 2 项。

学员在开展课题研究的过程中，自觉撰写研究论文，每人均有多篇文章发表。

2.2 课堂教学实践

自由驾驭课堂教学是教师的根本，是名师的基本素养。一年来，有 3 位学员 5 人次参加“2049 创新型人才培养——聚焦课堂”全国教学展示交流，有 4 位学员 5 人次的教学案例被拍成录像在市级展示。

2.3 资优学生培养

基地多位学员在学校中关注资优学生培养，积极辅导学生参与全国、市、区各项竞赛，成果丰硕。根据统计，一年来学员辅导学生获奖包括：在第 15 届全国中学生生物学竞赛中有一位同学为上海队争得一枚银牌；全国生物学联赛 4 人次获得一等奖，30 人次获得二、三等奖；上海市生物学竞赛 5 人次获得一等奖，50 人次获得二、三等奖；学生科研论文比赛：全国获奖 13 人次，上海市获奖 28 人次，区级竞赛获奖 6 人次。

2.4 其他社会工作

除了关注自身的工作和发展，基地学员也不忘将在基地学习的收获进行介绍和推广，提高基地的辐射效应和整体作用。5 人参加上海市生命科学教材的编写或审核工作，3 人参加《上海市中学生命科学课程标准解读》的编写工作，4 人参加上海市高考命题工作，大部分学员担任所在区的生命科学学科带头人，发挥带教、教师培训、高考教学指导等作用，4 人担任上海市生命科学教学专业委员会理事。

正如学员在学习体会中所说的那样：在感受到自己的教育教

学发展进入了高原期，就像处于长跑中的“极限”，以往的成绩已经远远地撒在了身后，前进的步伐却受到各种各样的束缚、局限而慢慢减速，只有冲出“极限”超越自我，才能使自己有更大的发展空间，迎来更灿烂的明天。本次基地培训终于找到了自己继续发展的领跑人，跟随导师的奔跑把处在困境中的我唤起保持建设性和创造性的心态，也改变了自己学习上的欠缺，理论积淀的缺乏，同时也改变了自己专题研究大都停留在实践层面，无法提升到理论层面的状态，人生的价值也在奔跑中不断的实现。

回顾这一年的历程，我们收获很多，感受颇深。专家的引领加速了教师的专业发展，同伴的互助促进了教师的专业发展，个人的努力决定了教师的专业发展。

3　不断反思提高，探索师训新路

“木桶原理”告诉我们：每个教师都有自己的优势和缺陷，缺陷会制约他的个体发展。上海市生命科学名师培养基地的创办宗旨就是为这些教师的发展搭建一个平台，使他们“强项更强，弱项变强”，更好地为学科发展起作用。

3.1　清晰的目标使基地工作的定位更加明确

基地的目标是：为学员在教学研究与实践中夯实基础，提升创新能力，形成自身特色和风格，从而成为在上海乃至全国生命科学教学中能充分发挥示范与引领作用；能为提升中学生命科学教师的整体水平作出贡献；为具有影响力的生命科学名教师搭建平台。因此，我们培养的学员应该有新的教育理念、有高超的教学艺术、有很强的实践反思能力、有较高的科学研究能力。

3.2　新颖的手段使基地的工作更有创意

我们的活动不仅有专家引领——“请进来”，注重教学理论的提升和教学经验的传授；也有“走出去”，到全国各地与同行交流学习，开阔眼界，在全国和本市、区展示学员的才能与风采。总之，强调专家引领与自身实践相结合，强调自主研习与交流研讨相结合，强调实践反思与行为跟进相结合，强调个人努力与同伴互助相结合。

3.3　丰富的内容使学员的思路更为开阔

在基地培训活动中，有理论学习（提供专著），专题讲座（12 次），课题研究（24 项），考察观摩（2 次），教学研讨（23 次），另外还包括了上课、评课与说课，这里有学员自己的参与体验，实践与总结。

3.4　严谨的过程使学员的收获更加实在

基地一年来的每个活动都是从教育教学的实际出发，将理论研究与课堂实践紧紧结合起来，解决教师成长过程中的实际问题，让每个学员在活动中真正有所得。而且，基地对于每一项活动都有专项要求，要求学员有感悟之外，更有反思。同时，设计的各项活动之间又能彼此衔接，形成专题系列，学员在学习的过程中，思考逐步深入，理念不断完善，从而获得更快的成长。

当学习成为生活，反思成为习惯，工作成为研究，学生成为中心，你就成为了名教师，专家型教师，研究型教师，智慧型教师。

杭州市名师培养工程简介与思考

任山章①

荀子有云，“国将兴，必贵师而重傅。”（《荀子·大略》）百年大计，教育为本，教育大计，教师为本。有好的教师，才能有好的教育。教师质量就是教育的质量，教育的差距归根到底就是教师的差距。教师是学校的灵魂，只有一流的教师才能办出一流的学校，培养出一流的学生。这已成为共识，许多地方政府为此把名师工程建设作为实施科教兴国的基本战略之一。以名师为龙头，带动与促进教师整体业务素质的提高，促进学校良好学习氛围的形成，是非常有效的策略。

杭州市对此项工程的关注更高。2008 年年底，在总结第一轮经验的基础上，又启动了第二轮中小学及幼儿园“名师工程”。这项“旨在培养专家型、学者型教师”的工程，将使 5 年后我市教育系统脱颖而出 110 名左右的名师。据市教育局相关文件要求：“从 2009 年至 2013 年，我局将用 5 年时间培养一批具有远大的理想抱负、崇高的职业精神、先进的教育理念、深厚的人文底蕴、精深的专业素养、开阔的国际视野、强劲的创新能力的中小学（幼儿园）名师和学科带头人，使之成为我市基础教育界新生代领军人物，引领我市中小学教师队伍整体素质的提升，全面推进我市教育改革和发展。”

1　杭州市名师工程的主要特色简介

1.1　严格挑选名师培养对象

名师培养对象经过组织申报、专家评审、核定与公布三个环节，并在杭州教育城域网上进行公示，如无重大异议，再予以确认公布。文件规定的基本条件有：

（1）全面贯彻党的教育方针和科学发展观，忠于人民的教育事业，教书育人，为人师表，热爱学生，具有高尚的职业道德和修养，在培养人才方面成绩显著。

①　任山章，杭州师范大学生命与环境科学学院

（2）有先进的教育教学理念和符合时代特点的教育教学思想，在本学科教学领域处于领先地位；对所教学科有系统、扎实的理论功底和丰富的教育教学经验，教学业绩突出。

（3）坚持在教育教学第一线工作，高质量地完成规定的教育教学工作任务。校级领导和中层干部必须兼课，课时数应分别不少于同学科课时标准数的1/3和1/2。

（4）名师培养人选还须具备以下条件：年龄不超过45周岁，本科及以上学历，具有中学高级职称或小中高职称，曾获市级及以上综合性荣誉，或承担过市级及以上教育、教学科研项目，或获得过市级及以上教育、教学科研成果（论文）奖励。

1.2 "双基地、双导师"制

为加强名师培养的有效性、针对性，杭州市名师培养工程为名师培养对象准备了"双基地、双导师"培养方式，充分发挥名校在培养未来名师和学科带头人中的重要作用。

"双基地、双导师"指学员们有专门的理论研习与实践基地。以杭州师范大学等高校为理论学习基地，并由其组织理论指导专家组，落实高校教育理论及学科专家为理论学习导师；以杭州、上海中小学"杭州市名师培养基地"为实践教学基地，由基地落实一对一的实践导师，以中小学特级教师负责指导学员的专业知识、专业规划。这个基地经过严格的挑选产生，申报"杭州市名师培养基地"的单位需具备以下条件：

（1）名师培养基地须是省市教师教育实践教学基地，有教师培训方面的经验和实绩。

（2）名师培养基地主持人须是本校在岗知名特级教师（含享受教授级待遇的中学高级教师），参与过教师培训并有实绩。

（3）名师培养基地必须具有由特级教师（含享受教授级待遇的中学高级教师）、省或市教研员、高校学科专家等5位（含）以上专家组成的导师团。导师团成员要求具有高级职称的高校学科教学专家、教研员各1人，在岗特级教师3人以上。其中理综（科学）、文综（社会）要求有理化生或政史地学科方向的特级教师各1人以上。

（4）在申报的学科或领域具有一定的先进性，能对全市起示范引领作用。

（5）有特色鲜明的详细的名师实践培养方案和名师基地工作计划。

1.3 模块化的开放式培训策略

名师培养围绕教师专业情意、专业知识、专业技能三个方面展开，以提升执教水平与能力为核心。主要内容有教师职业道德、学科前沿知识及教学理念、课堂教学技术、课堂教学与管理能力、教育教学研究能力等。具体分为 8 大模块：理论学习、实践教学、国内考察学习研讨、国外考察学习研讨、浙派名师暨长三角教学论坛展示、课题研究、田野大课堂送教下乡、成果汇展。

充分利用国内国外的优质教师培训资源，采用走出去、请进来的办法，到国内外知名师范大学、教育部教师培养基地、省、市教研室、教科所、中小学名校、校本培训优秀基地培训、参观、学习。除在实践基地组织的相关活动外，另外，为了真正实现“教育面向现代化、面向世界、面向未来”，使学员具有“开阔的国际视野”，组织培养对象进入国外中小学教育现场研修。时间不少于 10 d，听课研讨不少于 5 d。从 2009 年暑假开始，每年安排 20～22 人出国培训，分 5 年完成。

国外考察学习研讨模块主要培养形式包括：师徒结对、随班听课、师生共同活动、教研活动、教学沙龙、教学论坛。内容包括：教师专业发展、教师专业情意、学科教学改革经验、教学新理论与方法、家长与社区报务经验和远程教育经验。

国内考察也是开阔视野，增长见识，启发思路、博采众长，自成一家的重要环节。国内参观考察学习的地点选择，要求在符合以下条件：经济发达，领风气之先的城市；在全省全国有知名度的学校，教育管理完善，教学质量一流；有得到同行公认的全国闻名的名师；本学科教学领全省全国潮流，学科教学成绩突出。

要求学员虚心向本专业学科在国内的知名专家拜师学艺，采用听课、上课、评课等形式，通过相互观摩、研讨、体悟、反思等方式，找差距、定目标、计划，与名师建立联系，争取缩短或赶上与国内一流名师的差距，成为国内名师圈中人物。

1.4　自主参与式培训

根据成人教育特点和学员的实际情况，实行全程参与式培训，注意调动学员的积极性，开发学员本身的教育资源，注重学员自我教育、自我管理、自我学习、自我研究、自我实践，达到提高学员教育教学理论水平、教育教学研究能力和教育教学实践能力的目的。主要采取下列形式培养：

（1）专题讲座：聘请资深教育理论和科学教育理论专家、优秀教研员做专题讲座。

（2）经验交流：聘请一线优秀科学教师介绍课程经验，学员相互交流或与优秀科学教师交流。

（3）观摩研讨：组织观摩科学主题活动并进行交流、点评和研讨。

（4）汇报交流：分组研讨后，每组推荐优秀学员汇报交流共讨分享其学习经验。

（5）自主学习：在课程实施的活动建议中，加强学员的自主学习是不可或缺的环节。学员通过对拟就解决的问题提出、表征和分析、资料查阅、文章撰写等系列步骤的体验，习得形式课程无法传递的个人学习经验和默会知识。

（6）案例评析：根据研修模块，采集典型案例，学员交流评析。

（7）课堂展示：学员设计教学主题，通过说课推选优秀学员进行课堂展示，同侪观摩评价，学员自评或反思。

（8）讨论互动：对科学教育理论与实践问题进行讨论，在学员与教师、学员与学员之间进行互动。

（9）论文撰写：根据课程内容与教学安排，按照教育科研规范，撰写科学教育研修专题论文与结业论文。

（10）虚拟学习社区：创建虚拟学习社区，以网络为交流平台，开设名师工程论坛、视频、博客等形式，为名师培养工程开发全程全方位的服务。

1.5 分工明确，职责分明

杭州市名师培养工程实行地方师范大学负责，中小学基地校承担实训任务，教育局职能部门监督考核一整套明确的分工策略，使职责分明。设立专门的“名师工程”培养人选考核制度，并有明确的指导老师、实践基地考核办法，并指定培养基地必须履行如下日常职责：组织管理情况、方案设计与落实、参与学员档案建设、成果展示与发挥社会效应、沟通联系理论导师与实践导师。

2 对杭州市名师培养工程的反思

2.1 何谓名师

自古以来，就有名师一说。但对于名师，并没有公认的权威解释，只有通俗的理解——“著名的教师”。能堪称这样的名师，中国恐怕只有孔子、孟子，古希腊只有苏格拉底、柏拉图等名垂青史的名师，各类名师培养工程无疑都希望能培养出这样的大家，但事实上急功近利的培养方式造就不了大师。名师培养工程（我的理解），追求的目标是一般意义上的学校教学名师，这样的名师可以定义为——“学生最喜爱、家长最放心、同行最佩服、社会最敬重的老师”。

上述一般意义上的学校教学名师，也不是容易造就的。名副其实的“名师”必然是稀有而非普遍的，必须是在当地有广泛的口碑而非标签，必定是大众广泛认同而非组织认定。他们为“师”做“范”的学养、操行、品德等综合素质都必须出类拔萃，才能赢得学生、家长、同行和社会各界的广泛赞誉，成为名副其实的“名师”。

口碑或声望，是名师之名的主要基础。国家在特级教师评选规定中，除要求“应是师德的表率、育人的模范、教学的专家”外，也特别指出要“在当地教育界有声望”。有声望，就是要有名气，有人气。“名师”要名副其实，必须在当地教育界有声望。

2.2　名师与骨干教师、特级教师

在我国教育界对处于教育一线的杰出教师，有一些约定俗成的称谓，一般通称“骨干教师”。如1999年国务院转发，教育部《面向21世纪教育振兴行动计划》，提出实施“跨世纪园丁工程”中，提出“重点加强中小学骨干教师队伍建设”。“1999、2000年，在全国选培10万名中小学及职业学校骨干教师（其中1万名由教育部组织重点培训）。通过开展本校教学改革试验、巡回讲学、研讨培训和接受外校教师观摩进修等活动，发挥骨干教师在当地教学改革中的带动和辐射作用”。

如果说“骨干教师”是民间的一般称谓，那么“特级教师”就是国家给予有特殊贡献的中小学骨干教师的一种荣誉称号，并规定特级教师或以享受一定的津贴。

随着特级教师制度的完善，“名师”的称谓终于出现在相关文件中。2001年年底，教育部在《中小学教师队伍建设十五计划》的一份文件中首次提出：“十五”期间中小学教师队伍建设的主要目标之一，‘骨干教师队伍建设取得突破性进展’……通过“完善特级教师制度，遴选培养一批有影响力的名师或教育教学专家”。

2.3　如何培养名师

浙江省从1999年起实施“5522工程”（即“名师名校长”计划），作为“建设经济强省、科教强省与文化强省的重要基础工程”，“实现中小学教师队伍建设整体目标，以骨干教师带动、激发全体教师的建功立业精神的重要组成部分”。这是2002年，《教学月刊》特约记者丰南、育英采访教育厅领导时，阮忠训副厅长对浙江省中小学“名师名校长计划”的解答。他还强调，浙江省“拟用5年时间在全省重点培养500位中学名教师、500位小学名教师、200位中学名校长、200位小学名校长”。

同样，杭州市正在实施的本轮名师培养工程“拟用5年时间重点培养中小学及幼儿园名师100名左右”。

从省市领导的规划、决心与投入来看，无论是浙江省，还是杭州市，都可堪称大手笔。如果能按此思路像企业制造产品一样，一批又一批“制造”“名师”，则用不了多久，浙派名师的数量将相当可观。

教育实践告诉我们，名师之所以成为名师，更多地在于自身的修炼，外界培养仅仅是提供了一个外界因素。诚然，这个外因，对于名师的修炼非常重要，但并不是必要的。许多老一辈的名师，他们的成长过程充满荆棘，历经磨难，最终成为全国教育界公认的名师。如魏书生、李吉林、斯霞等。

据《魏书生评传》介绍，魏书生本人连高中的大门都没有进过，要求做教师的申请至少有150次之多。下文转录一份申请书的部分：

“……我再一次怀着十分恳切的心情，请求组织批准自己去做一名教师。

看到各行各业特别是教育战线在党的领导下走向大治的喜人局面，自己却没有机会献上一分力气，心里像有一团火一样熊熊燃烧。我无比焦急地请求领导能体谅到自己的心情，批准自己的申请。只要是教书，不管是到农村一般学校，还是到更困难的偏僻山区的学校，我都会踏踏实实、勤勤恳恳、满腔热情地去干。

两千多天中，我向各级领导恳切地提出做教师的申请有150次之多。几乎每一个同志，特别是朋友和亲人，都耳闻目睹到我对教育火一样的热情，对学生源自内心的关心……”

魏书生递交这张申请是在1997年9月份，是在他被确定为厂级领导接班人有望走上仕途以后，那时的教师地位与现在不可同日而语（“（民办教师）好好干，我提拔你当售货员”的年代）。据《魏书生自传》介绍，“领导同情我被批判时的遭遇，终于答应了我这个并不过分的要求。六载夙愿，一朝得偿，喜悦之情，难以言喻”。

魏书生的经历至少可以说明，源自对教师职业的喜爱是名师成长的先天条件。后天的修炼，在于自身对环境条件的适应。对于各类名师工程来说，就是要提供一个相对优势的环境条件，促进名师的成长。

2.4　*名师与广大教师*

各类名师工程，投入巨大，占用了原本不多的有限资源，如何发挥名师的辐射作用，以名师为龙头，带动与促进教师整体业务素质的提高，促进学校良好学习氛围的形成，是各级教育行政机关，各级教育管理者都必须认真思考的问题。对于名师培养对象，杭州市的要求是：

（1）名师出于“鸣”

“鸣”而“名”，是名师培养工程中必须强调的培养手段。如我们的第二轮培养方案设计中，包括很多相关环节，提供“浙派名师暨长三角教学论坛”“田野大课堂送教下乡”等，都是在搭建舞台，提供名师培养对象“鸣”的机会。通过不断的“鸣”而成“名”。

“名”而“鸣”。名师要“鸣”，通过名师的宣传、示范等，影响广大教师，促进全体教师队伍整体素质的提高加强名师的辐射作用。也改变“名而不鸣”的懈怠现状，促使名师们一如既往地善待、热爱、宣传教育思想，展示教学方法与策略，时时鞭策自己，鼓励自己，永远怀着美好的教育憧憬，更进一步提高自己，促进名师向大师的转变。

“名”与“鸣”有着千丝万缕的联系，“鸣”而“名”；“名”而“鸣”，循环不已。是成名成家的必然轨迹。

（2）名师要甘于“无名”

浙江省在岗在职特级教师近500位，他们都是在当地小有名气的名师。但当前浙江教育界没有全国影响的大师，这是必须承认的无奈的现实。如此众多的特级教师，没有一官半职的、甘于“无名”者，有几人？特级教师称号成为通向官场最佳的跳板。

名师要静下心来，甘于“无名”，把教育当做事业、当做科学、当做艺术来追求，要以成名成家为目标，而不是当官晋爵为目标。人们的心浮气躁、急功近利、耐不住寂寞、顶不住潮流、抗不住诱惑，许多优秀教师创收去了或搞别的去了。教师作为神圣的职业，注定要奉献和牺牲。正如著名教育家吕型伟说的，“教育是事业，其意义在于奉献；教育是科学，其价值在于求真；教育是艺术，其生命在于创新”。

（3）名师要勇于创新

教育是一门科学，又是一门艺术。中国教育学会会长顾明远“名师成长轨迹访谈录”中谈到，“我更觉得教育是一门艺术……教育虽然也有规律，教育活动也需要遵循一定的规则，但教育的对象是人，人的一个特征是多样性、差异性、个性化，对不同人的教育要采用不同的方式，因而教育有法，没有定法，需要因人而异，随机应变。教育更像艺术，艺术也有法则，但不拘泥于法则，更多的是创造……”

④ 名师在于自身的修炼

名师自身要修身养性，要摆脱浮躁的心理。在名师工程培养下，通过各个模块的活动，感悟、提升，提高自身专业发展的自觉性、主动性、积极性和创造性。社会需要名师，时代呼唤名师。浙江培养名师有很好的条件，如文化底蕴深厚、社会可持续发展、教科研基础好。改革开放以来浙江经济的发展已造就了一批“浙商”，浙江教育的发展必然能造就一批名师。

参考文献

1. 杭州市教育局关于印发〈杭州市第二轮中小学（幼儿园）名师工程实施意见〉的通知》（杭教〔2008〕4 号）.
2. 杭州市教育局关于开展杭州市中小学名师、学科带头人培养人选选拔工作的通知》（杭教人〔2008〕66 号）.
3. 杭州市教育局关于做好杭州市首批名师培养基地申报工作的通知》（杭教高师〔2009〕2 号）.
4.《特级教师评选规定》（教人［1993］38 号）第二条.
5.《国务院批转教育部面向 21 世纪教育振兴行动计划的通知》（国发［1998］4 号）.
6.《教育部关于印发《中小学教师队伍建设十五计划》的通知》（教人［2001］16 号）.

中外生物学教育动态

中外生物学教育文献概述

李　健[①]

摘　要　通过分析 2007—2008 年中外生物学教育比较研究的文献资料，对中外生物学教育比较研究进行综述，指出国内外生物学教育研究现状与发展前景，为我国生物学教育改革与发展提供参考依据。

关键词　生物学教育，比较研究，现状

随着国际间交流的日益频繁，各国也加强了在教育方面的交流。在我们进行新一轮中学生物学课程的课程改革的同时，吸取国外生物学教育改革经验，结合我国的实际情况进行合理的消化

① 李健，贵州师范大学生命科学学院.

和吸收，从中受益和借鉴，更好地应用现代科学研究成果，指导和推动我国生物学教育更好的发展。

1 中外生物学教育比较研究概况

通过查阅近两年的文献，共收集到16篇有关中外生物学教育比较研究的文章。将这16篇文章进行归类，得到表1

表1 论文类型统计表

论文类型	教材	考试	总体介绍	课程标准	科普基地	评价体系	教育模式
篇数	9	2	1	1	1	1	1
比例	56.25%	12.5%	6.25%	6.25%	6.25%	6.25%	6.25%

由表1可以看出，在近两年的中外生物学教育比较研究中，研究论文的内容以教材研究为主，研究内容多样化，从不同层面对国内外生物学教育作了比较研究。研究的方法主要采用文献法和比较法等。

2 国内外生物学教育比较研究的现状与分析

2.1 生物学教材的比较研究

对教材研究的文章有9篇，在中外生物学教育比较研究中占了超过一半的比例，其中2007年有4篇，2008年有5篇。

2.1.1 生物学教材的介绍与分析

有的教师对BSCS绿皮书中生物学特色部分进行了研究，得出教材具有以下特点：具有全面而完善的科学研究过程和对科学方法的认识和训练，从而帮助学生理解科学、技术、社会的关系；教材中实验设计类的内容能培养学生的创造能力，而大量的探究实验可使学生勤于探索，乐于探究；用较多的图表和表格对信息进行处理，可提高学生收集和处理科学数据的能力，使学生阅读和理解大众媒体中出现的科技新闻，结合日常生活中的生物学知识并与最新前沿动态接轨；注重科学史教育，教材中有大量的科学史料，以达到对学生进行科学的思维训练。同时，教材中的5E教学模式和体现自主及探究学习的特色对我国课程教材编写和教材开发提供了借鉴。有的教师介绍了美国高中生物学教材《Biology－Principles & Explorations》的结构和内容，而且以教材中细胞生物学部分为例，对其图表、栏目和正文内容进行了微观分析。有的教师在比较分析中日两国高中生物学教材特色时表明，两国教材都具有加强科学史教育、重视信息技术的利用、关注科学、技术与社会的关系的特点，而两国教材在内容选择、版面设计、科学探究及文字处理等方面各具特色。

2.1.2 教材内容的分析研究

有的教师对新加坡高中生物学教材《Advanced Biology for You》课后习题的特色进行了分析，得出教材课后习题具有以下特点：注重生物科学的前沿发展和学科交叉，重视对学生的情感熏陶，而且习题具有大学入学考试的试题特色。有的论文则对新加坡生物学教材中核心概念的编写进行了分析，并比较我国教材，得出以下特点：其概念的引入形式多样化，概念的解释直观化，全方位巩固概念，强调概念的运用能力与生活化。有的论文分析了美国中学生物学教科书中的三个模型构建：做出正确的预测、大自然的选择和广口瓶里的世界，得出以下结论：教师通过教材利用模型构建的方法，帮助学生理解抽象的科学理论，丰富学生对科学本质的认识，发展学生观察、分析、比较、操作等能力，提高了学生的科学素养。有的教师通过对我国人民教育出版社和美国 Holt. Rinehart and Winston 公司出版的高中生物学教材中的酵母菌发酵实验进行比较，通过比较两种教材实验的组织、呈现方式及特点，得出结论：我国教材具有自身的很多优点，比如对实验精度要求高、重视实验操作的规范和实验误差等，但是在探究能力的培养，教材的开放性以及贴近生活三个方面还应当加强。有些教师介绍了日本高中实施生物进化教学的现状、问题及改善的建议，为我国生物进化教学提供借鉴。有的论文介绍了美国高中生物学遗传的分子基础学习轨迹设计，即通过对遗传的分子基础概念图的设计思路、遗传的分子基础概念图特点等来介绍以图为核心的学习进程，给科学教育提供了一个很好的范例。

以上学者对美国、日本、新加坡等国的生物学教材内容进行了分析研究，从教材的结构和内容、核心概念的编写、教材中的实验、课后习题的编写、模型的建构这些方面对国内外教材进行了比较分析，揭示了各国教材在内容选择、版面设计、科学探究及文字处理等方面都各具特色，指出我国教材编写上应注重核心概念的运用，在实验方面应更贴近生活并增强其开放性，课后习题要注重生物科学的前沿发展和学科间的交叉，同时可以借鉴美国教材中的模型建构来提高学生的科学素养。同时，通过对美、日两国高中生物学遗传的分子基础学习轨迹和生物进化教学现状的介绍，呈现了他国科学教育成功的范例，为我国生物学教学提供借鉴。

2.2　生物学考试的介绍与分析

介绍国外生物学考试的文章有两篇，2007 年和 2008 年各一篇，分别是对美国 ACT 大学入学考试和澳大利亚新南威尔士州高中证书（HSC）考试生物部分介绍。李安静介绍了美国 ACT 考试的概况，包括测试的科目、时间安排以及题目数量，详细阐述了 ACT 大学入学考试的生物学部分考试范围、考试目的、考试形式和要求，并且列举了 5 道 ACT 考试的样题，通过对 ACT 考试生物学部分的介绍，领悟其主旨，并与我国《全日制义务教育生物课程标准（实验稿）》的考试主旨对比，得出两者不谋而合的结论。杨帆详细地介绍了 HSC 考试，该项考试属于参照性考试，考试的标准包括教学大纲标准和表现性标准。该考试包括学校内部的评价和外部考试，其内部评价的形式除考试外还有野外工作、制作模型、开放性调查、实验考试等，而外部考试是纸笔考试，考试的内容分必考和选考两部分。在分析 HSC 考试的特点基础上，杨帆将 HSC 考试和我国的生物学科高考考试进行比较分析，得出两种考试都是依据中学教学的大纲来确定考试内容，且都表现出了与中学教学的密切联系。但从整体来说，HSC 考试尤其是内部评价采用的考试形式更多些。

通过两位学者对美国 ACT 和澳洲 HSC 考试的介绍，可知 ACT 和 HSC 考试的主旨与我国《全日制义务教育生物课程标准（实验稿）》考试主旨大体相同，且考试内容都是根据大纲来确定，但澳洲的考试形式更多样，除纸笔考试外还有动手实验、制作模型等实践性考试，这种考试可以更好地考查学生的科学素养，为我国生物学考试提供了借鉴。

2.3　生物学教育及其他相关内容介绍

除了对国外生物学教材及考试介绍以外，还有对国外生物学课程大纲、国内外生物学科普教育基地、生物学课程学业评价体系、性教育模式以及美国生物学教育总体的介绍。

其中，有的教师介绍了新加坡 O－level 生物学课程大纲，并从课程背景、课程标准体系、课程目标、课程内容、课程评价等方面出发对新加坡生物学课程大纲与我国的生物学课程标准进行了比较，得出两国具有各自的特点。有的论文介绍了生物学科普教育基地的意义，并探讨了我国和美国、英国以及日本生物学科普教育基地的概况。有的论文介绍了南澳洲生物学课程学业的评价体系，介绍了南澳洲生物学的课程目标、生物学课程的学习成果、生物学课程的学业评价体系，并且列举了南澳洲生物学课程评价中的表现评价标准，得出以下结论：南澳洲的生物学课程对学生的学习成果、行为特征、行为表现都有明确界定，通过课程的实施对生物学课程教学过程、生物学课程的评价过程都有着促进作用，同时，还将教学与评价完整地结合成为统一整体。有的教师介绍了荷兰学校的性教育模式，从荷兰学校的性教育目标、课程设置、教材编写、教学计划及教育形式等方面入手，得知学校在这些方面都具有独特的安排，而且荷兰学校的性教育不仅有面向全体学生的性教育计划，还有面向特殊需求学生的性教育计划，使每个学生都可以通过正规教育途径受到全面的性教育，由此，针对我国的青春期性教育受教学时数、教材和师资方面困扰，开展情况并不广泛和深入的问题，提出建议：学校系统应进行全面、具体和有计划的性教育，并应培养具有专业化素质的教师，推动青少年性健康成长。胡兴昌对美国中学的生物学教学进行了总体介绍，包括教材的编写、生物学课堂、生物学课程形式以及师资状况等方面。得出美国中学生物学教材比较重视渗透 STS 教育思想，把生物学知识与现代社会生活紧密联系起来。生物学课堂非常灵活自由，其中以学生主体参与为中心的教学形式相当突出。美国没有国家统一的课程，由各州自行制定教育标准，在课程标准的编制上，生物学是作为科学领域的一个组成部分来考虑的，大多学校将生物学与化学、物理和地理等学科进行科学合理的整合，形成综合性学科。在师资方面美国规定了中学教师必须具备完整的知识，这些知识包括：自我知识、普通知识、教育知识和教师职业知识。美国教育行政部门除了对教师知识重视外，还注重教师专业素养、教学水平和职后培训。

以上学者分别介绍了国外的生物课程大纲、生物学科普教育基地、生物学课程学业评价体系以及性教育模式，从不同层面介绍了国外生物学教育中极具特色的内容，为我国相应的生物学教学提供了改进的依据。同时通过总体介绍美国中学的生物学教学，使我们对美国中学生物学教学各个方面都有了更深的认识，从中可以汲取对我国中学生物学教学有促进意义的方面。

3 结论与建议

分析 2007～2008 年期间国内外生物学教育比较研究文献表明：我国对国内外生物学教育的比较研究中，对教材的研究占了较大的比例，通过分析国外的生物学教材，得知国外和我国教材各有特色，且比较研究内容范围比较广，从不同层面揭示国内外生物学教育的差异，并且通过介绍国外生物学教育过程中成功的范例，为推动我国生物学教育教学的发展提供了建议。虽然我国对国内外生物学教育的比较研究正在不断加强，但是，在近两年对国外生物学教育的研究过程中，研究的地区范围比较小，只对美国、日本、新加坡和澳洲生物学教育的不同方面进行了介绍，而对其他国家的生物学教学研究较少，亟待加强。

参考文献

1. 汤雅君，陆建身．美国 BSCS 教材的分析和评价［J］．生物学教学，2007，32(7)：23－25.
2. 程佳莉，汪忠．美国高中生物教材《Biology－Principles & Explorations》介绍［J］．外国中小学教育，2007(7)：58－62.

3. 周丽威，陈秉初．中日两国高中生物学教材特色的比较分析［J］．生物学教学，2008，33(9)：12-14.
4. 周阳，汪忠．浅析新加坡高中生物教材课后习题的特色［J］．外国中小学教育，2007(2)：47-51.
5. 杨桂华，汪忠．对新加坡生物学教材中核心概念编写的分析［J］．生物学教学，2008(1)：24-26.
6. 刘成权．浅析美国中学生物教科书中的几个模型构建［J］．中学生物学，2008，24(3)：13-15.
7. 陈洁，史永蓉．中美高中生物教材中酵母菌发酵实验比较研究［J］．新课程研究（基础教育），2008(10)：182-184.
8. 杨燕平，杨瑞林，韩国军．日本高中生物进化教学的现状及相关问题的改善建议［J］．长春师范学院学报（自然科学版），2008，27(2)：144-149.
9. 罗小丰，徐创新，胡兴昌．美国高中生物学遗传的分子基础学习轨迹设计介绍［J］．外国中小学教育，2007(9)：51-54.
10. 李安静，汪忠．美国 ACT 大学入学考试生物学部分简介［J］．生物学通报，2007，42(6)：53-54.
11. 杨帆．澳大利亚新南威尔士州高中证书（HSC）考试生物学科译介——兼论我国课程标准下的生物高考［J］．中国考试（研究版），2008(9)：38-43.
12. 杨露露，汪忠．新加坡 O-level 生物课程大纲与我国初中生物课程标准的比较［J］．生物学教学，2007，32(9)：18-20.
13. 邓芳，张文华，付晓琛．关于国内外生物科普教育基地的探讨［J］．生物学教学，2008(2)：54-56.
14. 褚慧玲，丁银娣．南澳洲生物学课程学业评价体系简介［J］．生物学教学，2008，33(4)：14-17.
15. 刘文利．荷兰学校性教育模式及对我们的启示［J］．生物学通报，2008，43(1)：55-57.
16. 胡兴昌．美国中学的生物学教学［J］．外国中小学教育，2008(6)：53-56.

IBDP 和我国高中的生物课程比较研究

孔　珺[①]　张成军[②]

国际文凭组织（IBO）是联合国与欧盟承认、非政府间的国

① 孔　珺，南京师范大学附属中学．
② 张成军，南京师范大学生命科学学院．

际性教育与考试机构，其教学目标是使学生在接受不同民族优秀文化、继承人类先进科学文化基础知识的基础上，培养逻辑思维能力、创造能力与批判能力等，成为面向未来的国际型人才。IB获得者以其较高的学科素养，被全球1 000多所名牌大学广泛认可。”

国际文凭项目是由国际文凭组织创立的。IBO在1968年成立于瑞士日内瓦，是非盈利的国际性教育与考试机构。日内瓦国际学校的一群富有才华和前瞻性的教师们在其他几所国际学校的帮助下，创立了国际文凭大学预科项目。最初IB只是为国际间具有流动性的学生准备的大学预科文凭项目课程，现在已经发展成为从学前到大学前教育的三个项目：小学项目课程、中学项目课程和大学预科文凭项目课程（IBDP）。

目前IBO已经将国际文凭项目从国际学校推广到了各国的国家教育体系中，并且受到了更多的认可。迄今为止，全世界已经有129个国家的2 404所学校加入了国际文凭项目，涉及学生数超过了657 000。其中加入IBDP项目的学校为1 781所。

南师附中是我国第一所开设IB课程并招收境内学生的公办学校，但是IB课程引进中国已经有了17年的历史。在这17年里，IB从鲜为人知，到逐渐引起教育者的兴趣，最后引起媒体的兴趣。迄今为止，中国已经有39所学校引进了这一教育项目，还有越来越多的学校准备申请授权。

1 IBDP的课程设置

华东师范大学的钟启泉教授曾经给予IBDP课程高度评价，认为IBDP课程有一种类似“水仙花”结构模型的和谐美（图1）。

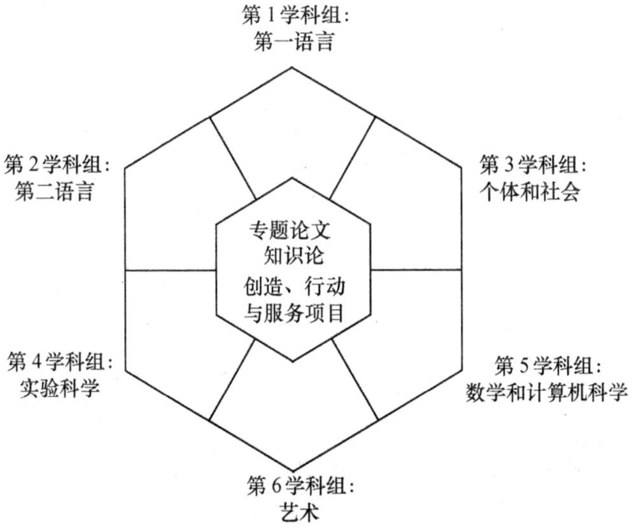

图1 IBDP学科组成

第1学科组（Group 1）：语言 A1(language A1)。语言 A1 教程是一门以学生的第一语言或是学生掌握得最好的语言来学习的文学课程。这种语言通常是学生自幼或在相当长的生活环境中所接触的语言（这样的语言也可以称为：母语、本民族语言、家庭语言）。根据国际文凭组织的有关政策，世界各地的学生可以在本组织所提供的 80 多种语言中，选择自己母语的 A1 课程来学习，并参加该语种的考试。这种政策促使学生掌握运用第一语言进行口头和书面交流的技巧，尊重自己母语的文化遗产，并通过学习世界文学开拓自己的国际视野。

第2学科组（Group 2）：语言 A2(second language)，第二语言，这是指学生的外语。IB 课程要求所有学生掌握一门以上的语言。学习外语对于形成新的思维方式、认识世界、培养国际意识均有着至关重要的意义和作用。第二语言的学习包括：口头和书面运用该种语言；了解不同历史时期或文学运动中使用该种语言的代表作家和作品；了解使用该种语言的国家和民族的生活和文化。

第3学科组（Group 3）：个人与社会（individuals and societies)，包括历史、地理、经济学、哲学、商业管理、心理学、世界宗教、世界文化、社会人类学等科目。这一组科目的研究对象是人类的经验和行为、人类生活的物质和社会环境，以及社会和文化制度的历史和发展。要求学生学习社会科学的各种研究方法，包括描述、分析、检验假设、解释数据等方法。旨在发展学生对个人和社会的本质，以及对社会科学领域的概念和论点进行辨别、分析、评价和批判以及研究发现的能力，并格外强调培养学生的文化意识。这一组科目的共同特点是学习内容的可争议性和不确定性。

第4学科组（Group 4）：实验科学（experimental sciences)，包括生物学、化学、物理学、设计工艺。正如第 3 学科组学科强调社会科学的原理和研究方法在实践中的应用，这一学科组也格外强调开展自然科学的实践活动，即实验。这是因为人类认识的发展是无止境的，当代科学在广度和深度上都在迅速持续地取得进步，故而理科课程的内容也是不确定的。学生只有通过运用科学方法进行探索和发现，获得科学研究的亲身体验，才能真正地理解科学。这可以被认为是 IB 理科课程的核心思想。这组科目正是将科学实验的思想、技术和方法应用于对生物有机体、物质的物理现象和化学现象的研究。该学科组的学科要求标准水平（standard level，SL）的学生将 40 小时的学习时间用于实践活动，高级水平（higher level，HL）的学生将60小时的学习时间用于实践活动。将这种方式与阅读教科书或者传统的课堂实践活动相比，学生能够从发现和解决问题的过程中获得更大的收获。因此该学科组的学科强调的是发现、理解等过程技能。

第5学科组（Group 5）：数学和计算机科学（mathematics and computer science），包括计算机科学、数学SL、数学HL、数学研究SL和高等数学SL。一方面，为了适应学生多样化的知识和技能背景，如有的学生准备将来从事数学研究，而有的学生无论现在或是将来都很少会用到数学；另一方面，由于数学正在经历一个迅速进步和现代化的阶段，各国的发展进程和数学教学的目标有所不同，因此提供多层次的教学大纲更便于不同国家不同学校的选用。

第6学科组（Group 6）：艺术（the arts），包括舞蹈、电影、戏剧、音乐、视觉艺术等。

申请文凭的学生必须从六个学科组中选择一门学科，或者也可以从第1～5个学科组中选择第二门学科取代第6学科组的学科。通常情况下，六门学科中需要有三门（不超过四门）学科达到HL的要求，其他的要达到SL的要求。IBO推荐HL的学科进行240小时的教学时间，SL的学科150小时。HL的深度和广度要大大地超过SL。

此外，与这六个学科组紧密相关的是课程设计上独具特色的三门核心课程：专题论文（Extended Essay，EE），知识论（Theory of Knowledge，TOK），创造、行动与服务项目（Creativity、Action、Service，CAS）。

六个学科组和三门核心课程构成了一个均衡的、和谐的、完善的IBDP课程体系。

2　IBDP**的评价方式**

培养终生学习者是IBDP评价思想的基本取向，学科组课程的评价分为外部评价（或校外评价，External assessment，EA）和内部评价（或校内评价，Internal assessment，IA）。

外部评价是每年五月份（北半球）和十一月份（南半球）由IBO组织的文凭考试，由IBO指定考官命题和阅卷，SL科目的笔试时间为3个小时，HL科目则长达5个小时。试卷由IBO寄往学校，考完后学校将试卷寄给IBO的阅卷考官。试卷的分数一般占各科目总分的50%～80%，每份书面的外部评价都强调，“允许投考者展示他们掌握的知识、成就、理解的深度以及更高水平的认知技能，正如每个学科目标所描述的。”

内部评价在教学过程中进行，以档案袋评价为主，档案袋中每个文件记录学生在所修科目中掌握的知识与技能，任课教师根据大纲要求进行操作并上报 IBO，由 IBO 指定人员进行评审与复核。

TOK、EE、CAS 三门核心课程只进行内部评价。TOK 至少需要学习达 100 学时，并完成相关论文。EE 必须与 IBDP 课程中的某一学科有关，要求在教师指导下通过研究独立完成，字数在 4 000 字左右。CAS 活动内容需要得到 IBO 的认可，保证每周半天，在两年里学生必须花 150 小时完成这项内容。

IBDP 课程采用等级记分法，根据学生各个考试科目的总分赋予相应的等级分数。每门满分 7 分，共 7 个等级分，1 分最低，7 分最高。6 个学科共 42 分。TOK 和 EE 的评价等级为 A、B、C、D，两者均获 A 可得到 3 分的附加分，且在规定时间内完成 CAS 的各项内容，则可获最高 45 分的满分。只要总分达到 24 分，就可以获得国际文凭；总分 38 分以上，便可以申请进入世界名牌大学。

3 IBDP 生物学课程

IBO 给出的 IBDP 生物学科的课程指南是针对每年的考试制订的。整体内容不会有太大的变动，细节方面会有部分变化。本文中所介绍的是针对 2009 年第一次考试制定的课程指南。IBDP 生物学科的课程提纲包含以下内容：

3.1 课程的性质和目标

3.1.1 课程的性质

IBDP 的生物学科的标准水平（standard level，SL）和高级水平（higher level，HL）被陈述为一系列分散的知识，但是这门学科中始终贯穿了四个基本的生物学概念：结构和功能、普遍性和多样性、系统的稳态、进化。教师在教学过程中不要求一定按照课程提纲中知识内容的顺序教授。教师个体可以根据自己的情况安排相适应的顺序教学。如果需要的话，可选择的部分也可以安排在核心部分或者附加的高水平部分进行教学。

3.1.2 课程目标

课程宗旨包括：在总体内容下提供科学的研究和创造的机会来激励和挑战学生；提供一些能代表科学和技术的知识、方法、技术；使学生能利用一些代表科学技术的知识、方法、技术；发展学生分析、评价和综合科学信息的能力；使学生意识到在科学活动的过程有效合作和交流的必要性和价值；发展学生实验和研究的科学技能；在科学研究的过程中发展学生应用信息和沟通技术技能；提高学生对科学技术运用中的道德、伦理、社会、经济和环境问题的认识；发展对与科学和科学家相关联的可能性和局限性的正确评价；增强对在科学规律和科学方法的本质之间的联系的理解。

课程目标包括：

1. 理解：a. 科学事实和概念；b. 科学方法和技能；c. 科学术语；d. 介绍科学信息的方法；

2. 应用和运用：a. 科学事实和概念；b. 科学方法和技能；c. 有效交流的科学术语；d. 介绍科学信息的适当方法；

3. 创立、分析和评价：a. 假设，研究的问题和预测；b. 科学的方法和技能；c. 科学的解释；

4. 展现个人对于有效的科学研究和问题解决所需的必要的合作、毅力和责任感等能力；

5. 准确和安全地进行科学研究所必需的操作技能。

3.2 课程的内容标准

3.2.1 课程大纲概要

IBDP生物学课程的内容分成三个部分：核心部分（the core），附加的高水平部分［the additional higher level（AHL）material］和可选择的部分（the options）。

Core的内容包括统计学分析、细胞、生命的化学基础、遗传、生态与进化、人体健康和生理六个主题（Topic）。教学时间为80小时。

AHL的内容包括核酸和蛋白质、细胞呼吸和光合作用、植物学、遗传、人体健康和生理五个主题。教学时间为55小时。

Options的内容分为八个选项，三个为仅供SL学生选择的，分别为人体营养和健康、运动生理学、细胞和能量。四个为供SL或HL学生选择的，分别为进化、神经生物学和行为、微生物和生物技术、生态和保护。一个仅供HL学生选择的，更深入的人体生理学。SL的学生可从前七项中任选两项，每个选项的教学时间为15小时。HL的学生可从后五项中任选两项，每个选项的教学时间为22学时。

课程大纲细则：

对第4学科组的任何一门学科来说，课程大纲细则的格式均包括四个部分：主题或者选项（Topics or options）；次主题

(Sub - topics);具体内容标准(Assessment statements,AS)和教师建议(teacher's notes)。

其中不同的主题以数字区分,不同的选项以字母区分(如:"主题 5:生态和进化",或"选项 D:进化")。不同的次主题以数字区分,并且被指明需要的教学时间[如,"7.1 DNA 的结构(2 小时)"]。这些时间仅仅为指导的时间,不包括实践和研究的时间。用数值表示的 AS 是用术语表达的希望学生结束课程时达到的水平(如"5.1.2 区别自养生物和异养生物")。这些是特意规定给主考官通过纸笔测验检测的内容。每个 AS 都被根据指定的术语分类为目标 1、目标 2 或目标 3。掌握程度的术语指出了对于一个给定的 AS 的对待程度,目标的级别和考试及课程大纲内的平衡是相应的。对于学生来说理解这些术语是很重要的,因为这些词将在考试的问题中被用到。这些术语将会以斜体字的形式表示。在 AS 旁列出的教师建议则对于教师给出了更多的指导。他们同时对于促进宗旨(aim)7、8,TOK 和国际的视角(Int)提出了建议。

3.3 评价方式

IBDP 生物学科的评价方式分为外部评价和内部评价。学生本学科的最后成绩中,外部评价占 76%,内部评价占 24%。

3.3.1 外部评价

外部评价由三套笔试试卷构成。SL 和 HL 的试卷构成情况略有不同。具体分值和考试时间等见表 1 和表 2。

表 1 SL 试卷的构成

组成	全部分值(%)	目标比重(%)的近似分值		时间(分钟)	形式和课程提纲覆盖情况
		1+2	3		
试卷 1	20	20		45	针对核心内容的 30 道单选题
试卷 2	32	16	16	75	A 项:针对核心内容,一道数据题,几道简答题(全部必答) B 项:针对核心内容一道问答题(三选一)
试卷 3	24	12	12	60	针对所学的两个选项内容的几个简答题(全部必答)

表 2 HL 试卷的构成

组成	全部分值（%）	目标比重（%）的近似分值 1+2	3	时间（分钟）	形式和课程提纲覆盖情况
试卷 1	20	20		60	40 道单选题（约 15 道和 SL 试卷相同，加上 5 道针对核心内容的和 20 道针对 AHL 内容的）
试卷 2	36	18	18	135	A 项：针对核心内容和 AHL 内容，各个内容一道数据题，几道简答题（全部必答） B 项：针对核心内容和 AHL 内容，各个内容一道问答题（四选二）
试卷 3	20	10	10	75	针对所学的两个选项内容，各个内容一道问答题和几道简答题（全部必答）

3.3.2 内部评价

内部评价占最终成绩的 24%，包含了一个跨学科的研究，一个短期、长期研究的混合（相当于实践和特定学科的研究）。学生的工作内部由授课教师进行评价，外部由 IBO 进行复核。SL 和 HL 的学生内部评估的成绩都是按照评价标准给出的，每个评价标准的最高分为 6 分。

3.4 IBDP 与我国高中的生物学课程内容比较

课程的内容标准是课程的重要组成部分之一，是根据上述的课程目标，结合具体的课程内容，用尽可能清晰的行为动词所阐述的目标。

表 3 我国高中和 IBDP 的生物学课程内容标准的比较

	我国高中生物学课程的内容标准	IBDP 生物学课程的内容标准
涵盖内容	分为必修和选修两个部分，每部分包括 3 个模块，共 6 个模块，每个模块有若干主题	分为核心部分，附加的高水平部分和可选择的部分，共 3 个部分。核心部分包括 6 个主题，附加的高水平部分 5 个主题，可选择的部分 8 个选项，共 19 个主题，每个主题有若干次主题

续表

	我国高中生物学课程的内容标准	IBDP 生物学课程的内容标准
主题	每个主题由具体内容标准和活动建议组成。具体内容标准规定了本课程所要达到的基本学习目标	每个主题包含若干次主题，每个次主题由具体内容标准，目标等级和教师建议三部分构成。具体内容标准规定了本课程所要达到的所有评价目标，目标等级便于师生掌握该目标需要掌握的程度

从每个主题涵盖的内容上讲，我国高中的生物学课程的主题涵盖的内容较少，而 IBDP 的生物学课程的主题涵盖的内容则介于我国课程的模块和主题之间。从每个主题的组成上来看，两者均包含了具体内容标准和建议，后者比前者多了一项目标等级。目标等级的有无并不是两者最大的差别，这个等级即使不标记出来，也可以对应前面的目标动词查到相应的等级，而前者的具体内容标准中也有相关目标动词。两者主要的差别在于后者的具体内容标准和建议均比前者更翔实细致，前者的建议仅限于活动建议，列举了有利于学习目标达成的观察、调查、资料的收集和分析、讨论、实验、探究等活动。而后者的建议为教师建议，明确了一些目标的具体内容，列举了有利于目标 7、8 达成的观察、调查、资料的收集和分析、讨论、实验、探究等活动，表明了涉及有关知识论（TOK）的知识。

从内容标准制定的形式上比较，通过比较我国高中生物学课程“必修 1：分子与细胞”模块中“细胞的分子组成”的内容标准和 IBDP 生物学课程“主题 2：细胞”的次主题“细胞学说”的内容标准，我们不难看出：IBDP 的内容标准制定的更加细致，目标更加明确，可操作性很强。

课程内容标准中的核心内容还是具体内容标准，我国高中生物学课程包含 6 个模块，IBDP 生物学课程更是包含了 19 个主题，若一一比较，则涉及的内容太多，故而下面以我国高中生物学课程必修部分和 IBDP 生物学课程核心内容部分为例，比较两者的具体内容标准。我国高中生物学课程的要求分为三个维度，每个维度各有不同的层次要求，IBDP 生物学课程的要求分为 3 个目标级别，此处均将要求统一成 A、B、C 三个层次。A 代表我国知识性目标的了解水平、技能性目标的模仿水平和情感性目标的经历（感受）水平以及 IBDP 目标的目标 1 层次；B 代表我国知识性的理解水平、技能性的独立操作水平和情感性反应（认同）水平以及 IBDP 目标的目标 2 层次；C 代表我国知识性的应用水平和情感性领悟（内化）水平以及IBDP目标的目标3层次。

表4　我国高中生物学课程必修部分和IBDP生物学课程核心内容部分的具体内容标准的比较

我国必修具体内容	要求	IBDP核心相关内容	要求
蛋白质的结构和功能	B	氨基酸的结构图	B
		解释蛋白质的四级的结构，指出每级结构的意义	C
		略述纤维蛋白和球蛋白的不同，每种蛋白涉及两个例子	B
		解释极性和非极性氨基酸的意义	C
		陈述蛋白质的四个功能，每个给出一个指定的例子	A
核酸的结构和功能	A	DNA核苷酸的结构	B
		DNA四种碱基的名称	A
		DNA核苷酸通过共价键连接	B
糖类的种类和作用	B	葡萄糖、核糖的结构	B
		单糖、二糖和多糖的例子	A
		糖类的功能	A
脂质的种类和作用	A	脂肪酸的结构	B
		脂质的三个功能	A
		糖元和脂肪在能量储存方面的作用	C
生物大分子以碳链为骨架	B	氨基酸和多肽间；单糖、二糖和多糖间；脂肪酸、甘油和甘油三酯间聚合和水解的关系	B
水和无机盐的作用	A	水分子的结构，极性和氢键	A
		水的热的、结合的、溶解的特性	B
		水的特性和它在生物体内作为冷却剂	C
		生物体中最常见的化学元素是C、H、O、N	A
		生物体内需要其他多种元素，包括S、Ca、P、Na、Fe	A
		上述每种元素的一项作用	A
细胞学说建立的过程	C	细胞学说	B
		讨论细胞学说的证据	C
		单细胞生物具有生命的全部功能	A
		表面积和体积比限制细胞大小	C

续表

我国必修具体内容	要求	IBDP 核心相关内容	要求
显微镜的使用	B	计算放大倍数和实际大小	B
细胞膜系统的结构和功能	A	膜结构图表	B
		磷脂分子亲水和疏水特性维持细胞膜的结构	C
		膜蛋白的功能	A
细胞器的结构和功能	A	肝脏细胞的亚显微结构	B
		各项结构的功能	B
		动植物细胞的区别	C
细胞核的结构和功能	B	比较原核细胞和真核细胞	C
建立真核细胞的模型	A	真核细胞的染色体由 DNA 和蛋白质构成	A
物质进出细胞的方式	B	扩散和渗透	A
		被动运输通过扩散和易化扩散的方式过膜	C
		跨膜的主动运输中蛋白质泵和 ATP 的作用	C
		细胞内利用小泡在粗面内质网、高尔基体和细胞膜之间转运物质	C
		内吞和外排作用中，细胞膜流动性允许其改变形态、破裂和重建	B
酶在代谢中的作用	B	酶和活性部位	A
		酶-底物的特异性	C
		温度、pH 和底物浓度对酶活性的影响	C
		变性	A
		乳糖酶在具有乳糖的奶产品中的应用	C
ATP 在能量代谢中的作用	B	光能被用来制造 ATP，被用来固定二氧化碳制造有机物	A
光合作用以及对它的认识过程	B	光合作用包含了从光能到化学能的转变	A
		太阳光由不同波长（颜色）的光构成	A
		叶绿素Ⅱ是主要的光合作用的色素	A
		叶绿素Ⅱ对红光、蓝光和绿光的吸收的不同	B
		光能被用来制造 ATP，并且把水分子光解成氧气和氢	A
		ATP 和氢被用来固定二氧化碳制造有机物	A

续表

我国必修具体内容	要求	IBDP 核心相关内容	要求
影响光合作用速率的环境因素	C	光合作用的速率可以通过直接测量产生的氧气，或者二氧化碳的消耗，或间接测量生物量的提高	C
		温度、光照强度、二氧化碳浓度对光合作用速率的影响	B
细胞呼吸	B	细胞呼吸的定义	A
		细胞呼吸的过程中，细胞质中的葡萄糖被糖酵解成丙酮酸，产生少量 ATP	A
		无氧呼吸中，丙酮酸在细胞质中被分解成乳酸或酒精和二氧化碳，不释放更多的 ATP	C
		有氧呼吸中，丙酮酸在线粒体中被分解成二氧化碳和水，释放大量 ATP	C
细胞呼吸原理的应用	A	解释酵母菌在生产啤酒、葡萄酒和面包方面的应用	C
细胞的生长和繁殖的周期性	A	细胞周期的各个阶段，包括分裂间期（G1，S，G2）、有丝分裂和胞质分裂	B
细胞的无丝分裂	A		
观察细胞的有丝分裂	A		
细胞有丝分裂的过程	B	分裂间期是细胞一生中一个活跃的时期，许多新陈代谢的反应发生，包括蛋白质合成、DNA 复制、线粒体和/或叶绿体数量的增加	A
		有丝分裂期的四个时期（前期、中期、后期和末期）中发生的事件	B
		有丝分裂如何产生两个遗传上相同的细胞核	C
		生长、胚胎发育、组织修复和无性繁殖都涉及有丝分裂	A
细胞的分化	B	多细胞生物体中的细胞通过表达它们的一些基因而非其他基因实现分化从而执行专门的功能	C
细胞的全能性	B	干细胞保留了分裂的能力，具有沿着不同的途径分化的能力	A
		干细胞的治疗用途	B
细胞的衰老和凋亡与人体健康的关系	A		

续表

我国必修具体内容	要求	IBDP 核心相关内容	要求
癌细胞的主要特征	A	肿瘤（癌症）是细胞分裂不受控制的结果，可能发生在任何组织或器官	A
恶性肿瘤的防治	A		
细胞的减数分裂	B	减数分裂是一个从倍数的核形成单个染色体组的核的减半的分裂过程	A
		同源染色体	A
分裂过程中染色体的变化	A	减数分裂的过程，包括同源染色体的配对和交叉互换，两次分裂导致形成4个单倍的细胞	B
		在染色体组型中，染色体根据它们的大小和结构来配对	A
配子的形成过程	B	不分离会导致染色体数目的改变	C
受精过程	B	试管婴儿的过程	B
		和试管婴儿有关的伦理问题	C
人类对遗传物质的探索过程	C		
DNA 分子结构的主要特点	B	DNA 分子的双螺旋结构	C
		DNA 分子结构图	A
基因和遗传信息的关系	B	定义基因	A
DNA 分子的复制	B	DNA 复制：解旋酶使 DNA 双螺旋解开双链分开，DNA 聚合酶使新的互补链形成	C
		碱基互补配对对 DNA 碱基序列保持不变的意义	C
		DNA 复制是半保留复制	A
遗传信息的转录和翻译	B	RNA 和 DNA 的结构	C
		DNA 的转录：在 RNA 聚合酶的作用下形成与 DNA 一条链互补的 RNA 链	B
		遗传密码：三个碱基构成的密码子	B
		翻译的过程，多肽的形成	C
		一个基因和一个多肽的关系	C
孟德尔遗传实验的科学方法	C		

续表

我国必修具体内容	要求	IBDP核心相关内容	要求
基因的分离规律和自由组合规律	B	用庞纳特（棋盘式）方格确定单因子杂交后代的基因型和表现型	C
		等位基因和基因组（染色体组）	A
		有些基因有两个以上的等位基因（复等位基因）	A
		ABO血型作为共显性和复等位基因的例子	A
基因与性状的关系	B	定义基因型、表现型、显性基因、隐性基因、共显性基因、基因座、纯合体、杂合体、携带者和测交	A
伴性遗传	B	通过讨论X和Y染色体在人类的遗传，解释性染色体如何决定性别	C
		存在于人类X染色体上的一些基因，在短小的Y染色体上不存在	A
		定义伴性遗传	A
		色盲和血友病的遗传	B
		女性的和性别相关的基因可以是纯合体也可以是杂合体	A
		女性携带者是X染色体隐性基因的杂合体	C
		遗传图谱中个体的基因型和表现型	C
基因重组及其意义	B		
基因突变的特征和原因	B	基因突变	A
		用镰刀型细胞贫血症的例子解释碱基改变和转录、翻译的因果关系	C
染色体结构变异和数目变异	A		
生物变异在育种上应用的事例	B	当前利用遗传改良农作物或动物的两个例子	A
		遗传改良的某个例子的潜在的利益和可能带来的有害的影响	C
转基因生物和转基因食品的安全性	B	基因在物种间转移，但是翻译产生的多肽的氨基酸序列不变，因为遗传密码是通用的	A
		基本的基因转移的方法包括质粒、一个宿主细胞（细菌、酵母菌或其他细胞）、限制性酶（核酸内切酶）和DNA连接酶	B

续表

我国必修具体内容	要求	IBDP 核心相关内容	要求
人类遗传病的类型	A		
人类遗传病的检测和预防	A	染色体组型被用来进行绒毛取样或羊水细胞的分析，从而进行染色体异常的产前诊断	A
人类遗传病的检测和预防	A	分析人的染色体组型可以确定性别和是否有不分离现象的发生	C
人类基因组计划及其意义	B	人类基因组研究的三项成果	B
现代生物进化理论的主要内容	B	进化	A
现代生物进化理论的主要内容	B	种群往往会产生超过环境承受的子代的数目（过度繁殖）	A
现代生物进化理论的主要内容	B	潜在的子代的过度繁殖是因为生存斗争	C
现代生物进化理论的主要内容	B	种群的个体存在变异	A
现代生物进化理论的主要内容	B	自然选择如何导致进化	C
现代生物进化理论的主要内容	B	由化石、选择性的饲养驯养动物和同源结构提供的进化的证据	B
生物进化与生物多样性的形成	B	在一个种群中，有性生殖如何增加变异的种类	C
生物进化观点对人们思想观念的影响	A	两个环境改变导致进化的例子	C
植物生长素的发现和作用	B		
其他植物激素	A		
植物激素的应用价值	B		
人体神经调节的结构基础和调节过程	B	神经系统包括神经中枢系统和外周神经，由能够传导电冲动的神经元细胞构成	A
人体神经调节的结构基础和调节过程	B	运动神经元的结构	A
神经冲动的产生和传导	B	神经冲动从感受器通过感觉神经传导到神经中枢的中间神经元，通过运动神经传导到效应器	A
神经冲动的产生和传导	B	静息电位和动作电位	A
神经冲动的产生和传导	B	神经冲动如何在一个没有髓鞘的神经元上传导	C
神经冲动的产生和传导	B	突触传递的原理	C
人脑的高级功能	B		

续表

我国必修具体内容	要求	IBDP 核心相关内容	要求
动物激素的调节	A	略述激素在月经周期中的作用，包括 FSH、LH、雌激素和孕酮	B
		注释月经周期激素水平的图表，阐明激素水平变化和排卵、月经及子宫内膜变厚之间的关系	B
		列出男性雄性激素的三个作用	A
动物激素在生产中的应用	A		
稳态的生理意义	B	稳态是维持内环境在一定范围内，包括血液 pH、二氧化碳浓度、血糖浓度、体温和水的平衡	A
神经、体液调节在维持稳态中的作用	B	内分泌系统由释放随血液运输的激素的腺体构成	A
体温调节、水盐调节、血糖调节	A	人体的体温调节，包括血液对热量的转移，下丘脑，汗腺，皮肤毛细血管和颤抖的意义	C
		血糖浓度的调节，包括胰高血糖素和胰岛素的作用，以及胰岛 a、b 细胞的作用	C
		Ⅰ型和Ⅱ型糖尿病	B
人体免疫系统在维持稳态中的作用	B	病原体	A
		抗生素对细菌有效，对病毒无效	C
		皮肤和黏膜在免疫过程中的作用	B
		在血液和人体组织中白细胞是如何吞噬病原体的	B
		抗原和抗体	B
		抗体的形成	C
关注艾滋病的流行和预防	B	HIV 对免疫系统的影响	B
		AIDS 的原因、传播和社会意义	C
种群的特征	A	种群	A
种群的数量变动	A	三个限制种群数量增长的因素	A
		种群数量是如何受出生、迁入、死亡、迁出影响的	B
		S 型增长曲线	A
		指数型增长阶段，稳定阶段和这两者的过渡阶段形成的原因	C

续表

我国必修具体内容	要求	IBDP 核心相关内容	要求
群落的结构特征	A	物种、生态环境、群落、生态系统	A
群落的演替	B	区别初生演替和次生演替，各举一例	B
		略述初生演替过程中物种多样性和产量的变化	B
		解释生物对无机环境的影响，涉及初生演替中发生的变化	C
生态系统的结构	A	自养生物和异养生物	B
		消费者、分解者和生产者	B
		举三个例子描述食物链的意义，每个至少有三个连接（四个生物）	B
		食物网的意义	B
		营养级	A
		推论食物链或食物网中生物的营养级	C
		利用适当的信息，构建一个包含十种生物的食物网	C
生态系统中的物质循环和能量流动的基本规律及其应用	C	对于几乎所有的群落来说，光是它们最初的能量来源	A
		食物链中的能量流动	C
		能量转化从来没有 100%的效率	A
		能量金字塔形状的原因	C
		能量进出生态系统，而物质必须循环	C
		腐生细菌和真菌（分解者）使物质循环	A
生态系统中的信息传递	B		
生态系统的稳定性	B		
人口增长对生态环境的影响	A		
全球性生态环境问题	B	全球气温升高对北极生态系统的影响	B
生物多样性保护的意义和措施	B		
环境保护需要从我做起	C		

从内容标准涵盖的内容和面对的对象上比较，我国高中生物学课程涵盖的内容要比 IBDP 生物学课程涵盖的内容少，但是我国的 3 个必修模块面对的对象是我国全体高中生，而 IBDP 生物学课程面对的对象是选择生物科目参加文凭考试的学生，考试语言仅限于英语、法语、西班牙语。对于文凭考试在实验科学中不选

择生物学科的学生，在准备文凭考试的两年中将不再接触生物学。从这个角度来看，我国高中生物学课程更具有普及性的特点。

从具体内容上看，我国高中的具体内容标准共有77条，其中有63条IBDP的具体内容标准中也有涉及，占82%。有些内容为我国高中特有的，如“生态系统中的信息传递，生态系统的稳定性，人口增长对生态环境的影响，生物多样性保护的意义和措施，环境保护需要从我做起”等等，当然也有些内容是IBDP特有的，如“人体的消化、循环系统、气体交换、生殖，生物的分类，遗传工程，统计分析”等等。绝大多数的内容是两者共有的，可见尽管生物学课程不同，可是学科的基础要求是相似的。

我国高中的77条具体内容标准中，A级要求27条，占35%；B级要求44条，占57%；C级要求6条，占8%。IBDP的具体内容标准共201条，其中A级要求79条，占39%；B级要求54条，占27%；C级要求68条，占34%。相比较而言，我国的生物学课程的内容更注重知识体系的完整性，强调学科化，注重基础知识、基础技能，而IBDP的内容更强调探究性，这些内容中的大部分内容，我国高中的生物学课程的深度和广度上的要求均不及IBDP的生物学课程。究其原因，还是这两种课程理念上的根本区别。我国高中生物学课程强调的是面向全体学生，提高生物科学素养的教育理念，而IBDP是作为大学预科文凭的水平测试，不是要提高每个高中学生的生物科学素养，而是要使达到要求的学生不仅表现在对学科内容的高度掌握上，也表现在技能的发展和竞争世界成功所必需的能力上。我国活动建议36条。

4 结论

我国高中和国际文凭大学预科项目的生物学课程相比，二者均注重发展学生对于生物学科基础内容的掌握和应用，注重发展学生实验和研究的科学技能，注重培养学生的创新精神和实践能力，注重生物学科和现实生活的联系。

（1）从对象上看，前者面向全体学生，着眼于学生全面发展和终身发展需要的大众教育，后者的定位则是精英教育，使学生成为最有资格的大学申请者。“面向全体学生”是我国高中生物学课程的核心理念，课程的设计面向全体学生，着眼于学生全面发展和终身发展的需要。课程的内容标准也有较大的灵活性，以适应不同学校的条件和不同学生的学习需求，促进学生有个性的发展。课程的宗旨不在于促使学生成为生物学科的专家，而在于帮助学生理解生物科学、技术和社会的相互关系，增强学生对自然和社会的责任感，促进学生形成正确的世界观和价值观，发展学生的科学探究能力，使他们成为关注自己与他人、对自己与他人负责、致力于建设民主社会的公民。IBDP 与我国高中生物学课程的基本理念中截然不同的一点是，IBDP 的定位不是大众教育而是精英教育，IBDP 的理念不是要提高每个高中学生的生物科学素养，而是要使达到要求的学生不仅表现在对学科内容的高度掌握上，也表现在技能的发展和竞争世界成功所必需的能力上。用 IBO 自己的话说，它是“国际教育的优秀典范”，IBDP 的学生会成为“最具有资格的大学申请者”。

（2）从评价上看，二者均强调客观公正全面的评价、通过评价对教学过程作出指导。二者都强调评价的方式要客观公正，评价的结果要具有足够的信度。评价除了用以评定学生成绩以外，更为重要的作用是要促进学生的学习，为学生的发展提供支持，为改进教学和教师发展提供信息。在提倡多元化评价的同时，前者更注重充分利用好传统的纸笔测验的评价方式的终结性评价，后者除终结性评价外也真正注重贯穿在日常课堂教学中的内部评价。

参考文献

1. 钟启泉，崔允漷，张华．基础教育课程改革纲要（试行）解读［M］．上海：华东师范大学出版社，2001.
2. 钟启泉，崔允漷，吴刚平．普通高中新课程方案导读［M］．上海：华东师范大学出版社，2003.
3. 张华．课程与教学论［M］．上海：上海教育出版社，2000.
4. 沈玉顺．现代教育评价［M］．上海：华东师范大学出版社，2002.
5. 金娣，王刚．教育评价与测量［M］．北京：教育科学出版社，2002.
6. 杨九俊．教学评价方法与设计［M］．北京：教育科学出版社，2004.
7. 编写组．高中新课程评价改革［M］．呼和浩特：内蒙古人民出版社，2004.
8. 中华人民共和国教育部．新课程与评价改革［M］．北京：教育科学出版社，2001.
9. 中华人民共和国教育部．普通高中生物课程标准（实验）［M］．北京：人民教育出版社，2004.
10. 吕世虎，刘玉莲．新课程与教学研究［M］．北京：首都师范大学出版社，2003.

部分文献及评述

教材比较研究

杨桂华、汪忠的论文“对新加坡生物学教材中核心概念编写的分析”，则从新加坡的生物学教材中核心概念的引入、解释、巩固及运用方面进行研究和分析，认为这样可以对我国的教材中概念的编排和教师的教学提供借鉴。该文源于由 Pearson Education South Asia Pte Ltd 公司 2000 年第一次出版的新加坡生物学教材——《Biology：The Living Science》，该教材是针对九年级和十年级（中三中四）学生参加 GCE O-level 生物考试而编写的。该教材在强调生物学知识的时代性、生活性的同时，也很注重生物学概念的编写。其特色包括概念的引入形式多样化、概念的解释直观化、注重全方位对概念进行巩固以及概念的运用强调能力与生活化等。

周丽威、陈秉初论文“中日两国高中生物学教材特色的比较分析”，以与日本 2003 年开始全国使用的与新学习指导要领配套的新课程教材（日本东京书籍出版社出版的高中生物学教材）为依据，以我国已经在各地试行的课程标准实验教材（选取我国人教版高中生物学教材）为研究对象进行比较研究，发现中日两国高中生物学教材共同点为“加强科学史教育”“重视信息技术的利用”“关注科学、技术和社会的关系，深化情感态度与价值观教育”等。并归纳出日本教材具有的特色是：非常注意图文并茂，版面设计新颖、谐调。日本教材插图精美、多样，它不再是可有可无的点缀，而是表达教学内容和思想的一部分，是传播教学信息的一种重要媒介。插图类型多样，有实物照片、示意图、模式图、描述操作方法和过程的说明图、还有具有趣味性的幽默漫画、习题和参考题的附图。教材中采用插图的目的是利用形象思维来说明概念和过程。插图是概念和过程的形象表征形式，原则上讲，能用语言描述的概念和过程都可以用插图形象地示意出来。

教材是教学的依据，也是课程标准的体现。教材是编著者对课程标准理解的物化。比较中外生物学教材对我国刚刚兴起的生物学课程改革和教材研制具有重要意义。目前的研究仍然比较肤浅，主要涉及教材的栏目、图表、活动等，而对深层次的内容尚涉及不够。可以进一步在概念教学特别是核心概念的阐述、概念与活动的关联、活动设计的内涵、概念教学的素养化等方面进行比较研究。

教学评价比较研究

杨帆的论文“对澳大利亚新南威尔士州高中证书考试生物学科选做题的译介——兼与我国高考课程标准卷生物学科选做题作一比较”认为编制选做题是我国普通高考课程标准卷命题遇到的一个新课题，澳大利亚新南威尔士州高中证书（HSC）考试生物学科考试采用了选做题，其设计和编制，尤其在把握试题形式等值等方面做得相当出色，是值得我们借鉴的。比较 HSC 考试与我国高考生物学科的选做题，认为两者都关注不同试题在形式上的统一。由于 HSC 考试采用的题型是简答题，因此其考查的能力层次要丰富和高一些。作者作为教育部考试中心专职人员，对考试有较深的理解，因而本文有较好的参考性和指导性。

作者认为，在考试内容选择上，我国高考生物学科选做题的做法与 HSC 一样，基本上是考试内容与中学教学内容相呼应，参考答案的设计与考生所学的内容也有很好的呼应。一个选修模块基本出一个题目，必修的内容可以被合并到选做题目中进行考查等。HSC 选做题的题型均为简答题，对考生的表达能力提出了较高的要求，希望考生在答案的层次性和逻辑上有很好的表现。我国高考生物学科选做题的题型主要为填空题，这一题型的答案比较唯一，评分误差小，不容易产生歧义，但考查的能力层次不如简答题丰富，而且高层次的能力得不到较好的测量。我国高考生物学科的选做题都为非选择题，对于非选择题采用何种题型的问题一直是命题者和试题使用者关注的热点。总体上说，命题者认为具体问题具体分析，适合填空题的素材，就采用填空题，需要测量考生自己组织材料表达观点的题目就采用简答或论述题型。因为只有这样才能使生物学科试题具有较好的难度梯度和区分度。

褚慧玲、丁银娣的论文“南澳洲生物学课程学业评价体系简介”，介绍了在澳大利亚南澳洲的中学课体系中非常严密的中学生评价体系。该体系要求在高考招生考试过程中，中学阶段的学业评价在总成绩中占有一定的比例。因此，在中学阶段，教师对学生的学业评价是至关重要的。学业评价的项目很多要包括学习过程、问题解决过程中学生的表现等。而这些具体的评价是围绕着每个阶段的学习成果展开的。第一阶段学习成果包括：熟练操作生物学实验中的仪器和记录实验现象；设计调查方法来验证生物学中的假设；通过多种途径来获得生物学信息；分析和理解生物学中的概念；从生物学数据中分析并得出结论；提高解决生物学问题的能力；使用生物学知识作出对自身、对社会和环境有帮助的决策；交流概念和推理，使用生物学术语和俗称等。第二阶段的学习成果包括参与实践活动；设计并实施研究；通过不同渠道获得信息；质疑和评价各种信息、程序和资料；论证和理解生物学概念；解决各种生物学上的问题；理解生物学怎样运用在各种层次上的个性化、社会化和全球化的决策；正确使用生物学的术语和俗称；用多种形式进行有效的交流等。总之，南澳洲的生物学课程对学生的学习成果、行为特征、行为表现都有着具体而明确的界定。因此，课程的实施，对生物学课程教学过程、生物学课程的评价过程都有着促进作用，同时，也将教学与评价完整地结合成为统一整体，使学业评价成为课程中重要的一部分。

教学评价是一个十分敏感的问题，确实需要大力研究。这类研究相对较多。目前的比较研究也主要是介绍。其实，教学评价的问题很多，例如，目前学业质量评价模式多数仍停留在以分数为主的评价上。这样的评价模式只注重学生的成绩，而不注重对学生的学习过程的评价，只重视可测量的外在的行为目标，忽视内在情感目标和态度的培养。课程、教学和评价之间被处理成线性关系，缺乏内在的有机联系及有效的反馈调节。简单地看待学生成绩，而看不到成绩后面不同的动机取向和努力的程度等。再例如，传统的学生学习评价内容片面，只重视智力因素的评价而忽视非智力因素的评价，以单纯的智育代替全面发展，在智育中又以单纯的分数决定学生的优劣。同时，评价标准单一的导向使学生的个性差异被抹杀，学习的内容、方式、目标等简单趋同，而所谓个性化教学，只不过是在学习进度上有所变化而已，根本无视学生个性的复杂性、丰富性。当然对于题型也需要进行深入研究，例如国外的学者对命题特别是诊断型的命题研究开展得较为深入。

论 文 摘 要

关于国内外生物学科普教育基地的探讨

邓　芳　张文华　付晓琛

生物学科普教育基地作为培养青少年生物科学素养的重要场所，对培养青少年的科学素质有非常积极的意义。该文从生物学科普教育基地的意义、我国和国外（美、英、日）的生物学科普教育基地的概况等方面进行了探讨。文章介绍了旧金山探索博物馆让学生通过动手动脑来培养他们的探索、操作能力，其中一个展示是：蛋白质的制造过程由 DNA 转录成 RNA，RNA 转译成蛋白质。在这里，学生自己操作、了解如何制造蛋白质，以生活上的简易材料了解 DNA 的双螺旋结构，亦可对 DNA 的提取进行实验等，从而能够培养学生的学习兴趣。

《生物学教学》2008 年第 2 期

美国中学的生物学教学

胡兴昌

作者在美国作访问学者期间，出于职业的敏感性对所在地奥格登等中学的生物学教学进行了调研，并查阅了有关文献资料，介绍了美国的中学生物学教育在教材编写、课堂教学、课程形式、师资状况等方面的情况。该文客观地介绍了美国中学生物学教学概况，在我国大力开展素质教育的今天，借鉴美国的一些成功经验，对促进我国中学的生物学教学健康发展肯定是十分有益的。

《外国中小学教育》2008 年第 6 期

荷兰学校性教育模式及对我们的启示

刘文利

文章介绍了荷兰学校的性教育模式，其中政府对性教育的政策、面向全体学生的性教育、面向特殊需求学生的性教育的做法值得我们借鉴。他们从小学就进行性教育，而把初中和高中作为性教育重点的思路很有特色。

《生物学通报》2008 年第 1 期

浅析美国中学生物教科书中的几个模型构建

刘成权

“浅析美国中学生物教科书中的几个模型构建”一文，选择了美国中学生物学教科书中的三个模型构建：作出正确的预测、大自然在选择、广口瓶里的世界等，进行介绍和评析。文章认为，模型是用来显示复杂事物或过程的表现手段，如图画、图表、计算机图像等。建立模型可帮助学生理解生命活动的复杂性，学会研究生物学的科学方法。生物学上通常构建的模型分三种：物理模型、概念模型、数学模型。物理模型常用来代表非常庞大或者极其微小事物的三维结构，如细胞的细微结构、DNA 分子的双螺旋结构、生物膜的流动镶嵌结构；概念模型一般用描述性文字表达抽象的过程，使学生建立某些流程，如血糖平衡的调节；数学模型是借助数学方程或曲线表示某些生物数量的变化规律，如

"J""S"型种群数量变化曲线、符合孟德尔遗传定律的子代性状分离比等。文章通过着重分析美国中学教科书中的几个新颖的模型构建活动，以促进教学中新课程的实施。

《中学生物学》2008 年第 3 期

中美高中生物学教材中酵母菌发酵实验比较研究

陈 洁 史永蓉

文章通过对我国人民教育出版社和美国 Holt，Rinehart and Winston 公司出版的高中生物学教材中的酵母菌发酵实验进行比较，分析酵母菌发酵实验在两种教材中的组织、呈现方式及特点，从而对中美教材中这个实验的特色做出评价，为中外教材的相互借鉴提供一些理论依据。建议：

1. 重视对探究能力的培养。我国学生在实验中的实验设计能力、实验的自我监控能力和科学态度与合作意识等方面都较为薄弱，探究能力有待提高。根据课标编写的人教版教材，虽然在探究性实验的数量上和美国教材比还有所差距，探究策略的指导和示范并不多，但毕竟开始加重探究性实验的比重。

2. 增加教材的开放性。和美国教材比，我国以前教材实验的特点是封闭有余而开放不足，导致学生的主体性得不到发挥，对实验的积极性也下降。当然由于学生实验的时间受到限制，教材还应注意把握开放的程度。

3. 注意贴近生活。我国教材中学生实验偏重学术特色，对生活实际关注得较少，而美国实验的材料、题材等很多都来自于日常生活之中。为此，我国教材要更加注意开发一些能与学生的生活实际密切联系的实验，让学生体会到生活中处处有实验题材。

《新课程研究》2008 年第 10 期

日本高中生物学进化教学的现状及相关问题的改善建议

杨燕平 杨瑞林 韩国军

笔者阅读了日本《遗传》杂志（2004 年 7 月号）中关于日本高中实施生物进化教学的研究专集，了解了日本高中实施生物进化教学的现状及问题，并从七个方面提出了一些建议，旨在为我国高中实施生物进化教学提供借鉴。作者的一个观点很新颖，即认为，生物进化的教学内容不能仅仅局限于进化部分，还要"镶嵌"生物学的其他部分，因为生物进化的内容不仅是生物学的内容，也是社会学的内容。这对我们的生物进化内容的教学也有积极的借鉴作用。

《长春师范学院学报（自然科学版）》2008 年第 2 期

中韩两国高中生物学教材中概念图的比较研究

边美英

文章对中、韩两国高中生物学教材的概念图的内容设计、题型、相同知识点等进行了比较研究，并对我国高中生物学新教材中设计的概念图的优点及不足进行了分析和提出了改进建议。主要有：第一，我国教材中的概念图的题型设计比较好、形式比较开放，有利于学生能力培养。第二，我国教材概念图内容设置不够全面，没能充分发挥概念图的作用。所以，现在高中教师在使用新教材时应增加相关内容。第三，因我国概念图印刷颜色单调，看起来沉闷单一，建议在今后的教材印刷采用韩版方式进行印刷。文章以为概念图除了用作辅助学生学习的工具外 还是教师分析、评价学生对知识的理解和掌握的方式有效手段之一。

《科技信息》2008 年第 31 期

对新加坡生物学教材中核心概念编写的分析

杨桂华　汪　忠

"对新加坡生物学教材中核心概念编写的分析"论文，从新加坡的生物学教材中核心概念引入、解释、巩固及运用方面进行研究和分析。该文源于由 Pearson Education South Asia Pte Ltd 公司 2000 年第一次出版的新加坡生物学教材——《Biology：The Living Science》，该教材是针对学生参加 GCE O-level 生物学考试而编写的。文章着重介绍该教材强调生物学知识的"时代性""生活性"的同时，生物学概念的编写也很有特色：概念的引入形式多样化、概念的解释直观化、注重全方位对概念进行巩固以及概念的运用强调能力与生活化等。

《生物学教学》2008 年第 1 期

中日两国高中生物学教材特色的比较分析

周丽威　陈秉初

文章以日本 2003 年开始使用的与新学习指导要领配套的新课程教材（日本东京书籍出版社出版的高中生物学教材）为依据，与我国已经在各地试行课程标准实验教材（选取我国人教版高中生物学教材）作比较。发现中日两国高中生物学教材共同点为"加强科学史教育""重视信息技术的利用""关注科学、技术和社会的关系，深化情感态度与价值观教育”等。并归纳出日本教材具有的特色是：非常注意图文并茂，版面设计新颖、谐调。日本教材插图精美、多样，它不再是可有可无的点缀，而是表达教学内容和思想的一部分，是传播教学信息的一种重要媒介。

《生物学教学》2008 年第 9 期

年度教师及学术期刊

生物学教育年度教师评选

国际先例：美国年度教师评选报道摘揽

1　2005 **年美国年度教师**

《中国教育报》2005 年 5 月 20 日第 6 版“美国年度教师评选”文章介绍美国年度教师评选。2005 年 5 月 3 日，美国这个向来以重视教育和尊敬教师著称的国家，上至布什政府、下至各学区和社区，以及非政府教育组织，都在庆祝一位美国杰出的教师——詹森·卡姆拉斯，他获得了“2005 年美国年度教师奖”。

他是美国第 55 位“美国年度教师奖”获得者，也是华盛顿特区有史以来第一位“美国年度教师奖”获得者。根据传统，从今年 6 月 1 日起，他将成为代表国内教育的发言人。

50 多年来，每年 5 月的第一周，都是美国人隆重表彰和奖励杰出教师的日子。这一周同时被全美家长教师联谊会定为“教师感谢周”。今年，美国教师节的主题是：感谢为公立学校的进步作出贡献的每一位教师！

“美国年度教师奖”是美国州教育领导人理事会下设的一个项目，筛选程序非常复杂，从各州 56 个申请者中筛选出来。筛选标准是献身于从幼儿园至十二年级教育事业且知识渊博的教学能手，具体要求为：发展所有背景和能力的学生学习的能力；深受学生、家长和同事的尊敬与爱戴；和在学校一样，在社区中发挥积极的作用；具有做事稳重、口才好和能应付繁重任务的充沛精力。

2005 年 5 月 3 日，美国总统布什在白宫玫瑰园大草坪上为卡姆拉斯举行授奖仪式。在致辞时，卡姆拉斯说，现在“我最想要感谢的是我的学生”，“他们是我热爱教学的原因”。“像所有的学生一样，我的学生也要实现他们的梦想，而我很荣幸，我有能力托起他们的梦想”。

卡姆拉斯任教于华盛顿特区哥伦比亚学区的约翰·菲利普·索萨中学，索萨中学原来是一所被“不让一个孩子掉队”法案贴上“处于需要改进中”标签的学校。该校既没有图书管理员，也没有音乐教育项目，而且资金严重缺乏。卡姆拉斯教过最难教的学生，帮助这样的学生考上了大学。

他说：“全国范围内仍然有许多年轻人生活在服务水平很低的社区，他们还不能接受到优质的教育。这种社会挑战是我为什么教书的原因。尽管我们面临各种各样的挑战，但作为教育者，我们为自己和所有学生提出至高的期望值，要求他们达到优秀，并能够在这种痛苦的过程中发挥作用。”

“我们能够做到，让他们每一天的生活都有新的改观。”他最后坚定地说道。

这并不仅仅是豪言壮语。

卡姆拉斯今年31岁，在索萨中学（共385名学生）教七年级和八年级的数学。1995年，他毕业于普林斯顿大学，获得公共政策学学士学位，又于1999年至2000年在哈佛大学教育学院深造，获得教育硕士学位。

拥有普林斯顿大学和哈佛大学的学位意味着他有很多的职业选择，但是他最后决定做一名教师。这主要得益于他经历过的丰富的社会服务实践。在读大学期间，他参加了普林斯顿大学学生志愿者协会，还参加了“为美国服务志愿者”行动计划，去一些州的学校当教师。通过这些工作，卡姆拉斯开始认识到，那些处于不利境地的儿童所面临的不公正，是今日美国社会所面临的最大的社会不公正。于是，大学毕业后，卡姆拉斯决定申请“为美国而教学”项目（专为城区与农村的公立学校安置最近毕业的大学生的全国性项目）。1996年秋季，他申请成功，被安排到索萨中学任教。

当时，索萨中学的情况非常糟糕，但卡姆拉斯接受了挑战。1999年，在教了3年六年级数学后，他暂时离开索萨中学到哈佛大学深造。之后，他又返回索萨，并根据需要，教了两年的社会研究课。2002至2003学年，他又重新教数学课，成为七年级和八年级的一名数学教师。

卡姆拉斯的工作业绩相当突出：由于他的勤奋工作，使得索萨的数学成绩得到了大幅度的提高。仅在2002年一年里，他所教的学生中能熟练掌握数学的百分比就从40%提升到了80%。自从“不让一个孩子掉队”法案实施时起，他学生的数学成绩每年都达到了“适当年度进步”所要求的目标。

卡姆拉斯还醉心于搞教学改革实验。他主张通过使用教育技术来改造数学课程，调整授课形式，以适应不同学生的学习方式，在教学中给学生设置基于真实世界的情境。他曾成功地说服校长给数学课增加一倍课时，以利于开展利用教育技术的数学课。现在，他还计划将这一教学改革的成功经验推广到全校范围。

此外，非常值得一提的是，为了分享他所嗜好的摄影，他热心于将学生的兴趣爱好和知识视野扩展到广阔的华盛顿特区。他同别人在 1999 年合作创建了“EXPOSE”项目，通过这一项目，索萨中学的学生不仅学会了使用数码相机，而且学会了使用电脑软件制作日常生活和社区的自传式照片、小论文……鉴于他的热心工作和突出的工作成绩，2001 年，他获得哥伦比亚特区最高的艺术奖项——“市长艺术教育杰出贡献奖”。

2005 年 4 月 18 日，卡姆拉斯在获知自己被提名为“2005 年美国年度教师奖”后，接受美国有线新闻网（CNN）的记者采访时说：“我强烈渴望看到我们学校取得优异成绩。”“我经常思考我的课，反思我在课堂中的教学方式，回顾并问自己‘哪些有效？哪些无效？我能与谁对话？’”“对这些目标的持续追求，使我成为一名更好的教师”，卡姆拉斯还说，“没有什么快乐能够和这样的快乐相比——那就是，当一个学生骄傲地说：‘卡姆拉斯老师，现在我进步了！’”

2005 年 4 月 20 日，在白宫总统椭圆形办公室里，卡姆拉斯对布什总统说：“教学是一项致力于所有儿童的平等和机会的承诺——这是对那些已掉队的孩子们也能拥有美好未来的一个郑重且庄严的许诺。”

布什在白宫玫瑰园大草坪的授奖仪式上说，卡姆拉斯加入“为美国而教学”这一项目已有 8 年之久了，他之所以会这样做，是因为他想给那些所谓最难教的学生展示高标准和高难度的学习，让这些学生知道，他们能够克服所面对的任何挑战。正是因为他的这种不懈努力，才使得索萨的很多学生受益匪浅。

布什说，被称为“早鸟”的卡姆拉斯通常早上 7 点就开始工作了，并且很少会在晚上 7 点之前离开学校；他对他自己和他的学生都有很高的期望，他用不知疲倦的工作来提高学生的学习成绩，学生们也以喜人的成绩回报他。

布什说：“和所有的好教师一样，卡姆拉斯知道，当校铃声响起时，他的学生的需要并没有结束。他深知这是一天的结束，但还有很多工作需要做。”

布什在致辞演讲中还特别提到：“卡姆拉斯曾经每周 3 小时

陪过他的一名学生准备SAT(美国的“高考”)，并坚持了10周。这意味着什么?这个学生在考试中得到了1 300分。他现在在亚特兰大莫尔豪斯学院读书，专业是电机工程，他是他的家族中第一个上大学的。这位学生说：‘我的成功皆归功于卡姆拉斯老师，我不知道没有他我会怎样。他对我来说不只是一位老师，他是我真正的朋友。’”对此，布什盛赞了卡姆拉斯，说他是一位非常令人感动的优秀教师，一位值得全体美国人民深深地尊敬与骄傲的杰出教师。布什还在演讲中指出，尽管教学是一项要求极其严格的工作，但美国教师为实现“不让一个孩子掉队”法案的目标做出了重要贡献——不仅帮助儿童学习知识和掌握技能，而且激发学生的热情，帮助他们树立理想与希望。他高度赞扬美国教师为美国的繁荣、兴盛与强大所做出的巨大贡献——正是因为教师们成年累月、不知疲倦地辛勤工作，给美国人民注入了不竭的激情、理想和希望，美国才能如此富有朝气和生命力。为此，布什特地向全美教师表示了崇高的敬意与诚挚的谢意。

美国联邦教育部部长斯佩林斯在当日举行的2005年度教师晚宴上发表的致辞中说：“卡姆拉斯坚信，教师最终必须靠学生的学业成就来评价。”她指出，像卡姆拉斯这样，勇于到并坚持在最需要帮助的学校中工作的教师，正是布什所倡议的“教师激励基金会”所想要的教师。她表示，对那些在最艰苦的工作岗位中默默奉献并做出杰出成就的教师（提高学生考试分数或缩小学生学业成就差距的），他们将会得到联邦政府和州政府的财政奖励。在最需要帮助的学校中工作的数学、科学和特殊教育教师，联邦政府将提供最高达17 500美元的奖金。

斯佩林斯赞扬了卡姆拉斯感人的先进事迹，并最后用“他将‘消极’变成‘积极’”来高度评价卡姆拉斯为美国人民所做出的骄人业绩，为美国教育所付出的无私奉献。

为了对“教师感谢周”表示祝贺，5月5日，斯佩林斯给全美教师写了一封题为《致我国教师》的贺信，高度赞扬了美国教师的卓越功绩。在这份热情洋溢的信中，她说：“就像布什总统所说的一样，‘教师是无尚光荣的’……作为一位有学龄儿童的母亲，我深深地知道我们的教师为帮助所有儿童的成长与学习所付出的额外努力。”

卡姆拉斯以前的一个教学同事萨芭·柏利达把卡姆拉斯称为公共教育特别是农村教育的一个“优秀的忠实倡导者”。她说：“我能诚实地说，索萨没有詹森，就不能有效地运转。通过这几年的锻炼，他已经成为一个实际上的助理校长、课外活动组织者、测试专家、主任和新教师的导师。他浑身散发出一位卓越的教师所应具有的全部资质——因材施教、班级管理、领导能力。特别是，他能够看到，每一个学生都能最大程度地发挥出他们的潜质，而不管他们的背景或身份如何。”

【资料链接】美国年度教师奖

“美国年度教师奖”项目是全美洲教育领导人理事会下设的一个项目，由学者有限公司赞助。1952 年，专为教学杰出者设立的“美国年度教师奖”项目开始运作，它是美国历史最悠久的和最有声望的基础教育教师奖项。

“美国年度教师奖”的获得者是由 14 位全国性教育组织的代表所组成的全国委员会，从州年度教师（包括美属萨摩亚群岛、国防部教育事务局、哥伦比亚特区、美属北马里亚纳群岛和美属维尔京群岛）中筛选出来的。

“州年度教师奖”的获得者是在全州范围内的学生、教师、校长和学区行政长官提名的基础上择优筛选出的。每年春天，总统在白宫的授奖仪式上，把“美国年度教师奖”的获得者正式介绍给美国人民。

“美国年度教师奖”复杂有序的筛选过程为：56 名申请者递交书面申请，内容包括个人简历、8 篇从个人教学哲学到所面临的教育问题的论文和签名信。书面申请上报至美国州教育领导人理事会后，经过全国筛选委员会的认真评价，然后经过投票选出 4 名“美国年度教师奖”的决赛者。接着，全国筛选委员会再对这 4 名决赛者逐一进行面试，最后从中决定出一位“美国年度教师奖”的提名者，经总统签字同意后，“美国年度教师奖”的获得者便最终产生了。

“美国年度教师奖”获得者的职权为：在官方认可的这一年中，从班级责任中解放出来，作为所有教学专业的发言人和倡导者；所在州和学区确保该获奖教师的工薪和利益；每年平均参加超过 150 次的重要事件，并进行演讲；电视、广播和印刷媒体利用“美国年度教师奖”获得者来代表教育领域内的声音；经常被邀请到全国或州的委员会和政策咨询团体内任职，也可能作为美国教育工作者的代表被邀请至外国访问。

2　2008 **年美国年度教师**

2008 年 9 月 9 日的《中国教育报》，在“国际教育”专栏中介绍了 2008 美国年度教师迈克尔·盖森的事迹。如果我们将盖森的教育教学工作和“美国高质量教师评价和认证标准”放在一起进行比较，就能知道盖森当选的缘由了。

2008 年 4 月，美国俄勒冈州年仅 35 岁的教师迈克尔·盖森当选了“美国年度教师”，这位 7 年前还是一名林务员的年轻人身上所表现出的特点，或许可以帮助我们理解美国人眼中的“高质量教师”。

7 年前，盖森从林务员转行到俄勒冈州的克鲁克县中学从事初中科学教育。刚到该校时，这所学校的情况十分糟糕，短短 6 年就换了 5 名校长，学生考试成绩平平。他看到了这种挑战，勇敢地承担起了提高学生科学成绩的重任，因为他相信每一个孩子都能学，只要给他们学的机会。

盖森成为学校科学学科负责人后，尽可能地使科学充满无限乐趣。为了使孩子积极学习科学，他编写歌曲，开发游戏，坚持用音乐和其他创新性的方法促使儿童对科学感兴趣，并坚持以测验检验教学，从而提升学生的学业成绩。

盖森创作的小调在学校广为传唱，其中一首是从一个细菌的角度编写的布鲁斯歌曲，还有以披头士乐队的《一起来》曲调编写的歌曲《重力》。

盖森用其天生的幽默和创造性鼓励学生学习科学。他举办学校年度科学展览会，展示学生创造的从电子车到电子热狗炊具等各类小发明，展览在他所谓的“科学、创造、食品、疯狂的传奇夜”达到了高潮。

盖森把幽默和创造融入每一个活动、项目或作业里，孩子们学得乐此不疲，即使在考试中，他们也会被考题逗乐。学生卡列·格拉斯尔说：“我认为如果他想的话，那么他会把观察草的生长弄得非常有趣。”

在学校和学区，盖森是一位卓越的领导者。盖森鼓励他的同事创新性地教学。盖森还与同事一起把学校的空地变成一个反映俄勒冈植被分布的花园。在午饭时间和上课前，盖森的房间里经常被孩子们挤满，他们一起即兴弹奏吉他、吃东西、聊天，借此机会为学业落后的孩子提供帮助——他有时将之称为“调味番茄酱俱乐部”。

当盖森得到学校总台的通知说白宫给他打来电话时，他正在给学生上课。他让总台告诉白宫，请晚点再打过来吧。显然在他眼里，孩子们可比白宫重要得多。美联社的报道说，这种态度正是盖森获得年度教师的一个理由。

由于篇幅的关系，这篇文章对盖森的介绍是比较概要的，但对照美国高质量教师评价和认证标准中五个方面的核心维度不难看出，盖森始终是以一位高质量教师的标准来要求自己的。面对糟糕的学校、成绩平平的学生，他没有放弃，而是勇敢地挑起了提高学生科学成绩的重任。他爱孩子，胜过白宫给他的荣誉；他通过编写歌曲、开发游戏、举办年度科学展览会等多种方式，提升学生的学习兴趣，教学方法灵活多样，贴近学生的生活实际；他关注学生的成长，坚持通过充满情趣的检测活动来检验教学的效果，通过"调味番茄酱俱乐部"等多种能够形式关注学习困难的学生群体，并为他们提供适宜的帮助；他无论是在社区还是学校，都充分展示自己的领导力，为学生创设丰富的教育资源……

盖森获得 2008 美国年度教师，具有很好的导向性，也是对如何做一个高质量的教师很好的诠释。从 2001 年至今，在美国已经有 5 万多名教师，通过了认证，成为高质量的教师；白宫通过评选年度教师，又强化了对这一认证标准的理解。

这样做法给我们多方面的启示，比如说现在的名教师培养，都是放手到各个培养基地，由导师负责去落实，经过了一段时间的培训之后，他们是否达到了优秀教师的标准呢？由于缺乏检验、认证的办法，所以大家莫衷一是，导致有一些人已经成为了特级教师，依然在基地里接受培训。

不仅仅是教师培训，我们有不少的工作，都存在这个问题，就是评价制度不健全，评价体系不完善，导致花费了很多心血做了一件事情，到最后却说不清这件事情做得是不是很好，好到什么样的程度，还有哪些缺陷……借鉴他人的长处，改进自己的不足，我们的工作才能不断取得新的突破。

2008 年中国生物学教育年度教师

1 2008 年中国生物学教育年度教师评选说明

1.1 美国年度教师评选的启发

美国年度教师评选的积极意义在于弘扬教师的杰出贡献，激励基础教育一线教师的教育激情，提倡为学生发展而教学和教育的理念。其不足之处在于全国只评选一名年度教师，"弘扬"的作用巨大，而"激励"的意义太小。

2005 年 4 月 18 日，美国的卡姆拉斯在获知自己被提名为"2005 年美国年度教师奖"后，接受美国有线新闻网（CNN）的记者采访时说，"我强烈渴望看到我们学校取得优异成绩""我经常思考我的课，反思我在课堂中的教学方式，回顾并问自己'哪些有效？哪些无效？我能与谁对话？'""对这些目标的持续追求，使我成为一名更好的教师。”“没有什么快乐能够和这样的快乐相比——那就是，当一个学生骄傲地说：‘卡姆拉斯老师，现在我进步了！’”。当2008年度教师获奖人盖森得到学校总台的通知说白宫给他打来电话时，他正在给学生上课。他让总台告诉白宫，请晚点再打过来吧。显然在他眼里，孩子们可比白宫重要得多。美联社的报道说，这种态度正是盖森获得年度教师的一个理由。

其实，工作在中国教学一线的像卡姆拉斯、盖森一样兢兢业业、认认真真工作的生物学教师数以万计，无论是年轻的或是年老的，他们都值得激励！

2008中国生物学教育年度教师评选正是基于这样的思考。这一评审虽然不是官方评审，但是它的意义非凡：中国教师为中国的繁荣、兴盛与强大所作出的巨大贡献——正是因为教师们成年累月、不知疲倦地辛勤工作，给中国人民注入了不竭的激情、理想和希望，中国才能如此富有朝气和生命力。我们正是在代表普通人民感谢他们，特别是感谢工作在一线的每一位杰出的生物学教师！

1.2　中国生物学教育年度教师评选

评选理念：弘扬生物教育杰出贡献，激励生物教育一线教师。

评选条件：①中学一线生物学教育教师或生物学教育一线教研人员；②当年度生物学教育及教育研究成绩突出；③长期以来生物学教育及教育研究成绩突出；④基层单位（学校或市县教研室）推荐。

评选程序：①个人申请，提交材料；②征求意见，单位推荐；③专家评议，确定人选。

评选注意：①为保证评审公正性，评审不收任何费用；②申请人没有年龄、性别、职称要求；③评审结果发布在《中国基础教育学科年鉴·生物卷》上；④向获奖教师颁发证书。

评选机构：基础教育生物学科资源开发与教育研究项目组。

2　2008中国生物学教育年度教师

由于今年是第一次评选生物学科年度教师，自主申报的人数比较少，但评审坚持“个人申请，提交材料；征求意见，单位推荐；专家评议，确定人选”的基本原则。本着宁缺毋滥、弘扬和激励一线生物学教师杰出贡献的基本理念，经中国基础教育2008年生物学科年度教师评委会严格评审，仅从众多参评教师中，评选出以下教师获中国基础教育2008年生物学科年度教师。

【1】邹亮（广东省中山市南头高级中学，中学高级教师）

1. 中山市2008年度优秀教师.

2. 2007～2008年度中山市南头镇高级中学“教学骨干”“教研能手”“师德建设先进个人”“综合评价优秀教师”“最受学生欢迎的教师”.

主要成果：

用数学模型解生物计算题. 中国21世纪教育论刊，2008(12).

【2】梁强（山东省聊城市阳谷县第一中学，中学一级教师）

阳谷县高中生物学科“教学能手”

主要成果：

1. 酶活性及影响因素的一道练习题引发的思考. 生物学通报，2008，43(3)：48－49.

2. 血球计数板的构造和使用简介. 中学生物教学，2008(8)：54－55.

3. 2008年山东高考生物零距离突破——知识梳理篇.

【3】王国顺（江苏省淮安市涟水县郑梁梅高级中学，中学高级教师）

2007～2008学年高中教育教学先进个人.

主要成果：

1. 高中生物学课本实验的拓展. 生物学教学，2008，33(5)：44－45.

2. 浅谈高中生物学中经典实验的教学. 生物学教学，2008，33(9)：48－49.

3. 高中生物学教学中要注意的几个特例. 生物学教学，2008,33（12）：63.

【4】曾鹏光（广东省揭阳市揭东县登岗中学，中学高级教师）

主要成果：

1. 高中生物教材中有关“实验试剂“归纳. 中学生物学 2008，24(7)：45－47.

2. “禽流感”专题例析. 生物学教学，2008，33(10)：72－74.

3. 浅析高中生物学中有关的生物学原理及其应用. 生物学教

学，2008，33(12)：46－48.

【5】丁志光（江苏省宿迁市沭阳县教育局教研室，中学高级教师）

主要成果：

1. 生物课堂讨论要告别“浮华”，走向真实．中学生物学，2008，24(6)：22－23.

2. 例谈苏教版义务教育课程标准《生物》教科书的特色．生物学教学，2008，33(3)：20－21.

3. 渗透课程基本理念，促进生物学课程改革．生物学通报，2008，43(2)：58－59.

4. 例谈生物学课程理念在高考试题中的体现．生物学教学，2008，33(1)：33－34.

5. 学习与评价实验册．江苏教育出版社，2008.

【6】左开俊（江苏省吴江市震泽高级中学，中学高级教师）

主要成果：

1. 注射器在高中生物学新课程实验中的作用．生物学教学，2008，33(11)：36.

2. 唐诗中跳跃的生命符号．生命世界，2008(11).

3. 对农村中学生物探究教学的分析与思考．中学生物学，2008(6).

4. 生活即教育——浅谈生活经验在生物学教学中的应用．试题与研究，2008，24(4)：63－64.

5. 同步训练生物学（北师大版）．北京教育出版社，2008.

【7】李能国（江苏省常州市教育教研室，中学高级教师）

主要成果：

1. 高中生物新课程中的对立统一关系．中学生物教学，2008(7)：37－38.

2. 生命世界中的螺旋现象．生物学教学，2008，33(7)：63－64.

3. 生命·探索·探索——初中生物课程教学新视野．东北师范大学出版社，2008.

4. 学习与评价——生物课课练．南京：江苏教育出版社，2008.

【8】刘成权（江苏省常州市第一中学，中学高级教师）

主要成果：

1. 病毒中有没有酶．生物学教学，2008，33(1)：61.

2. 利用酵母菌探究细胞呼吸方式的教学设计与实验改进．生物学教学，2008，33(8)：49－50.

3. 2007 年美国马里兰州生物学学业水平测试部分试题分析．生物学教学，2008，33(9)：52－54.

4. 浅谈美国中学生物教科书中的几个模型构建．中学生物学，2008，24(3)：13－15.

【9】左延柏（南京市第十二中学，中学高级教师）

1. 2008 年南京市下关区优秀教育工作者．

2. 2008 年南京市下关区教科研先进工作者．

3. 2008 年全国基础教育科研先进个人．

主要成果：

1. 对线粒体与叶绿体知识的总结．生物学教学．2008，33(2)：62.

2. 也谈机体的“免疫调节”．中学生物教学．2008(9)：39－40.

3. 新课程中生物科学史资源的开发利用．教育与探索．2008(10).

学术期刊

生物学通报

《生物学通报》是 1952 年由政务院文化教育委员会指示创办的综合性学术刊物，现由中国科学技术协会主管，中国动物学会、中国植物学会、北京师范大学主办。该刊为全国生物科学类核心期刊，被国内多家数据库收录。20 世纪 90 年代以来，先后两次荣获中国科协优秀科技期刊奖，并曾获北京市优秀学术期刊奖。本刊主要读者对象为全国中等学校生物学教师、各大专院校生物学系师生和一般生物学工作者。50 年来，本刊以其“综合、基础、新颖、及时”的特点，深受广大读者的喜爱，在全国生物学教育界享有较高声誉。年发行量达 20 多万册，并先后在 20 多个国家和地区公开发行。2001 年本刊作为优秀学术期刊，被中国科协学会部和国家自然基金委计划局联合主办的全国性检索刊物——《中国学术期刊文摘》首批收录。

该刊主要分设以下栏目。

科学家论坛：主要由中国科学院院士或资深教授、研究员撰稿，使读者及时了解生命科学发展的前沿动态，从 1992 年至今已有50多位中科院院士和资深教授为本刊撰稿。

综述与进展：刊载的反映生命科学发展前沿动态的文章，使读者开阔了视野，及时了解生命科学的最新发展动态。

基础知识和教学参考资料：为一线教师的教学提供丰富的参考资料。

课程·教材改革：及时向广大教师传播教育及教材改革的新动向。

教学专题研究：向教师传播新的教育理念、教学方法。

新教师园地和课堂教学设计以及教学实践与交流：为教师交流教学经验提供良好的平台。

问题解答、读者、作者、编者：及时解答读者在教学中遇到的疑难问题，同时也缩短了编者与读者之间的距离。

生物学史话：向读者介绍生命科学的发展历史。

实验与技术：为教师介绍实验材料、实验方法的改进，为教师开展实验教学提供实用资料。

研究性学习案例：介绍优秀的研究性学习课题，指导教师更好地开展研究性学习，培养学生的综合能力。

该刊刊载的国际生物学奥林匹克竞赛题，以及“命题与考试”栏目，均受到读者的普遍欢迎。

该刊为广大生物学教师提供了丰富的教学资源，传播生命科学的新知识、新理念、新方法，刊物内容力求“综合、基础、新颖、及时”，具有较强的科学性、实用性、可读性和时效性，被广大生物学教师誉为“及时雨”和“良师益友”。同时，本刊在全国生物学教育界具有很大的影响，对促进全国生物学教育教学改革起到一定的导向作用。

《生物学通报》为月刊，每月20日出版发行。国内外公开发行，国内邮发代号2—506。

编辑部地址：北京师范大学《生物学通报》编辑部，100875，电话010-58807645。电子信箱：swxt@chinajournal.net.cn

生物学教学

该刊创办于1958年，月刊，中华人民共和国教育部主管，华东师范大学主办，为面向中学及其他中等学校的生物学教学专业期刊。该刊为全国教育类核心期刊，其办刊宗旨是为基础教育服务。

该刊主要分设以下栏目。

生物科学综述栏：发表生物学各学科的理论研究和新技术开

发的综合文章。

教学研究栏：刊登中学教师的教学研究及教学经验总结文章。

课堂教学栏：刊登教师讲授教科书中某一节的经验。

电化教学栏：发表教师电化教学的手段、电化教学的经验，近来多为计算机辅助教学设计和运用型的文章。

新教师栏：发表的是优秀老教师向新教师传授教学经验的文章。

实验教学栏：发表中学实验的设计与改进之类的文章。

考试与命题栏：刊登国际国内奥林匹克竞赛的试题及全国各地的高校统一考试题等内容。

职业技术教学栏：主要发表注重与农村实际相结合的教学经验总结性文章。

生物科技栏：发表各种课外生物科技活动的设计、实施及其经验等文章。

教学参考栏：发表各种可供教学参考的资料。

另外，封面、封底刊登读者投寄的生物照片。

《生物学教学》杂志为月刊，国内外公开发行，国内邮发代号 4－450。

编辑部地址：华东师范大学《生物学教学》编辑部，200062，电话 021－62232225。电子信箱：swxjx@bio. ecnu. deu. cn

中学生物学

该刊创办于 1985 年，是由江苏省教育委员会主管，南京师范大学主办的双月刊。它坚持紧密结合中学生物学教学实际的办刊宗旨，坚持突出知识性和实用性相统一的办刊风格。

该刊主要分设以下栏目。

基础知识：发表介绍与生命科学有关的新进展、新知识、新技术。

教学研究：发表生物学教学一线教师的教学经验和研究成果。

教学参考资料：发表对中学生物学教学具体章节有指导意义和参考价值的资料。

教具和实验技术：刊登教学实验的技术和技巧、教具的制作方法、CAI 课件的制作等文章。

国外教学信息：刊登国外生物学教学新信息。

教育硕士论坛：登生物学教育硕士的毕业论文和见解。

习题与练习：刊登配合高考和会考的习题精选等。

《中学生物学》杂志为月刊，国内外公开发行，国内邮发代号28－68。

编辑部地址：南京师范大学《生物学教学》编辑部，210046，电话025－85891910。电子信箱：zxswxue@126.com

中学生物教学

《中学生物教学》是由中华人民共和国教育部主管、陕西师范大学主办的一份中等教育类教学期刊。本刊自创刊以来，始终秉承为中学生物学教学服务、为提高中学生物学教师的专业化水平服务的办刊宗旨，坚持导向性、科学性、实用性和时效性的办刊方针，立足于基础教育改革前沿，兼顾教育理论的探索与应用研究，倡导学术争鸣与创新实践，注重新课程资源的开发与考试评价的研究，全方位展示基础教育改革的进程，为指导和提高中学生物学教学质量，促进生物学教学改革，全面推进素质教育发挥了巨大的作用。

该刊主要分设以下栏目。

教育理论与教学研究模块；教学实践与课程资源模块；考试与命题研究模块；教师与学生发展模块；科技信息综览。

《中学生物教学》杂志为月刊，国内外公开发行，国内邮发代号28－68。

编辑部地址：陕西师范大学《中学生物教学》编辑部，710062，电话029－85308009。电子邮件：bio@cfe21.com

论 文 索 引

课 程 研 究

核 心 论 文

1. 李作为．浅述新课程下生物学教师的职业素养．生物学教学，2008，33(3)：12－13.
2. 朱桂贞．挖掘课程的人文价值 培养学生的人文素质．生物学教学，2008，33(1)：78－80.
3. 冯小勇．高中生物课程标准中科学方法教育的探索．生物学教学，2008，33(1)：46－48.
4. 丁志光．例谈生物学课程理念在高考试题中的体现．生物学教学，2008，33(1)：33－34.
5. 丁志光．渗透课程基本理念 促进生物学课程改革．生物学通报，2008，43(2)：8－59.
6. 赵晓刚．高中生物学新课程标准教学研讨“基因工程”的教学构思．生物学通报，2008，43(2)：26－28.
7. 王月玲，张晋英．面对新课程，我们需要做哪些准备．教育理论与实践，2008(4)：19－23.
8. 杨计明．广东省普通高中生物学新课程教学实施的探索．生物学教学，2008，33(6)：11－13.
9. 沈加德．农村中学生物学教学与培养新型农民的研究．生物学教学，2008，33(9)：24－25.
10. 龚雷雨，缪国忠．谈“情感态度与价值观”教学目标的落实．生物学通报，2008，43(6)：49－51.
11. 卢文祥．生态文明教育：中学该怎么做．人民教育，2008(Z3)：72－73.
12. 刘聪．做好初、高中生物学教学的衔接．生物学教学，2008，33(11)：23－24.
13. 程莉君．开展生物学骨干教师培训的思考与实践．生物学教学，2008，33(11)：18－19.

14. 游隆信，陆建身．回归生活的生物学教学需要厘清的几个问题．生物学教学，2008，33(11)：5-7.
15. 陈美玲．联系学生生活实践，提高学生生物科学素养．中小学教师培训，2008(11)：50-51.
16. 王晶莹．科学本质观与科学探究的意义及实践——美国李德曼教授访谈录．全球教育展望，2008，37(2)：3-6.
17. 裴新宁．学习究竟是什么——焦尔当·安德烈教授访谈录．全球教育展望，2008，37(1)：13-20.
18. 孙庆兴．高中生物新课程教学如何突出重点．教学与管理，2008(31)：60-61.
19. 孙庆兴．新课程背景下生物学教师的成长．生物学教学，2008，33(9)：8-10.
20. 戴赟．环境教育多学科渗透模式和单一学科模式的比较和分析．生物学教学，2008，33(10)：12-15.
21. 赵广宇．以新课程的理念指导制定教学目标．生物学通报，2008，43(5)：34-35.
22. 张小亚．关于高中生物学课程建设的若干思考．生物学教学，2008，33(12)：62-63.
23. 吴成军．"生物技术实践"教学研讨"微生物的利用"的教学组织．生物学通报，2008，43(10)：28-30.
24. 冯晓灵．高中生物学新课程标准教学研讨"生物技术在其他方面的应用"的教学构思．生物学通报，2008，43(10)：24-27.
25. 刘启宪．高中生物学新课程标准教学研讨"生物技术在食品加工中的应用（选修1主题3）"的教学构思．生物学通报，2008，43(9)：27-28.

一般论文

1. 徐乃肃，何银花．以课例为载体，在"行动教育"中成长．中学生物学，2008，24(1)：31-33.
2. 黄裕．高中生物教学应处理好的几个关系．中等职业教育（理论），2008(2)：11-13.
3. 殷雄．如何实施中学生物学的隐性课程．华章．教学探索，2008(2)：39.
4. 许树华，叶华杉．依托校本课程促进教育可持续发展．湖北教育（时政新闻），2008(5)：40-41.
5. 魏伟．新课改下生物教师角色的自觉转变．考试周刊，2008(14)：16.

6. 晁卫香．构建学生自主设置学习目标的策略．吉林教育，2008(7)：123.
7. 施大华，杨慧．新课程背景下生物教师应该如何走进课堂．青少年日记（教学交流版）（上半月），2008(2)：02，87.
8. 滕春喜．生物校本课程开发的一点思考．科教文汇（下旬刊），2008(3)：42.
9. 王静．谈高中生物学课程中几个重要的辩证唯物主义观点．科教文汇（中旬刊），2008(4)：84.
10. 徐强．浅谈农村初中生物课程的教学现状与改革措施．科技资讯，2008(8)：142.
11. 林农．高中生物实验员的职能与素质的思考．宁德师专学报（自然科学版），2008，20(1)：98-100.
12. 许东风，邓贤兰．生物教师培训课程需求调查研究．中国成人教育，2008(1)：84-85.
13. 黄志芳．浅谈中学生物学科教育价值的实现．新课程研究（基础教育），2008(2)：158-159.
14. 周升团，许东风．生物学新课程与传统课程的比较．井冈山学院学报，2008，29(2)：127-128.
15. 段世红．试论生物学科在素质教育中的地位．安徽教育，2008(2)：42.
16. 李淑华．农村中学生物教师状况调查．现代教育科学（中学校长），2008(3)：64.
17. 符伟民．生物学科教育价值新探．商情（教育经济研究），2008(5)：219.
18. 张洁．浅谈中学生物学科的教育价值．教育前沿（理论版），2008(3)：159-160.
19. 焦俊华．谈新课程背景下中学生物学教师的专业知识结构．中国科教创新导刊，2008(35)：36.
20. 夏桂珍，章文丽．论生命教育——中学生物学科校本课程开发的初步探讨．考试周刊，2008(52)：206-207.
21. 林金昌．高中生物校本课程开发实践中的困惑与探讨．福建教育学院学报，2008(12)：20-22.
22. 刘建华．农村高中生物素质教育的现状和对策．科学大众，2008(12)：155.
23. 蒋选荣．结合高中生物教材 有效开发生物校本课程．中学生物学，2008，24(4)：59-60.
24. 郭军英．研读《课标》与《说明》积极应对迎高考．中学生物学，2008，24(4)：26－29.
25. 何东慧，唐士赟．开展“植物组织培养”校本课程的实践探索．中国教育技术装备，2008(19)：11－13.
26. 朱恩．高中新课程低成本实验的研究报告．中国教育技术装备．2008(19)：92－98.
27. 王骐，赵旭，黄秋燕，金莉．吉林省普通中学生物学教师学历分析与思考．中小学教师培训，2008(9)：21－22.
28. 唐传瑞．在生物新课程实施中教师应该有的几个转变．中小学教学研究，2008(7)：3－4.
29. 时宝茹，崔鸿．后现代教育观下中学生物教师的专业发展．现代中小学教育，2008(7)：63－65.
30. 王品贤．新课改理念下生物学习方式的转变．宿州教育学院学报，2008，11(3)：135－136，145.
31. 滕春喜．利用生物课程培养学生的环境素养．科教文汇（下旬刊），2008(4)：92.
32. 王洁，车雪梅．关于初、高中生物学科学段衔接的探讨．大连教育学院学报，2008，24(2)：20－21.
33. 金黎明，张耀凤．转变学习方式：生物教学理念的新取向．长春教育学院学报，2008，24(1)：77.
34. 樊景新．生物学新教师应该注意的几个地方．科学教育，2008，14(3)：67－68.
35. 李运兰．新课标高中生物教学如何与高考衔接．教育科研论坛，2008(9)：90－91.
36. 葛立峰．教师应有过硬的业务素质．科学咨询（教育科研），2008(7)：8.
37. 孙立英．专业成长的途径，教学相长的阶梯．北京教育（普教版），2008(10)：35.
38. 黄国庆．课题研究——教学拓宽之术．北京教育（普教版），2008(10)：36.
39. 徐淑庆．合作学习理念下生物教师的角色定位．成功（教育），2008(7)：5－6.
40. 施大华，杨慧，韩曜平．问渠哪得清如许，为有源头活水来——生物教师应该如何面对新课程改革．新课程（教师），2008(9)：15－16.
41. 王秀华．新课标下生物教师角色的转变．时代教育（教育教学版），2008(7)．184.
42. 张涛，宋凤站．生物教学中研究性学习目标的确定．中学生物学，2008，24(9)：23－24.
43. 陈敏．《全日制义务教育生物课程标准》中可持续发展教育思想研究．中学生物学，2008，24(11)：61－62.
44. 蔡民．初中生物学教学中的情感教育目标探析．中学生物学，2008，24(11)：12.
45. 王爱英，彭建．新课改下关于高师生物培养方案调整的思考．中学生物学，2008，24(9)：56－57.
46. 曾国阳．生物学科初高中教学衔接建议：中学生物学，2008，24(9)：31－32.
47. 鲁亚平，蒋选荣．对新课程背景下高中学生生物学习方式调查与反思．中学生物学，2008，24(2)：57－59.
48. 张雨．生物校本课程开发的探索．中学生物学，2008，24(2)：28.
49. 罗雪飞，陈秉初，蒋建军．校本课程开发的个性化问题探讨．中学生物学，2008，24(2)：61－63.
50. 王士栋．建构主义与高中生物教学．中学生物学，2008，24(5)：36.
51. 冯慧玲．农村中学生物教学与培育新型农民的研究．中学生物学，2008，24(2)：12－13.
52. 罗艳芝．农村中学生物学教学初探．成才之路，2008(30)：76.
53. 胡蓉，陈远辉，唐正义．生物课程标准实施情况调查与分析．内江师范学院学报，2008，23(10)：84－87.
54. 雷园花．初中生物与高中生物教学的衔接．江西教育，2008(33)：35.
55. 阙建宇．漫谈新课程改革中生物课程的教育价值．科教文汇(中旬刊)，2008(11)：179.
56. 赵鹏，梅首文．对新课程下生物“自主、合作、探究”学习的反思．生命世界，2008(12)：95－96.
57. 刘凡见．重视科学研究方法教育 落实生物新课程理念．中学课程资源，2008(10)：130.
58. 冯剑．浅谈新课程背景下生物教学生活化．吉林教育，2008(33)：52.
59. 徐安文．新课程背景下生物探究教学中的问题及对策．当代教育论坛（学科教育研究），2008(11)：101－102.
60. 陈欣．浅析高中生物新课程教学的现状与对策．福建教育学院学报，2008(10)：51－55.
61. 刘华斌．新课改背景下生物教师观念和行为的更新．内江科技，2008(11)：192.
62. 徐凯捷．初中生物新课程教学浅谈．考试周刊，2008(45)：176－177.
63. 赵守珍．中学生物新课标新意新探．中国科教创新导刊，2008(33)：13.
64. 李波．试析生物学创新型课程建设．中国科教创新导刊，2008(30)：30.
65. 吴送．教好新课改高中生物课程的策略．吉林教育，2008(27)：54.
66. 周建荣．初中生学习生物课程态度的调查与分析．内蒙古教育，2008(19)：44－46.
67. 张虎忠．浅谈对生物学新课程标准的认识．西北职教，2008(9)：51.
68. 刘兴华．构建新课标理念培养学生创新素质．教育革新，2008(4)：38.
69. 金梅．新课程标准下初中生物教学的定位．中国校外教育（理论），2008(S1)：949.
70. 吴宝山．新课程下高中生物课教学初探．丽水学院学报，2008，30(5)：111－113.
71. 李芙蓉．新课程理念下学生生物科学素养的培养途径．新课程研究（基础教育），2008(11)：144－145.
72. 田艳．新课程背景下高中生物思想模型的建构探讨．科技信息，2008(28)：632－633.
73. 刘文胜，王建伟．高中新课程背景下学生生物科学素养的培养．福建教育学院学报，2008(9)：17－18.
74. 钟福仁．新课程背景下高中生物教学中的发散性思维培养．福建教育学院学报，2008(6)：25－26.
75. 张统全．谈新课标下提高教学质量的策略．读与写（教育教学刊），2008，5(9)：112，128.
76. 刘山田．新课程改革下对生物教学的几点反思．中学生数理化．教与学（教研版），2008(10)：93－94.
77. 陈振兴．生物学日常教学也需要复习——新课程背景下的生物学模块教学之我见．新课程（中学版），2008(10)：52.
78. 姜元军．重新解读初中生物《新课程标准》．考试周刊，2008(41)：160－161.
79. 李蕾．论高中生物新课程中探究性学习模式．考试周刊，2008(39)：160－161.

80. 曹冬林．校本课程的构建与价值探讨．教学月刊（中学版），2008(10)：12－14.

81. 杨毓．生物新课程改革背景下的反思性教学．科技信息（学术研究），2008(21)：644，646.

82. 杨莉．浅谈生物学科素养的形成：中国科教创新导刊，2008(33)：160.

83. 柳继红．中学生物教学改革浅谈：考试周刊，2008(44)：9－10.

84. 贠克仁．做一个合格的生物教师．成才之路，2008(25)：79－80.

学 位 论 文

1. 陈兰．高中生物合作学习有效性的实证研究．桂林：广西师范大学，2008.

2. 陈大岭．结合高中生物教学开展环境教育的探究．包头：内蒙古师范大学，2008.

3. 傅华平．小学科学教师科学探究观研究．广州：华南师范大学，2007.

4. 顾金彦．高中生物教师教学反思的实践研究．长春：东北师范大学，教育学硕士．2008.

5. 韩光艳．基于网络的科学探究对提高小学生科学素养的有效性的研究．广州：华南师范大学，2008.

6. 呼小明．新课程推进中高中生物教师适应状况研究．西安：陕西师范大学，2007.

7. 胡东伟．海盐县初中生《科学》课程学习态度现状及相关研究．上海：华东师范大学，2007.

8. 胡玺丹．教育转型期中学生物教师专业发展研究．上海：华东师范大学，2008.

9. 华艳辉．中学生物教育渗透人文精神的分析与思考．长春：东北师范大学，2008.

10. 黄宁．新课程中生物教师角色的转换．桂林：广西师范大学，2008.

11. 黄勇．中学生物学生命哲学教育的内容与方法．济南：山东师范大学，2008.

12. 焦燕波．上海高中生生命科学素养现状调查与学业水平的探究．上海：华东师范大学，2008.

13. 李安静．科学本质观在生物科学教育中的价值研究．南京：

南京师范大学，2008.
14. 李莉．教育行动研究在青年生物教师专业培养中的探究与实践．上海：上海师范大学，2007.
15. 李擎．初中科学课程中科学态度情感与价值观的教育．武汉：华中师范大学，2008.
16. 李水霞．天津市区小学科学新教师专业发展现状分析．天津：天津师范大学．2008.
17. 李文静．新课程理念下的高中生物校本教研个案研究——DF中学的实践与思考．东北师范大学，2008.
18. 李雯彩．兰州市高中生学习生物学兴趣的调查分析与对策研究——以兰州一中、二中、十四中、民族中学为例．兰州：西北师范大学，2007.
19. 刘定坤．高中生物自主性学习的调查分析与实施策略．长沙：湖南师范大学，2008.
20. 刘丽．生物学新课程实施的研究．成都：四川师范大学．2007.
21. 刘勇．高中生物学“思想实验”开发研究．成都：四川师范大学，2007.
22. 卢冰洪．基于脑科学的中学生物学习策略研究．武汉：华中师范大学，2008.
23. 陆天婧．中学生物课程中实施生态伦理教育的调查研究．长春：东北师范大学，2008.
24. 马永双．理科师范生科学探究能力发展的研究．北京：首都师范大学．2007.
25. 彭焱．中学生物学习策略的调查研究．武汉：华中师范大学．2006.
26. 邵建绒．对长春市绿园区初中生物教师新课程观的调查和研究．长春：东北师范大学，2008.
27. 沈甜甜．科学教师在职培训研究．武汉：华中师范大学．2008.
28. 苏秀珍．初中生物教师职业倦怠的负面影响及预防对策．石家庄：河北师范大学，2007.
29. 孙娴．论中学生物教师职后的专业化发展．西安：陕西师范大学．2007.
30. 王海燕．贵州省高师院校科学教育专业专业课程设置中的一些问题和设置．贵阳：贵州师范大学，2007.
31. 王惠云．高中生物厌学学生的成因、特点及防控策略的研究．

石家庄：河北师范大学，2007.
32. 王晓莉．信息技术与高中生物课程整合效果的研究．长春：东北师范大学，2008.
33. 王月梅．论新课程背景下高师生物专业课程设置．西安：陕西师范大学，2007.
34. 张松．中学生物初职教师入职教育的现状调查及对策研究．上海：华东师范大学，2008.
35. 张淑清．初中生物课程开展探究性学习的实践与思考．包头：内蒙古师范大学，2007.

教 材 研 究

核 心 论 文

1. 石华建．谈初中生物学教材的再度开发．生物学教学，2008，33(5)：21－22.
2. 徐业义．对高中生物学教材“问题探讨”的利用．生物学教学，2008，33(4)：13－14.
3. 王智杰．高中生物学教材中的“简称”与“缩写”．生物学教学，2008，33(4)：74.
4. 李克刚．人教版高中生物学新教材中“问题串”的教学处理．生物学教学，2008，33(3)：24－25.
5. 丁志光．例谈苏教版义务教育课程标准《生物》教科书的特色．生物学教学，2008，33(3)：20－21.
6. 梁嘉声．高中生物学新教材“问题探讨”栏目的细化．生物学教学，2008，33(3)：16－17.
7. 顾巨林．同位素标记法在生物学教材中的应用归纳．生物学教学，2008，33(2)：46－48.
8. 周丽威，王亚娣，陈志发．人教版高中生物学教材能力结构的研究．生物学教学，2008，33(2)：14－16.
9. 王修建．人教版课程标准高中《生物》教科书编写特点．生物学教学，2008，33(1)：9－10.
10. 石淮生．浅谈高中生物新教材的内容特点与教学策略．教学与管理，2008(4)：59－60.
11. 孙庆兴．高中生物学教材中的“水”知识．生物学教学，2008，33(6)：74－76.
12. 陈孝彬．浅析高中生物学教材中的插图．生物学教学，

2008，33(11)：30.

13. 柯勉．基于校本（乡土）教材开发的习题．生物学教学，2008，33(7)：41－42.
14. 羊垂功．高中生物教材“易错概念”的归纳．生物学教学，2008，33(9)：65－67.
15. 杨计明，黄增寿．新基础教育高中生物教材创造性使用的研究．课程•教材•教法，2008，28(11)：64－68.
16. 秦亚平．新课程标准教材的使用．生物学通报，2008，43(6)：42－43.
17. 李彦平．人教版高中《生物》教材一处内容的商榷．教学与管理，2008(28)：71.
18. 李高峰，张迎春．五个版本《生物科学与社会》内容的不一致．教育理论与实践，2008(32)：8－10.
19. 杨计明．《青春期指导》(小学生用) 教材介绍．生物学通报，2008，43(3)：27－29.
20. 卫红云．初中《生命科学》生活化教育的教学．生物学教学，2008，33(12)：19－21.
21. 周斐，张迎春．高中生物学《遗传与进化》模块教材的三个特点．生物学教学，2008，33(12)：12－13.
22. 徐波，贾俊友，张树军．高中生物学教材涉及的免疫细胞来源和作用的例解．生物学通报，2008，43(9)：23－25.

一 般 论 文

1. 赵剑．用好高中生物教材的第二语言——插图．课程教材教学研究（中教研究），2008(Z2)：68－69.
2. 李庆文．人教版与新世纪版高中新课程《生物学》实验教材（必修部分）比较及教学思考．教育科学研究，2008(2)：42－45.
3. 徐立宏，王芳．高中生物教材中的同位素．中学生物学，2008，24(3)：6－7.
4. 赵开勇．转换教材信息，培养解题能力．中学生物学，2008，24(3)：58－60.
5. 赵瑞芬．课程创生：生物教材处理策略．新课程（综合版），2008(5)：34－35.
6. 张秀霞．论高中生物教材的现代化．考试周刊，2008(20)：139.
7. 陶晓东．合理开发新课程教材资源．新课程（教育学术版），2008(3)：67－68.

8. 谭永平．中学生物教科书的历史追溯与现实透视．教育科学论坛，2008(4)：11－14.
9. 朱文艺，王志坚．人教版高中生物新课程必修教材与原教材重要概念的比较浅析．科学教育，2008，14(1)：3－4.
10. 沈惠，毕晓白．谈人教版生物教材“自我检测”中的概念图．科学教育，2008，14(2)：14－15.
11. 宛敏信．初中生物学教材中探究性实验的归因策略浅谈．考试周刊，2008(18)：192.
12. 李宁丽，魏青松．浅谈中学生物新教材中的STS教育．科教文汇（中旬刊），2008(4)：83.
13. 胡周衍，黄芳．光合作用和蒸腾作用强度曲线的对比思考——人教版高中生物课本习题探讨．湖北生态工程职业技术学院学报，2008，6(1)：14－15.
14. 蒙太祖．高中生物新教材非正文部分的教学初探．宁夏教育科研，2008(1)：62－63.
15. 张玲雄．巧用新教材的插图，提高课堂教学效果．中学生物学，2008，24(4)：63－64.
16. 张铁民．对高中生物教材的几处探究性延伸．中学生物学，2008，24(4)：5－6.
17. 杜洁．新编人教版初中生物教材特点探析．南阳师范学院学报，2008，7(9)：93－94.
18. 丁强．现行初中生物教材中的“资料分析”教学之我见．新课程研究（教师教育），2008(7)：69－70.
19. 张鹏举．生物新教材浅析．考试周刊，2008(25)：16.
20. 姜涛．春风化雨 润物无声——北师大版《生物学》贯彻情感态度价值观课程目标的探索与尝试．基础教育课程，2008(4)：34－35.
21. 李志银．新教材在农村生物教学中的优势．雅安职业技术学院学报，2008，22(1)：64，66.
22. 刘国梅．教材才是生物教学的核心——新课改背景下对教材地位的思考．考试周刊，2008(23)：34.
23. 王姮．生物教学中教材插图的有效利用．课程教材教学研究（教育研究版），2008(2)：22－23.
24. 燕艳，李庆峰．初中生物课程标准实验教材使用情况的调查与分析．中学生物学，2008，24(11)：59－60.
25. 孙国防．“现代生物科技专题”常见疑点小结．中学生物学，2008，24(11)：9.

26. 张建尚．高中生物三种新教材（必修）栏目设置比较．中学生物学，2008，24(2)：63－64.
27. 金燕，陈志伟．高中生物新教材中透视出的性教育问题——道德教育缺失与教育模式匮乏．中学生物学，2008，24(5)：24－26.
28. 李元．在初中生物教材中出现的中国科学家的成就．中学生物学，2008，24(5)：8－9.
29. 杜青．充分利用教材培养学生能力．课程教材教学研究（教育研究版），2008(5)：11－12.
30. 李顺康．对高中生物教材中实验的探讨．新课程研究（基础教育），2008(12)：176－177.
31. 熊新俊．挖掘教材思想内涵加强生物教学中的德育．华章，2008(8)：92，96.
32. 王建华．活用生物插图，促进全面发展．甘肃教育，2008(20)：47.
33. 关文心．北师大版七年级生物教材使用体会．广东教育（教研版），2008(12)：103－104.
34. 燕艳．初中生物新课程标准教材的比较研究．基础教育研究，2008(12)：42－43.
35. 罗树伟．对高中生物教材处理的探索．课程教材教学研究（中教研究），2008(Z6)：14－15.
36. 刘少梅．生物新教材“过程式”教学．广东教育（教研版），2008(11)：73－74.
37. 季晓婷．怎样充分利用生物教材中的情感教育资源．读与写（教育教学刊），2008，5(11)：172，102.
38. 刘云，王瀚．渗透在高中生物教材中的“根”．科技创新导报，2008(34)：121.

学 位 论 文

1. 李敏．从“双基”到“科学素养”：初中生物学《大纲》与《标准》以及教材的比较研究．苏州：苏州大学，2007.
2. 熊春华．澳大利亚中学科学教材 Science Focus 的分析研究．武汉：华中师范大学，2006.

教学实践研究

核 心 论 文

1. 张伟．遗传概率计算中的“性别”问题．生物学教学，2008，33

(5)：51－52.

2. 丁华军．高中生物学中有关水的考查．生物学教学，2008，33(5)：55－56.
3. 张海其．对一个能量流动问题的反思和拓展．生物学教学，2008，33(5)：56－57.
4. 马兆飞．植物生长素作用两重性问题解析．生物学教学，2008，33(5)：60－61.
5. 沈字微．高中生物学教学中对 STS 教育的探索．生物学教学，2008，33(5)：73－74.
6. 郑清丽．高中《生物》选修教材中有关氮循环内容的几个问题．生物学教学，2008，33(5)：74－75.
7. 江勇利．“饲养和观察蚯蚓”探究实验的分析与改进．生物学教学，2008，33(5)：47－48.
8. 许晖．重视生物学基本概念教学，促进建构结构合理的概念体系．生物学教学，2008，33(5)：28－29.
9. 张建华．试论德育方法在生物学教学中的运用．生物学教学，2008，33(5)：18－19.
10. 王艺璇，陆建身．中学生物学教学结课的方法．生物学教学，2008，33(4)：30－31.
11. 马三梅．通过生物学史教学提高学生科学素养．生物学教学，2008，33(4)：27－28.
12. 张连锋．“任务引领、活动建构”学案设计探索与例析．生物学教学，2008，33(4)：19－20.
13. 陈品琴．关于“细胞呼吸”复习的习作及解析．生物学教学，2008，33(4)：51－54.
14. 陈永洪．对高三生物学一轮复习的体会．生物学教学，2008，33(4)：33－35.
15. 王玲敏．细菌的芽孢．生物学教学，2008，33(4)：65－66.
16. 符凯．与中学生物学相关的中国古代名句．生物学教学，2008，33(4)：67－68.
17. 郭玉海，杨丽香．辨析纯合体和杂合体．生物学教学，2008，33(4)：68.
18. 李志文．身体代表教学模式值得讨论．生物学教学，2008，33(4)：69.
19. 缪晓萍．关于染色体变异的几点辨析．生物学教学，2008，33(4)：60－62.
20. 李进京．有关物质穿膜运输的几个问题．生物学教学，

2008，33(4)：64－65.

21. 范甲朋．抓住复习课中的“三条线”．生物学教学，2008，33(4)：80－81.
22. 高莹，闫勋亮．保持教案常新的几点做法．生物学教学，2008，33(3)：26－27.
23. 陈树俊，刘杭昆．“光合作用——C_3 植物和 C_4 植物”教学难点的化解．生物学教学，2008，33(3)：23－24.
24. 王愉鑫．生物学“公开课”引发的思考．生物学教学，2008，33(3)：21－22.
25. 崔红霞．生物学生态课堂的建构策略摭谈．生物学教学，2008，33(3)：19－20.
26. 徐安文．生物学课堂教学情境及其创设．生物学教学，2008，33(3)：14－16.
27. 赵家飞．在“问题—探究—问题”教学中培养学生的能力．生物学教学，2008，33(3)：28－29.
28. 李荣．高中生物学教学中的几个常见问题．生物学教学，2008，33(3)：74.
29. 刘宗兰．利用插图培养初中学生的能力．生物学教学，2008，33(2)：78－79.
30. 马三梅．在教学中培养学生的阅读能力．生物学教学，2008，33(2)：67－68.
31. 左延柏．对线粒体和叶绿体知识的总结．生物学教学，2008，33(2)：62.
32. 王雪琴．高中生物学中一些易混知识点的细微差别．生物学教学，2008，33(2)：52－53.
33. 李彩珍．生物学教学中部分疑难、易错问题的解答．生物学教学，2008，33(2)：51－52.
34. 王士朝．例析减数分裂与生物学多个知识点的联系．生物学教学，2008，33(2)：48－50.
35. 周炳渠．生物学多媒体教学中的板书设计．生物学教学，2008，33(2)：44－45.
36. 李培俊．谈高三生物学一轮复习的有效方法．生物学教学，2008，33(2)：33－35.
37. 金松涛．利用好“两头”，构建新型生物学课堂．生物学教学，2008，33(2)：29－30.
38. 丁金昌．应用生物科学史在教学中突破难点．生物学教学，2008，33(2)：28－29.

39. 韩鹏飞．在教学中渗透健康教育．生物学教学，2008，33(2)：26-27.
40. 卫红云．初中生命科学教学中生活化教育的实践．生物学教学，2008，33(2)：25-26.
41. 姚宝骏，陆建身．生物学课堂教学如何应用科学的提问策略．生物学教学，2008，33(2)：23-24.
42. 程红梅．浅谈如何培养学生的生物学语言表达能力．生物学教学，2008，33(2)：21-23.
43. 赵玉柱．教学内容的问题化例谈．生物学教学，2008，33(2)：20-21.
44. 王守超．应用诗歌进行辅助初中生物学教学．生物学教学，2008，33(2)：18-19.
45. 王道磊．在微观教学中应用肢体语言．生物学教学，2008，33(2)：17-18.
46. 龚新平．在教学中培养学生能力的探索．生物学教学，2008，33(2)：12-14.
47. 郭晓虎．深入挖掘高中生物学中的哲学思想．生物学教学，2008，33(2)：10-12.
48. 黄建华．种群数量增长速率与增长率的辨析．生物学教学，2008，33(1)：43.
49. 李新梅．“细胞”易错知识点归纳解析．生物学教学，2008，33(1)：41.
50. 张鸿亮．关于“基因表达载体的构建”的教学思考．生物学教学，2008，33(1)：29-30.
51. 李如意．生命科学与人体健康单元的教学建议．生物学教学，2008，33(1)：23.
52. 黄广慧．“问题导学法”在高中生物学教学中的实践与思考．生物学教学，2008，33(1)：20-21.
53. 刘燕．高师生物学教学值得注意的问题．生物学教学，2008，33(1)：19.
54. 余裕浪．追求和创造美丽的生物学课堂．生物学教学，2008，33(1)：13-17.
55. 陈列，靳玉乐．初中课堂时间管理的问题与改进．中国教育学刊，2008(4)：45-48.
56. 李秋石．生物课堂教学中的举例．教学与管理，2008(4)：68-69.
57. 李宏春，吴华希．高中生物教学板书技法初探．教学与管理，

2008(5)：69－70.
58. 刘学廷．生物解题过程中“四者”角色的培养．教学与管理，2008(1)：71－72.
59. 王建春．谈高中生物新课程课堂教学生成性的正确把握．教育导刊，2008(4)：40－42.
60. 毕晓白，杨梅玲．生物教学中元认知监控技能训练研究．课程·教材·教法，2008，28(5)：65－69.
61. 陈东平，赵伟涛．新课程标准下的高中生物科探究式教学初探．中小学教师培训，2008(2)：50.
62. 李红文，张蓓．关于有效教学的讨论——谈高三复习课的有效性．生物学通报，2008，43(1)：36－37.
63. 任小文．要关注教学细节．生物学通报，2008，43(1)：34－35.
64. 王智杰．生物学复习要关注规律以外的特例．生物学通报，2008，43(1)：43－44.
65. 柳军．对一类基因频率题解法的分析．生物学通报，2008，43(1)：54－55.
66. 李盛，刘恩山．“头脑风暴法”在生物学教学中的应用．生物学通报，2008，43(2)：37－38.
67. 王忠江．逻辑方法应用于遗传学概念教学．生物学通报，2008，43(2)：39－40.
68. 刘本举．“DNA 是主要的遗传物质”一节几个疑难问题解答．生物学通报，2008，43(2)：32－33.
69. 杜桂新．如何“通过一次杂交实验”确定基因的位置．生物学教学，2008，33(6)：49－50.
70. 贺迎飞，陆建身．在中学生物学教学中重视科学方法的教育．生物学教学，2008，33(6)：69－71.
71. 王红珍．生物学教学中的妙“比”生花．生物学教学，2008，33(6)：67－68.
72. 范甲朋．如何理解 ATP 与 ADP 之间的相互转化．生物学教学，2008，33(6)：55.
73. 陈钦国．初中生物学教学中“导”的艺术．生物学教学，2008，33(6)：35－36.
74. 程焉平．结合中学生物学教学开展生命伦理教育．生物学教学，2008，33(6)：29－31.
75. 池淮清．如何利用“问题探讨”进行教学．生物学教学，2008，33(6)：25－26.
76. 张伟．感悟生物学课程改革培养学生“四个意识”．生物学教学，2008，33(6)：18－19.
77. 顾巨林，张庭铭．韦恩图在高中生物学教学中的应用及例析．生物学教学，2008，33(6)：16－18.
78. 程瑶，刘峰，崔鸿．导课无定法，妙在巧导中——生物课堂教学导课的艺术性．中小学教师培训，2008(6)：37－38.
79. 张月琴．生物教学中探究式教学的实施．教学与管理，2008(21)：148－149.
80. 王翠艳．让生物课堂绚丽多彩．教学与管理，2008(19)：68－69.
81. 刘义秋．生物课堂教学中情感运用策略．当代教育科学，2008(14)：63.
82. 毛庆梅．生物课堂的导入设计．当代教育科学，2008(8)：61－62.
83. 卢晓梅．生物学教学人文精神的教育．生物学教学，2008，33(8)：8－10.
84. 李淑梅，李青芝．生物学教师加强教学反思的几点认识．生物学教学，2008，33(7)：20－21.
85. 代鸣，姚宝骏．5E 学习环教学模式在生物学教学中的运用．生物学教学，2008，33(7)：18－19.
86. 沈菊．在高中生命科学教学中重视学生的生命教育．生物学教学，2008，33(8)：74－75.
87. 刘宏伟．乘法原理在生物学中的应用．生物学教学，2008，33(8)：57.
88. 高素阳．激活生物学课堂的教学举例．生物学教学，2008，33(8)：25－26.
89. 曹中华．生物学教学的主线——情感教育．生物学教学，2008，33(8)：24－25.
90. 曹惠新．生物学课堂教学的几个“小”问题及应对策略．生物学教学，2008，33(8)：22.
91. 陈严．有效课堂对话的前提——课前对话．生物学教学，2008，33(8)：20－21.
92. 岳良举．解读细胞结构和功能的教学．生物学教学，2008，33(8)：18－20.
93. 袁锦明．形象思维和抽象思维有机结合培养学生的创造性思维．生物学教学，2008，33(8)：16－18.
94. 严黎炜．高中生命科学课堂教学中重视观察和实验的建议．生物学教学，2008，33(7)：72－73.

95. 王忠江．高中遗传学概念之间的逻辑关系辨析．生物学教学，2008，33(7)：68－70.
96. 姜兴明．生物学表格设计例析．生物学教学，2008，33(7)：60.
97. 刘坤．伴性遗传概念的思考．生物学教学，2008，33(7)：51－52.
98. 陈正英．科学教育中的生命教育内容．生物学教学，2008，33(7)：27－28.
99. 黄伟胜．初中生物学教学方法小结．生物学教学，2008，33(7)：16－17.
100. 曹惠新．生物学科教学中实施生命教育初探．生物学教学，2008，33(7)：15－16.
101. 霍湘．利用教材设置小组讨论问题．生物学教学，2008，33(7)：13－14，79.
102. 戎爱香．初中生物学教学中如何处理课堂中的“意外生成”．生物学教学，2008，33(7)：8－10.
103. 沈雁．生物教学中教会学生思维的资源与策略．课程·教材·教法，2008，28(9)：64－68.
104. 卢世林．审美游戏与中学课程教学．教育研究，2008(4)：74－79，94.
105. 马琦．利用水晶易表实现生物学数据可视化呈现的尝试．生物学教学，2008，33(10)：39－41.
106. 李亮清．浅谈中学生物学教学中的知识性难题．生物学教学，2008，33(10)：53－54.
107. 李绣兰．应用生物学史促进课堂教学有效性．生物学教学，2008，33(10)：33－35.
108. 吴银银，陈志伟．有效生物学课堂教学目标的表述应正确处理几对关系．生物学教学，2008，33(10)：31－32.
109. 赵苹．让生物学课堂生成学生的智慧．生物学教学，2008，33(10)：26－27.
110. 谢伟雄．探究性学习在生物学新授课上的应用．生物学教学，2008，33(10)：24－25.
111. 杨文霞．高中生物学教学中坐标曲线图的运用．生物学教学，2008，33(10)：22－24.
112. 陈珊．在高中生物进化教学中渗透科学教育与人文教育．生物学教学，2008，33(10)：19－21.
113. 李红．试析高中生物学新课程中教学目标的确定．生物学教

学，2008，33(10)：9－12.

114. 王胜海．生物学概念教学的有效策略．生物学教学，2008，33(10)：30－31.

115. 吕爱新．光合作用与细胞呼吸及其相互关系难点解析．生物学教学，2008，33(9)：46－48.

116. 王胜海．生物学课堂教学中应对学生质疑的策略．生物学教学，2008，33(9)：21－22.

117. 唐传瑞．生物学课堂教学有效提问的设计．生物学教学，2008，33(9)：22－24.

118. 徐进利．高中生物学教学中如何促进学困生的转化．生物学教学，2008，33(9)：26－27.

119. 戚国棋．高中生物学课堂教学板书设计例谈．生物学教学，2008，33(9)：29－30.

120. 章青．在教学中培养学生的成就感．生物学教学，2008，33(9)：31－32.

121. 邵万亮．“应用—原理—应用创新”教学模式在农村生物学教学中的应用．生物学教学，2008，33(9)：14－16.

122. 陶建英，陆晓东．多种归纳方法在生物学学习中的运用．生物学教学，2008，33(9)：17－19.

123. 王爱义，薛跃奇．关于“目的基因检测方法”的一点看法．生物学教学，2008，33(9)：67.

124. 杨建均．有关人体产热与散热的分析．生物学教学，2008，33(9)：65.

125. 杨涌．也谈真核生物基因突变不会影响子代性状的几种情况．生物学教学，2008，33(9)：68－69.

126. 包春莹．关于容易误解的几个免疫学知识问题．生物学教学，2008，33(11)：67－68.

127. 樊向利．有关“基因突变”的几组概念辨析．生物学教学，2008，33(11)：67－68.

128. 李高峰，杨生辉．直系血亲、旁系血亲及其代数的判定．生物学教学，2008，33(11)：59－60.

129. 郑玉萍．关于“反馈调节”教学的几点补充．生物学教学，2008，33(11)：80.

130. 黄晨虹．从“学习科学探究”一课谈生命教育在初中生物学课程中的渗透．生物学教学，2008，33(11)：43－44.

131. 陈卫华，刘学清．文史材料在初中生物学导语中的应用举例．生物学教学，2008，33(11)：29.

132. 袁锦明．生物学多媒体公开课教学应关注“三效”．生物学教学，2008，33(11)：55－56.
133. 黄义厢．生物学有效性课堂教学的建议．生物学教学，2008，33(11)：25－26.
134. 王斌，张迎春．促进学生有效学习的生物学课堂教学策略．生物学教学，2008，33(11)：13－15.
135. 杨维国．借题发挥话“皮试”．生物学教学，2008，33(11)：28－29.
136. 张玉明．基因碱基数与对应的氨基酸数之比为何远远大于6．生物学教学，2008，33(11)：77－78.
137. 苏明学，聂玉枝．“细胞呼吸”单元复习的教学分析与解疑．生物学通报，2008，43(7)：46－48.
138. 平亚茹．在生物学教学中对迷思概念的了解与矫正的几个策略．生物学通报，2008，43(7)：42－45.
139. 伯海英．初中生物学课堂探究活动的时间安排．生物学通报，2008，43(6)：44－45.
140. 刘本举．运用数学探究生物进化的实质．生物学通报，2008，43(6)：36－38.
141. 亓立伟．“光合作用发现史”教学的组织．生物学通报，2008，43(6)：34－36.
142. 夏静．高中生物学新课程标准教学研讨“生态工程”的教学构思．生物学教学，2008，37(6)：31－33.
143. 何晓．渗透科学思维激发学习兴趣——七年级生物第一课的教学设计与说明．全球教育展望，2008(11)：91－93.
144. 赵雪梅．生物课堂教学中激发学生主动性的策略．教育导刊，2008(10)：55－57.
145. 李高梅．“一图多问”提升学生能力．生物学通报，2008，43(4)：42－43.
146. 李克刚．高中生物学新课程中“问题串”的设计与运用．生物学通报，2008，43(4)：38－39.
147. 潘明山．用好教材中的资料锻炼学生分析能力．生物学通报，2008，43(4)：34－35.
148. 王苏豫．创设生物学教学情境初探．生物学通报，2008，43(4)：40－41.
149. 胡玺丹，张兴娟，陆建身．Inspiration 软件中概念图的 4 种基本模式及其在生物学教学中的应用．生物学通报，2008，43(5)：36－38.

150. 郑春和．“植物细胞渗透吸水原理”教学与科学思维训练．生物学通报，2008，43(5)：41－43.
151. 吕华．强化初、高中生物学知识衔接教学的对策与思考．生物学通报，2008，43(3)：43－44.
152. 孙仲平．高三生物学复习方法探讨——“典例”分析法．生物学通报，2008，43(3)：37－38.
153. 孙淑伟，田卫生．对“根据正反交结果判定细胞质遗传”的商榷．生物学通报，2008，43(3)：26－27.
154. 李德成．解析孟德尔分离比．生物学通报，2008，43(3)：21－25.
155. 童宗和．人类的性状遗传图谱及遗传病判别原则．生物学通报，2008，43(3)：19－21.
156. 徐生卫．有关“节气”的几个问题解答．生物学教学，2008，33(12)：65－66.
157. 王国顺．高中生物学教学中要注意的几个特例．生物学教学，2008，33(12)：63.
158. 蔡锦曦．关于海尔蒙特的疑问．生物学教学，2008，33(12)：59－60.
159. 张长江，李进京．关于噬菌体的几个问题．生物学教学，2008，33(12)：55－57.
160. 曾鹏光．浅析高中生物学中有关的生物学原理及其运用．生物学教学，2008，33(12)：46－48.
161. 刘沧平．在复习课中帮助学生构建隐性知识的实践与思考．生物学教学，2008，33(12)：28－30.
162. 李瑞广．让“生活”走进生物学课堂．生物学教学，2008，33(12)：26.
163. 梁健平．在“技能训练”中培养学生的能力．生物学教学，2008，33(12)：14－15.
164. 陶建英．高中生物学教学中“五爱”教育初探．生物学教学，2008，33(12)：9－10.
165. 陈欣．概念图、思维导图和生物图表的辨析．生物学通报，2008，43(10)：38－40.
166. 郑春和．生物学备考的单元复习要把握知识细节．生物学通报，2008，43(10)：34－37.
167. 张春雷，刘恩山．运用概念图进行“植物的激素调节”的教学内容分析．生物学通报，2008，43(9)：38－41.
168. 王冬梅，张涛．高中生物学备考复习方案及研制．生物学通报，2008，43(9)：44－46.

169. 温勇刚．遗传分析中“正反交结果”的几点归纳．生物学通报，2008(9)：25－26.

170. 严锦石．生物课堂提问设计的探索．教育理论与实践，2008，43(32)：56－57.

一 般 论 文

1. 范增玉．如何让高中生物课生动有趣．商情（科学教育家），2008(4)：388.

2. 程登吉．比较法教学探索．成才之路，2008(11)：82.

3. 陈勇．浅谈初中生物比较法教学．才智，2008(6)：170.

4. 刘志．比较教学法：生物学科的运用．新课程（综合版），2008(4)：47.

5. 卢新会．生物教学中求异思维的培养．甘肃教育，2008(7)：24.

6. 汤晴，耿薇，马月娇．任务驱动教学法对提高教学效果的作用．卫生职业教育，2008，26(4)：64－65.

7. 张海金．遗传和变异题解题方法略述．青海教育，2008(Z1)：90－91.

8. 冯晓莲．生物教学中的体会．科学咨询（教育科研），2008(6)：86.

9. 王静．浅议中学生物教学对学生科学素质的培养．科学咨询（教育科研），2008(6)：81.

10. 李艳华．例谈广告在生物学课堂教学中的应用．中学生物学，2008，24(3)：22－23.

11. 沈惠．浅析认知理论视角下的生物史教学价值．中学生物学，2008，24(3)：20－21.

12. 黄立军．运用模型方法开展生物学课堂教学．中学生物学，2008，24(3)：18－19.

13. 吴扣兰．高三生物复习应遵循的几个原则．中学生物学，2008，24(3)：34－35.

14. 吕镜珍．有效教学设计的准备策略．中学生物学，2008，24(3)：33，35.

15. 孙丽萍．生物讲评课教学例谈．中学生物学，2008，24(3)：32－33.

16. 黄德庆．乡镇中学进行生物新课程教学的探索．中学生物学，2008，24(3)：29.

17. 戎爱香．如何让初中生物课堂“活”起来．中学生物学，

2008，24(3)：24－25.

18. 高智华．遗传学中易混淆概念的辨析．中学生物学，2008，24(3)：51－52.
19. 慕晓茹，王贤．谈新课程教学如何规范陈述教学目标．中学生物学，2008，24(3)：61－62.
20. 张蓓．浅议考点细目表在高三复习中的作用．中学生物学，2008，24(3)：56－57.
21. 徐以润．注意生物必修模块教学的方式方法．中学生物学，2008，24(1)：62－64.
22. 王海霞．浅谈生物教学中如何提高学生的阅读能力．中学生物学，2008，24(1)：38.
23. 华激文．情境参悟反思．中学生物学，2008，24(1)：34－36.
24. 邵廷江．浅谈“生物技术实践”选修模块的教学．中学生物学，2008，24(1)：30－31.
25. 李世伟．试论生物教学中知识增殖的策略．中学生物学，2008，24(1)：27－29.
26. 周争国．中学生物教学中创新能力的培养．中学生物学，2008，24(1)：25－26.
27. 王红．高三生物讲评课模式探讨．中学生物学，2008，24(1)：24－25.
28. 谭志军，罗建华．学生问题意识缺乏的原因及发展策略．中学生物学，2008，24(1)：22－23.
29. 秦秀云．讨论式教学在高中生物新课程中的运用．中学生物学，2008，24(1)：21，64.
30. 李铁军．生物教师备课中应处理好的 7 种关系．中学生物学，2008，24(1)：18－19.
31. 卢润祥．探究性学习与中学生物教学．中学生物学，2008，24(1)：14－15.
32. 张贵红．关注生物探究式教学的有效度．中学生物学，2008，24(1)：12－13.
33. 赵开兰．高中生物课堂教学的思考．中学生物学，2008，24(1)：10－11.
34. 姜述林．蜜蜂——生物教学的好素材．中学生物学，2008，24(1)：8－9.
35. 张明霞．课堂提问应把握的“度”．甘肃教育，2008(11)：48.
36. 陈勇．生物复习课中的“重”与“忌”．考试（教研版），2008(6)：4，6.

37. 蔡世翔．浅谈新课改理念下的生物课堂教学．中小学电教（下半月），2008(5)：17.
38. 黄惠萍．浅探提高初中生物教学效率的方法．考试周刊，2008(20)：144.
39. 张慧君．新课改中的初中生物教学探究．考试周刊，2008(20)：143.
40. 梁海华．在生物教学中怎样转变学生的学习方式．考试周刊，2008(20)：141.
41. 陈赛．新课程背景下高中生物研究性学习策略．考试周刊，2008(19)：175.
42. 肖艳，陈刚，龙孟球，黄凤玲．学生主体性的发挥与生物教学创新．湘潭师范学院学报（社会科学版），2008，30(1)：192－194.
43. 陈智钦．新课程下生物课要强化自主学习．新课程（中学版），2008(Z1)：79.
44. 葛利芹．巧用插图，优化生物课堂教学．中学课程资源，2008(3)：79－80.
45. 张晓翰，赵巧丽．培养提问能力提高科学素养．考试周刊，2008(17)：211.
46. 张建华．在探究中学习生物科学知识——“目标设问”教学策略解读．中国教师，2008(10)：47－48.
47. 彭慧芳．在生物教学中渗透辩证唯物主义思想教育．湖南教育（教育综合），2008(5)：34.
48. 尹海燕．初中生物教学中创新能力的培养．考试周刊，2008(18)：193－194.
49. 郭靖．生物课程教学中应增强学生的现代意识培养．考试周刊，2008(18)：191.
50. 李霞. 新课程改革下的问题教学．知识经济，2008(5)：147.
51. 邓太平．新课标下初中生物探究性学习教学方法的探讨．中国科教创新导刊，2008(15)：164.
52. 陈琳．生物图教学小议．现代教育科学（中学校长），2008(2)：117，109.
53. 李淑华．高效率生物教学策略点滴．现代教育科学（中学校长），2008(2)：116.
54. 水恒亮．浅谈创设有效的生物问题情境策略．科技资讯，2008(12)：172.
55. 邢明庆．高中生物探究性教学的实践与探索．教育革新，

2008(4)：64.
56. 刘兴华．构建新课标理念培养学生创新素质．教育革新，2008(4)：38.
57. 吴亚燕．以学生为中心提高生物课堂教学的有效性．商情(科学教育家)，2008(3)：218.
58. 樊秀琴．新课程下的生物教学与素质教育．中学生数理化(教与学)，2008(3)：89－90.
59. 陈亚新．浅谈生物教学中学生主体性的激发．时代教育（教育教学版)，2008(1)：104.
60. 冯华．高中生物潜能生的成因分析及其转化策略．时代教育(教育教学版)，2008(1)：94.
61. 王晶晶，崔鸿．让学生掌握主动权——新课程理念指导下的“生物概念转变”教学．考试周刊，2008(12)：178－179.
62. 苏公俊．优化课堂教学结构——学案导学在生物教学中的尝试．考试（教研版)，2008(5)：12.
63. 薛冰．生物课堂教学改革要讲求实效．中学生数理化（教与学)，2008(5)：87－88.
64. 梅群英．新课改下的高中生物教学艺术——研究性学习和自我教育．希望月报（上半月)，2008(4)：29.
65. 蒋春杰．在生物教学中培养学生的科学素质和创新能力．东京文学（学术探讨)，2008(3)：77－78.
66. 滕春喜．生物教学中如何引导学生进行探究性学习之我见．中国科教创新导刊，2008(10)：23.
67. 赵慧，焦学军．生物教学中诗化美与环境意识结合初探．吉林教育，2008(7)：119.
68. 陈标．新课标下农村初中生物学教学初探．青少年日记（教学交流版)（上半月)，2008(2)：119.
69. 张承玲．生物教学策略探讨．青少年日记（教学交流版)（上半月)，2008(2)：49.
70. 高远芳．高中生物探究式学习实施现状和改进策略研究．新课程（教育学术版)，2008(3)：82.
71. 崔丽娜．创新教学提高学习兴趣．成功（教育)，2008(3)：78.
72. 陆慧．谈生物教学中假说演绎法的应用．才智，2008(6)：172.
73. 罗刚．在生物教学中对学生进行环保意识教育．才智，2008(6)：65，165.
74. 付道进．对新课改下高中生物教学的反思．成功（教育)，2008(3)：48.

75. 范开贵．浅谈中学生物教学中的对话方式．科学咨询（教育科研），2008(4)：86.
76. 罗洪江．对生物课堂新模式教学的思考．沧州师范专科学校学报，2008(1)：127－128.
77. 王金霞．初中生物教学中的青春期健康教育．中国校外教育（理论），2008(5)：82.
78. 秦玫玉．浅谈新教学理念下生物课堂教学的导入设计．桂林师范高等专科学校学报，2008，22(1)：146－149.
79. 黄福群．生物新课程教学，要重视创新精神和思维能力的培养．黑龙江科技信息，2008(12)：140，135.
80. 高于凤．浅析倡导研究性学习在生物新课程的应用．科技广场，2008(2)：220－221.
81. 朱洪石．生物课堂：我们该整合些什么．当代教育论坛（学科教育研究），2008(3)：102－103.
82. 滕春喜．生物科学史在生物课程中的教育价值．今日科苑，2008(4)：256.
83. 唐久义．如何在生物学教学中培养学生自主探究的能力．科学教育，2008，14(1)：89－91.
84. 叶茂华，马凤德．我校现阶段初、高中生物衔接教学初探．科学教育，2008，14(1)：33－34.
85. 顾永忠．初中生物有效课堂教学的尝试．新课程研究（基础教育），2008(4)：92－93.
86. 陈敏．概念图在高中生物复习总结中应用的初探．宁德师专学报（自然科学版），2008，20(1)：92－94.
87. 颜清．中学生物教学实施小组合作学习的体会．宁德师专学报（自然科学版），2008，20(1)：89－91.
88. 高明金．高三生物复习的几点体会．吉林教育，2008(6)：37.
89. 滕春喜．如何在生物教学中把握好六个度．中国科教创新导刊，2008(8)：127.
90. 张勇．浅析高中生物教学中的情感教育．中国科教创新导刊，2008(7)：140.
91. 张洁．浅谈中学生物学科的教育价值．教育前沿（理论版），2008(3)：159－160.
92. 张海珍．尝试新课程背景下如何激活生物课堂案例析．教育前沿（理论版），2008(3)：137－138.
93. 孙长彬．“探究性学习”中值得关注的几个问题．宁夏教育，2008(4)：36.

94. 陈永辉．新课标下高中生物探究性教学初探．中国科教创新导刊，2008(8)：25.
95. 滕春喜．浅谈生物教学中的人文教育．今日科苑，2008(6)：260.
96. 刘守财．谈生物教学中学生探究能力的培养．网络科技时代，2008(3)：102.
97. 王电武．让人类生存的环境更和谐．网络科技时代，2008(3)：82－84.
98. 刘志琳．初中生学习生物动机探微．山西教育（教师教学），2008(2)：34－36.
99. 于宗萍．让生物教学“活”起来——我的生物探究教学三部曲．山东教育，2008(Z2)：80－81.
100. 苏玉梅．高中生物探究性教学初探．青少年日记（教学交流版），2008(2)：29.
101. 杨霖．初中生物教学的几点体会．考试周刊，2008(6)：206.
102. 吴海云．生物教学中的素质教育之我见．考试周刊，2008(6)：205.
103. 康帅国．生物教学中学生多元智能的培养．中国科教创新导刊，2008(6)：101，103.
104. 莫介科．注意品质与生物课程成绩的相关性．广东教育（综合版），2008(3)：30－31.
105. 郝小洁．新课改条件下创新能力的培养．科技信息（科学教研），2008(3)：267.
106. 王丹．浅谈生物新课标下学生自主学习能力的培养．黑龙江科技信息，2008(7)：141.
107. 孙德鸿．凸现课程改革创造课堂生机．才智，2008(1)：117－118.
108. 张小华．初中生物教学对学生自主学习的培养．现代经济信息（学术版），2008(1)：116－117.
109. 赵祖东．浅谈生物教学中的“变”术．中国校外教育（理论），2008(1)：118.
110. 刘银霞．高中生物教师在教学中对学生创新能力的培养．新课程研究（基础教育），2008(2)：165－166.
111. 罗思凯．更新课程理念，转变学习方式，提高学生生物学素养——浅谈新课程理念下的初中生物学教学．教育实践与研究（中学版），2008(2)：55－56.
112. 张霞．生物教学中问题情景的创设．科学大众，2008(1)：134.
113. 黄国海．新课程理念下生物教学中的“备、讲、批、辅、考”. 科学咨询（教育科研），2008(1)：87.
114. 刘同. 如何激发学生学习生物的兴趣. 教育前沿（理论版），2008(1)：99.
115. 巩维平. 培养学生生物科学素养的策略. 甘肃教育，2008(2)：47.
116. 王飞. 探究式教学在生物教学中的运用. 新课程研究（基础教育），2008(1)：35-36.
117. 于东荣. 因材施教，上好山区农村小学科学课. 大众科学（科学研究与实践），2008(1)：202.
118. 冉春学. 生物教学中实施兴趣教学的策略. 新课程研究（职业教育），2008(4)：120-121.
119. 张秀君. 浅析环保意识教育在生物教学中的体现. 考试（教研版），2008(6)：65.
120. 韩秀梅. 浅谈生物教学中探究能力的培养. 辽宁教育行政学院学报，2008，25(2)：137-138.
121. 杨占花. 如何实现生物课堂教学的高效率. 青海教育，2008(3)：58.
122. 潘跃群. 融环保观念入生物教学. 陕西教育（教学版），2008(Z1)：65.
123. 陈博. 生物课堂教学中“任务驱动”模式的实践与探索. 黑龙江科技信息，2008(16)：171.
124. 胡晓宾. 论生物问题解决教学模式的设计原则. 考试周刊，2008(21)：175-176.
125. 王国庆. 浅谈幽默艺术在生物教学中的应用. 希望月报（上半月），2008(5)：50.
126. 张婷婷. 生物课堂教学问题设计的策略. 现代中小学教育，2008(5)：72-73.
127. 张惠英. 知行统一开发智力培养能力——改革生物教学的几点做法. 长治学院学报，2008，25(2)：69-70.
128. 孙青. 充分挖掘生物教材寻找新课导入技巧. 考试周刊，2008(16)：211.
129. 丁林. 生物课堂中的提问原则. 考试（中考教师），2008(1).
130. 李砚桥. 生物课堂教学中的提问原则. 成才之路，2008(8)：77.
131. 曾德东. 生物课堂提问的设计艺术. 广西教育，2008(8)：43.
132. 牛丽曼. 高中生物开放式教学初探. 新课程研究（基础教育），2008(5)：31-32.

133. 李家斌．利用问题驱动法开展生物教学．农村·农业·农民（B版），2008(1)：20－21.
134. 高俊峰，王言和．生物教学中课堂提问艺术初探．河南农业，2008(6)：19.
135. 章吉青．高中生物课堂教学中渗透 STS 教育的探索．教育前沿（理论版），2008(3)：38－40.
136. 杜宝永，陈乃崇．与学生共同创生——开放型板书在生物教学中的应用．山东教育（中学刊），2008(Z2)：82.
137. 甘天春．生动、充实是生物课堂第一要诀．科技信息（科学教研），2008(4)：280.
138. 刘兴华．"微生物的生长"教学中对学生创造力的培养．甘肃教育，2008(1)：50.
139. 武林芝．在生物教学中实施研究性学习的探索．山西煤炭管理干部学院学报，2008，21(2)：95－96.
140. 杨锐锋．高中生物课堂的效益教学．甘肃教育，2008(9)：38.
141. 潘世祥．在中学生物学教学中培养学生创造能力初探．科学教育，2008，14(1)：17－18.
142. 杨青云．重视基础突出主干全面提高——谈 2008 年高三生物复习教学策略．教学月刊（中学版下），2008(3)：43－46.
143. 张晖．培养能力是生物复习的灵魂．新课程（教育学术版），2008(2)：88.
144. 亓建海，赵坤鹏．高中生物讲评课型研究．商情（科学教育家），2008(1)：80－81.
145. 翟萍．高中生物遗传题解题思路与方法．成都大学学报（教育科学版），2008，22(5)：73－75.
146. 林祖荣．现代生物技术复习例谈．考试（高考理科版），2008(Z1)：120－123.
147. 魏威．生物应体现"五个立足于"．湖北招生考试，2008(5)：56－58.
148. 张永成．高考生物遗传学备考策略．课程教材教学研究（中教研究），2008(Z1)：58－59.
149. 邓鹏，丁娟．高三生物二轮复习策略．高考（理化生），2008(3)：77－79.
150. 吕宗富．谋略生物复习．考试周刊，2008(6)：204－205.
151. 刘鹏．在生物学教学中对学生现代意识的培养．黑龙江科技信息，2008(15)：160.
152. 张兴慧．在中学生物教学中如何渗透科学素质教育．考试周刊，2008(21)：174.
153. 张淑．在中学生物课堂教学中做好学生的引路人．科学咨询(教育科研)，2008(6)：83.
154. 牟丽红．中学生物学研究方法初探．甘肃教育，2008(11)：61-62.
155. 刘贵侠．中学生物教学探索．新课程研究（基础教育），2008(6)：124-125.
156. 王勇．农村生物教学天地宽．新课程（新高考版），2008(1)：67.
157. 陈贤群．生物教学如何落实素质教育精神?．新课程（新高考版），2008(1)：68.
158. 窦黎．中学生物教学中情感教育的思考．中学课程资源，2008(2)：45-46.
159. 杨霖．中学生物课堂教学的多样手法初探．新课程（中学版），2008(Z1)：72-73.
160. 郑超，王翠红．在生物教学中教师应着力培养学生的五种能力．中国体卫艺教育，2008(5)：37-38.
161. 朱清泉，刘学东．浅述生物学教师语言的艺术性与规范化．职业时空，2008(4)：71.
162. 孙士杰．浅谈中学生物学科的创新教育．中小学教学研究，2008(4)：11-12.
163. 蔡笃蛟．生物教学如何培养学生“提问”能力．新课程（新高考版），2008(2)：86.
164. 陈永辉．中学生物教学中如何培养学生的创新能力．科技创新导报，2008(13)：221.
165. 刘芙云．浅谈初中生物教学中的创新教育．科技资讯，2008(11)：105.
166. 胡宽运．浅谈如何提高生物教学效率．商情（科学教育家），2008(3)：236.
167. 李修荣．中学生物教学与学生创新能力的培养．成才之路，2008(8)：18-19.
168. 赵双球．生物教学中学生三种表达能力的培养．东京文学(学术探讨)，2008(3)：79-80.
169. 王宗明．浅论生物教学中的环境教育．中国科教创新导刊，2008(10)：145.
170. 孙凤琴．中学生物教学学生创新能力的构建．中国科教创新导刊，2008(10)：122.

171. 陈振民．农村生物教师应如何面对创新教育．中国科教创新导刊，2008(10)：115.
172. 李宏．中学生物教学与创新教育．教育革新，2008(2)：72.
173. 孙义成．生物教学也要渗透思想品德教育．才智，2008(6)：64.
174. 张娜．中学生物课堂中如何激发学生的学习兴趣．科教文汇（上旬刊），2008(4)：97.
175. 曾宪毅．论目标教学与生物学素质教育．科技创新导报，2008(12)：238.
176. 邬娴．中学生物课形象化教学探讨．兵团教育学院学报，2008(2)：75－77.
177. 尤婵．浅谈兴趣在生物教学中的重要作用．新课程研究（基础教育），2008(4)：150－151.
178. 崔秀娟．在中学生物教学中进行青春期教育的尝试．大连教育学院学报，2008(1)：91－92.
179. 王中文，郑剑芸．结合实际上好生物课．科学教育，2008，14(1)：56－57.
180. 季明．浅析在生物教学中培养学生的自学能力．教育前沿（理论版），2008(2)：98.
181. 陈公胜．农村中学生物教学研究．新课程研究（基础教育），2008(2)：140－141.
182. 张占红．高中生物课堂改革探究．网络科技时代，2008(3)：87.
183. 陈平．优化组合创造中学生物高效课堂．中国科教创新导刊，2008(5)：168.
184. 时德红，李进．在生物教学中要让学生做主角，在兴趣中开发潜能．中国科教创新导刊，2008(4)：117－119.
185. 张国强．学科兴趣及创新思维的培养．中国民族教育，2008(2)：31－33.
186. 余明海．略论将生命科学史引入中学生物教学的必要性．科学咨询（教育科研），2008(1)：21－22.
187. 黄裕花．试论生物教学中的美育教育．考试周刊，2008(1)：135.
188. 张鸣．调动学生学习生物积极性的做法．新课程研究（基础教育），2008(1)：76－77.
189. 马静．生物学科中渗透学法指导．现代教育科学（中学校长），2008(3)：96.

190. 薛和平．初中生物课堂探究实施中存在的问题及应对策略．考试周刊，2008(21)：176－177.
191. 张敬．如何培养学生学习生物的兴趣．时代教育（教育教学版），2008(3)：160.
192. 魏疆．讲究教学策略提高生物课堂教学效果．青少年日记（教学交流版）（上半月），2008(5)：39.
193. 宋锐．对初中生物课堂教学的一点思考．青少年日记（教学交流版），2008(5)：142.
194. 胡秀平．如何做好初高中生物学教学的衔接．新课程（教育学术版），2008(6)：97－98.
195. 朱连江．浅谈初中生物教学中学生创造能力的培养．商情（科学教育家），2008(3)：235.
196. 樊泽华．如何进行初中科学情境教学．中国科教创新导刊，2008(12)：161.
197. 韩杰．农村初中生物探究式教学预设．吉林教育，2008(7)：89－90.
198. 赵黔江．浅谈初中生物学习兴趣的培养．时代教育（教育教学版），2008(2)：69.
199. 兰光平．健康情商教育渗入初中生物教学初探．科学咨询（教育科研），2008(4)：87.
200. 陈凤玉．注重初中生物教学中生命教育的渗透．新课程（中学版），2008(4)：45.
201. 黄旭升．让初中生物教学贴近生活．吉林教育，2008(2)：73.
202. 赵永红．怎样有效导入初中生物课堂教学．新课程（教研版），2008(5)：37－38.
203. 范金晶．初中生物学教学探究．中国科教创新导刊，2008(7)：26.
204. 李洵．拓展延伸创设情境．黑河教育，2008(1)：19.
205. 陈美娟．构建学生“读图”的策略．吉林教育，2008(1)：73.
206. 钱丹珠，宝音吉日嘎拉．研究性学习在初中生物教学中的应用——以“青春期”教学为例．内蒙古教育，2008(2)：19－20.
207. 梅群英．浅思新课改生物课堂中文科班的教学艺术．青少年日记（教学交流版）（上半月），2008(5)：83.
208. 张敏．肢体语言在生物学教学中的应用．青少年日记（教学交流版）（上半月），2008(5)：198.
209. 尚振全．高中生物教学应重视应试外教育．科技信息（科学教研)，2008(15)：612.
210. 欧阳浩波．高中生物五大备考重点．高中生，2008(10)：12-13.
211. 贺小林．巧解遗传题．发明与创新（学生版），2008(5)：19-20.
212. 朱张莹．高中生物分层教学的实施研究．商情（教育经济研究），2008(5)：181.
213. 郭晓军，宁作武．遗传系谱题的三步曲．高中生之友，2008(Z1)：90-91.
214. 谭家学．同位素示踪法在高中生物中的应用．新高考（物理化学生物），2008(Z2)：105-107.
215. 陈桂生．例谈酶的特性．新高考（物理化学生物），2008(Z2)：91-95.
216. 黄裕．高中生物教学应处理好的几个关系．中等职业教育(理论)，2008(2)：11-13.
217. 肖伏，李有刚，李和平．新课标下对高中生物教学的感悟．基础教育研究，2008(3)：45-46.
218. 李睿．让生物课富有“磁性”的几个“妙招”．甘肃教育，2008(8)：54.
219. 潘春梅．高中生物课堂教学中开展合作学习的实践探索．黑河教育，2008(2)：20.
220. 马右新．生物教学中学生创造力的开发与培养．中国教育技术装备，2008(5)：38.
221. 王静．谈高中生物学课程中几个重要的辩证唯物主义观点．科教文汇（中旬刊），2008(4)：84.
222. 单立军，刘洪春．例谈高中生物习题课中提升学生的思维品质．大连教育学院学报，2008(1)：90-91.
223. 张平．浅谈高中生物课堂教学如何渗透生态环境保护意识．新课程（中学版），2008(4)：62.
224. 檀运强．对“生命活动的调节”一章的教学体会．吉林教育，2008(2)：85.
225. 朱宏辉．高中生物课堂教学过程的艺术探究．考试周刊，2008(8)：118-119.
226. 任国春．在《光合作用的原理和应用》教学中渗透新课改理念．林区教学，2008(3)：87-88.
227. 张贵林．利用生物课培养学生的科研素质．甘肃教育，2008(7)：25.

228. 吴小红．增强课堂趣味提高生物教学效果．新课程（教师），2008(2)：59.

229. 魏伟．优化生物教法与创新教育．考试周刊，2008(7)：116.

230. 李甫蕊．高中生物课的兴趣教学．考试周刊，2008(5)：207.

231. 肖长云．“光合作用与生物固氮”四个易错知识点及例题解析．考试周刊，2008(5)：205－206.

232. 孙家林．生物教学中的“放大”和“缩小”．教学月刊（中学版），2008(2)：32－34.

233. 汤玉梅．生态环境保护与高中生物教学．中国科教创新导刊，2008(2)：84.

234. 曲华．迁移在高中生物教学中的应用．甘肃教育，2008(4)：53.

235. 施德明．高中生物模型方法教学及策略．科学大众，2008(1)：10－11.

236. 左开俊，戈志强．对农村中学生物探究教学的分析与思考．中学生物学，2008，24(6)：63－64.

237. 吕爱新．图行天下之“兴奋的传导”．中学生物学，2008，24(6)：55－56.

238. 曹荣俊．种群增长率与增长速率的区别．中学生物学，2008，24(6)：52.

239. 夏帮青．习题教学中的发散与学生思维能力的提升．中学生物学，2008，24(6)：50－51.

240. 郑全红，郑全玲．争论、质疑中让学生的创新思维闪光．中学生物学，2008，24(6)：48－49.

241. 任布君．孟德尔定律的扩展及其应用．中学生物学，2008，24(6)：46－47.

242. 吴光华．重在引导旨在培养——巧借榜样的作用与生物教学的结合．中学生物学，2008，24(6)：34－36.

243. 卢静．在初中生物教学中渗透医学知识的探索．中学生物学，2008，24(6)：32－33.

244. 范少迎．概念图策略在生物复习课中的应用．中学生物学，2008，24(6)：24－25.

245. 丁志光．生物课堂讨论要告别“浮华”，走向真实．中学生物学，2008，24(6)：22－23.

246. 尹治安．利用活动讲解物质跨膜运输的方式．中学生物学，2008，24(6)：18，33.

247. 田勇．高中生物学习思维障碍的矫正策略．中学生物学，2008，24(6)：15－17.

248. 钟慧娟．高中生物“学案导学”实践研究综述．中学生物学，2008，24(6)：13－14.
249. 郝惠，张迎春．多元智能在生物教学中的培养途径．中学生物学，2008，24(6)：11－12.
250. 李贺军．“免疫”一节中相关问题的解析．中学生物学，2008，24(4)：64.
251. 曾国阳．中心法则中几种酶的辨析．中学生物学，2008，24(4)：58.
252. 高峰．中学生学习的迁移能力培养初探．中学生物学，2008，24(4)：43－44.
253. 邱钢．知识结构化教学与自主学习能力的培养．中学生物学，2008，24(4)：38－39.
254. 薛妍．浅谈生物学教学中的师生互动．中学生物学，2008，24(4)：34－35.
255. 彭开镜．精心设疑激活思维培养创新能力．中学生物学，2008，24(4)：32－33.
256. 陈亚丽．生物教学案例的选择和处理．中学生物学，2008，24(4)：24－25，29.
257. 蒋桂林．高考复习方法指导——谈考前回归课本的几个注意点．中学生物学，2008，24(4)：22－23.
258. 李成双．生物实验的思维方法与学生探究能力的培养．中学生物学，2008，24(4)：13－14.
259. 王渊．高中生物课堂中问题教学的研究．中学生物学，2008，24(4)：9－10.
260. 任莉．高中生物课堂教学中设疑策略的研究．中学生物学，2008，24(4)：7－8.
261. 刘志新．揭开Y染色体的神秘面纱．中学生物学，2008，24(4)：4，14.
262. 吕爱新．浅谈血型系统．中学生物学，2008，24(4)：3，6.
263. 李凌．多样化教学提高学生学习兴趣．河北教育（综合版），2008(4)：43－44.
264. 周素丽．怎样上好高中生物课．高中数理化（高一版），2008(9)：39.
265. 姚宝骏．不同提问主体下生物学学习效果的比较与相关研究．中国教师，2008(S1)：396－397.
266. 王登虎．农村中学提高生物课堂教学效果的有效策略．贵州教育，2008(15)：42－47.

267. 张宏岩．如何让生物课堂教学充满活力．新西部（下半月），2008(5)：188.
268. 陈一波．如何运用“自学法”上好复习课．科技资讯，2008(15)：201.
269. 李新生．生物“诱思探究教学”模式的构建．职业时空，2008(5)：87.
270. 何雪梅．初中生物比较法教学之探索．成才之路，2008(15)：70.
271. 蔡民．初中生物学教学中的情感教育目标探析．消费导刊，2008(18)：169.
272. 张清华．浅谈高中生物课学生创新能力的培养．新课程研究（基础教育），2008(10)：146－147.
273. 黄自益．结合生物教学提高学生“合格公民的基本素质”．课程教材教学研究（教育研究版），2008(3)：68－69.
274. 黄春美．浅析生物课中探究性学习的利弊与对策．才智，2008(16)：53.
275. 夏正坤．高中生物教学复杂性之我见．考试周刊，2008(37)：174－175.
276. 张华俊．生物教学中学生能力的培养．新课程（教育学术版），2008(9)：131.
277. 黎国清．新课程背景下如何激发学生学习生物的兴趣．考试周刊，2008(36)：147－148.
278. 刘德庆，吴圣潘．新课程理念下生物学活力课堂的构建．中国科教创新导刊，2008(26)：80.
279. 丁振光．注重生物学科学教学提高学生生物学知识．中国科教创新导刊，2008(27)：79.
280. 张晓翰．利用生命科学史培养学生的科学素养．中国科教创新导刊，2008(25)：228.
281. 陈智华．新时期生物课堂教学的再思考．宁德师专学报（自然科学版），2008(3)：313－315.
282. 赵富德，苏敏娜．浅析中学生物教学过程中和谐意识的培养．新课程研究（基础教育），2008(9)：191－192.
283. 付欣欣．生物教学中如何培养学生的创新精神．新课程研究（基础教育），2008(9)：156－157.
284. 程理．谈高中生物的探究式学习．今日南国（理论创新版），2008(8)：48.
285. 李保海．高中生物教学如何培养学生的记忆能力．现代教育科学（中学校长），2008(4)：91，84.

286. 袁超．高中生物课堂教学中的问题与建议．考试周刊，2008(35)：175－176.

287. 陈德名．生物教学学生创新素质的培养．吉林教育，2008(26)：34.

288. 曾辉波．《DNA 是主要的遗传物质》品读教学．广东教育（综合版），2008(Z1)：106－107.

289. 杨毓．生物新课程改革背景下的反思性教学．科技信息（学术研究），2008(21)：644－646.

290. 袁瑞乐．生物教学后记应记些什么．科教文汇（上旬刊），2008(6)：116.

291. 吴曙毓．构建新课改下充满活力的生物课堂．科教文汇（中旬刊），2008(6)：120.

292. 朱忠善．生物科学史在生物学教学中的作用．科学教育，2008，14(4)：82－83.

293. 谢志飞．高中生物学探究性教学中的实例应用模式．科学教育，2008(4)：61－63.

294. 吴娇媚，丁晓荣，姚超丽，王利琳．现代学习理论对中学生物学教学的启示．科学教育，2008，14(4)：15－17.

295. 祝秀芹．生物学教学中的新理念．科学教育，2008，14(4)：9－11.

296. 陈文博，于芹．中学生物教学中的人文思考．成功（教育），2008(7)：50.

297. 曾瑜．新课程视野下生物教学组织形式的思考．现代教育科学，2008(6)：71－72.

298. 田同华．把握高中生物新课程注重科学素质的培养．新课程（中学版），2008(8)：60.

299. 朱来云．浅谈生物教学的多重教育作用．新课程（中学版），2008(8)：3－4.

300. 杜子龙．生物课堂教学中培养学生提问能力的策略．新课程（教师），2008(8)：70.

301. 陈娟．中学生物课堂教学刍议．新课程（教育学术版），2008(8)：24.

302. 滕春喜．从上课的三个环节谈生物课程中激发学生兴趣的方法．科教文汇（下旬刊），2008(5)：55.

303. 蒋堃．试论生物科教学中的“探究”性学习．考试周刊，2008(31)：179－180.

304. 杨陆丰．简论生物课堂教学手段创新．考试周刊，2008(30)：197.
305. 叶本刚．三节高中生物课带给我们的思考——一次“同课异构”教研活动的分析报告．基础教育课程，2008(8)：50－53.
306. 徐君．在职校生物教学中渗透环境教育的实践与思考．广西教育，2008(18)：47.
307. 范天琪．以生为本让生物课堂焕发活力．甘肃教育，2008(13)：22.
308. 杨成．新课程背景下生物课堂教学策略探究．中小学教学研究，2008(7)：18.
309. 孙勇．生物课堂教学走向有效师生交往的探讨．中国科技信息，2008(13)：298，300.
310. 庄伟．研究性学习：生物教学探索．新课程（新高考版），2008(3)：81.
311. 王金玲．生物课堂中探究性学习策略．现代中小学教育，2008(7)：78.
312. 傅广林．浅谈新课改中如何经营生物课堂．宿州教育学院学报，2008，11(3)：132，134.
313. 张海珍，许翠霞．尝试新课改，激活新课堂——高中生物课堂新教学模式初探．商情（科学教育家），2008(6)：246.
314. 杜海萍．中学生物教学的现状与改进措施．商情（教育经济研究），2008(6)：95.
315. 王丽．浅谈如何激发初中学生学习生物的兴趣．陕西教育（高教版），2008(7)：96.
316. 王卫东．在生物学教学中落实“以人为本”．陕西教育（高教版），2008(6)：79.
317. 成杰，徐作英．高中生物情感态度价值观目标的开发与教学策略研究．山西师范大学学报（自然科学版），2008，22(S1)：67－69.
318. 陈月芬．新课程理念下的初中生物教学．凯里学院学报，2008，26(3)：142－143.
319. 张翠荣．高中生物新课程教学中的几点反思．内蒙古师范大学学报（教育科学版），2008，37(6)：150－151.
320. 曾章钗．浅议生物教学渗透情感态度与价值观教育．宁德师专学报（自然科学版），2008(2)：148－150.
321. 贾诺．浅谈高中生物课堂教学的“一二三四五”．科技信息（科学教研），2008(20)：627－628.

322. 钟梅，汪承华．生物教学中巧用课堂“意外”进行情感教育．考试周刊，2008(24)：202－203.
323. 刘清梅，王振岭．探究性学习策略在生物教学中的应用研究．教育前沿（综合版），2008(6)：52－53.
324. 安雪丽．中学生物教学与环境教育．吉林省教育学院学报（学科版），2008，24(2)：80.
325. 刘振胜．新课程背景下生物科学素养的培养策略．广西教育，2008(14)：43.
326. 孔燕．浅谈生物教学中的探究式学习．中国科教创新导刊，2008(24)：97.
327. 吴群．浅谈生物教学中的环保教育．亚热带水土保持，2008(2)：68－70.
328. 慕晓茹．基于活动的高中生物新课程教学事件分析——一种有效沟通的教与学教学事件框架．大连教育学院学报，2008，24(2)：17－19.
329. 黄春华．对初中生物教学存在的问题及对策的探讨．成功（教育），2008(6)：38.
330. 原军．初中生物探究式教学的尝试．中小学教学研究，2008(6)：17.
331. 张金艳．高中生物新课程教学探讨．科技创新导报，2008(16)：232.
332. 郭新春，苏少辉．在生物教学中注重对学生的人口与环境教育．校长阅刊，2008(1)：74－75.
333. 严晶文，张晖．探究式教学在生物学科中的运用．当代教育论坛（校长教育研究），2008(6)：116－117.
334. 冯宝珠．生物课“探究式学习”浅议．山西教育（教师教学），2008(7)：34.
335. 吴景峰．新课改中初中生物技术教学刍议．琼州学院学报，2008，15(S1)：90－91.
336. 高一明．例说新课标下课堂教学方式的转变．教育前沿（理论版），2008(6)：119－120.
337. 肖建勇．新课程理念下生物课堂教学的几种误区．怀化学院学报（自然科学），2008，27(2)：113－114.
338. 张礼臣．论生物课堂的创新教学．中国科教创新导刊，2008(16)：85.
339. 陈玄春．如何培养初中学生学习生物的兴趣．读与写（教育教学刊），2008(5)：152.

340. 李修荣．生物课堂上的探究性教学．成才之路，2008(14)：18.

341. 周慧芳．浅谈生物教学中学生创新能力的培养．河南农业，2008(4)：21.

342. 班小燕．创设生物教学中的故事情境．中国科教创新导刊，2008(18)：153.

343. 梅莉娟．浅谈高中生物教学改革．科教文汇（下旬刊），2008(8)：173.

344. 李茂．加强培养生物科学素养．科教文汇（上旬刊），2008(9)：186.

345. 许殊．建构主义理论生物教学实证探讨．重庆工贸职业技术学院学报，2008(2)：51-53.

346. 梁英垂．浅谈如何激发农村初中生学习生物的兴趣．钦州学院学报，2008，23(3)：99-103，107.

347. 滕春喜．在生物教学中注重心理健康教育．科教文汇（上旬刊），2008(5)：113.

348. 何玮．浅谈环境教育在生物教学中的渗透．长春教育学院学报，2008，24(1)：75-76.

349. 侯继华，李俊清．以建构主义组织保护生物学积极教学的尝试．中国科教创新导刊，2008(25)：80.

350. 肖洪流．建构主义理论在生物学课堂教学中的应用——兼谈高中生物学一节复习课的教学．科技信息（学术研究），2008(19)：222-223.

351. 朱云武．生物课中教学语言的设计．新课程（教育学术版），2008(8)：134.

352. 王婷婷．浅谈生物课堂教学的结课方法．现代企业教育，2008(14)：209-210.

353. 吕寿成．生物教学设计与课堂教学效率的探讨．商情（科学教育家），2008(6)：226.

354. 邢国进．浅谈生物教学中创新能力的培养．科教文汇（下旬刊），2008(4)：94.

355. 张晓翰，赵巧丽．激发学生学习兴趣引导学生自主探究．考试周刊，2008(28)：182-183.

356. 张玲雄．“四步式”互动教学模式在高中生命科学课堂中的运用．科学教育，2008，14(3)：95-96.

357. 王恩勇，林乃芳．谈生物学教学方法的点滴感悟．中国科教创新导刊，2008(18)：133.

358. 蔡少红．遗传和变异中的若干探究性问题．试题与研究，2008(6)：7－12.
359. 赵文英．生物教学中如何体验快乐教学．考试周刊，2008(37)：175－176.
360. 周梅芳．在生物教学中培养学生的观察力．湖南教育（教育综合），2008(9)：33.
361. 储旭芳．注重探究性学习提高生物科学素养．中学课程资源，2008(10)：108.
362. 吴琼．在生物教学中培养学生自学能力的探索．科教文汇（下旬刊），2008(7)：144.
363. 张亚杰．生物教学中创新能力的培养．中国科教创新导刊，2008(27)：17.
364. 刘芳．初中生物教学模式的一种新探索．新课程研究（基础教育），2008(9)：84.
365. 陈仁奇．如何上好生物课中的演示教学．贵州教育，2008(16)：42－43.
366. 崔艳．浅谈生物课教学对学生学习兴趣的培养．新课程研究（职业教育），2008(8)：72－73.
367. 杨医珍．自我导向学习在高中生物教学中的应用研究．教育实践与研究（中学版），2008(8)：56－57.
368. 范继贞．谈生物教学中学生自学能力的培养．中国校外教育（理论），2008(7)：112.
369. 周裕志．浅谈生物教学中提问能力的培养．成功（教育），2008(7)：131.
370. 刘艳青．生物教学应启发学生动手动脑．新作文（教育教学研究），2008(12)：34.
371. 黄坤．科学教师要学会倾听学生的心声——谈学生的“生成”问题．中小学电教（下半月），2008(8)：104.
372. 何会流，王志坚．高中生物教学中科学史教育研究．重庆文理学院学报（自然科学版），2008，27(3)：102－105.
373. 魏敬旺．浅谈生物学教学要贯彻直观性原则．新课程（教育学术版），2008(7)：172.
374. 林枫．创设生物问题情景的策略．新课程（教育学术版），2008(7)：52－53.
375. 师雪梅．初中生物教学反思．陕西教育（教学版），2008(6)：46－47.
376. 陆远宁．浅谈生物教学中学习兴趣的培养．科技信息（科学教研)，2008(20)：223.

377. 范彦霞．生物教学中对学生观察和动手能力培养．科技信息(科学教研)，2008(18)：640.
378. 杜继海，王家顺．生物教学中的三个盲点及其对策．科教文汇（下旬刊)，2008(4)：95.
379. 王家顺，杜继海．在生物教学中培养学生提出问题的能力．科教文汇（下旬刊)，2008(4)：93.
380. 蔡清霞．浅析初中生物的学习方法．考试周刊，2008(24)：204－205.
381. 曹永忠．浅谈在生物教学中学生能力的培养．才智，2008(12)：169.
382. 李素芝．发挥生物学科优势为创新教育搭建平台．才智，2008(10)：64.
383. 王后雄，孙庆兴．最新高考生物考前高分冲刺战略．中学理科（上旬)，2008(7)：41－47.
384. 刘娅娅．浅谈高三生物复习．山西科技，2008(3)：62－63.
385. 李国层．浅谈研究性学习在高中生物教学中的应用．商情(科学教育家)，2008(5)：275.
386. 李新会．中学生物课应着力培养学生的“多动”能力．教育前沿（理论版)，2008(6)：123.
387. 夏墨祥．学好初中生物学构建高考平台．科学教育，2008，14(3)：48－49.
388. 孙桂香．学生主体作用在探究式教学中的体现．科技信息(学术研究)，2008(14)：122，124.
389. 于健．对学生进行学法指导，让学生终生受益．科学教育，2008，14(3)：28－29.
390. 李军秀．生物教学中应重视发散思维的培养．考试周刊，2008(23)：185－186.
391. 王文灿．在生物教学中培养学生的观察能力．考试周刊，2008(20)：140.
392. 张淑萍．论生物教学与创新教育．中国科教创新导刊，2008(18)：79.
393. 刘岩．论如何在中学生物教学中培养学生的创新能力．甘肃科技，2008(10)：178－180.
394. 李维林．激发学生兴趣优化课堂教学．甘肃教育，2008(12)：47.
395. 曾平．浅谈生物教学中的辩证唯物主义教育．贵阳学院学报

（自然科学版），2008，3(2)：65－69.
396. 牛传玉，李延香．重视学法指导，提高生物学习能力．中国科教创新导刊，2008(8)：176.
397. 马前锋．加强生物教学，培养创新能力．广东教育（教研版），2008(1)：65.
398. 范桂芝．生物教学中学生创新能力的培养及教学案例．才智，2008(3)：160－161.
399. 王全忠．生物教学中培养学生思维能力的若干方法．中学生数理化（教与学），2008(5)：89－90.
400. 吴培华．浅谈生物课中如何实施素质教育．商情（教育经济研究），2008(5)：218.
401. 黄伯骑．生物素质教育教学初探．中国科教创新导刊，2008(15)：113.
402. 张强．浅谈生物教学中的“反馈”方式．滁州职业技术学院学报，2008，7(1)：79－80.
403. 陈世文．谈一堂生物新授课的导入方法．成功（教育），2008(3)：112.
404. 孔馨羚．在新课标下生物课中学生创新能力的培养．兵团教育学院学报，2008，18(2)：78－79.
405. 万红霞，崔鸿，张辉勇．浅谈建构主义理论在生物教学中的应用．新课程研究（教师教育），2008(2)：93－95.
406. 李岗．生物教学中的兴趣培养．甘肃教育，2008(3)：46.
407. 卜豫婷．在生物学教学中如何指导学生进行自主学习．考试（教研版），2008(1)：49－50.
408. 俞小琴．生物教学中情境教学法的运用．考试（教研版），2008(10)：89－90.
409. 高洁．浅谈生物教学中学生环保意识的培养．教育革新，2008(7)：61.
410. 马玉春．注重生物教学的有效反思．时代教育（教育教学版），2008(8)：195.
411. 吴小峰．高中生物有效教学的课堂提问策略研究．考试周刊，2008(39)：161－162.
412. 黄小微．浅谈生物科学史教学的四种模式．科技资讯，2008(25)：128.
413. 吴雁南．多种教学手段在生物课堂的运用．江西金融职工大学学报，2008，21(5)：145－146.
414. 方丽珍．主体参与型教学模式在生物课堂上的应用．基础教育研究，2008(7)：40－42.
415. 章宁春．论高中生物课堂教学中问题意识的培养．考试周刊，2008(35)：174－175.
416. 李唯波．应用“问题法”复习生物的实践与思考．课程教材教学研究（教育研究版），2008(3)：77－78.
417. 刘建梅，张铁明．生物教学中对学生创新能力的培养．教育艺术，2008(9)：26－27.
418. 刘志兰．如何提高初中生物教学质量．中国科教创新导刊，2008(27)：41.
419. 金余芬．反思性教学在生物教学中的应用．中国教育技术装备，2008(16)：111－112.
420. 何振秀．如何开展中学生物的创新教育．西北成人教育学报，2008(4)：67－68.
421. 曾昭晴．情感化诗意化的初中生物课堂教学．井冈山学院学报，2008，29(S1)：147，153.
422. 韦迪兴．生物教学中渗透环境教育的实践和探索．学校党建与思想教育（下半月），2008(S1)：198.
423. 李文忠．生物教学中的情境创设．教育前沿（理论版），2008(8)：146.
424. 刚强．精讲巧练在生物课堂教学中的运用．中小学教学研究，2008(7)：31－32.
425. 张弘．生物课堂教学中的生命教育实践．中学生数理化（教与学．教研版），2008(8)：91－92.
426. 姚子荣．启发探究式的生物科学史教学模式初探．新课程研究（基础教育），2008(7)：59－60.
427. 武林芝．浅谈学生生态环境道德的培养．太原大学教育学院学报，2008，26(S1)：24－26.
428. 王品贤．新课改理念下生物学习方式的转变．宿州教育学院学报，2008，11(3)：135－136，145.
429. 符文若．提高学生生物学素养的前提条件．陕西教育（高教版），2008(5)：72.
430. 许尤佳，胡彬文，廖若莎．既往教学方法的不足及“三段式”教学方法初探．教育前沿（理论版），2008(7)：18－19.
431. 李兴岗．在生物教学中培养学生的现代意识．吉林省教育学院学报（学科版），2008，24(2)：102.
432. 王绍洁．新课改中高中生物教学探析．中国科教创新导刊，2008(21)：76.

433. 宋爱青．浅谈在生物学教育中人文精神的渗透．中国科教创新导刊，2008(20)：59.
434. 李慧芹．生物教学如何培养学习能力．成才之路，2008(20)：彩 I，彩 J.
435. 原涛．新课改下生物高效课堂教学模式初探．才智，2008(11)：117.
436. 吴海云．创造性教学：生物教学的探索．新课程（新高考版），2008(1)：69.
437. 林菊维．流程图示法在教学中的实践．林区教学，2008(6)：144－145.
438. 陈绮玲．善用资源有效备考——生物高考一轮复习策略探究．考试周刊，2008(23)：4－5.
439. 李中永．让生物课堂诗意盎然．考试周刊，2008(22)：190.
440. 吴宝金．让生物课堂“活”起来．福建教育学院学报，2008(9)：110－111.
441. 刘新炳．如何提高生物课堂教学的效率．才智，2008(18)：159，108.
442. 刘建伟．高考生物复习的几种有效学习方法．中国教育技术装备，2008(19)：61.
443. 卢文祥．生态文明教育：中学该怎么做．人民教育，2008(Z3)：72－73.
444. 冯云．生物教学中如何激发兴趣．考试（教研版），2008(9)：101.
445. 李运兰．新课标高中生物教学如何与高考衔接．教育科研论坛，2008(9)：90－91.
446. 张学艳．初中生物教学与德育渗透．课程教材教学研究（教育研究版），2008(3)：31－32.
447. 唐凤英．生长素的生理作用理解与应用．成功（教育），2008(7)：114－115.
448. 金均全．发挥生物学科特色巧妙实施德育渗透．中学课程资源，2008(8)：91－92.
449. 常景贤．原核生物与真核生物．中学生数理化（高考版），2008(Z1)：177－178.
450. 王纪合．如何进行高三生物学科的复习．中学生数理化（高考版），2008(Z1)：171－173.
451. 翁竞玉．在初中生物教学中如何培养学生的创造力．考试周刊，2008(29)：166－167.

452. 张平英．《人体的稳态》教学中对学生思维能力的培养．甘肃教育，2008(14)：55.
453. 周云珍．浅谈生物学对现行初中语文教学的影响．语文知识，2008(2)：69－70.
454. 蒋良国．课堂教学怎样“激”情“引”趣．新课程（新高考版），2008(4)：57.
455. 张黎静．浅谈生物教学中的情感教育．太原大学教育学院学报，2008，26(2)：113－115.
456. 汪艳玲．图形教学法在高中生物教学中的应用．内蒙古师范大学学报（教育科学版），2008，21(6)：148－149.
457. 周艳红．在免疫调节教学中引入科学史教育．广东教育（教研版），2008(5)：77－78.
458. 国建强．生物复习课模式的探讨．成功（教育），2008(6)：94.
459. 蒋帆．2008年高三后期生物复习策略．成才之路，2008(20)：73.
460. 陈昭蓉．薄弱学校生物教学中应注意“度”的把握．科技创新导报，2008(18)：231，233.
461. 路曼曼．一堂难忘的生物课．语文天地，2008(10)：29－30.
462. 何国贵．生物考前复习策略．科学咨询（教育科研），2008(6)：88.
463. 卫晴，肖帮裕，高翠．行为导向教学法在高中生物教学中的应用．考试周刊，2008(38)：176－177.
464. 杨骏．对高中生物课堂教学运用案例教学法的研究．考试周刊，2008(29)：165－166.
465. 魏敬旺．浅谈生物案例教学的作用．新课程（教育学术版），2008(4)：108.
466. 伏俊清．生物教学强化学生自主探究例谈．吉林教育，2008(14)：92.
467. 聂浩华，陈欣．如何有效培养学生的生物学学习兴趣．福建教育学院学报，2008(3)：15－17.
468. 陈元霞．生物教师如何实现创新教育的几点思考．雅安职业技术学院学报，2008(1)：65－66.
469. 石萍．生物教师应如何面对创新教育．新课程（教育学术版），2008(9)：17.
470. 郑孝宁．创设和谐有效的生物课堂．新课程（中学版），2008(8)：26.
471. 孔燕．新课标下如何开展创新教育．今日科苑，2008(12)：223.
472. 庄安．浅谈合作学习在生物教学中的运用．宁德师专学报

（自然科学版），2008，20(1)：95－97.
473. 谢石生．让生物课堂探究产生更好的效果．科技风，2008(14)：108.
474. 游晏卿．谈初中生物课教学的四个环节．福建教育学院学报，2008(6)：107－109.
475. 林钦寿．生物复习讲评课的优化策略．福建教育学院学报，2008(9)：54－55.
476. 董本琳．创设情景教学激发学生学习生物的兴趣．科教文汇（中旬刊），2008(8)：174.
477. 任占和．生物课堂教学中的创新．才智，2008(18)：18.
478. 付晓丽．在生物课堂教学中渗透心理健康教育．教育革新，2008(7)：25.
479. 何本宇．Keystone 概念图在中学生物教学中的应用．软件导刊（教育技术），2008(7)：52－53.
480. 王栋．浅谈高三生物复习策略．科技信息，2008(27)：624.
481. 滕春喜．使生物课堂成为和谐快乐的学习天地．科协论坛（下半月），2008(7)：160.
482. 王双栋．优化探究课提高生物课堂效率．中国教育技术装备，2008(19)：39－40.
483. 姚碧林．初中生物“学教案”探索．网络科技时代，2008(17)：38.
484. 张智彦，张志华．浅谈如何进行生物课教学．河北农业科技，2008(20)：48.
485. 刘同．生物课堂问题探究．教育前沿（理论版），2008(10)：153－154.
486. 赵文英．探究学习在生物教学中的运用．考试周刊，2008(38)：180－181.
487. 魏志文．新课标生物教学中存在的几个问题及解决方案．考试周刊，2008(38)：178－179.
488. 朱小燕．培养学生提问能力提高生物课教学质量．新课程研究（基础教育），2008(10)：149－150.
489. 王瑞华．生物课堂教学中语言能力的培养．教育实践与研究（中学版），2008(9)：63－64.
490. 肖霞．怎样提高生物课堂效率．成功（教育），2008(9)：90.
491. 刘文容．浅谈在生物教学中如何突出学生的主体作用．成功（教育），2008(9)：52.
492. 张统全．谈新课标下提高教学质量的策略．读与写（教育教学刊），2008(9)：112，128.

493. 黄玉金．生物课堂教学如何科学地进行“问题设置”．考试周刊，2008(40)：144－145.

494. 恽小娟．巧妙转换“注意”，提高学习效率．考试周刊，2008(40)：143－144.

495. 沈雁．调动有利因素保证课堂效率．内江科技，2008(8)：174.

496. 樊进军，吕春华．生物教学中实施素质教育的几点做法．才智，2008(16)：23.

497. 宋远见．学习主动性在生物教学中的构建．科教文汇（下旬刊），2008(7)：142.

498. 李秀文．课堂导学的四个最佳结合点．新课程（综合版），2008(8)：70－71.

499. 杨民建，冷枫．试论高中生物教学对学生思维的培养．吉林省教育学院学报（学科版），2008，24(7)：104.

500. 徐新战．在生物教学中如何驾驭创新型课堂教学．新课程（中学版），2008(9)：18.

501. 秦现英．如何优化生物课堂教学．新课程（教育学术版），2008(9)：23.

502. 张勇．展望新课标下的生物课堂教学境界．考试周刊，2008(35)：173.

503. 韩德平．对初中生物课堂教学的反思．考试周刊，2008(34)：156－157.

504. 陈英水．生物课堂抗“疲劳”的研究．教学月刊（中学版），2008(8)：32－33.

505. 陈静．构建生物研究型课堂教学模式．吉林教育，2008(24)：34.

506. 易丽华．浅谈生物教学中教师的语言艺术．广西教育，2008(Z5)：83.

507. 郑孝宁．在质疑中创新中职生物课堂教学．时代教育（教育教学版），2008(5)：229.

508. 徐淑庆．克服学生逆反心理，提高生物学教学质量．科学教育，2008，14(4)：54－56.

509. 王博．情绪教学在生物教学中的应用．科学教育，2008，14(4)：7－9.

510. 苟健朝．浅谈生物教学与语言艺术的整合．成功（教育），2008(7)：52.

511. 商丽颖．浅谈课堂导入在生物教学中的重要性．中国校外教育（理论），2008(7)：78.
512. 严锦石．浅谈生物教学问题设置切入点的选择．学校管理，2008(4)：29.
513. 李振标．让思想教育贯穿生物课堂．新课程（教育学术版），2008(8)：81.
514. 杜素青．生物课教学必须强化环境意识．河南教育（基教版），2008(Z1)：116.
515. 李平．如何让学生成为生物教学的主体．青海教育，2008(Z2)：80－81.
516. 陈秀珍．浅谈生物课堂教学中素质教育的落实．吉林教育，2008(23)：56.
517. 曹辉．新课标理念下高中生物教学初探．中学课程资源，2008(7)：90，111.
518. 李春华．生物课堂教学点拨的方法．新课程（教师），2008(7)：70.
519. 马林风．营造轻松愉快的生物课堂．新课程（教育学术版），2008(7)：83.
520. 陈国梁．构建生物课堂美丽的风景线——对《植物的蒸腾作用》一课的评析．网络科技时代，2008(12)：57.
521. 魏丽芳．浅谈生物课堂上的环境教育．太原大学教育学院学报，2008，26(S1)：121－122.
522. 黄秀鑫．点燃学生学生物的“爱”之火．陕西教育（教学版），2008(6)：43.
523. 郭广鸿．愉快教育——寓教于乐的艺术．河南农业，2008(10)：50，52.
524. 廖红萍．几何图形在生物教学中的应用．南昌高专学报，2008(3)：109－110.
525. 滕春喜．谈将生物科学史融入课堂教学应注意的几个问题．科协论坛（下半月），2008(5)：144.
526. 江衍长．环境保护——生物教学的永恒主题．科学大众，2008(6)：43.
527. 李密芬．教师在生物教学中的引导作用．科技信息（科学教研），2008(17)：619.
528. 张晓树．试论中学生物教学中的反思．科技信息（学术研究），2008(20)：222－223.
529. 盛晓庆，邵晨．生物学史在高中课堂教学中的教育价值和教学策略．科技信息（学术研究），2008(18)：668－669.

530. 何银花，陈学梅，谢国文．从“保护生物多样性”看情感态度价值观的课堂实现．教育实践与研究（中学版），2008(6)：50－52.

531. 赵双球．生物课堂学生要多说．湖南教育（教育综合），2008(7)：32.

532. 杨雪芳．以问题作为生物课堂教学的主线．广西教育，2008(14)：25.

533. 张秀敏．让生物课堂成为学生的舞台．中国科教创新导刊，2008(21)：38.

534. 徐冬红．高中生物“八会”学习法．成才之路，2008(19)：77.

535. 金黎明，张耀凤．转变学习方式：生物教学理念的新取向．长春教育学院学报，2008(1)：77.

536. 滕春喜．生物教学中的体验式教学．安徽文学（下半月），2008(6)：235.

537. 刘金萍．美育为生物课堂插上翅膀．中学生数理化（教与学．教研版），2008(7)：90－91.

538. 闫观东．提高学生生物课学习兴趣的方法．河南职业技术师范学院学报（职业教育版），2008(2)：135.

539. 陈洪樱．在新课标下如何激发学生对生物的学习兴趣．新课程（中学版），2008(Z1)：73.

540. 周祖淮．生物课堂教学高效率探析．考试周刊，2008(19)：177.

541. 滕春喜．让生物教学回归生活．科协论坛（下半月），2008(4)：149.

542. 工晓云．生物教学中语言的运用．黑龙江科技信息，2008(18)：149.

543. 刘梓强．“自主—合作学习”模式的教学尝试．教育前沿（理论版），2008(10)：53，6.

544. 李蕾．论高中生物新课程中探究性学习模式．考试周刊，2008(39)：160－161.

545. 华青．生物世界中的“数学”．今日中学生，2008(Z4)：30－32.

546. 郜军霞．创设良好教学情景激发学生学习兴趣．中国教育技术装备，2008(15)：41.

547. 孙钠．STS教育视野下生物教学观的探讨．科学咨询（教育科研），2008(8)：74－75.

548. 古建泉．诱思探究模式在生物教学中的应用．成才之路，2008(7)：77－78.

549. 余胜先．问题教学法在生物教学中的应用．新课程（教育学术版），2008(7)：112－113.
550. 钟琼尔．高中生物教学中的探究性学习浅解．山西教育（教师教学），2008(6)：31－32.
551. 徐敏．高三生物“学案导学”复习模式探索．课程教材教学研究（教育研究版），2008(1)：80－81.
552. 袁雪梅．有效开展生物探究式教学．广东教育（教研版），2008(4)：100－101.
553. 李景林．“问题解决”教学模式在生物课堂教学中的运用．中小学教学研究，2008(3)：18－19.
554. 徐朝阳．探究基因位置的基本方法．福建教育学院学报，2008(9)：66－68.
555. 刘晓青．高三生物复习策略．青海教育，2008(Z3)：83－84.
556. 曹巍力．浅谈生物复习中审题能力的提高．考试周刊，2008(36)：11－12.
557. 陆敏刚．新课程背景下生物高考备考的几点建议．试题与研究，2008(6)：4－6.
558. 陈华．尝试教学在高三生物试卷讲评课中的应用．广东教育（综合版），2008(9)：45－46.
559. 颜清．浅谈概念图在初中生物教学中的应用．福建教育学院学报，2008(3)：95－97.
560. 杨美娟．浅谈初中生物探究性教学的实施．江西教育，2008(27)：33.
561. 吴翠芳．谈初中生物中考总复习策略．福建教育学院学报，2008(9)：70－71.
562. 于维之．关于初中生物课探究性学习的几点思考．科技信息，2008(27)：286，294.
563. 王华东，张金梅．浅谈新课标下的初中生物环境教育．新课程研究（基础教育），2008(10)：99－100.
564. 吴霞，刘继成．浅谈初中生物教学及学生学习兴趣培养．科教文汇（上旬刊），2008(8)：174.
565. 张莉艳．“妙招”连连激兴趣．考试（教研版），2008(9)：38.
566. 李朝敏．在生物教学中对学生现代意识的培养．商情（科学教育家），2008(6)：221.
567. 唐树红．培养学习兴趣提高教学质量——初中生物教学初探．凯里学院学报，2008，26(3)：146－147.
568. 包和江．寓情感教育于初中生物教学之中．凯里学院学报，

2008，26(3)：144－145.
569. 赖桂林．初中生物教学中学法指导的有机渗透．课程教材教学研究（中教研究），2008(Z3)：9－10.
570. 刘镇忠．初中生物快乐教学．广东教育（综合版），2008(6)：43.
571. 王洁，车雪梅．关于初、高中生物学科学段衔接的探讨．大连教育学院学报，2008，24(2)：20－21.
572. 吕翠香．精简课件，优化课堂教学．中学生物学，2008，24(11)：26－27.
573. 李培青．关于对孟德尔豌豆杂交实验中7对相对性状的商榷．中学生物学，2008，24(10)：35.
574. 李荣方．优化课堂教学实践课程理念．中学生物学，2008，24(10)：38－39.
575. 赵林娥．角色扮演在生物课堂中的应用实例及体会．中学生物学，2008，24(9)：14－15.
576. 宁立华，原显利．浅析生物课堂教学中应培养学生哪些能力．中学生物学，2008，24(9)：20－21.
577. 周观海，唐加富．让“电子标本”走进中学生物课堂．中学生物学，2008，24(9)：22，42.
578. 宋美丽．观察在生物教学中的应用．中学生物学，2008，24(9)：24.
579. 尹治安．让学生能够生动理解免疫的过程．中学生物学，2008，24(9)：25－26.
580. 许闻．高中生物新课程下“体验式教学策略”的探索．中学生物学，2008，24(11)：63－64.
581. 刘静岩．关于光照强度对光合作用强度影响问题的一点思考．中学生物学，2008，24(11)：52.
582. 尤洁，华激文．谈生物课堂的生活化．中学生物学，2008，24(11)：40－41.
583. 王荐．生物学教学中的情感性教学策略．中学生物学，2008，24(11)：36－38.
584. 薛彦．对生物学科复习的反思与建议．中学生物学，2008，24(11)：34－35.
585. 张建尚．巧用“错误”资源活化课堂教学．中学生物学，2008，24(11)：30－31.
586. 顾彪．关注课堂细节细节决定成败．中学生物学，2008，24(11)：27－28.

587. 吴丽芳．注重动手体验建构生命课堂．中学生物学，2008，24(11)：24－25.
588. 冯永云．隐性知识在生物课堂中流淌．中学生物学，2008，24(11)：21－22.
589. 陈德名．初中生物实验教学中学生创新能力的培养．中学生物学，2008，24(11)：13－14.
590. 赵俊．生物探究性教学中几种策略的运用．中学生物学，2008，24(11)：10－11.
591. 蒋桂林．浅谈在生物课堂教学中提高合作学习有效性的几个注意点．中学生物学，2008，24(10)：24，27.
592. 华朝阳，刘盛林．活用“问题探讨”优化课堂结构．中学生物学，2008，24(10)：22－23.
593. 宋世亮．探析生物教学中开展合作学习之误区．中学生物学，2008，24(10)：20－21.
594. 刘同．自主学习在生物课堂中的尝试．中学生物学，2008，24(10)：19－20.
595. 王春燕．在中学生物教学中构建学生生态哲学观．中学生物学，2008，24(10)：16－18.
596. 袁瑞乐．让问题进入教和学．中学生物学，2008，24(10)：15－16.
597. 吴平．生物教学中如何进行课堂自我观察．中学生物学，2008，24(10)：11－12.
598. 季娴．概念图应用于“先行组织者”教学模式的实践探索．中学生物学，2008，24(10)：9－10.
599. 张长江，李进京．中学生物学中的反馈调节浅析．中学生物学，2008，24(10)：54－56.
600. 王学丽．走出植物光合作用的误区．中学生物学，2008，24(10)：57－58.
601. 李伟．在生物课堂中利用学生疑问实现学生差异发展．中学生物学，2008，24(10)：40－41.
602. 吴丽芳．谈新课程理念下的图像教学策略．中学生物学，2008，24(10)：36－37.
603. 杨重云．在科学探究过程中培养学生的批判性思维．中学生物学，2008，24(10)：30－31.
604. 吕镜珍．在生物教学中设计有效问题的策略．中学生物学，2008，24(9)：28，34.
605. 张红梅．生物教学中要渗透生态经济教育．中学生物学，

2008，24(9)：29－30.

606. 张铁民．谈谈生物课的合作学习．中学生物学，2008，24(9)：33－34.

607. 郝百芝．浅谈高中生物课堂指导——自主学习教学模式的构建．中学生物学，2008，24(2)：55－57.

608. 李克刚．浅谈生物学教学中“问题串”的设计与应用．中学生物学，2008，24(2)：45－47.

609. 周维新．浅谈生物学教学中的美感教育．中学生物学，2008，24(2)：26－27.

610. 马飞云．根据循序渐进的原则指导学生创新．中学生物学，2008，24(2)：24－25.

611. 吴丽芳．创设情境培养学生创造性模仿能力．中学生物学，2008，24(2)：22－23.

612. 周争国．中学生物教学中创新能力的培养．中学生物学，2008，24(2)：20－21.

613. 高莹．探究式课堂教学的误区．中学生物学，2008，24(2)：18－19.

614. 金燕．纠正偏差提高实效——初中生物探究性教学的深层次思考．中学生物学，2008，24(5)：63－64.

615. 孙秀红．新课程下的生物学教学初探．中学生物学，2008，24(5)：60－61.

616. 赵德强．高中生物专题复习课教学的创新设计．中学生物学，2008，24(5)：48－50.

617. 孔燕，姚飞，辛香梅．掌握复习策略提高高考成绩．中学生物学，2008，24(5)：32－33.

618. 何耀华．高中生物概念学习过程中存在的问题分析及对策．中学生物学，2008，24(5)：27－29，61.

619. 袁锦明．新课程理念下高中生物有效课堂教学的策略．中学生物学，2008，24(5)：21－23.

620. 荣伟．谈如何高效地进行高考生物专题复习．中学生物学，2008，24(5)：19－20.

621. 邹蓁．协调课堂思路提高教学实效．中学生物学，2008，24(5)：18－19.

622. 徐国良．浅谈新课改背景下高中生物教学中渗透人文精神教育的途径．中学生物学，2008，24(5)：16－17，23.

623. 杨云．激发学生思维提高复习课堂效率．中学生物学，2008，24(5)：15.

624. 曹中华．在生物教学中进行情感教育．中学生物学，2008，24(2)：15-16.
625. 黄卫华．生物教学中加强“有效教学”的策略．中学生物学，2008，24(2)：14-15.
626. 王丹．在生物课堂上培养学生快乐学习．现代农业科学，2008，15(10)：164，167.
627. 薛英．初中生物有关遗传和变异的教学探索．基础教育研究，2008(10)：35，37.
628. 王衍鉴．在生物教学过程中让学生好学、乐学．考试周刊，2008(43)：200-201.
629. 赵巧丽，张晓翰．生物教学中学生发散思维能力的培养．成才之路，2008(23)．
630. 盛校珍．“问题解决式”在生物教学中的运用．网络科技时代，2008(20)：78-79.
631. 李亚芹．生物课堂教学中如何培养学生的学习兴趣．中国校外教育（理论），2008(S1)：1119.
632. 吴秀萍．如何培养初中生生物学习的兴趣．中国校外教育（理论），2008(S1)：279.
633. 王昌魁．关于《发酵工程》理论教学方法的探讨．科教文汇（上旬刊），2008(2)：51.
634. 韦新连．浅谈新课程理念下生物教学中的素质教育．今日科苑，2008(17)：130.
635. 徐军．生物学科探究式学习的新特点．新课程（综合版），2008(12)：73-74.
636. 李晓玲．教师在小组合作学习中的作用不可小觑．新课程（综合版），2008(12)：74-75.
637. 张静宜．生物探究学习的突破口——问题和猜想．科教文汇（下旬刊），2008(11)：175.
638. 冯剑．浅谈新课程背景下强化“插图”教学的必要性．科教文汇（中旬刊），2008(11)：181.
639. 徐德来．激活课堂教学提高初中生物教学质量．科教文汇（中旬刊），2008(11)：180.
640. 邢勇鸿．初中生物复习课比较法的运用．吉林教育，2008(32)：84.
641. 吴志鹰．生物教学中的环保教育．成功（教育），2008(11)：107.
642. 刘昭峰．新课程下生物教学的几个策略．新课程研究（基础教育)，2008(12)：151-152.

643. 陈德名．新课程生物教学中如何引导学生自主学习．科教文汇（上旬刊)，2008(11)：182.

644. 昝峰丽．让生物走进生活课堂更加精彩．现代教育科学（中学校长)，2008(6)：104.

645. 郭文胜．让精彩生物课堂绽放绚丽生命之花．生命世界，2008(11)：93-94.

646. 张容．渗于其内寓于其中——关于初中生物课堂教学“八导”教程的探讨．生命世界，2008(11)：88-90.

647. 孔晓芸．初中《生命科学》学科中STS教学策略研究．生命世界，2008(11)：104-107.

648. 陈金宾．探究性学习在生物课堂教学中的应用．生命世界，2008(12)：97-99.

649. 梁新苗．谈高中生物教学策略．生命世界，2008(12)：88.

650. 冯玲玉，曹亚军．利用“农远模式三”提高初中生物教学效果的研究．中国教育信息化，2008(16)：49-52.

651. 顾友林．新课程高中生物教学中的“教学案导学”．考试周刊，2008(46)：202-203.

652. 邵万亮．以应用实例为背景的高中生物学探究性学习指导策略．教学月刊（中学版)，2008(11)：21-22.

653. 孙明莉．生物课堂探究教学例析．成才之路，2008(26).

654. 齐瑞．如何在高中生物教学中应用探究式教学．中国教育技术装备，2008(22)：50.

655. 叶红霞．对提高生物课堂效率的几点思考．中国教育技术装备，2008(22)：73-74.

656. 王益民．初中生物教学中学生探究意识培养点滴．新课程研究（教师教育)，2008(11)：158-159.

657. 赵靖．初中生物“探究式”课堂教学设计模式．新课程（教研版)，2008(9)：4-5.

658. 徐新战．探究性学习在生物教学中的定位．新课程（中学版)，2008(11)：43-44.

659. 陈进学．浅谈初中生物教学中学生主体性的发挥．新课程（教育学术版)，2008(11)：105.

660. 陈振兴．生物课的“手语”．新课程（教育学术版)，2008(10)：83.

661. 许艳波．创设情境，促进学生的探究性学习．山东教育，2008(26)：36-37.

662. 林少岩，任延丽．生物教学中实现情感价值目标的几种策略．考试周刊，2008(43)：199－200.
663. 李蓟红．初中生物课里的“小课堂、大自然、大社会”．甘肃教育，2008(20)：57－58.
664. 黄海萍．理解、掌握《普通高中生物课程标准》提高课堂教学能力．贵州教育，2008(20)：28－30.
665. 刘满希，顾明辉．例谈生物新课程中引导探索教学法的应用．生物学杂志，2008(5)：78－80.
666. 冉景盛，韩宗先，陈今朝．高中生物教学中渗透 STS 教育的途径．考试周刊，2008(42)：163－164.
667. 宋伟英．运用生物课堂有效性提高教学效率的几点思考．中国科技财富，2008(11)：96.
668. 朱燕美．生命科学教学中教材处理与提高课堂教学有效性的实践研究．科学教育，2008，14(5)：82－83.
669. 张华．让学生在参与中学会学习．中国校外教育（理论），2008(S1)：924.
670. 李素珍，陈增强．浅谈教学反思在初中生物教学中的运用．中国校外教育（理论），2008(S1)：286.
671. 郑晓．预约“生成”精彩纷呈——高中生物生成性课堂教学初探．中小学教学研究，2008(10)：28.
672. 徐新莲．浅谈生物教学中学生质疑能力的培养．福建教育学院学报，2008(9)：115－116.
673. 陈宏．论生物教学中学生综合能力的培养．考试周刊，2008(40)：146.
674. 王衍鉴．在生物教学中提升学生素质．考试周刊，2008(44)：171－172.
675. 黄荣碧．关于初中生物教与学的新思考．吉林教育，2008(29)：31.
676. 覃道攀，谢荣恒．怎样创设和谐的生物学课堂教学环境．生命世界，2008(11)：90－93.
677. 林琼．综合幼师实际优化生物学课堂教学．中学课程资源，2008(10)：131.
678. 吕新文．生物教学中设疑方法的探索．山东教育，2008(29)：46.
679. 沈粉华．生物教学中“巧”用相关信息．新课程研究．教师教育，2008(10)：172－173.
680. 崔剑平．例谈数学问题与生物教学的整合．教育革新，

2008(10)：55.

681. 沙小泉．高三生物第一轮复习应着重“六环节”．生命世界，2008(12)：84-85.

682. 王朝兴．浅谈新课标下高中生物探究性教学．中国科教创新导刊，2008(33)：28.

683. 冯立勇，张鸿昊．STS教育思想在高中生物教学中的渗透．辽宁教育行政学院学报，2008，25(9)：165-166.

684. 周学锋．生物教学中培养学生创新精神的初步研究．科教文汇（中旬刊），2008(10)：180.

685. 王淑娟．基于动机激发策略的高中生物学分层教学模式分析．新课程研究（基础教育），2008(11)：43-44.

686. 乔建军．在生物教学中怎样培养学生的观察能力．科技信息（学术研究），2008(30)：293，295.

687. 陈德名．新课程生物教学如何培养学生的创新意识．科教文汇（中旬刊），2008(10)：179.

688. 周宁．浅谈如何实施高中生物课堂的快乐教学．魅力中国，2008(27)：91.

689. 李嘉倩．生物课堂管理中应该注意的几个细节．科学教育，2008，14(5)：88-90.

690. 檀凤敏．优化初中生物课堂教学的研究．新课程（教研版），2008(9)：38.

691. 吴敏东．优化生物课堂教学的思考．广西教育，2008(29)：47.

692. 吕柔衡．生物教学中进行生命教育的尝试．铜陵职业技术学院学报，2008，7(3)：99-100.

693. 扈广香．生物教学如何激发学生学习兴趣．青年教师，2008(9)：46-47.

694. 任桂芳．对生物课双语教学的探索和体会．教育革新，2008(10)：5-6.

695. 姚笃信．对立统一与中学生物教学．教育革新，2008(9)：50-51.

696. 魏旺行．概率原理在高中生物教学中的应用．教育革新，2008(8)：54.

697. 徐安文．新课程背景下生物探究教学中的问题及对策．当代教育论坛（学科教育研究），2008(11)：101-102.

698. 简银花．生物教学中的健康教育．河北教育（综合版），2008(Z1)：92-93.

699. 陈红升．生物教学中的生命教育．河北教育（综合版），

2008(Z1)：92.

700. 王宗明．生物教学中培养学生创造性思维的途径．科技资讯，2008(33)：175－176.

701. 赵鹏，梅首文．对新课程下生物“自主、合作、探究”学习的反思．生命世界，2008(12)：95－96.

702. 黄耐明．高中生物研究性学习能力的培养．生命世界，2008(12)：92－94.

703. 邱云．生物学教学应叫响“生态文明”．生命世界，2008(12)：89－91.

704. 许玲玲．浅谈新课改条件下对生物教学方法的体会．中学课程资源，2008(10)：135，144.

705. 王荐．追求生物课堂教学的理想境界——谈课堂教学的五个维度．网络科技时代，2008(19)：30－32.

706. 岑利华．浅谈“游戏”在生物教学中的应用．大众文艺（理论），2008(8)：121.

707. 郭根福．初中生物探究式学习的倡导和实施．科学大众，2008(10)：71－72.

708. 姜敏．以生物教学调适学生的心理．科学大众，2008(10)：25.

709. 胡玲丽．浅谈生物教学中学生学习习惯的培养．成功（教育），2008(10)：118.

710. 赵庆莉．现代意识与生物教学．科技信息，2008(30)：279.

711. 任林．生物课堂教学中的育人意识．中学生数理化（教与学．教研版），2008(12)：82－83.

712. 程瑶，刘峰，崔鸿．生物课堂教学导课的艺术性．云南教育（中学教师），2008(9)：32－33.

713. 李志泉，李振美．生物课堂教学适时设置悬念的积极尝试．山东教育，2008(29)：45.

714. 徐凯捷．初中生物新课程教学浅谈．考试周刊，2008(45)：176－177.

715. 李粉明．如何在初中生物课堂教学中发展学生的主体性．考试周刊，2008(44)：173－174.

716. 许明．如何在生物教学中培养学生的问题意识．考试周刊，2008(44)：172－173.

717. 茶林．多元智能理论在生物教学中的实践．课程教材教学研究（中教研究），2008(Z5)：58－59.

718. 包国芳．高中生物教学中插图的巧用．课程教材教学研究（中教研究），2008(Z5)：30－31.

719. 冯剑．浅谈新课程背景下生物教学生活化．吉林教育，2008(33)：52.
720. 方伟奇．关于生物教学的反思．吉林教育，2008(30)：72.
721. 张建琴．概念图在生物学教学中的应用．基础教育课程，2008(11)：37，39.
722. 熊新俊．探究学习与生物教学．华章，2008(9)：104－105.
723. 田金蕊．浅谈逆向思维能力的培养．中国科教创新导刊，2008(33)：40.
724. 吴霄．高三文科/理科基础生物复习策略．中国科教创新导刊，2008(33)：85－86.
725. 黄钟锡．生物课堂提问初探．广东教育（教研版），2008(10)：105－106.
726. 卢慧环．在生物课堂中渗入图解教学法．广东教育（教研版），2008(10)：99.
727. 杨鹏．中学生物“真实世界问题解决”教学模式的探索．成才之路，2008(26)：79－80.
728. 邹蓁．让生物学概念学习成为轻松的事情．中小学教学研究，2008(9)：56－57.
729. 刘山田．新课程改革下对生物教学的几点反思．中学生数理化（教与学．教研版），2008(10)：93－94.
730. 杨立敏．合作学习在高中生物教学中容易出现的问题及解决策略．中国教育技术装备，2008(19)：35.
731. 李学芳．生物教学中的德育．学校党建与思想教育（下半月），2008(10)：69－70.
732. 卢兵．生物教学中怎样加强学生的意志教育．新课程（教师），2008(10)：69－70.
733. 徐娟．在生物教学中充分发挥节日教育效应．新课程（教师），2008(9)：54.
734. 周小燕．生物教学中创造性思维能力的培养．考试（教研版），2008(10)：99.
735. 姜元军．重新解读初中生物《新课程标准》．考试周刊，2008(41)：160－161.
736. 李晓红．生物复习课学生思维的引导．吉林教育，2008(29)：67.
737. 陈启潭．生物教学如何培养学生的创新能力．吉林教育，2008(29)：64.
738. 李芳．在生物教学中渗透心理教育．吉林教育，

2008(29)：51.
739. 田艳．新课程背景下高中生物思想模型的建构探讨．科技信息，2008(28)：632－633.
740. 谢万如．浅谈生物教学中的创新素质培养．科技信息（学术研究），2008(28)：60－61.
741. 吴延平．在中学生物教学中培养学生的科学素质．中国校外教育（理论），2008(9)：125.
742. 谢述平．不满意自己的公开课——高中生物复习课有效性的追问．教育科学论坛，2008(8)：55－56.
743. 彭莲萍．实施“问题引领，自主学习”的生物学教学实践．新课程（中学版），2008(9)：41.
744. 李贤芳．教学·探索·创新．新课程（教育学术版），2008(9)：120.
745. 杨秀华．根据学科特点培养学习兴趣．新课程（教育学术版），2008(9)：5.
746. 程飞船．如何在生物教学中培养学生的综合能力．山东教育，2008(Z5)：109－110.
747. 潘玉彬．让爱在生物课堂飞扬．新课程（教师），2008(11)：44.
748. 姚利．如何激发学生兴趣增加生物课堂活力．成才之路，2008(25)：78.
749. 徐晓红．生物教学中板书的作用．成才之路，2008(27)：9－10.
750. 李成峰．中学生物教学中环境教育的几点做法．经营管理者，2008(15)：166.
751. 赵艳杰．浅谈如何引导学生学好生物．科教文汇（下旬刊），2008(11)：176.
752. 蒋桂林．如何在生物课堂教学中加强学生能力的培养．新课程研究（基础教育），2008(12)：88－90.
753. 陶天富．五十年前那堂生物课．教师博览，2008(11)：39.
754. 胡意得．高中生物教学与学生创新思想的培植．中国科教创新导刊，2008(27)：26.
755. 王霖平．浅谈生物教学中创新思维的培养．教育革新，2008(11)：61.
756. 邵俊玲．如何在生物教学中培养学生的创新能力．教育革新，2008(11)：60.
757. 金梅．新课程标准下初中生物教学的定位．中国校外教育（理论），2008(S1)：949.

758. 冀海霞．浅谈中学生物教学中的记忆能力培养．中国校外教育（理论），2008(S1)：589.
759. 戴诗贵．浅谈高中生物教学中的探究式学习．中国校外教育（理论），2008(S1)：1295.
760. 张晓英．提高生物课堂教学有效性的实践与思考．科学咨询（教育科研），2008(12)：72.
761. 王长民．自学辅导法在生物教学中的实践与体会．科学教育，2008，14(5)：8－9.
762. 张丽敏．在生物教学中提高学生的学习能力．科技信息（学术研究），2008(29)：616.
763. 白冠军．试论生物学教学中学生内部动机的培养．山西广播电视大学学报，2008，13(6)：59－60.
764. 王秀华．高中生物染色体组及生物倍体的判断方法．中国校外教育（理论），2008(S1)：241，248.
765. 杨伟志．中学生物教学中的赏识教育．成功（教育），2008(8)：51.
766. 廉莹玉．略谈生物高考总复习夯实基础的方法．课程教材教学研究（教育研究版），2008(5)：73－74.
767. 任林．例谈生物教学中的情境创设．中学课程资源，2008(10)：133，152.
768. 冯启健．浅谈生物教学中学生能力的培养．中学课程资源，2008(10)：132.
769. 周柳苗．浅谈生物教学中实施的策略．中学课程资源，2008(10)：116，119.
770. 程亚．对素质教育下生物教学研究性学习的探讨．考试周刊，2008(47)：183.
771. 孙钢．“参与—发展”课堂教学模式的构建与实施．考试周刊，2008(47)：199.
772. 宣琳，秦君怡．高中生物教学与学生思维能力的培养．课程教材教学研究（教育研究版），2008(6)：50－51.
773. 江霞．谈生物教学中学生记忆能力的培养．课程教材教学研究（教育研究版），2008(6)：44.
774. 张丽敏．在生物教学中提高学生的学习能力．科技信息（学术研究），2008(29)：616.
775. 罗炜．探究生物学习中的不解思维．考试周刊，2008(47)：184.
776. 姜赟．浅谈“问题解决学习”模式在生物教学中的应用．成功（教育），2008(10)：135.

777. 林志海．探究性实践教学模式在高中生物教学的应用．时代教育（教育教学版），2008(6)：195-196.
778. 马右新．生物教学中学生兴趣的培养．中国教育技术装备，2008(13)：29.
779. 赖和英．谈高中生物教学中探究性学习活动．海峡科学，2008(6)：96-97.
780. 丰杨杰．新课程理念下的生物课堂教学实践的几点思考．中学生物学，2008，24(12)：57-58.
781. 梁海燕．开展体验教学感悟人文关怀．中学生物学，2008，24(12)：35，58.
782. 湛翠玲．“插嘴”使课堂灵动、精彩起来．中学生物学，2008，24(12)：34.
783. 张伟．感悟生物课程改革构建优效教学模式．中学生物学，2008，24(12)：32-33.
784. 张海其．从系统视角学习免疫——构建过程模型突破学习难点．中学生物学，2008，24(12)：27-28.
785. 谢砥．课标教材插图在教学中的运用策略．中学生物学，2008，24(12)：26-27.
786. 周贤．浅谈中学生物渗透研究型课程的教学策略．中学生物学，2008，24(12)：24-25.
787. 叶旭军．促进课堂知识有效“顺应”的教学策略．中学生物学，2008，24(12)：22-23.
788. 李筱．中学生物情境教学及设计．中学生物学，2008，24(12)：15-16.
789. 羊垂功．谈生物学教学的最优化过程．中学生物学，2008，24(12)：13-14.
790. 刘会元．试论生物学教学灵感产生的主要来源．中学生物学，2008，24(12)：11-12.
791. 李俊勇．DNA探针在高中生物学教学中的应用．中学生物学，2008，24(12)：7-8.
792. 黎玉发．在生物教学中培养学生的质疑能力．广西教育，2008(35)：45-46.
793. 余文玉，王晓玲，胡国进．浅议新课改中的生物复习．江西教育学院学报，2008，29(6)：45-46，49.
794. 王丽荣．抓好生物复习提升学习能力．课程教材教学研究（中教研究），2008(Z6)：58-59.
795. 张慧．浅谈提高生物课堂教学效率的方法．教育革新，

2008(12)：54.

796. 张皓帆．生物教学中实施探究教学的认识．硅谷，2008(24)：142，140.

797. 包德敏．初探在生物教学中将生命教育融入环境教育．时代教育（教育教学版），2008(10)：165，179.

798. 徐新明．教会观察引导分析综合评价．甘肃教育，2008(24)：34.

799. 陈丽蓉．高中生物探究性教学浅谈．福建教育学院学报，2008(12)：23－24.

800. 赵敏．把绿色理念融入生物教学．绿色视野，2008(12)：40－42.

801. 金均全．有效“设错”激活中学生生物学思维．高等函授学报（自然科学版），2008，21(6)：55－57.

802. 唐根山．新课程下如何进行高效率的生物课堂教学．新课程（中学版），2008(12)：63－64.

803. 崔志钰．探到无心方为真——从一堂失败的生物探究课说起．当代教育论坛（学科教育研究），2008(12)：101－102.

804. 翁凡玻．写“教学后记”促进新教师成长．福建教育学院学报，2008(12)：116－119.

805. 王颖．简论生物选修课教学中的生命教育．成才之路，2008(31).

806. 陆新华．如何实施以科学探究为核心的生物教育．硅谷，2008(24)：140.

807. 宗桂楹．谈谈激发兴趣在生物教学中的应用．黑龙江科技信息，2008(36)：204.

808. 邹蓁．启迪学生学科思维提高学生学科素养．教育实践与研究（中学版），2008(12)：52－53.

809. 凌红芳．激发学习兴趣提高思维能力．成才之路，2008(31)．

810. 董玉香．生物教学中实施德育教育的可能性及策略．河南农业，2008(22)：35.

811. 董庆媚．生物课堂教学的即时性评价．广东教育（教研版），2008(12)：102－103.

812. 武玲．用建构主义理论指导生物学教学改革．吉林省教育学院学报，2008(10)：14－15.

813. 郑福敏．新课程下中学生物课程教学策略．河南农业，2008(20)：34.

814. 漆永利．探讨生物课堂教学中实施研究性学习的策略．科技资讯，2008(34)：237.

815. 王莲敏．生物教学中学生创造性思维能力的培养．教育艺术，2008(12)：28－29.
816. 周梅．简谈提高学生生物知识记忆效率的方法．考试周刊，2008(50)：195.
817. 季建国．运用案例教学提高课堂教学效果．新课程（教育学术版），2008(12)：12－13.
818. 许文林．关于生物课堂教学中“讨论法”应用的认识．福建教育学院学报，2008(12)：30－31.
819. 邱华英．让探究性学习走进生物课堂．福建教育学院学报，2008(12)：28－29.
820. 宋伟英．浅谈如何在生物教学中培养学生学习的兴趣．民营科技，2008(12)：84，87.
821. 邬荣奎．生物课堂教学中如何进行提问．贵州教育，2008(24)：44，46.
822. 黄丽．浅析高中生物学法及指导．新课程（教育学术版），2008(12)：103.
823. 程峰．初中生物课小结方法例谈．山东教育，2008(32)：47－48.

课堂教学（教学设计）研究

核 心 论 文

1. 刘洪宝，马桂萍．“根的结构与功能”一节的教学．生物学教学，2008，23(5)：32－33.
2. 吴其胜．用概念图复习人体“消化、呼吸、循环、泌尿”的教学．生物学教学，2008，23(5)：24－28.
3. 杨燕莉．“物质的跨膜运输方式”教学中图的运用．生物学教学，2008，23(5)：15－17.
4. 王颖，闫白洋，梁利利．在“DNA 是遗传物质”一节中进行“四动”教学尝试．生物学教学，2008，23(5)：35－36.
5. 李雪梅．“ATP 的主要来源——细胞呼吸”一节第二课时的说课稿．生物学教学，2008，23(5)：36－37.
6. 张卓鹏．“建立血糖调节模型”情景教学案例．生物学教学，2008，23(4)：29.
7. 李丽娟．“地球上生命的起源”一节的教学设计．生物学教学，2008，23(4)：31－33.

8. 赵善程．应用人体比喻学习氨基酸知识．生物学教学，2008，23(4)：25－26.

9. 贺占云，赵桂兰．“遗传与育种”专题复习教学．生物学教学，2008，23(4)：23－25.

10. 包虹．有效教学理念下“基因的结构”一节的教学设计及反思．生物学教学，2008，23(4)：21－23.

11. 陈红梅．“细胞呼吸”一节的教学设计及反思．生物学教学，2008，33(4)：44－45.

12. 姜雅风．“光合作用的过程”一节的教学．生物学教学，2008，33(4)：35－36.

13. 许燕．“尿的形成和排出”重难点的突破．生物学教学，2008，33(3)：17－18.

14. 刘燕．“我国的珍稀植物”一节的教学．生物学教学，2008，33(3)：34－35.

15. 刘本举．“DNA 的复制”基于科学史探究的教学．生物学教学，2008，33(3)：31－33.

16. 喻祥英．“生物的遗传”一节的教学．生物学教学，2008，33(3)：29－30.

17. 潘建英．“细胞呼吸”一节的教学．生物学教学，2008，33(2)：37－39.

18. 赵文奎．“传染病”教学设计与案例．生物学教学，2008，33(1)：36－37.

19. 娄维义．“生态系统的能量流动”一节的课堂教学．生物学教学，2008，33(1)：32－33.

20. 陈东兵．“生长素的发现”一节中的问题设计．生物学教学，2008，33(1)：28－29.

21. 吴俊莲．“种子植物”一节的教学设计．生物学教学，2008，33(1)：35－36.

22. 张建勇．在生物教学中培养学生的能力——以《社会行为》一课为例．教育导刊，2008(2)：57－58.

23. 白岩青，王重力．“中心法则”的模拟游戏．生物学通报，2008，43(1)：32－33.

24. 傅朝晖．运用资料分析进行“生物进化的历程”教学．生物学通报，2008，43(1)：30－31.

25. 苏明学，王冬梅．高中生物学新课程标准教学研讨“生态环境的保护”的教学构思．生物学通报，2008，43(1)：28－30.

26. 李磊．“孟德尔豌豆杂交实验方法（1 课时）”教学设计．生物学通报，2008，43(2)：29－31.
27. 刘玮．“条件反射和非条件反射”一节的教学．生物学教学，2008，33(6)：28－29.
28. 屈伟．“DNA 的复制”一节的教学．生物学教学，2008，33(6)：22－23.
29. 刘敏．“生命活动的主要承担者——蛋白质”一节的教学．生物学教学，2008，33(6)：20－21.
30. 袁维新．论生命化教学设计．生物学教学，2008，33(6)：13－15.
31. 秦磊．“流动的组织——血液”一节的教学．生物学教学，2008，33(6)：7－9.
32. 刘本举．“植物对水分的吸收和利用”复习课教学．生物学教学，2008，33(8)：35－37.
33. 陈红梅．“生物体中的无机化合物”一节的教学．生物学教学，2008，33(8)：33－34.
34. 安永芳．“植物对水分的吸收和利用”一节的教学设计．生物学教学，2008，33(8)：32－33.
35. 聂成娟．“减数分裂”探究式教学分析与设计．生物学教学，2008，33(8)：26－28，50.
36. 王国荣．“降低化学反应活化能的酶”教学设计．生物学教学，2008，33(7)：55－56.
37. 文媛．“生物进化的原因”一节的教学．生物学教学，2008，33(7)：32－33.
38. 郭松周．“生物对环境的适应和影响”一节教学设计．生物学教学，2008，33(7)：26－27.
39. 符小平．“生物体内营养物质的转变”教学设计与案例．生物学教学，2008，33(7)：24－26.
40. 李绣兰．“细胞增殖”一节教学中“创新支点”的设计．生物学教学，2008，33(7)：21－23.
41. 汤国平，许明．“植物的有性生殖”一节的情境．生物学教学，2008，33(10)：41－42.
42. 郭洁．“染色体变异”一节的教学体会．生物学教学，2008，33(10)：37－38.
43. 刘小君，李彤．“减数分裂与遗传规律”活动课案例．生物学教学，2008，33(10)：35－37.
44. 刘景太．“鸟的生殖和发育”一节教学设计．生物学教学，2008，33(10)：28－29.
45. 杨梅．“花的结构和类型”（第一课时）的教学．生物学教学，

2008，33(9)：27－28.

46. 李海红．“水分跨膜运输”的课堂动态生成教学．生物学教学，2008，33(9)：32－33.
47. 王启湘．新课程理念下的一节绪论课．生物学教学，2008，33(9)：19－20.
48. 杨振峰．“植物对水分的吸收和利用”一节的教学设计．生物学教学，2008，33(11)：33－34.
49. 陈茂花．“腐乳的制作”的教学设计．生物学教学，2008，33(11)：37－39.
50. 杨运春．“生命活动的主要承担者——蛋白质”的教学设计．生物学通报，2008，43(7)：36－38.
51. 苏少华．“植物生长素的发现”探究——建构型教学设计．生物学通报，2008，43(7)：32－35.
52. 刘香梅，田春华．“非生物因素对生物的影响”探究教学设计．生物学通报，2008，43(8)：28－30.
53. 肖俊涛，黎昌林，付燕．“物种的形成”的教学设计．生物学通报，2008，43(6)：39－41.
54. 何红英．“DNA是主要的遗传物质”一节的教学．生物学教学，2008，43(12)：24－26.
55. 于长利．对“消化和吸收”一节的教学体会．生物学教学，2008，43(12)：21.
56. 刘湘梅．在“生物与环境”一章教学中渗透生命教育．生物学教学，2008，43(12)：17－18.
57. 毕诗秀．“基因自由组合定律”的教学设计．生物学通报，2008，43(10)：31－33.
58. 刘晟，温淑香，吕向阳，田春华．“植株的生长”教学设计．生物学通报，2008，43(9)：35－38.
59. 王卿璜．“种子萌发的条件”一课的教学设计及反思．生物学通报，2008，43(9)：31－34.
60. 何晓．渗透科学思维激发学习兴趣——七年级生物第一课的教学设计与说明．全球教育展望，2008，37(11)：91－93.

一 般 论 文

1. 彭汀汀．“威胁健康的主要疾病”教学案例．中学生物学，2008，24(3)：38－39.
2. 谢文栋，王庆英．“物质跨膜运输的方式”教学设计．中学生物学，2008，24(3)：36－37.

3. 万滨．中学生物课堂的合作学习与思维训练——“DNA 是主要的遗传物质”一节教学设计与感悟．中学生物学，2008，24(1)：36－37.
4. 廖建胜．挖掘生活事例升华课堂教学——“保护生物的多样性”教学案例及评析．成才之路，2008(12)：78－79.
5. 张勇．《藻类、苔藓和蕨类植物》教学设计．商情（科学教育家），2008(3)：284－285.
6. 任国春．在《光合作用的原理和应用》教学中渗透新课改理念．林区教学，2008(3)：87－88.
7. 赵占兴．《通过神经系统的调节》教学设计、反思及评析．网络科技时代，2008(9)：30－34.
8. 李克刚．难点突破：“色盲遗传的特点”的探究式教学设计．现代中小学教育，2008(5)：69－71.
9. 邱龙清．“基因指导蛋白质的合成”的教学设计．中国科教创新导刊，2008(15)：68.
10. 万滨．中学生物课堂的合作学习与思维训练——《DNA 是主要的遗传物质》一节教学设计与感悟．科教文汇（下旬刊），2008(3)：76.
11. 熊洁．“染色体变异”教学设计．大众科学（科学研究与实践），2008(10)：139，138.
12. 耿文霞．素质教育下的生物课堂教学设计．科学教育，2008，14(2)：40.
13. 唐志哲．《有氧呼吸》教学设计、反思及评析．网络科技时代，2008(3)：48－51.
14. 王浩东．《蚯蚓》教学设计．科学课，2008(1)：26－27.
15. 顾勇，程汉柱，刘浩．关于初中生物课程发现法教学的实践与思考——以“种子的萌发”为例．黑龙江科技信息，2008(15)：165－174.
16. 余斌．光合作用与呼吸作用．高中生之友，2008(7)：44－45.
17. 姜永均．“DNA 是主要的遗传物质”复习设计及反思．生物学通报，2008，43(4)：36－37.
18. 毕诗秀．高中生物学新课程标准教学研讨“胚胎工程”教学构思．生物学通报，2008，43(4)：29－32.
19. 黄广慧．“植物生长素的发现”的教学设计．生物学通报，2008，43(5)：31－33.
20. 陈维，汪忠．系统分析与模型建构——“生态系统的结构”教学设计与案例．生物学通报，2008，43(5)：28－31.

21. 田春华，温淑香，张怡．“尝试对植物进行分类”一节的教学设计．生物学通报，2008，43(5)：26－27.

22. 卓婧．高中生物学新课程标准教学研讨“生物技术的安全性和伦理问题”的教学构思．生物学通报，2008，43(5)：23－25.

23. 吴举宏．“生殖的类型”教学建议．生物学通报，2008，43(3)：36.

24. 安代红．初中“生态系统及其组成”一节教学设计．生物学通报，2008，43(3)：33－35.

25. 曹仁明，李晓辉．高中生物学新课程标准教学研讨“克隆技术”的教学构思．生物学通报，2008，43(3)：30－32.

26. 谢文栋．实践中探索，探索中反思——一个探究实验的教学案例及反思．中学生物学，2008，24(6)：61－62.

27. 於剑．“流动的组织——血液”教学设计．中学生物学，2008，24(6)：30－31.

28. 崔秀静，张洪娟．“吸收作用”课堂实录．中学生物学，2008，24(6)：28－29，36.

29. 欧阳章保．“生态系统的结构”的教学设计．中学生物学，2008，24(6)：26－27.

30. 周晓玲．“生物与非生物”教学设计（第二课时）．中学生物学，2008，24(4)：15－16.

31. 马秀芬，赵秀清．尝试做数字化实验——“比较过氧化氢酶和Fe～(3＋）的催化效率”教学设计．中小学信息技术教育，2008(Z1)：82－84.

32. 杜少红．以学生发展为本精心设计课堂教学——晓洁老师《环境对生物的影响》评析案例．现代教育科学（中学校长），2008(4)：93.

33. 何银花，陈学梅，谢国文．从“保护生物多样性”看情感态度价值观的课堂实现．教育实践与研究（中学版），2008(6)：50－52.

34. 邹蓁．高中生物的信息化教学设计过程探究——《高等动物的个体发育》教学设计．中小学电教，2008(Z2)：95－98.

35. 朱来云．《生物对环境的适应和影响》的教学设计．才智，2008(16)：181.

36. 陆耀青．“生物催化剂——酶”一节的教学设计．科学教育，2008，14(4)：94－95.

37. 李云红．发现的奥秘——《生长素的发现》教学案例．中小学信息技术教育，2008(Z1)：76－78.

38. 潘青.《植物的激素调节》探究式教学设计及反思.成功(教育),2008(6):85-86.
39. 钟兰萍.《生长素的发现》探究性教学尝试.黑河教育,2008(4):45.
40. 胡晓宾.高中生物研究性学习的教学实施案例分析.商情(科学教育家),2008(6):238.
41. 吕寿成.生物教学设计与课堂教学效率的探讨.商情(科学教育家),2008(6):226.
42. 刘萍."生态系统的信息传递"一节教学设计.福建教育学院学报,2008(9):52-54.
43. 曾辉波.《DNA 是主要的遗传物质》品读教学.广东教育(综合版),2008(Z1):106-107.
44. 杨娟.简述"卡尔文循环"——关于光合作用暗反应阶段中碳原子的转移途径.生物学杂志,2008,25(4):80,73.
45. 宋新瑞,赵彦利.冀教版六上《蔚蓝色的宝库》教学实录与点评.教育实践与研究(小学版),2008(Z1):113-115.
46. 刘春艳.《激素调节》教学设计与反思.中小学教学研究,2008(9):34-35.
47. 万滨."威胁健康的主要疾病"一节的教学设计.中学生物学,2008,24(9):16-17.
48. 孟凡义,高金山."影响酶活性的条件"的探究案例.中学生物学,2008,24(11):38-39.
49. 张正国.创新引领教学设计——记"蛋白质合成"一节的教学设计.中学生物学,2008,24(11):29-30.
50. 朱永凤.教学要贴近学生已有的知识经验——"病毒"一节的教学实录.中学生物学,2008,24(11):23-24.
51. 李脉."神经调节"一节教学方法的选择与设计.中学生物学,2008,24(11):19-20.
52. 冯永云."生态因素"教学设计.中学生物学,2008,24(10):32-33.
53. 仇海珍."植物光合作用的发现"教学案例.中学生物学,2008,24(2):35-36.
54. 曾庆华."拒绝毒品"教学案例.中学生物学,2008,24(2):33-34.
55. 关雪莲."昆虫的生殖与发育"教学案例.中学生物学,2008,24(2):31-32,36.
56. 董君香."基因的表达"一节的学案.中学生物学,2008,24

(2)：29－30.
57. 徐曦，陈秉初．“环境对生物行为的影响”教学案例．中学生物学，2008，24(5)：43，59.
58. 石初明．“植物光合作用的场所”教学实录和解读．中学生物学，2008，24(5)：39－42.
59. 赵慧．基因的显性与隐性教学设计．中学生物学，2008，24(5)：37－38.
60. 陈永棠．以学生为主体的课堂教学——评《生物多样性及其保护》课堂设计．广西教育，2008(29)：56.
61. 蔡敏胜，何建东．《寻找生命》教学设计与分析．科学课，2008(11)：30－31.
62. 靳波．《自由组合规律试验》教学设计．生命世界，2008(12)：102－103.
63. 何玉珍．高中生物中表格的交互式教学案例．陕西教育（教学版），2008(11)：17.
64. 陈国华．“维护生态平衡”教学片段．云南教育（小学教师），2008(9)：43.
65. 张群林．落实新课程理念，实施探究式教学——以《生态系统的能量流动》教学为例．福建教育学院学报，2008(3)：40－42.
66. 郭雪妍．《生活中的真菌》教学实录与分析．科学课，2008(10)：24－27.
67. 黄其芳，李国金．《谁吃谁》教学设计．科学课，2008(12)：42－44.
68. 王媛媛．在生物教学设计中注意到的问题．科技资讯，2008(32)：251.
69. 陈振友．《生物多样性及其保护》课堂设计．广西教育，2008(29)：55－56.
70. 杨淑凤．《第三次科技革命》教学设计．中小学教学研究，2008(8)：33－34.
71. 于江．以激发学生兴趣为基础的生物学教学改革探索——网络环境下以学为主的教学设计对学生学习生物兴趣的培养．中学生物学，2008，24(12)：55－56.
72. 郝莉，邱志萍．《没有细胞结构的微小生物——病毒》教学设计．中小学教学研究，2008(12)：35－36.

学位论文

1. 敖永康．高中生物教学中渗透生物科学史的实践研究．贵阳：

贵州师范大学，2007.
2. 白晓茹．对话型生物教学策略的开发与实践．石家庄：河北师范大学，2007.
3. 蔡丛健．生物多媒体课件设计思路与教学实践研究．贵阳：贵州师范大学，2007.
4. 曹秀芹．生物教学中科学本质观教育的理论与实践．贵阳：贵州师范大学，2008.
5. 陈婵．美育在高中生物教学中的实践与研究．贵阳：贵州师范大学，2007.
6. 陈劲．论初中生物学科的探究式学习．武汉：华中师范大学，2008.
7. 陈宜．ARCS动机设计模式在高中生物教学中的应用．武汉：华中师范大学，2008.
8. 邓芳．高中生物教学中自主学习能力培养的实践研究．长沙：湖南师范大学，2007.
9. 邓玉梅．利用现代教育技术提高初中生物教学效果策略研究．长春：东北师范大学，2007.
10. 段英杰．高中生物教学中实施体验式教学的探索．长春：东北师范大学，2008.
11. 高丽珍．自主性学习的教学模式在生物教学的应用．包头：内蒙古师范大学，2007.
12. 郭定芳．数字科普馆建设对中学生物学教学的启示——以植物馆为例．武汉：华中师范大学，2007.
13. 郭敏芳．生物学史与高中生物教学相结合的探索与实践．武汉：华中师范大学，2006.
14. 郭妮．高中生物学教学中实施情感教育的实践与策略研究．武汉：华中师范大学，2007.
15. 贺碧虹．科学探究在初中生物教学中的应用研究．长沙：湖南师范大学，2008.
16. 贺迎飞．高中生生物学问题表征的理论与实践研究．上海：华东师范大学，2008.
17. 胡铁群．中学生物情境教学研究．武汉华中师范大学，2008.
18. 华芳新．高中生物教学中问题情境的创设．桂林：广西师范大学，2008.
19. 黄朝翠．反馈教学在农村中学生物教学中的实践研究．贵阳：贵州师范大学，2007.
20. 黄芳．高中生物情境教学的教学策略研究．长春：东北师范大学，2008.
21. 黄海静．中学生物教学中学生探究能力培养研究．长春：东北师范大学，2008.
22. 黄耀忠．高中生物新课程课堂教学评价中的学生评教的实践研究．上海：华东师范大学，2007.
23. 纪小苹．初中生物探究性学习的实践与探索．福州：福建师范大学,2007.
24. 姜素芳．农村中学生物教学中实施STS教育的实践研究．兰州：西北师范大学，2007.
25. 姜艳飞．多媒体辅助教学在高中生物教学中的合理应用．包头：内蒙古师范大学，2008.
26. 兰英娴．基于项目学习在生物教学中的应用．长春：东北师范大学，2008.
27. 雷丽．运用生物科学史开展高中生物探究性学习的初步研究．武汉：华中师范大学，2008.
28. 李静．中学生物教学中师生互动教学模式的探讨．长春：东北师范大学，2008.
29. 李晓东．激励策略在高中生物教学中的应用研究．长春：东北师范大学，2008.
30. 李新英．案例教学在高中生物教学中的应用．福州：福建师范大学，2008.
31. 栗新武．高中生物教学中培养学生生物科学素养初探．贵阳：贵州师范大学，2007.
32. 林顺仁．新课程理念下生物教学中渗透生命教育的研究．福州：福建师范大学，2007.
33. 刘芳．WebQuest在高中生物选修课中应用的实践研究．长春：东北师范大学，2008
34. 刘丽．科学教师教育中探究教学的课堂透视．桂林：广西师范大学，2008.
35. 刘利华．我国中学科学课堂教学的现状与建议．上海：华东师范大学，2008
36. 刘文杰．学案导学模式在高中生物教学的应用研究．长沙：湖南师范大学，2007.
37. 刘严键．体验式教学在小学自然学科中的应用研究．上海：上海师范大学，2007
38. 刘艳燕．初中科学教学中渗透可持续发展教育的研究．武汉：华中师范大学，2008.

39. 刘燕．上海市高中生生物学习风格的差异分析及教学对策研究．上海：华东师范大学，2007.
40. 刘玉泉．网络技术与中学生物课堂教学有效整合的研究．上海：上海师范大学，2007.
41. 卢海华．初中生物教学中可持续发展教育的实践探索．长春：东北师范大学，2008.
42. 吕海霞．案例教学在初中生物教学中的应用．包头：内蒙古师范大学，2008.
43. 吕浩．初中生物模型教学初探．包头：内蒙古师范大学，2007.
44. 吕鹏．农村中学实施 STS 教育初探．武汉：华中师范大学，2008.
45. 罗如梅．彝族高中生生物学习策略现状及其成因分析．成都：四川师范大学，2008.
46. 罗银春．高中生物概念的教学方法研究．天津：天津师范大学，2008.
47. 莫秋霞．促进高中生新陈代谢概念转变的探究性教学研究．桂林：广西师范大学，2008.
48. 秦美丽．初中生物课堂中渗透 STS 教育设计及效果研究．包头：内蒙古师范大学，2008.
49. 邱佳．影响中学生物教师实施探究式教学的因素调查．桂林：广西师范大学，2008.
50. 邱岚．中学生物教学中渗透环境教育及生命教育的探索与实践．贵阳：贵州师范大学，2007.
51. 任红彦．新课程背景下的初三生物复习课教学策略研究与实践．包头：内蒙古师范大学，2008.
52. 任涛．中学生物学习策略教学的研究．济南：山东师范大学，2007.
53. 宋磊．高中生物教学中的情感教育现状及对策．济南：山东师范大学，2007.
54. 苏秀环．概念图在高中生物教学中的运用研究．福州：福建师范大学，2007.
55. 孙文霞．引导自主式高中生物课堂教学模式的探索与实践．上海：上海师范大学，2007.
56. 谭连桂．初高中生物教学衔接的研究．贵阳：贵州师范大学，2008.
57. 谭密红．重庆市黔江地区中学生物学教学现状调查研究．重庆：西南大学，2008.
58. 陶宏敏．高中生物反思性学习的研究与实践．石家庄：河北师范大学，2007.
59. 万映芳．在高中生物教学中渗透人文精神教育的研究．武汉：华中师范大学，2008.
60. 汪志．生物课堂教学中问题呈现方式对学习效果的影响．北京：首都师范大学，2007.
61. 王海燕．高中生物新课程探究式教学的初探．长春：东北师范大学，2008.
62. 王慧峰．中学生物教学中注重非智力因素的培养．包头：内蒙古师范大学，2007.
63. 王荐．高中生物学教学策略的合理应用与研究．上海：华东师范大学，2007.
64. 王娟．小学科学课堂中的对话教学研究．南京：南京师范大学，2008.
65. 王俊霞．新课程理念下高中生物学的探究式教学策略研究．包头：内蒙古师范大学，2007.
66. 王立姗．高中生物教学实施可持续发展教育的研究．贵阳：贵州师范大学，2007.
67. 王亮．中学生物新课程体验式教学的设计与实践研究．长春：东北师范大学，2008.
68. 王敏．高中生物教学中渗透健康教育的教学策略研究．长春：东北师范大学，2008.
69. 王小燕．“教学做合一”在高中生物教学中的实践．福州：福建师范大学，2007.
70. 王英．生物教学中进行青春期早期性健康教育的初步尝试．包头：内蒙古师范大学，2007.
71. 吴伟．高中生物教学中实施 STS 教育之探讨．武汉：华中师范大学，2008.
72. 吴向阳．初中生物教学中实践型作业运用的研究．福州：福建师范大学，2007.
73. 吴瑜．新课程标准下高中生物反思性教学初探．桂林：广西师范大学，2008.
74. 徐玲．心理健康教育渗透于高中生物教学的探索．济南：山东师范大学，2007.
75. 许建东．高中生物教学有效性的研究．上海：上海师范大学，2007.

76. 杨慧．初中生物课程健康行为导向教学策略研究．北京：北京师范大学，2008.
77. 杨医珍．自我导向学习在高中生物教学中的应用研究．石家庄：河北师范大学，2007.
78. 杨玉龙．分层教学在高中生物课堂的探索与实践．西安：陕西师范大学，2007.
79. 杨元璋．中学生物教学中生态德育体验式教学研究．武汉：华中师范大学，2008.
80. 姚翠娴．中学生物教学中培养学生自主学习能力的探索．武汉：华中师范大学，2008.
81. 迎春．高中生物教学中学生创新能力培养研究．包头：内蒙古师范大学，2008.
82. 岳秀娥．高中生物教学中创新精神与实践能力的培养．包头：内蒙古师范大学，2007.
83. 曾国阳．高中生物教学与心理健康教育整合模式研究．福州：福建师范大学，2007.
84. 曾剑华．高中生物探究性学习中问题意识的培养．武汉：华中师范大学，2008.
85. 张忱．初中生物教育中双语教学的实践探索．长春：东北师范大学，2008.
86. 张家红．高中生物教学中渗透健康教育的研究．贵阳：贵州师范大学，2007.
87. 张丽．高中生物学教学中学生参与的实证研究．上海：华东师范大学，2008.
88. 张淑清．初中生物课程开展探究性学习的实践与思考．包头：内蒙古师范大学，2008.
89. 张信．探究式教学在中等卫生学校生物化学教学中的应用研究．兰州：西北师范大学，2007.
90. 周贤．高中生物学开展“三结合”教学模式的探索．上海：华东师范大学，2007.
91. 周兴盛．高中生物教学中创造性思维能力的培养．包头：内蒙古师范大学，2007.
92. 朱素娟．新课程下培养学生生物问题意识策略的研究．福州：福建师范大学，2008.
93. 朱霄卉．《科学》教学中探究性学习的探索与实践．上海：上海师范大学，2007.

实验教学研究

核 心 论 文

1. 曹晓清．创造发明技法在青少年生命科学课题研究中的应用．生物学教学，2008，33(5)：58－60.
2. 胡宇红．怎样寻找实验设计的突破口．生物学教学，2008，33(5)：53－55.
3. 江勇利．“饲养和观察蚯蚓”探究实验的分析与改进．生物学教学，2008，33(5)：47－48.
4. 邓振旭，吴福彪．关于兴奋、反射及反射弧的实验与分析．生物学教学，2008，33(5)：19－21.
5. 赵俊梅．“DNA 的粗提取与鉴定”实验中的疑难解析．生物学教学，2008，33(5)：43.
6. 王国顺．高中生物学课本实验的拓展．生物学教学，2008，33(5)：44－45.
7. 邓可，刘恩山．“模拟血型鉴定”实验的改进．生物学教学，2008，33(5)：34－35.
8. 吕秀华．关注湿地，保护“地球之肾”科技活动．生物学教学，2008，33(5)：62－64.
9. 李青芝，李淑梅．高师植物学实验教学改革要立足于培养创新型教师．生物学教学，2008，33(5)：14－15.
10. 程廷陆．新课程理念下实验课课堂设计初探．生物学教学，2008，33(4)：12.
11. 罗益群．做好生物学实验室工作服务新课程教学．生物学教学，2008，33(4)：42－44.
12. 艾剑鸣．从浙江省近八年高考题看生物学实验的能力要求及教学建议．生物学教学，2008，33(4)：55－56.
13. 裘志平，魏巧红．农村初中科学探究活动的实施策略．生物学教学，2008，33(4)：56－58.
14. 成文奇，刘泳．塑料瓶在生物学小实验中的应用．生物学教学，2008，33(4)：62－63.
15. 张德先，王莉．“双缩脲试剂的加药顺序”引起的探究．生物学教学，2008，33(4)：40－41.
16. 史小棉．在生物学实验教学中让学生“说”起来．生物学教学，2008，33(4)：39.

17. 裘佳萍．“影响酶活性的条件”探究实验中学生思维误区的分析．生物学教学，2008，33(4)：37－38.
18. 周伯春，李嘉倩，樊景新，黄丹．二则高中生物学拓展实验的改进．生物学教学，2008，33(4)：41－42.
19. 金松涛．引进微型实验思想改进生物学实验教学．生物学教学，2008，33(3)：41－42.
20. 林兰娇，林子杰．用气孔作为生物指示器的探究活动．生物学教学，2008，33(3)：37－38.
21. 邓民．改进实验是上好生物学实验课的另一捷径．生物学教学，2008，33(3)：42－44.
22. 张岩，符春锋．介绍两个小实验．生物学教学，2008，33(3)：47.
23. 王道磊．高中生物学实验中需要澄清的几个问题．生物学教学，2008，33(3)：50－51.
24. 丁金昌．植物体内“水分的运输途径”实验改进．生物学教学，2008，33(3)：51.
25. 何暘．“我和昆虫交朋友”拓展课的实践与思考．生物学教学，2008，33(3)：57－58.
26. 沈初见．“给垃圾找个合适的家”探究活动解读．生物学教学，2008，33(3)：60－61.
27. 许敬良，霍雪怡．茎背地性因素的探究性实验．生物学教学，2008，33(3)：64－65.
28. 黄建华．对高中生物学课本中 PCR 技术的几点思考．生物学教学，2008，33(3)：72－73.
29. 周红．“关于植物激素应用价值的市场调查”的探究活动．生物学教学，2008，33(2)：75－76.
30. 周照县．探究植物生长特性的设计．生物学教学，2008，33(2)：61.
31. 成文奇．生物学课外趣味实验的设计．生物学教学，2008，33(2)：58－61.
32. 刘学柱．初中生物学实验有关淀粉特性的教学．生物学教学，2008，33(2)：43.
33. 王超．也谈实验室制取淀粉酶的方法．生物学教学，2008，33(2)：42－43.
34. 李志远．“渗透作用与水分的流动”演示实验装置的改进．生物学教学，2008，33(2)：36－37.
35. 宋玉蓉．“重组 DNA 分子的模拟操作”中的问题及修正．生物学教学，2008，33(2)：35.
36. 王保元．探究发面中的学问．生物学教学，2008，33(2)：31.
37. 程炜月．探究性课题探索尝试——探因类实验设计的逻辑破解法．生物学教学，2008，33(1)：57－59.
38. 唐加富．中学生物学实验在课程改革中的现状和发展趋势．生物学教学，2008，33(1)：55－57.
39. 刘世华．“食物中的能量”实验教学的思考．生物学教学，2008，33(2)：44－46.
40. 闫秀芹．探究实验中试验组和对照组的确定．生物学教学，2008，33(2)：42.
41. 单维霞，姜菲．“探究植物细胞吸水和失水”的几点做法．生物学教学，2008，33(3)：22.
42. 张惠英．改进动物细胞模型的制作方法．生物学教学，2008，33(3)：42.
43. 王永飞，方堃．介绍几种观察植物气孔的实验材料．生物学教学，2008(4)：41.
44. 宋敏丽．问题探究模式在中学生物及其实验教学中的运用．教学与管理，2008(3)：147－148.
45. 贺伟．运用创新技法改进高中《生命科学》学生实验的初探．生物学通报，2008，43(1)：38－40.
46. 赵晓刚．高中生物学DNA提取实验的思考和改进．生物学通报，2008，43(1)：52－53.
47. 周闽湘，袁章军．浅析高中生物学教材中有关染色剂的几个问题．生物学通报，2008，43(1)：51－52.
48. 单信洪．“性状分离比模拟实验”的拓展．生物学通报，2008，43(1)：40－41.
49. 陈维．探究环境因素对光合作用强度的影响．生物学通报，2008，43(2)：55－57.
50. 许明．浅谈“探究唾液对淀粉的消化作用”一课的教学．生物学通报，2008，43(2)：53－54.
51. 刘建峰．关于高三生物学实验复习教学思路的探索．生物学通报，2008，43(2)：45－46.
52. 魏威．如何引导学生对实验组和对照组进行确认——由一道高考题引发的课堂讨论．生物学通报，2008，43(2)：33－34.
53. 周初霞．运用“案例教学法”复习遗传学实验．生物学通报，2008，43(2)：42－44.

54. 龙鸿，冯燕妮，陈春丽．如何获得清晰的生物微距图像．生物学教学，2008，33(6)：64-66.
55. 邵绍元．《科学探索者》中的模拟实验及例析．生物学教学，2008，33(6)：52-53.
56. 徐伟平．部分实验材料的培养．生物学教学，2008，33(6)：45.
57. 李辉辉．高中数学逻辑用语在生物学实验分析与设计中的应用．生物学教学，2008，33(6)：73-74.
58. 王秀平．回归自然的鼠妇探究实验．生物学教学，2008，33(6)：63-64.
59. 罗益群．高中生物学教学中实验家庭化的设计．生物学教学，2008，33(6)：56.
60. 何瑞芳．高中生物学实验的几则改进．生物学教学，2008，33(6)：44-45.
61. 李进京．注意中学生物学实验教学的盲点．生物学教学，2008，33(6)：42-43.
62. 甄宗秋．对“DNA 粗提取与鉴定”实验的探究活动．生物学教学，2008，33(6)：39-40.
63. 吴举宏．“人之初”一节生命教育研究课的教学设计和实践．生物学教学，2008，33(6)：23-25.
64. 赵雷，聂刘旺．“DNA 粗提取和鉴定”探究性实验的教学设计．生物学教学，2008，33(6)：34-35.
65. 陈旗建，周晓阳．高中生物开放实验教学的探索．上海教育科研，2008(7)：77-78.
66. 姚宝骏，陆建身，戴鸣．关于生物实验“对照组”的方法学辨析．上海教育科研，2008(6)：42-43.
67. 徐瑞雅．构建生物研究性学习模式的策略．教学与管理，2008(21)：150-151.
68. 谈雷．酵母细胞的固定化实验的注意事项．生物学教学，2008，33(8)：55.
69. 齐桂兰，刘桂杰．常见原生动物纤毛虫的采集、分离与培养．生物学教学，2008，33(7)：38-39.
70. 陆华．生命科学拓展性课程教学中“花配诗”活动尝试．生物学教学，2008，33(7)：47-49.
71. 李志文．植物生长调节剂促进蝴蝶兰二度开花的实验．生物学教学，2008，33(7)：59.
72. 王兴媛．浅谈研究性学习的选题．生物学教学，2008，33

(8)：67－69.

73. 王永飞，刘林川．观察植物维管形成层和导管的一种新方法．生物学教学，2008，33(7)：33－34.
74. 刘骏．色度传感器法测定蛋白质含量的探究性实验．生物学教学，2008，33(8)：58－59.
75. 吴红权．再议探究“根的生长部位”实验．生物学教学，2008，33(8)：54－55.
76. 刘成权．利用酵母菌探究细胞呼吸方式的教学设计与实验改进．生物学教学，2008，33(8)：49－50.
77. 傅萍萍．用甲苯替代苯进行“绿叶中色素的提取和分离”实验．生物学教学，2008，33(8)：46.
78. 杨培俊，赵吉勇．探究植物细胞在 KNO_3 溶液中的质壁分离与复原的最佳浓度．生物学教学，2008，33(8)：45－46.
79. 陆奇，蒋选荣，万晓安．探究酵母菌细胞呼吸方式的实验改进．生物学教学，2008，33(8)：43－44.
80. 陈建筠．在常规实验中发展创新思维．生物学教学，2008，33(8)：42－43.
81. 李明照，戴赟，张丽，张松，俞佩芳．微核实验方法的初步探索．生物学教学，2008，33(8)：40－41.
82. 牛臣亮，赵立峰．显微镜的使用、保养与维护．生物学教学，2008，33(7)：61－62.
83. 吴月华．通过实验教学提高学生的能力．生物学教学，2008，33(7)：73－74.
84. 宫兆美．“酒精或烟草浸出液对水蚤心率的影响”实验中应注意的几点问题．生物学教学，2008，33(7)：46－47.
85. 王霞．探究不同食物的热价实验的改进．生物学教学，2008，33(7)：42－43.
86. 吴丽芳．在实验教学中培养学生创造性模仿能力．生物学教学，2008，33(7)：36－37.
87. 刘根生．制作 DNA 分子双螺旋结构模型实验教学．生物学教学，2008，33(7)：35－36.
88. 张岩，符春锋．介绍一种快速检验“萨克斯实验”结果的方法．生物学教学，2008，33(7)：34.
89. 施裕红．生物实验中的立体教学．教学与管理，2008(25)：58－59.
90. 张玉兰．新课改背景下中学生物实验教学探讨．教育探索，2008(9)：43－44.

91. 钱洋．应用专题学习网站构建开展生物学探究性学习的实践．生物学教学，2008，33(10)：43－44.
92. 陈晓梅．要重视高中生物学实验的分析．生物学教学，2008，33(10)：49－50.
93. 陈良栋．实验教学几点体会．生物学教学，2008，33(10)：48－49.
94. 仲生泽，李晶，潘有江．中学生物学实验方案的形式要件分析．生物学教学，2008，33(10)：45－47.
95. 谭庚林，汤井林．高中几种实验材料的实验室准备．生物学教学，2008，33(10)：44－45.
96. 潘立晶，贾鲁娜，陈铭德．大蒜化感作用对种子萌发影响的实验研究．生物学教学，2008，33(10)：61－62.
97. 张立荣．培养毛霉制作腐乳的改进方案．生物学教学，2008，33(10)：60－61.
98. 刘铸，杨春文，金志民．重视在“光对鼠妇的影响”探究教学中的理论知识．生物学教学，2008，33(10)：27－28.
99. 林长松．植物学野外实习教学探索与实践．生物学教学，2008，33(10)：17－18，M0003.
100. 王任翔，李红，谢强，陆树刚．华南紫萁嫩孢子囊——观察减数分裂过程的好材料．生物学教学，2008，33(10)：57.
101. 王国顺．浅谈高中生物学中经典实验的教学．生物学教学，2008，33(9)：47－49.
102. 李士彦．对“探究土壤微生物分解作用实验”的解读．生物学教学，2008，33(9)：44－45.
103. 王廷伟．探究萃取法提取胡萝卜素的最佳实验条件．生物学教学，2008，33(9)：42－43.
104. 陈建新．中学生物学探究性实验教学模式初探．生物学教学，2008，33(9)：38－40.
105. 吴杨广．简易唾液收集器的制作．生物学教学，2008，33(9)：40.
106. 黄建华．一种实验装置的多种应用．生物学教学，2008，33(9)：41－42.
107. 朱利生．鼠妇真的怕光吗．生物学教学，2008，33(9)：67.
108. 张逸峰，张四槐．腐解稻草混合菌的筛选及应用研究．生物学教学，2008，33(9)：55－57.
109. 曾健．“晚育的意义”的探究．生物学教学，2008，33(9)：51－52.
110. 庞海龙，陈铭德．学校内“病毒”传播的实验探究活动．生物学教学，2008，33(9)：59－60，50.

111. 刘华．环境科学教育中的“项目学习树”．生物学教学，2008(9)：75，85，95.

112. 杨仙玉，黄幸，章鑫炯，周圻．减缓草履虫虫体运动的活体观察方法．生物学教学，2008，33(9)：34－35.

113. 李青芝．“DNA的粗提与鉴定”实验材料的选择及方法的探究．生物学教学，2008，33(11)：79－80.

114. 王殿凯，赵学杰．指导学生参加青少年科技创新大赛有感．生物学教学，2008，33(11)：53－55.

115. 沈天全．花生果实大小的变异实验中难点的突破．生物学教学，2008，33(11)：42－43.

116. 何明明．让探究在实验中前行．生物学教学，2008，33(11)：40－41.

117. 徐墨涵，尹静，陈燕，俞佩芳．介绍一种“酵母菌的呼吸方式”实验演示方法．生物学教学，2008，33(11)：39－40.

118. 左开俊．注射器在高中生物学新课程实验中的作用．生物学教学，2008，33(11)：36.

119. 张岚．检测生物组织中的糖类、脂肪和蛋白质实验的方法．生物学教学，2008，33(11)：34－35.

120. 赵俊．重视生物学实验教学培养学生实验能力．生物学教学，2008，33(11)：22－23.

121. 卢亚捷．新课程理念下生物学探究性实验的教学设计．生物学教学，2008，33(11)：20－21.

122. 沈琳，胡兴昌．在实验教学中培养学生的问题意识．生物学教学，2008，33(11)：16－18.

123. 郑伟．水生经济种类生物标本的制作与保存技术．生物学教学，2008，33(11)：57－59.

124. 张德先，师洪梅．怎样鉴别葡萄糖和果糖．生物学教学，2008，33(11)：74－75.

125. 敖成齐，陈贤兴，陈露茜．长寿花是解释气孔器定义的理想材料．生物学教学，2008，33(11)：62.

126. 张涛，刘恩山．生物学探究活动中作出假设的过程和方法例谈．生物学通报，2008，33(7)：38－41.

127. 邹家位．新课程标准生物学选修1探究实验的组织．生物学通报，2008，33(8)：39－41.

128. 唐晓春．DIS在高中生物学实验中的应用初探．生物学通报，2008，33(8)：42－43.

129. 何刚，白岩青，王重力．用行为量规指导学生练习使用显微镜．生物学通报，2008(6)：46－48.
130. 边丽荣．基于探究的高中生物实验教学策略．中国教育学刊，2008(11)：60－62.
131. 孙国富．谈谈生物教学的活动性．教学与管理，2008(16)：67－68.
132. 安军．高中生物学新课程标准教学研讨“微生物的利用”的教学构思．生物学通报，2008，43(7)：28－31.
133. 许静．高中生物学新课程标准教学研讨“酶的应用”的教学构思．生物学通报，2008，43(8)：24－28.
134. 何志学，袁森．生物教师对中学生实施心理健康教育的优势及途径．教育理论与实践，2008，28(23)：37－38.
135. 尤发平，刘宏斌，柳亭．脂肪鉴定实验方法的改进．生物学通报，2008，43(4)：58.
136. 周湘，陈寅冬，厉雪梅．探究温度对酶活性影响的实验设计与实施．生物学通报，2008，43(4)：49.
137. 孙庆兴．谈如何结合实际开展高中新教材的探究活动．生物学通报，2008，43(4)：43－44.
138. 张正德．抽样方法在中学生物学课中的应用．生物学通报，2008，43(4)：32－33.
139. 孟咸荣，宋玉蓉．介绍两个游戏型生物分子模型．生物学通报，2008，43(4)：24－25.
140. 丁稳双．浅谈一种实验装置在探究萌发种子呼吸中的应用．生物学通报，2008，43(4)：50－51.
141. 吴举宏．关于“pH 对酶活性的影响”3 种实验方案的比较分析．生物学通报，2008，43(5)：43－44.
142. 罗益群．水浴法提取叶绿体中色素的探讨．生物学通报，2008，43(5)：53.
143. 刘茜，王重力．“探究酵母菌细胞呼吸的方式”实验研究．生物学通报，2008，43(3)：56－57.
144. 马洪．课外活动中开展生物学双语教学的实践与思考．生物学通报，2008，43(3)：39－41.
145. 洪兆春．自然博物馆中的生物多样性教育．生物学教学，2008，33(12)：44－46.
146. 陈国庆，乔玉晶．双缩脲试剂能和二肽反应吗．生物学教学，2008，33(12)：66.
147. 黄敏．几种生物技术中的培养基成分和作用辨析．生物学教

学，2008，33(12)：60－61.

148. 邓民．生物学实验改进两例．生物学教学，2008，33(12)：53－54.

149. 郭腾飞．用高锰酸钾测水果蔬菜维生素 C 含量的探究实验．生物学教学，2008，33(12)：52.

150. 孙叶萍，沈敏．二次实验法实验教学的实施．生物学教学，2008，33(12)：41.

151. 梁超媚．高三生物学实验教学及反思．生物学教学，2008，33(12)：35.

152. 邵永刚．对初中教材中部分实验的改进．生物学教学，2008，33(12)：34－35.

153. 罗益群．提高“观察细胞质流动”实验观察效率的方法．生物学教学，2008，33(12)：33.

154. 於剑．倡导体验式学习的实践及体会．生物学教学，2008，33(12)：31－32.

155. 杨俊美．纵观 2008 年江苏高考题反思生物学实验教学．生物学教学，2008，33(12)：30－31.

156. 顾振华．《园林植物识别》课程的设计与教学实践．生物学教学，2008，33(12)：22－23.

157. 石建梅．新课程教学中生物学活动课的定位和实施．生物学教学，2008，33(12)：15－16.

158. 范淑秋．pH 影响淀粉酶活性的探究．生物学通报，2008，43(10)：49－50.

159. 徐凌子，闫昱晶，徐国恒，鲁凤民．北京市地铁拉环和扶杆表面细菌的检测与鉴别．生物学通报，2008，43(10)：51－55.

160. 黄伟，徐春丽，冯淑华．酶相关的实验探索与改进．生物学通报，2008，43(9)：50－52.

一 般 论 文

1. 魏成章．实验原理在实验问题中的应用．甘肃教育，2008(10)：48.
2. 黄建军．新课程标准下的生物实验教学改革．科技信息（科学教研），2008(16)：281.
3. 陈良栋．加强分组实验培养学生能力．中学生物学，2008，24(3)：30－31.
4. 崔凤国．高中生物实验教学中常遇到的问题及解决办法．中学生物学，2008，24(3)：28，31.
5. 刘向华．遗传中的经典实验材料荟萃．中学生物学，2008，

24(3)：27.

6. 卢胜锋．有关种子呼吸作用的实验归类分析．中学生物学，2008，24(3)：49-50.
7. 单林兰．重温实验过程培养严谨周密的解题思路．中学生物学，2008，24(3)：46-48.
8. 李彦平．对高中生物实验的改进．中学生物学，2008，24(3)：45.
9. 张亚伟．由实验“绿叶在光下制造淀粉”所引起的．中学生物学，2008，24(3)：44.
10. 王永美．细胞呼吸相关实验设计说明．中学生物学，2008，24(1)：54-55.
11. 李进京．生物实验设计中对照实验的分析及应用．中学生物学，2008，24(1)：43-48.
12. 陈建新，吴春节．“探究蚂蚁的通讯”实验再改进．中学生物学，2008，24(1)：42，48.
13. 张艳霞．巧妙探究洗洁精的毒害作用．中学生物学，2008，24(1)：40-41.
14. 郑伟伟．绿叶中色素的提取和分离实验的改进．中学生物学，2008，24(1)：39-40.
15. 张正德．抽样方法在中学生物学中的应用．中学生物学，2008，24(1)：19-20.
16. 田巧云．实验探究法在高中生物教学中的应用案例．新课程(教师)，2008(5)：59-60.
17. 朱道立，王康乐，陈佩林，马以桐，蒋建国．生物实验课程教学模式与学习方式的研究．理工高教研究，2008，27(2)：134-136.
18. 王建兴．加强生物教学，促进学生学习能力的培养——浅谈新课程下生物教学的实验．青少年日记（教学交流版），2008(4)：127.
19. 田巧云．优化高中生物实验教学策略的初探．中国科教创新导刊，2008(10)：54-55.
20. 骆开明．生物学实验教学的重要性．中国科教创新导刊，2008(12)：102.
21. 齐砚平．新课程理念下高三生物研究性学习选题的探究．教学仪器与实验，2008(5)：14-15.
22. 徐建英．心有多大，舞台就有多大——一次生物课外活动的感悟．生物学杂志，2008，25(2)：76-77.
23. 陆益锋．谈初中科学教学中探究性实验的开展．科教文汇

（中旬刊），2008(1)：68.
24. 陈小屹，冉淑华．生物调查活动课开展难的原因及对策．科学咨询（教育科研），2008(2)：4.
25. 池春玉，丁国华，韩金龙，许志东．黑龙江省高中生物学实验现状的调查与思考．中国科教创新导刊，2008(8)：121－123.
26. 宋光照．紧跟形势发展搞好实验教学．新课程（教育学术版），2008(2)：47.
27. 白向芬，吴敏．探索实验教学展现学科魅力．现代教育科学（中学校长），2008(1)：81.
28. 汪洋．刍议生物学实验探究课型教学的行为设计．辽宁教育，2008(Z1)：66－67.
29. 邓小波，王海华．对生物学实验教学改革与实践的思考．安徽农学通报，2008，14(1)：183，74.
30. 林清泉．新课程下实践探究性学习教学的思考．新课程（教育学术版），2008(1)：83－84.
31. 徐昌学．两则生物实验的改进．教学仪器与实验，2008(1)：26.
32. 高元海．生物综合实践活动中学生能力的培养．科技信息（学术研究），2008(7)：259.
33. 石宁宏．中心法则演示模型的制作．中学课程资源，2008(2)：19－21.
34. 李禄群．“观察植物细胞质壁分离与复原”实验新探．成都大学学报（教育科学版），2008，22(5)：76－77.
35. 王小环．高中生物实验改革初探．贵州教育，2008(7)：27－28.
36. 廖媛．生物实验中能力的培养．中学生数理化（教与学），2008(4)：92，96.
37. 徐明芳．探究高中生物实验的教学．网络科技时代，2008(8)：52.
38. 李广荣．利用生物实验培养学生的实验能力——以“测定种子的成分”实验为例．教学仪器与实验，2008(5)：27－28.
39. 田巧云．优化高中生物实验教学进行实验设计能力的培养研究．中国校外教育（理论），2008(3)：111.
40. 万雪梅．高中生物实验教学中如何强化创新能力的培养．考试周刊，2008(8)：117－118.
41. 万雪梅．为备考加油为高考加分——高考生物实验设计题解题策略．考试周刊，2008(9)：6－7.
42. 黄伟，徐春丽，刘岩．酶相关的实验探索与改进．科技信息（科学教研），2008(8)：21，37.
43. 桑登志玛．有效设计生物实验教学——通过烟叶对吊兰枝条生根的影响实验验证“吸烟有害健康”．内蒙古教育，2008(6)：40－41.
44. 杨勇．新课改背景下的生物实验教学改革．河南教育（基教版），2008(1)：49.
45. 谢群英．“探究植物细胞的吸水和失水”实验的教学设计．新课程研究（基础教育），2008(1)：66－67.
46. 苏少辉，郭新春．生物学中的演示实验．华章（教学探索）2008(1)：77－78.
47. 姜兵云．注重实验抓住主干科学备考．高中生之友，2008(Z1)：35－36.
48. 李宝霞．高中生物遗传学的有关实验的突破策略．成才之路，2008(8)：70－71.
49. 王巧娥．通过分析对照实验培养学生创新思维能力．陕西教育（高教版），2008(4)：106.
50. 罗隆宽．把握生物实验教学的导与度提高生物的教学质量．考试（中考教师），2008(1)．
51. 代彦．加强中学生物实验教学之我见．四川工程职业技术学院学报，2008(1)：111－112.
52. 杨学荣．农村中学生物实验室建设初探．教学仪器与实验，2008(5)：47－48.
53. 柯爱秀．高中生物实验教学探讨．考试周刊，2008(13)：166－167.
54. 常兴梅．注重实验恰当点拨提高学生素质．吉林教育，2008(5)：94.
55. 罗小琴．关于农村中学初中生物探究实验教学．科教文汇（上旬刊），2008(2)：688－689.
56. 仲兴波．农村生物实验教学的尝试．山东教育，2008(Z2)：84－85.
57. 王富友．生物课外实验在教学中的重要性．贵州教育，2008(2)：45.
58. 户保华．浅议如何教好初中生物实验课．商情（科学教育家），2008(4)：396.
59. 张鸿雁．初中生物实验课教学初探．新课程（教育学术版），

2008(6)：96.
60. 刘聪．运用简易方法，做好初中生物实验．贵州教育，2008(9)：42－43.
61. 高元海．初中生物实验教学探讨．考试周刊，2008(16)：212.
62. 王克学．关于解决生物实验课堂“乱”的途径．考试周刊，2008(12)：179－180.
63. 李静．目标教学在初中生物实验课中的运用．新课程（教育学术版），2008(3)：60.
64. 颜清．中学生物教学实施小组合作学习的体会．宁德师专学报（自然科学版），2008，20(1)：89－91.
65. 张胜礼．以实验课题为切入点促进实验室建设与管理之初探．教学仪器与实验，2008(1)：48－49.
66. 仲涛．初中生物实验教学中观察能力的培养．教学仪器与实验，2008(1)：33.
67. 何东梅．模拟答辩开展“探究活动”的课堂教学．成才之路，2008(2)：71－72.
68. 徐德屏．如何在农村高中更好地落实生物实验．贵州教育，2008(7)：41.
69. 魏正宏．高中生物探究性教学方式的实验研究与思考．甘肃教育，2008(5)：34－35.
70. 孙永海．高中生物实验复习策略初探．甘肃教育，2008(8)：62.
71. 罗镇定．学生生物实验分析能力的培养．广东教育（教研版），2008(3)：51－52.
72. 林农．高中生物实验员的职能与素质的思考．宁德师专学报（自然科学版），2008，20(1)：98－100.
73. 李增宝．高中生物实验常见失败原因及改进措施．教学仪器与实验，2008(4)：39－40.
74. 王大孟．高中生物基础实验及实验设计常见易错点评析．高考（理科版），2008(4)：78－79.
75. 赵云凤．“度”与“导”在生物实验教学中的运用．贵州教育，2008(2)：44，47.
76. 殷之勇．生物学中的亚硝酸盐．中学生物学，2008，24(6)：4－5.
77. 马自和．生物组织中脂肪鉴定实验的改进．中学生物学，2008，24(6)：54.
78. 钱新明．细胞活体染色可增加质壁分离实验效果．中学生物学，2008，24(6)：45.
79. 郭雪玲，王洁华．初步测定植物组织细胞液浓度．中学生物学，2008，24(6)：43.
80. 罗堂辉，刘秀春．奶粉的家庭简易检测方法探究．中学生物学，2008，24(6)：44-45.
81. 薛彦，徐晓燕．临涣周边农村生活垃圾的处理现状和建议．中学生物学，2008，24(6)：42-43.
82. 周春元．关于“观察细胞质流动”实验的几点补充．中学生物学，2008，24(6)：41，60.
83. 杨培俊．“探索淀粉酶对淀粉和蔗糖的作用”的实验改进．中学生物学，2008，24(6)：40.
84. 李思颖．对“叶绿体中色素的提取和分离实验”的改进．中学生物学，2008，24(6)：39.
85. 赵雷，李亚军．温度影响酶活性实验的有效教学．中学生物学，2008，24(6)：37-38.
86. 樊向利．应对生物学实验设计题目的有效方法．中学生物学，2008，24(6)：20-21.
87. 王东．浅谈中学生物实验中学生能力的培养．中学生物学，2008，24(6)：9-10.
88. 郭雪玲，王洁华．浅析薄弱中学生物实验教学现状及改革措施．中学生物学，2008，24(6)：6-8.
89. 王寒．细菌获得外源 DNA 的方式——R-S 型细菌转化的奥秘．中学生物学，2008，24(6)：3-4.
90. 黄瑞林．高三生物实验设计题归类指导．中学生物学，2008，24(4)：56-58.
91. 王学宏．例析生物实验设计的变量与控制．中学生物学，2008，24(4)：50-51.
92. 张劲松．水葫芦中重金属含量的测定与生态应用——课外探究活动的开展．中学生物学，2008，24(4)：46-47.
93. 徐以润．高中生物（必修）实验归类．中学生物学，2008，24(4)：45-49.
94. 张正德．关于探究动物绕道取食实验设计的改进．中学生物学，2008(4)：39.
95. 肖其敏．观察植物细胞的质壁分离与复原，选择低倍镜还是高倍镜？中学生物学，2008，24(4)：37.
96. 胡兰芳．开展生物研究性学习的几点体会．中学生物学，2008，24(4)：11-12.
97. 陈旗建，周晓阳．高中生物开放实验教学的探索．上海教育科研，2008(7)：77-78.

98. 张学艳．加强生物实验教学培养学生观察能力．课程教材教学研究（中教研究），2008(Z3)：28－29.
99. 谭洪涛．生物实验课教学的探索．课程教材教学研究（教育研究版），2008(3)：33－34.
100. 玄恩涛．加强生物实验教学激发学生探求欲望．才智，2008(16)：179.
101. 张玉兰．新课改背景下中学生物实验教学探讨．教育探索，2008(9)：43－44.
102. 宁艳蓉．新课程理念下的高中生物教学实践——谈生物实验教学与学生能力和科学素养的提高．新西部（下半月），2008(7)：174.
103. 李玉兰．在生物探究性实验中培养学生的能力．教育革新，2008(7)：34.
104. 李雪梅．生物探究性实验教学的几点体会．中国教育技术装备，2008(15)：95，105.
105. 高志纯．生物课外实践活动的功能与作用．中国教育技术装备，2008(11)：93.
106. 赖和英．谈高中生物教学中探究性学习活动．海峡科学，2008(6)：96－97.
107. 滕春喜．谈生物实验教学中的自主探究与合作学习．科协论坛（下半月），2008(6)：150.
108. 陈建新．中学生物探究性实验教学模式初探．生物学杂志，2008，25(4)：77－79.
109. 张丽．普通生物学实验课教学改革探讨．生物学杂志，2008，25(4)：74－76，70.
110. 陈亚羡．生物课堂探究活动的切入点——从生活中来，到生活中去．才智，2008(15)：79－80.
111. 胡乃胜．生物设计实验初探．网络科技时代，2008(12)：47－48.
112. 周永．多媒体在生物学实验教学中的作用．宿州教育学院学报，2008，11(3)：137，141.
113. 黄秀勇．关于农村中学生物实验教学的反思——一道开放式生物学实验题型的调研．考试周刊，2008，(27)：186－187.
114. 杨利银．新课程下高考生物学实验复习．考试周刊，2008(25)：1－2.
115. 余渝．浅谈农村初中如何搞好生物实验管理．吉林省教育学院学报（学科版），2008，24(2)：19－20.

116. 陈嶙，熊洪林．中学生物探究性实验教学与学生科学素养的培养．黔南民族师范学院学报，2008，28(3)：65－67，80.
117. 刘天学，李俐俐，毛健民，杨同文，朱自学．生物实验教学资源的开发与应用．周口师范学院学报，2008，25(5)：99－101，115.
118. 杨强．探究性学习对中学生生物实验能力的影响．中国教育技术装备，2008(19)：84－86.
119. 白新学．生物教学演示实验的几点要求．贵州教育，2008(18)：44.
120. 徐文学，孙明瑜．浅谈生物教学与生物活动课．延边教育学院学报，2008，22(4)：50－52.
121. 庄红飞．如何提高生物实验教学质量．考试周刊，2008(37)：178.
122. 王秀华．如何攻破高中生物验证性实验、探究性实验．新课程（教育学术版），2008(9)：79.
123. 林佩琴．启发归纳法在高中生物实验教学的尝试．宁德师专学报（自然科学版），2008，20(3)：320－321，324.
124. 林志海．探究性实践教学模式在高中生物教学的应用．时代教育（教育教学版），2008(6)：195－196.
125. 李冬梅，张代智．用多媒体教学手段充实生物实验教学的一点体会．中国教育技术装备，2008(1)：58－59.
126. 邹玉芹．加强生物实验教学培养学生实验设计能力．中国科教创新导刊，2008(24)：173.
127. 慕晓茹．基于活动的高中生物新课程教学事件分析——一种有效沟通的教与学教学事件框架．大连教育学院学报，2008，24(2)：17－19.
128. 郭建超．高中生物实验教学之实验设计题的解题思路．才智，2008(12)：168，80.
129. 朱恩．高中新课程低成本实验的研究报告．中国教育技术装备，2008(19)：92－98.
130. 钟爱丽．让学生用有限的时间更好地进行生物实验——对“绿叶中色素提取和分离”实验的改进．延边教育学院学报，2008，22(4)：65－66，69.
131. 陈世才．利用实验教学培养学生的观察、分析能力．才智，2008(16)：22.
132. 黄秀益．在生物实验教学中要重视培养学生的能力．中国教育技术装备，2008(17)：83.
133. 马右新．生物实验是提高学习生物能力的基础．中国教育技术装备，2008(17)：82.

134. 徐军．新课改下农村生物实验教学实施对策．中学课程资源，2008(10)：106.

135. 潘玉彬．生物实验教学中培养学生学习能力的策略．新课程（中学版），2008(9)：30.

136. 魏昌瑛，吴圣潘．利用合作学习优化生物实验教学．中国科教创新导刊，2008(26)：45.

137. 崔志钰．论生物虚拟实验平台的建设．教学仪器与实验，2008(9)：8－10.

138. 杨俊生，龚鸿雁．生物细胞临时装片制作的教学．贵州教育，2008(16)：44－45.

139. 谭雪琴．浅谈对高中生物实验教学的认识．今日科苑，2008(15)：142.

140. 袁伟．高中生物实验教学中学生能力的培养．读与写（教师教育），2008(8)：86－87.

141. 李中秋．高中生物实验复习的几点建议．教育前沿（理论版），2008(9)：48－50.

142. 许星鸿．改革生物实验教学培养学生创新素质．考试周刊，2008(33)：9－10.

143. 贾丹萍．高中生物实验中研究性学习的实践与研究．四川职业技术学院学报，2008，18(3)：102－103，123.

144. 李建仁．农村高中生物实验改进方法例谈．中小学实验与装备，2008(4)：12－13.

145. 张新权．中学生物实验设计解题三步曲．现代教育科学（中学校长），2008(4)：92，57.

146. 张科．加强生物实验教学培养学生探究能力．现代教育科学（中学校长），2008(4)：90.

147. 郈军霞．抓好生物实验教学全面提高学生能力．中国教育技术装备，2008(11)：92.

148. 尚磊．渗透作用演示实验的改进．中国教育技术装备，2008(8)：51.

149. 王彩霞．中学生物实验教学经验点滴．新课程研究（基础教育），2008(8)：111－112.

150. 张红．生物实验室功能重建的构想．科学咨询（教育科研），2008(9)：80.

151. 陈博．活用生物实验教学培养学生科学素养．黑龙江科技信息，2008(22)：124.

152. 沈清清．在中学生物学教学法实验课中发挥教师的指导作用——“望、闻、问、切”．科教文汇（中旬刊），2008(6)：119.
153. 周国根．高中生物分组实验存在的问题及对策．井冈山学院学报，2008，29(S1)：148－155.
154. 黄江．改进实验教学培养学生能力．井冈山医专学报，2008，15(4)：77－78.
155. 袁继涛．谈生物实验教学中的教育管理．新课程（教育学术版），2008(8)：64.
156. 郭秀玲．实验教学中学生能力培养的思考与实践．新课程（教育学术版），2008(8)：60.
157. 胡瑛．浅谈写生物实验教案的几点体会．教学仪器与实验，2008(8)：42－43.
158. 秦豪芳．浅谈生物实验教学中的创新．吉林教育，2008(19)：68.
159. 王志．加强实验教学，提高生物教学质量．成才之路，2008(21)：73－74.
160. 王云．要重视农村中学生物实验教学．科技资讯，2008(17)：192.
161. 秦桂美，李保勤．加强技能训练培养学生实践能力．卫生职业教育，2008，26(15)：12－13.
162. 郑仰赠．优化实验培养学生创新意识“四招”．新课程（新高考版），2008(3)：51.
163. 刘文海．生物综合性实验改革实践．湘潭师范学院学报（自然科学版），2008，30(2)：217－219.
164. 王霜．光学显微镜在高中生物实验的应用．宿州教育学院学报，2008，11(3)：133－134.
165. 吴久宏．教材实验的专题复习．试题与研究，2008(15)：32－40.
166. 赵德强，刘茹岑．实验设计题的类型及解法．试题与研究，2008(15)：22－26.
167. 赵海燕．试述高中生物实验分析的一般方法．林区教学，2008(7)：150－151.
168. 黄胜秀．简论实验在生物教学中的重要性．考试周刊，2008(27)：185－186.
169. 赵尚宇．小议高中生物实验设计．考试周刊，2008(24)：203－204.
170. 黄智秀．培养创新能力提高学生成绩的实验研究．教育实践与研究（中学版），2008(7)：56－58.
171. 张云涛．改进生物实验模式培养学生创新能力．中学课程资源，2008(2)：116－117.
172. 周会云．浅谈高中生物实验教学．中小学电教（下半月），2008(6)：55.
173. 郭莉．利用实验课培养学生的创新精神．中小学电教（下半月），2008(5)：81.
174. 黄加玲．重视实验教学培养学生能力．新作文（教育教学研究），2008(6)：41.
175. 曹迎春．生物高考中的实验问题．湘潭师范学院学报（自然科学版），2008，30(1)：174－177.
176. 莫赟．初中生物课外学习活动的实践与探索．柳州师专学报，2008，23(3)：135－137.
177. 党承华．纸上得来终觉浅，绝知此事要躬行——浅谈在实验教学中培养学生的动手能力．考试（教研版），2008(6)：8.
178. 江新媚．谈生物实验教学中学生能力的培养．科教文汇（中旬刊），2008(5)：102.
179. 蒋家庆．关于“生物实验教学功能和应用”的探讨．考试周刊，2008(23)：186.
180. 闻一燕．生物实验课的教学与创新能力的培养．江西教育，2008(12)：48.
181. 张国军．农村初中生物探究实验开展策略的校本研究．四川文理学院学报，2008，18(S1)：160－161.
182. 时晓芹．在生物实验教学中培养学生的能力．成才之路，2008(14)：35－36.
183. 吕晓玲，刘常金．建立多元化实验教学方式补充课内实验教学．中国轻工教育，2008(1)：72－73.
184. 邱绍德．生物实验教学的度与导．广东教育（综合版），2008(2)：46－47.
185. 柴彦军．“材料用具消元法”解生物高考实验补充题．高考（理科版），2008(4)：75－77.
186. 余小娟．生物实验课教学初探．商情（科学教育家），2008(4)：381.
187. 陶涧．寻找生物实验改进的方法．山东教育，2008(8)：46.
188. 郭玉莲．浅析高考生物实验题的解题方法．考试（教研版），2008(5)：4.
189. 田晓华．生物实验方法两则．教学仪器与实验，2008(5)：

30－31.
190. 张永梅．探究性教学策略及其在生物实验中的运用．吉林教育，2008(13)：24.
191. 时宝茹．生物实验教学中的游戏式教学．中小学实验与装备，2008(2)：15.
192. 周江红．生物实验教学中探究性教学实施的一点体会．贵州教育，2008(9)：44.
193. 赵黔江．浅谈生物实验教学中学生创造力的培养．读与写(教育教学刊)，2008(3)：110.
194. 古力纳尔·奴尔．浅谈中等卫生学校生物实验教学．成功(教育)，2008(3)：247－248.
195. 金亚琴．重视生物演示实验教学．成才之路，2008(8)：82.
196. 张艳明．浅析生物课外活动小组对课堂教学的促进作用．考试（教研版)，2008(3)：90.
197. 陈勇．生物实验设计题解题方法．考试周刊，2008(7)：12－13.
198. 李兵强．浅谈生物实验教学中“度”与“导”的艺术．成才之路，2008(6)：86.
199. 董莉．在生物实验教学中提高学生的能力．内蒙古电大学刊，2008(3)：96－97.
200. 张作仁．从失败实验中引导学生探究——《生物中过氧化氢酶活性的实验研究》案例指导．网络科技时代，2008(1)：41－43，77.
201. 王士朝．高考生物实验设计复习策略．考试（高考理科版)，2008(2)：55－59.
202. 田晓华．两则生物实验小技术．教学仪器与实验，2008(2)：27.
203. 倪树权，赵文金．生物组织中脂肪的鉴定实验改进．教学仪器与实验，2008(1)：35.
204. 刘兴华．“微生物的生长”教学中对学生创造力的培养．甘肃教育，2008(1)：50.
205. 黄清秀．生物实验课中的探究性学习．成才之路，2008(2)．
206. 王夫恒．怎样对待生物实验设计题．考试（高考理科版)，2008(1)：54－57.
207. 秦曙光．实验课教学经验谈．科教文汇（上旬刊)，2008(1)：23.
208. 张洪军．高考生物实验设计题的回答技巧．考试（教研版)，

2008(1)：100.

209. 王进才．“以实验为基础”中“实验”的含义——谈新课程理念下高中生物教学．科技信息（学术研究），2008(28)：262－263.

210. 季建国．对新课程理念下高中生物实验教学的研究．考试周刊，2008(38)：179－180.

211. 宋刚，赵明珍，刘远．植物组织培养课程教学改革的实践．中国科教创新导刊，2008(25)：82，84.

212. 彭莲萍．实施“问题引领，自主学习”的生物学教学实践．新课程（中学版），2008(9)：41.

213. 巫达山．在高中生物教学中实践研究性学习．各界（科技与教育），2008(7)：73－74.

214. 高志纯．浅议生物课外实践活动的功能与作用．教学仪器与实验，2008(6)：25－26.

215. 申衡立．上好初中生物实验课，第一节课是关键．贵州教育，2008(13)：41，44.

216. 沈盛梁．植物细胞质壁分离与复原实验机理探究．吉林省教育学院学报（学科版），2008(1)：61.

217. 冯小杰．农村初中生物实验教学体会．贵州教育，2008(13)：40.

218. 魏敬旺．动物浸制标本的制作技术．新课程（中学版），2008(7)：26.

219. 罗逵昌．探索初中生物实验的教学浅谈．中小学实验与装备，2008(3)：5－6.

220. 贺忠庭．用高倍显微镜观察叶绿体和细胞质流动实验教学体会与反思．中学生物学，2008，24(9)：42.

221. 刘惠琳．VIPP 教学法在指导学生进行艾滋病课题研究中的应用．中学生物学，2008，24(9)：18－20.

222. 邵江樵．探究酵母菌种群数量变化实验中的问题分析和应用．中学生物学，2008，24(11)：45－46.

223. 冯建生．高中生物实验常用试剂、溶液及配制．中学生物学，2008，24(11)：43－44.

224. 杨文清，王庆东．实施专题探究促进自主学习．中学生物学，2008，24(11)：32－33.

225. 吴铁军．课外阅读与合作性探究学习——利用“年轮里的科学”进行合作性探究学习．中学生物学，2008，24(11)：16－18.

226. 陈德名．初中生物实验教学中学生创新能力的培养．中学生物学，2008，24(11)：15－16.
227. 陈靓．开发生物家庭小实验辅助高考专题复习——温州农村酿酒调查．中学生物学，2008，24(10)：25－27.
228. 岳建光，许玉霞．显微镜操作的基本知识与练习．中学生物学，2008(10)：48－51.
229. 赵永丽．关于“血球计数板”．中学生物学，2008，24(10)：46－47.
230. 申屠英辉．实验“淀粉酶对淀粉水解的作用”的改进和创新．中学生物学，2008，24(10)：45，47.
231. 胡四新，高小成．从教材实验看生物实验设计的基本方法．中学生物学，2008，24(10)：43－44.
232. 贾勇，王传玲．认识新课程生物模拟实验的价值——由一堂省优质课引发的思考．中学生物学，2008，24(10)：41－42.
233. 罗益群．浅谈节省中学生物实验过程中的时间．中学生物学，2008，24(10)：34－35.
234. 覃炳学，阳萍．中学生恋爱问题成因及对策之我见．中学生物学，2008，24(9)：63－64.
235. 陈清辉．高中生物实验教学中学生实验分析能力的培养．中学生物学，2008，24(9)：26－27.
236. 罗益群．对“生物组织中还原糖、蛋白质的鉴定”实验的一些探究．中学生物学，2008，24(9)：35－36.
237. 常耘．新课标光合作用部分实验补充．中学生物学，2008，24(9)：37－38.
238. 谭庚林，汤井林．提高观察植物细胞质壁分离实验的速度和成功率方法研究．中学生物学，2008，24(9)：41.
239. 高太平．“光照对黄粉虫幼虫生活的影响”的实验分析．中学生物学，2008，24(11)：42－43.
240. 徐波，张乐好，张树军．电磁炉磁辐射对金鱼生命活动影响的探究．中学生物学，2008，24(9)：40.
241. 张涛．生物学教学中研究性学习的选题方向．中学生物学，2008，24(2)：60.
242. 周艳．例析显微镜视野中细胞数目的计算．中学生物学，2008，24(2)：59.
243. 杨培俊，玛依拉．对“观察植物细胞的质壁分离与复原”实验的改进．中学生物学，2008，24(2)：37.
244. 尹治安．由学生设计制作细胞的模型过程学习知识．中学生物学，2008，24(5)：5.

245. 黄伟，徐春丽，刘岩．酶相关的实验探索与改进．中学生物学，2008，24(5)：46－47.

246. 罗益群．中学生物实验室化学药品的科学化管理．中学生物学，2008，24(5)：44－45.

247. 姚二梅．生物学实验教学改革与创造性思维培养．中学生物学，2008，24(5)：34－35.

248. 张正德．关于探究动物绕道取食实验设计的改进．中学生物学，2008，24(5)：12.

249. 朱世超．在生物实践活动中提升学生的环境保护意识．中学生物学，2008，24(2)：17－18.

250. 章凌云．强化探索性实验教学培养学生的创新能力．才智，2008(22)：40.

251. 朱安娜．生物活动课的内涵及其开设的必要性．科技致富向导，2008(16)：84.

252. 黄耐明．高中生物研究性学习能力的培养．生命世界，2008(12)：92－94.

253. 张建霞．开放式教学在高中生物实验教学中的运用．中国科教创新导刊，2008(33)：74.

254. 李华．刍议生物实验教学中的素质教育内涵．中国科教创新导刊，2008(33)：167.

255. 邢明庆．高中生物探究性教学的实践与探索．教育革新，2008(4)：64.

256. 周桂洪．浅谈高中生物探究性实验教学．中国校外教育（理论），2008(S1)：1282.

257. 吴元喜，张日欣，刘凌，刘幸福，邹昂．生命科学模块化实验教学体系研究．实验科学与技术，2008(5)：83－85.

258. 王炳勇．优化实验室管理，提高生物实验质量．福建教育学院学报，2008(6)：79－80.

259. 刘继松．初中生物探究性实验教学的点滴体会．生命世界，2008(12)：87.

260. 黄铁军，徐泽明．高三生物实验设计专题复习的开篇．生命世界，2008(11)：109－111.

261. 张晶．开展生物课外活动培养学生科学素质．科技信息（学术研究），2008(28)：41.

262. 谢秀玲．浅谈高中生物学实验设计题的解答．福建教育学院学报，2008(6)：77－78.

263. 杨惠．浅谈生物实验中的活材料．教学仪器与实验，2008(12)：36－37.

264. 钱树人．生物探究性实验设计题的基本内容．成都大学学报(教育科学版)，2008，22(11)：54－56，70.

265. 谢进．研究性学习与高中生物实验教学相结合的实践与思考．考试周刊，2008(48)：221－222.

266. 方大伟，席贻龙．自制数码摄像显微镜及其在生物学实验中的应用．合肥师范学院学报，2008，26(6)：130－132.

267. 张永贤．生物组织中还原糖、脂肪、蛋白质的鉴定实验教学体会与反思．生命世界，2008(11)：94－95.

268. 何思莲．中学生物实验教学与学生创新意识的培养．中学课程资源，2008(10)：134.

269. 许红春．注重生物实验教学培养学生观察能力．贵州教育，2008(22)：42.

270. 宋泽群．浅谈初中生物实验教学中的能力培养．贵州教育，2008(22)：40－41.

271. 马永生．浅谈初中生物实验教学的实效性．读与写（教育教学刊)，2008(10)：131.

272. 李修荣．浅谈生物实验教学中学生能力的培养．成才之路，2008(26)：25－26.

273. 段静．浅议生物实验教学法的多样性．读与写（教育教学刊)，2008(8)：133.

274. 施连芳．生物探究性实验教学的探索与实践．教学仪器与实验，2008(11)：5－7.

275. 李文彩．高中生物若干实验的改进．网络科技时代，2008(19)：105.

276. 沈丹．对生物实验探究式教学的认识．科学咨询（教育科研)，2008(12)：73.

277. 秦现英．做好生物实验的几点要求．中国校外教育（理论)，2008(S1)：771.

278. 雷娜．浅谈初高中生物教学中实验部分的衔接问题．才智，2008(18)：158，157.

279. 邢向阳．加强实验教学提高生物教学质量．中学生数理化(教与学．教研版)，2008(11)：95－96.

280. 顾彪．信息技术在生物学实验教学中的应用．教学仪器与实验，2008(10)：5－6.

281. 梁艳梅．浅谈中学生物实验教学中学生创新思维能力培养的策略．时代教育（教育教学版），2008(8)：198.

282. 陈忠兵．谈生物实验规则与技能教学强化．新西部（下半月），2008(10)：204.

283. 陈亚光．开展应用生物技术活动，培养农村科技人才．中等职业教育，2008(11)：37－38.

284. 吴春秀．浅谈高中生物实验教学对学生能力的培养．科学教育，2008，14(5)：50.

285. 郭春平．初中生物实验教学浅谈．新课程（教研版），2008(9)：52.

286. 熊昌华．浅析高中生物教学中研究性学习的开展．考试周刊，2008(44)：170－171.

287. 郑国建．生物课外活动的实施策略及其原则．教学仪器与实验，2008(10)：23－24.

288. 吴浩．定性实验与定量实验的区别及应用．中学生物学，2008，24(12)：49－52.

289. 王承赋．利用课外兴趣小组开展生物研究性学习．中学生物学，2008，24(12)：36－37.

290. 史渠．利用实验教学激活创新之路——探究“蚯蚓适应土壤中生活的特征”课堂实录．中学生物学，2008，24(12)：29－32.

291. 石桂英．初中生物对照实验中实验组和对照组的确定．中学生物学，2008，24(12)：21－22.

292. 石初明．融入生活的生物活动教学．中学生物学，2008，24(12)：19－20.

293. 谢文栋．通过对照实验的设计培养学生探究能力．中学生物学，2008，24(12)：17－19.

294. 王菊英．对生活地区植被的调查报告．中学生物学，2008，24(12)：38.

295. 范曾丽，杜长忠，廖咏梅，侯万儒．新课程标准下中学生物实验教学评价方案初探．西华师范大学学报（自然科学版），2008，29(4)：437－442.

296. 朱宏辉．浅析高中生物学课外活动中开展探究性学习的必要性．考试周刊，2008(53)：196－197.

297. 姚志宏．四环节，闪光的钥匙——浅谈如何上好生物探究性实验课．中国科教创新导刊，2008(36)：196.

298. 苟利明．通过探究实验培养学生的实验能力．新课程（教育学术版），2008(12)：31.

299. 陈维．探究鱼类的排泄物对三种作物种子萌发生根的影响．实验教学与仪器，2008(3)：24－26.

300. 詹萍，甘耀坤，陈凤明．中学生物实验教学中培养学生探究能力的调查与分析．玉林师范学院学报，2008，29(5)：84－87，92.

301. 李明科．新课标下高中生物实验教学中的能力培养．西北职教，2008(12)：42.

302. 董世未．初中生物探究实验教学初探．广西教育，2008(35)：46.

303. 曹显平．浅谈生物教学中的环境教育——“生态环境的保护”之教学建议．教师，2008(10)：45－46.

304. 薛茂显．试论高中生物实验分析的一般方法．科技信息（学术研究），2008(34)：261.

305. 许东风，贺根和，周升团．生物实验探究性教学模式研究．教育与职业，2008(36)：103－104.

学 位 论 文

1. 姚华．归因理论在生物实验教学中的应用与研究．石家庄：河北师范大学，2007.

2. 李芬霞．甘肃省部分初中生物探究性实验实施情况调查研究．兰州：西北师范大学，2007.

3. 李国萍．新课程改革背景下高中生物学实验课教学策略的探索与实施．包头：内蒙古师范大学，2007.

4. 李霞．浅谈高中生物实验教学中学生分析能力的培养．武汉：华中师范大学，2008.

5. 梁松涛．高中生物实验中培养学生探究能力的实践研究．兰州：西北师范大学，2007.

6. 谢伟华．能力目标的过程性评价在初中生物实验教学中的应用研究．广州：华南师范大学，2007.

7. 薛玉梅．关于生物探究性实验教学对提高学生实验设计能力的研究．包头：内蒙古师范大学，2007.

8. 张明．湖南省中学生物学实验教学状况的调查与分析．长沙：湖南师范大学，2008.

9. 章振华．高中生物拓展性实验与学生生物科学素养培养的行动研究．上海：华东师范大学，2008.

10. 赵艳玲．新课程下高中生物探究实验存在的问题及实验教学的策略研究．长春：东北师范大学，2008.

11. 郑放先．高中生生物实验设计能力的培养．长沙：湖南师范大学，2007.
12. 朱飞．重庆市初中生物实验教学现状调查及对策研究．重庆：西南大学，2008.
13. 邹娜．中学生物实验教学中发散性思维培养的探索．长沙：湖南师范大学，2008.

教学评价研究

核 心 论 文

1. 高素阳．高中生物学作业的探索与实践．生物学教学，2008，33(5)：22－23.
2. 田兵洪．例谈生物学复习的编题．生物学教学，2008，33(5)：45－47.
3. 蒋桂林．“江苏省2008年生物学科高考考试说明”解读．生物学教学，2008，33(5)：50－51.
4. 张文华，刘怡，戴峙，余轶．近三年上海市生物学高考试卷分析及备考建议．生物学教学，2008，33(5)：64－66.
5. 李秀菊，刘真，刘恩山．2007年北京市高考理科综合卷中一道生物学试题的分析．生物学教学，2008，33(4)：46－48.
6. 赵苹．据2007年高考试卷谈生物学二轮复习．生物学教学，2008，33(4)：48－50.
7. 吴圣潘，周廷华．浅谈三种变式命题策略．生物学教学，2008，33(3)：44－47.
8. 吴珍珠．关于高考生物学科试卷能力考查的调研．生物学教学，2008，33(3)：48－50.
9. 程莉君．初中生物学试题的命制．生物学教学，2008，33(3)：61－64.
10. 魏威．从阅卷评分细则谈高三理综生物学备考．生物学教学，2008，33(3)：54－56.
11. 冯武军．新课程呼唤作业“四化”．生物学教学，2008，33(2)：32－33.
12. 张卓鹏．推介两道生态模拟试题．生物学教学，2008，33(1)：54－55.
13. 王永田，朱瑛．2007年高考理综山东卷（生物）试题评析．生物学教学，2008，33(1)：49－53.

14. 杨海英．用新课程理念指导生物学纸笔测试．生物学教学，2008，33(1)：17－18.
15. 姚宝骏，陆建身．一种封闭性试题的开放性评分方法．生物学通报，2008，43(2)：35－36.
16. 张卓鹏．例谈 2007 年高考“现代生物科技专题”．生物学通报，2008，43(2)：48－51.
17. 田晓鹏．多孩、多病类遗传概率题．生物学教学，2008，43(6)：51－52.
18. 金文威．例谈模型方法在解题上的应用．生物学教学，2008，43(6)：47－48.
19. 刘伟平．关于一道高考试题的变量分析．生物学教学，2008，43(6)：46－47.
20. 朱香艳．由一道高考题引发的教学反思．生物学教学，2008，33(6)：43.
21. 杨帆．普通高中实施课程标准后生物学科高考设计研究．教育理论与实践，2008，28(10)：33－35.
22. 张兴娟，郑晓蕙．美国纽约州高中环境生物学学区考试试题分析．生物学通报，2008，43(7)：52－53.
23. 陶海滨．高中生物学实验题中的理论及解题探讨．生物学通报，2008，43(7)：49－51.
24. 王海燕．遗传变异部分的习题教学中统计学原理的运用．生物学教学，2008，33(11)：26－27.
25. 王永田．2008 年高考理综山东卷（生物）试题评析．生物学教学，2008，33(11)：44－49.
26. 高一明．例说高中常见核酸问题的类型及解析方法．生物学教学，2008，33(11)：49－52.
27. 孙淑伟．遗传平衡定律在遗传与进化题中的应用．生物学教学，2008，33(9)：49－50.
28. 刘成权．2007 年美国马里兰州生物学学业水平测试部分试题评析．生物学教学，2008，33(9)：52－54.
29. 曾鹏光．“禽流感”专题例析．生物学教学，2008，33(10)：72－74.
30. 刘志新．分离定律的常见题型及解题方法．生物学教学，2008，33(10)：58－59.
31. 周敏．高中生物学信息材料题的解题策略．生物学教学，2008，33(10)：50－52.
32. 杨守菊．生物多维化考试机制初探．教学与管理，2008(22)：

59－60.
33. 史永蓉，汪忠．我国台湾地区生物学高考试题评析．生物学教学，2008，33(7)：43－46.
34. 幸奠权．运用北京2008奥运会题材命制初中生物学习题初探．生物学教学，2008，33(7)：53－55.
35. 王少华．从一道拓展题看思维拓展．生物学教学，2008，33(8)：65－67.
36. 蒋桂林．对一道遗传题的分析和思考．生物学教学，2008，33(8)：56.
37. 黄建华．对一道“流行”题的反思．生物学教学，2008，33(8)：53－54.
38. 蒋瑞华．对一道题的求解．生物学通报，2008，43(4)：47－48.
39. 李荣．高中生物学探究性实验的评价方法初探．生物学通报，2008，43(5)：39－40.
40. 梁强，席学昶．酶活性及影响因素的一道练习题引发的思考．生物学通报，2008，43(3)：48－49.
41. 甘信付．略谈“生物学坐标曲线题”的解题方法．生物学通报，2008，43(3)：45－47.
42. 丁银娣．2008年上海市生物学高考试卷评析．生物学教学，2008，33(12)：49－52.
43. 谷晓峰．谈谈生物学试题中隐含信息的挖掘．生物学教学，2008，33(12)：43－44.
44. 张玉代．对2008高考全国理综卷Ⅱ遗传题的评价．生物学教学，2008，33(12)：37－38.
45. 葛金成．一组试验设计题．生物学教学，2008，33(12)：36－37.
46. 吕国裕．生物学选择题的讲评方法．生物学教学，2008，33(12)：38－41.

一般论文

1. 谢文栋．利用档案夹提高学生的参与程度．中学生物学，2008，24(3)：16－17.
2. 姚正．解析“增长率”——由2007年全国卷Ⅰ理综试题第3题而想到的．中学生物学，2008，24(3)：54－55.
3. 朱敏生，陆擎环．2007年上海生物高考卷部分遗传题解密．中学生物学，2008，24(3)：53.
4. 孔翔飞．新课程标准下高中生物实验操作考试命题的改革．中学生物学，2008，24(3)：63－64.

5. 孙益飞．是细胞质遗传还是细胞核遗传．中学生物学，2008，24(1):57-58.
6. 王士朝．对一组易错生物学试题的思维辨析．中学生物学，2008，24(1)：55-56.
7. 蔡利永．浅评 2007 年全国高考江苏生物试卷中的新课程“影子”．中学生物学，2008，24(1)：50-51.
8. 吴元．阅 2007 年四川省高考理综生物试卷的感想．中学生物学，2008，24(1)：49，53.
9. 吴光明．初中生物新课程下的学生作业探微．中学课程资源，2008(4)：67.
10. 段雪莲．以评价促发展——新课程背景下对生物教学评价的思考．教育革新，2008(3)：17-18.
11. 赵春彬．哈尔滨市 2008 年生物学业考试命题走向分析与展望．学生之友（初中版）（中考），2008(3)：33-35.
12. 许冠学．2007 年高考生物试题（海南卷）分析报告．新课程（综合版），2008(3)：75-76.
13. 陆保明，闫长柱．新课标新教材新高考新对策——从 2007 年高考江苏生物试卷评析谈 2008 届高三生物备考对策．生物学杂志，2008，25(1)：75-77.
14. 郭玉莲．浅析高考生物实验题的解题方法．考试（教研版），2008(5)：4.
15. 赵春彬，王国力．哈尔滨市 2008 年生物学业考试模拟试题．学生之友（初中版）（中考），2008(3)：36-42.
16. 本刊编辑部．2008 年广东高考理、化、生试卷结构微调．广东教育（高中版），2008(4)：37.
17. 赵雁蓬．生物选择题瓶颈突破．新课程（教育学术版），2008(3)：84.
18. 邹蓁．从 2007 高考理综生物试题看新课标．新课程（教育学术版），2008(3)：78-79.
19. 张国强．小议生物学选择题解题方法．沧州师范专科学校学报，2008，24(1)：115-116.
20. 姚秀丽．从一道试题的答案说起．教学月刊（中学版），2008(3)：59-60.
21. 夏启文．立足学科重点探究命题方向．考试（高考理科版），2008(Z1)：111-114.
22. 柯勉．生物高考“遗传基本规律”考点的命题角度．中学生数理化（高二版），2008(4)：86-88.

23. 王慧君．谈图表题型的复习与解题技巧．河南农业，2008(6)：53－54.
24. 田中．2007 年高考生物试卷（海南卷）浅析．科学教育，2008，24(1)：91－92.
25. 谭银春．伴性遗传题型解析．考试周刊，2008(11)：10－11.
26. 张辉．生物作业的个性设计与实践．教育前沿（理论版），2008(5)：130.
27. 古娜芬．完善实验评价培养学生科学素养．科技资讯，2008(12)：142.
28. 齐文莲．初中生物遗传变异典型例题解析．中学生数理化（教与学），2008(5)：91－92.
29. 赵明贤．整体把握适时讲授——谈遗传系谱图的引入与分析．甘肃教育，2008(10)：51－52.
30. 郭秀金．高中生物学质量检测命题的创新策略．科学教育，2008，14(1)：63－65.
31. 李敏．正确引导学生考后反思．中学生物学，2008，24(6)：53－54.
32. 许东升．浅谈新课程理念下生物练习设计的几个要点．中学生物学，2008，24(4)：61－62.
33. 浦佳丽，许丽群．知识·能力·社会——“2007”学业水平生物测试卷分析及对“2008”复习的启示．中学生物学，2008，24(4)：54－55.
34. 郑彦秋．浅谈 2007 年高考实验题考查类型．中学生物学，2008，24(4)：52－53.
35. 唐晓春．2007 年学业水平测试（必修）生物试题浅析．中学生物学，2008，24(4)：48－49.
36. 徐屿，季娴．利用概念图进行学业评价的实践研究．中学生物学，2008，24(4)：20－21.
37. 张海金．遗传和变异题解题方法略述．青海教育，2008(Z1)：90－91.
38. 王学武．新课改中生物教学质量的评价与研究．教育艺术，2008(9)：60－61.
39. 李运兰．新课标高中生物教学如何与高考衔接．教育科研论坛，2008(9)：90－91.
40. 曹雪峰．新课程下生物学教学中探究题的编制．宁德师专学报（自然科学版），2008，20(3)：325－327.
41. 池春燕．江苏 2008 新高考的突破与争议．基础教育课程，

2008(9)：48－50.
42. 符凯．对人教版高中生物必修 1 中拓展题答案的补充．科学教育，2008，14(4)：66－67.
43. 杜小凡，于立霞．生物学新课程教学的评价．新课程（中学版），2008(8)：33.
44. 王后雄，徐启发．新课程下高考生物考试评价标准与试卷结构技术指标构想．中国考试（研究版），2008(7)：17－23.
45. 黄智秀．培养创新能力提高学生成绩的实验研究．教育实践与研究（中学版），2008(7)：56－58.
46. 陈祥中．生物教学中多元化评价的探讨．成才之路，2008(20)：9－10.
47. 本刊编辑部，陆狄英，张雪花．高考“盛宴”名师“菜谱”（六）．中学生天地（C 版），2008(6)：52－58.
48. 卢云霞．浅谈初中科学习题课的教学．中学生数理化（教与学），2008(6)：75－76.
49. 高英慧．对生物学教学多元评价的几点思考．中国科教创新导刊，2008(17)：47，49.
50. 陆敏刚．新课程背景下生物高考备考的几点建议．试题与研究，2008(6)：4－6.
51. 安光年．略论新课程背景下的生物作业．商情（科学教育家），2008(5)：377.
52. 韩小进．突出学科能力彰显课程理念——2007 年高考广东生物试题评析．试题与研究，2008(6)：1－3.
53. 张定华．科技新闻背景下的生物热点试题．高中生，2008(14)：50－51.
54. 王为民．2008 年高考生物预测题精选．高中生，2008(16)：37－38.
55. 冯广华．生物《考试大纲》热点问题解读．招生考试通讯（高考版），2008(4)：9－11.
56. 傅厚春．选择题常见错解分析．试题与研究，2008(15)：9－11.
57. 韦平．高考生物热点探析．第二课堂（高中版），2008(7)：57－59.
58. 郭建超．高中生物实验教学之实验设计题的解题思路．才智，2008(12)：80，168.
59. 魏威．有针对性地应对知识性错误．湖北招生考试，2008(1)：51－53.
60. 柴彦军．“材料用具消元法”解生物高考实验补充题．高考

(理科版)，2008(4)：75－77.
61. 王士朝．理科综合高考生物学科命题趋势探微．中学生数理化（高考版)，2008(Z1)：182－187.
62. 史子成．2008年高考理综测试《江西卷》生物试卷评析．高中生之友，2008(Z3)：80－81.
63. 李景林．2008年高考理综（全国卷Ⅰ）生物试题特点及教学建议．中小学教学研究，2008(9)：50－51.
64. 高一明．例说高考中常见核酸问题的类型及解析方法．科学教育，2008，14(4)：56－58.
65. 臧玉洁．从高考生物试题知识点分布谈高二的备考工作．课程教材教学研究（中教研究)，2008(Z4)：61－62.
66. 况圣明．源于教材考查能力——对几道高考生物“超纲题”的评析．试题与研究，2008(15)：1－3.
67. 李萍．引入评价机制让生物实验课焕发生机．教学仪器与实验，2008(7)：50－52.
68. 赵巧丽，张晓翰．进行科学评价推进素质教育．成才之路，2008(24)：彩R－S.
69. 李彦豹．浅议高三模拟试卷讲评．各界（科技与教育)，2008(9)：96－97.
70. 胡庆功．高考生物曲线题浅析．考试（教研版)，2008(8)：95－96.
71. 王仲仕．生物学非选择题答题策略．科技资讯，2008(20)：183.
72. 赵德强，刘茹岑．实验设计题的类型及解法．试题与研究，2008(15)：22－26.
73. 李红梅．材料信息题的特点及解题方法．试题与研究，2008(15)：18－21.
74. 吴峰．生物图表题归类剖析．试题与研究，2008(15)：12－17.
75. 连清芬．高考生物“非选择题”分类解析．考试（高考族)，2008(7)：65－66.
76. 魏威．图表、图解题型解题导析．考试（高考理科版)，2008(Z1)：124－127.
77. 胡建林．生物实验试题解题方略．才智，2008(18)：157.
78. 夏茂林．生物选择题的审题．广东教育（高中版)，2008(9)：61－63.
79. 李卫东．生物“环保”热点试题．高中生，2008(16).
80. 王兴宪．中考“眼睛”试题解析．数理化学习（初中版)，2008(9)：41－42.

81. 陈军，柯勉．聚焦 2008 年高考试题中的“环境污染与治理”问题．中学生数理化（高考版），2008(9)：88－92.
82. 丁晓慧．浅谈高中生物开放性试题的教学策略．吉林教育，2008(25)：23.
83. 龚军辉．2008 年高考理综生物试题（全国卷Ⅰ）评析．考试与招生，2008(7)：19－21.
84. 朱美玲．生物图形图表解析．宿州教育学院学报，2008，11(3)：130－131.
85. 陆秀华．2008 年高考生物模拟试题（二）．试题与研究，2008(15)：57－64.
86. 曹建平．2008 年高考生物模拟试题（一）．试题与研究，2008(15)：47－56.
87. 高原．2008 年广东高考生物仿真试题．广东教育（高中版），2008(6)：54－61.
88. 翟萍．高中生物遗传题解题思路与方法．成都大学学报（教育科学版），2008，22(5)：73－75.
89. 张运安．能量流动的图表题和计算题解法探讨．试题与研究，2008(6)：19－24.
90. 陆秀华．2008 年高考生物模拟试题．试题与研究，2008(6)：54－64.
91. 王士朝．高考生物实验设计复习策略．考试（高考理科版），2008(2)：55－59.
92. 张洪军．高考生物实验设计题的回答技巧．考试（教研版），2008(1)：100.
93. 赵开勇．2008 年高考理综（全国卷Ⅱ）生物试题评析．中学生物学，2008，24(9)：43－46.
94. 肖安庆．2008 年高考理综（全国卷Ⅰ）生物试题评行．中学生物学，2008，24(9)：49－52.
95. 周敏．从 2008 年江苏高考生物选择题谈审题方法和技巧．中学生物学，2008，24(9)：47－48，52.
96. 孙洪旭．2008 天津市理综高考试题分析．中学生物学，2008，24(9)：53－55，62.
97. 任姬．新课程背景下高中生物课堂发展性学习评价．中学生物学，2008，24(11)：57－58.
98. 方伟奇．由 2008 年广东高考生物卷第 35 题引发的思考．中学生物学，2008，24(11)：53.
99. 徐玉华，唐顺风．在平稳中亮剑细节决定成败——2008 年高考理综（全国卷Ⅰ）生物试题感悟．中学生物学，2008，24(11)：50－51.

100. 许鹏超．两道有待商榷的高考题．中学生物学，2008，24(11)：8.

101. 刘义友．2008年江苏省高考生物试卷的特点与启示．中学生物学，2008，24(10)：28－29.

102. 丁云．浅谈新课标下生物作业的要求．中学生物学，2008，24(10)：61－62.

103. 陈华．新课改背景下如何提高备考的有效性．中学生物学，2008，24(11)：59－60.

104. 胡琴娣．坚持在“注重”中进行形成性评价．中学生物学，2008，24(12)：58－60.

105. 曾国阳．理综试卷生物学选修部分权重分析及复习建议．中学生物学，2008，24(13)：40－42，54.

106. 张鸿亮．研学省新考试说明应对生物高考复习．中学生物学，2008，24(14)：38－39.

107. 章青．浅谈高考命题中的变式艺术．中学生物学，2008，24(15)：57－59.

108. 李敏．正确引导学生考后反思．中学生物学，2008，24(16)：55－56.

109. 毛广．遗传变异探究性实验题归纳与解析．中学生物学，2008，24(17)：53－55.

110. 黄瑞林．生物题组训练与学生解题能力的整合．中学生物学，2008，24(18)：51－52.

111. 金水丽．用“多元智能”审视“生物学习评价”．中学生物学，2008，24(19)：30－31.

112. 程卫琴．“产婆术”在试卷评析中的应用．中学生物学，2008，24(20)：10－11.

113. 蒋英子．高中生物教学的客观性评价问题探讨．中学生物学，2008，24(21)：8－9.

114. 张西成．生物备考四点感悟．成才之路，2008(22)：85.

115. 黄春令．浅谈生物新课程的评价．江西教育，2008(23)：32.

116. 李可祥．“生态系统功能”中的高频考点．新高考（物理化学生物），2008(24)：48－51.

117. 张鸿亮．巧用考试说明引导生物复习．新高考（物理化学生物），2008(25)：44－45.

118. 董辉．2008年江苏高考生物试题简析及应对策略．淮阴师范学院教育科学论坛，2008(26)：92－93.
119. 彭红元．新课程标准下高中生物考试的改革与对策．科学教育，2008，14(27)：48－49.
120. 何立英．谈应对高考生物实验设计的策略．时代教育（教育教学版），2008(28)：281，296.
121. 岳建．2008 年高考全国卷一理综生物试题探究．高中生，2008(29)：24－25.
122. 高淑平．浅谈对学生非智力因素的评价——生物学科教学教育．科协论坛（下半月），2008(30)：142－143.
123. 李景林，付正印．考查基础与能力并举——2008 年高考理综（全国Ⅰ卷）生物试题特点及教学建议．基础教育研究，2008(31)：38－39.
124. 夏建伟．我对 2008 年河北省高考生物试题的几点看法．考试与招生，2008(32)：35.
125. 廖晓宁．如何克服考试紧张心理．高中生之友，2008(33)：6－7.
126. 李锦棉．浅析生物 STS 试题主要类型及解题技巧．科技致富向导，2008(34)：163，166.
127. 夏海鸿．高考生物试题特点分析．成才之路，2008(35)：74.
128. 余庆益．稳中有降能力为上——2008 年高考全国理综卷Ⅰ生物试题评析．试题与研究，2008(36)：1－3.
129. 贾艳彬，李莉．2008 年高考生物试题分类选编（上）．试题与研究，2008(37)：39－64.
130. 钱树人．生物探究性实验设计题的基本内容．成都大学学报（教育科学版），2008，22(38)：54－56，70.
131. 柯泅菲，柯勉．聚焦 2008 年高考试题中的“限制性内切酶”．中学生数理化（高考版），2008(39)：87－88.
132. 陈伟芬．生物高考中非选择题的解题技巧．科教文汇（下旬刊），2008(40)：166.
133. 曹巍力．浅谈生物复习中审题能力的提高．考试周刊，2008(41)：11－12.
134. 余水清．落霞与孤鹜齐飞基础和能力并重——一道生物实验题的启示．中学生物学，2008，24(12)：53－54.
135. 张德超，张阿林．评 2008 年江苏省生物高考试卷对今后高三教学的启发．中学生物学，2008，24(12)：45－46.
136. 赵克霞，丛培进．2008 年全国中学生生物学联赛理论试卷遗传部分解析．中学生物学，2008，24(12)：41－43.

137. 张卓鹏．“生物进化”疑难试题探究．中学生物学，2008，24(12)：39－40.
138. 崔绪昌．初中生物学科学生学习评价改革的初步尝试．考试周刊，2008(53)：21－22.
139. 宋汉萍，崔鸿．构建高中生物实验课程多元学习评价体系的研究．高等函授学报（自然科学版），2008，21(6)：9－11.

学 位 论 文

1. 陈军．高中生物课堂教学评价的变革及启示．长春：东北师范大学，2008.
2. 黄耀忠．高中生物新课程课堂教学评价中的学生评教的实践研究．上海：华东师范大学，2007.
3. 黄宇宏．高中生生物学业不良成因分析及其对策研究．上海：华东师范大学，2008.
4. 康帅国．新课程理念下中学生物的学习评价方案研究．武汉：华中师范大学，2008.
5. 李娟．关于中学生科学素养测评的研究．天津：天津师范大学，2008.
6. 舒美姿．高中生物学教学过程性评价的应用研究．上海：华东师范大学，2007.
7. 汤雅君．沪鄂湘高中生生物学学习效率现状及相关分析研究．上海：华东师范大学，2008.
8. 张寒凤．论对高中生物探究活动的表现性评价．苏州：苏州大学，2008.
9. 张俊华．初中科学课程中发展性学生评价研究．武汉：华中师范大学，2006.
10. 张琳娜．基于多元智能理论的高中生物课程学生评价．武汉：华中师范大学，2008.

课程资源开发利用研究

核 心 论 文

1. 曾波．用 Authorware 制作“中学生物学教学系统”（一）．生物学教学，2008，33(5)：30－32.
2. 吴圣潘．利用“热土豆”软件轻松创建生物学互动式习题．生物学教学，2008，33(5)：38－41.

3. 黄宇宏，陆建身．SPSS 软件在生物学测验质量分析中的应用．生物学教学，2008，33(5)：49－50.
4. 徐昕欣．生物学视频资源的获取与利用．生物学教学，2008，33(3)：39－40.
5. 李强．用 Flash 打造生物学画版．生物学教学，2008，33(4)：38.
6. 李才生．利用 PowerPoint2003 动画功能制作教学课件．生物学教学，2008，33(3)：35－37.
7. 詹孝慈．简易显微投影机自制方法．生物学教学，2008，33(3)：27.
8. 张韶君．让乡土资源走进生物学课堂．生物学教学，2008，33(3)：59－60.
9. 封小为．将生物学课件上传到网上．生物学教学，2008，33(2)：40－41.
10. 郑志宏．测定胸围差教具的改进．生物学教学，2008，33(2)：39.
11. 杨维国．氨基酸信息速查盘的制作．生物学教学，2008，33(1)：76－78.
12. 蔡虹．巧用“画图”激活固定图形．生物学教学，2008，33(1)：40－41.
13. 潘一亮．自制简易肺活量测量器．生物学教学，2008，33(1)：31.
14. 刘真，佘建云，刘恩山．新课程背景下生物学教师网络学习的内容与方法．生物学教学，2008(1)：26－28.
15. 封小为．灵活运用 Flash 中的按钮．生物学教学，2008，33(1)：38－39.
16. 徐瑞雅，王淑敏．新课程理念下生物教师个人课程资源的构建．教学与管理，2008(15)：48－49.
17. 卢福好．岭南水乡文化资源与初中生物课程整合的实践探索．教育导刊，2008(4)：55－56.
18. 郑彦秋．再探“获取生物学视频素材的途径”．生物学教学，2008，33(6)：33.
19. 曾波．用 Authorware 制作“中学生物学教学系统”（二）．生物学教学，2008，33(6)：31－32.
20. 秦亚平．生物学隐性课程资源的开发利用．生物学教学，2008，33(6)：26－27.
21. 石进德．高中生物新课程教学中课堂教学资源的生成．中小学教师培训，2008(6)：39－40.
22. 胡双全．ActiveX 控件加入 Flash 动画和视频片段的方法．生物学教学，2008，33(8)：37－39.

23. 常瑞芳．生物学试卷中图形的绘制．生物学教学，2008，33(7)：29－31.
24. 崔绪昌．浅谈积件在初中生物学教学中的应用．生物学教学，2008，33(8)：30－31.
25. 尹怀杰．生物学教学中直观教具的使用原则．生物学教学，2008，33(8)：29－30.
26. 裴景娜．自制教具在初中生物学教学中的应用．生物学教学，2008，33(8)：23－24.
27. 肖安庆．例谈生物学简笔画的应用．生物学教学，2008，33(11)：13，23.
28. 张雪群．开发生物学课程资源培养学生现代意识．生物学教学，2008，33(11)：12，22.
29. 杨红辉，俞佩芳．利用本地资源开发校本课程的教学尝试．生物学通报，2008，43(6)：51－53.
30. 杨京举．中学生物学课程资料库建设策略之管见．生物学教学，2008，33(9)：35－38.
31. 李建芝．高中教材中的健康教育素材．生物学通报，2008，43(4)：61－62.
32. 王一荇．建好校园生物角开拓教学新阵地．生物学通报，2008，43(5)：44－46.
33. 李东．引导学生挖掘科普资源开展学生自主科技教育——谈生物学课前 5 min 科普教育的实践成效和体会．生物学通报，2008，43(3)：41－42.
34. 童媛．实现初中生物学笔记本的功能多样化．生物学教学，2008，33(12)：18－19.
35. 孙惠庆．用数码相机拍摄植物实物标本．生物学教学，2008，33(12)：27－28.
36. 梁嘉声．WebQuest——网络资源与高中生物学教学的整合初探．生物学通报，2008，43(9)：47－50.

一 般 论 文

1. 宋双田．多媒体在生物教学中的应用．中国教育技术装备，2008(5)：71.
2. 彭一良，姜传明，李艳杰．生物学 CAI 开发常用软件及比较．青少年日记（教学交流版），2008(2)：71，101.
3. 乔进军．昆虫性信息素在农业害虫防治及生物学教学中的应用．中学生物学，2008，24(3)：41－42，55.
4. 李宏春，吴华希．谈高中生物教学的媒体优化．中学生物学，2008，24(3)：26－27.
5. 金光．新课程下现代教育技术与生物学教学整合的实践．中学生物学，2008，24(1)：59－61.
6. 蒋海军．MiniQuest 在生物教学中的初探．中学生物学，2008，24(1)：15－17.
7. 张泽江．生物课程资源的开发利用．青少年日记（教学交流版）（上半月），2008(5)：190.
8. 姚映江．浅谈信息技术与生物学科整合．成才之路，2008(11)：彩Y－彩Z.
9. 杨德翠．多媒体课件在生物类教学中的优势和存在问题．黑龙江生态工程职业学院学报，2008，21(3)：97－98.
10. 白力．浅谈生物教学中学生课程资源的开发和利用．中国科教创新导刊，2008(15)：17.
11. 易艳辉．信息技术与生物学科教学整合的探讨．各界（科技与教育），2008(4)：94－96.
12. 滕春喜．谈生物课程资源的利用．中国科教创新导刊，2008(10)：134.
13. 魏敬旺．初中生物与信息技术整合之我见．新课程（教育学术版），2008(4)：107.
14. 林凯．农村初中生物课程改革要灵活运用教育资源．新课程（教师），2008(3)：17－18.
15. 魏元珍．多媒体技术在初中生物教学中的应用．希望月报（上半月），2008(1)：36－37.
16. 赵银柱．多媒体手段在生物教学中的应用．新课程（教育学术版），2008(2)：67.
17. 吴立杰．应用多媒体开展生物教学．信息技术教育，2008(2)：65－66.
18. 叶昕．积累生物信息，提高创新学习效果．成才之路，2008(5)：86.
19. 陈志勇．农村学校如何开发课程资源．教书育人，2008(5)：45－46.
20. 张永炳．挖掘生物课程资源，渗透生态意识教育．中国科教创新导刊，2008(4)：174－176.
21. 谷键立．多媒体教育技术与中学生物教学整合研究．考试周刊，2008(1)：137.

22. 邵万亮．数码相机在生物课程资源开发中的应用．教学仪器与实验，2008(1)：13－15.
23. 方安宁，严家来．显微镜使用中节约教学资源的体会．考试周刊，2008(18)：219－220.
24. 葛建华．信息技术在中学生物教学中的应用反思．科学咨询(教育科研)，2008(5).
25. 吴卫明．充分利用本地国家森林公园资源开展环境教育．中国科教创新导刊，2008(11)：24－25.
26. 俞丽萍．基于认知负荷理论的生物多媒体课件设计误区分析．内蒙古师范大学学报（教育科学版)，2008，21(2)：142－144.
27. 李岗．生物教学中的兴趣培养．甘肃教育，2008(3)：46.
28. 熊丽珍．利用网络技术促进初中生物教学开展．和田师范专科学校学报（汉文综合版)，2008，28(1)：234.
29. 田燕．网络环境下的生物教学．科教文汇（下旬刊)，2008(2)：110.
30. 贺天朝．中学生物教学课件的设计制作及应用体会．商情(科学教育家)，2008(3)：229.
31. 张国强．浅谈生物课堂电化教学的设计．中国校外教育（理论)，2008(4)：129.
32. 左敏．生物插图在教学中的作用．成才之路，2008(6)：67.
33. 邓光华．多媒体网络下的生物教学浅探．考试周刊，2008(20)：142.
34. 郭义宝．多媒体技术与中学生物教学简述．考试周刊，2008(17)：210.
35. 黎迎．信息技术在中学生物教学中的应用．科技信息（科学教研)，2008(6)：286，23.
36. 何德烈．民族地区生物教学应为当地经济发展服务．读与写(教育教学刊)，2008(1)：99.
37. 曾波涛．生物教学中运用 CAI 的探索．中国科教创新导刊，2008(5)：56.
38. 贾卫平．生物教学使用多媒体技术之弊．职业，2008(9)：77.
39. 左淑凤．谈 Flash 软件和生物学微观内容教学的整合．中小学电教（下半月)，2008(5)：57.
40. 代晓莹，吴志华．生物多媒体教学存在的四个问题．中小学实验与装备，2008(2)：31－33.
41. 易阳．高中生物多媒体教学的若干思考．科学教育，2008，14(1)：68－69.

42. 裴景娜．初中生物几种自制教具在教学中的应用．中学生物学，2008，24(6)：19.
43. 程莉君，高学林．中学生物学数字化教学资源的开发和利用．中学生物学，2008，24(4)：40－42.
44. 吴丽芳．新课程理念下学生图像语言开发策略研究．中学生物学，2008，24(4)：36－37.
45. 王雯斌，解金辉．多媒体课件在中学生物课堂教学中的优势和局限．中学生物学，2008，24(4)：30－31.
46. 陈明林．说课在生物专业师范生职前训练中的应用及注意问题．中学生物学，2008，24(4)：17－19.
47. 席长青．多媒体教学在高三生物课中的应用．青海教育，2008(6)：56－57.
48. 潘兆清，宋吉利．信息技术与生物教学的整合．中小学电教，2008(Z2)：71－72.
49. 金均全．利用现代信息技术．实现生物有效教学．科教文汇（下旬刊），2008(8)：172.
50. 黄敏若．运用现代教育技术优化生物教学．科教文汇（下旬刊），2008(8)：171.
51. 刘轸，吴艳丽．利用多媒体技术提高教学质量．科技成果纵横，2008(4)：44－45.
52. 董国生．网络条件下的课堂教学．今日科苑，2008(14)：239－240.
53. 龚玉洁．浅析信息技术与生物课程整合在教学中的应用．黑河学刊，2008(4)：106.
54. 黄莹．运用信息技术提高生物教学质量．中小学信息技术教育，2008(Z1)：71－72.
55. 王卫东．多媒体技术在生物教学中的应用．中小学电教（下半月），2008(8)：122.
56. 牛瑞苹．初中生物教学与信息技术整合初探．科技信息（科学教研），2008(18)：269.
57. 王常龙．高中生物教学中多媒体应用的误区与对策．科教文汇（上旬刊），2008(5)：114.
58. 杨中林．生物教学中的现代科技手段．河南科技，2008(7)：37－38.
59. 宋汉萍，崔鸿．浅谈新课程下信息技术与生物教学的整合．中小学实验与装备，2008(3)：52－54.
60. 宫金峰．计算机多媒体在生物新课程教学中的辅助作用．沧州师范专科学校学报，2008，24(2)：129－130.

61. 郭晓燕．信息技术与生物学科整合的探讨．新课程（教师），2008(6)：43.

62. 董文兵．因地制宜，开发好山区初中生物教学资源．山西教育（教师教学），2008(6)：33－34.

63. 范立芳．因地制宜，与时俱进——浅谈身边高中生物课程资源．中国科教创新导刊，2008(18)：11.

64. 王闽阳．利用专题网站创新教学模式的探讨．福建陶研，2008(1)：42－43.

65. 赵云凤．网络使生物学习具有多面性．贵州教育，2008(15)：43.

66. 阮幼丽．利用农村环境资源提高初中生物学教学质量．宁德师专学报（自然科学版），2008，20(2)：213－215.

67. 张培銮．农村中学生物教学的优势．广东教育（综合版），2008(6)：44，42.

68. 陈绮玲．善用资源，有效备考——生物高考一轮复习策略探究．考试周刊，2008(23)：4－5.

69. 喻琳．试论多媒体在辅助生物教学中的应用．新课程研究（教师教育），2008(8)：141－142.

70. 尹学健．浅议生物课堂电话教学设计．新作文（教育教学研究），2008(13)：34.

71. 朱风义．巧用电教手段，活跃生物课堂．中小学电教（下半月），2008(6)：127.

72. 高原，杨改学．生物标本制作多媒体仿真实验课件的设计与开发．现代教育技术，2008(10)：114－117.

73. 宋杰，宋敏．信息技术在生物教学中的作用．廊坊师范学院学报（自然科学版），2008，8(3)：22－23.

74. 张欣．浅谈如何运用现代信息技术，切实提高生物课堂教学质量．科学教育，2008，14(2)：60－61.

75. 万雪梅．高中生物实验教学中如何强化创新能力的培养．考试周刊，2008(8)：117－118.

76. 陶晓东．合理开发新课程教材资源．新课程（教育学术版），2008(3)：67－68.

77. 王生财．浅谈多媒体在生物教学中的利与弊．商情（教育经济研究），2008(5)：223.

78. 黄敏．泰州市农村初中“四项配套”工程生物教师培训的实践和思考．中国现代教育装备，2008(5)：137－138.

79. 张小琴．农村高中生物课程资源开发的实践研究．中国校外教育（理论），2008(9)：82.
80. 赵珺．多媒体之于生物教学益处多．网络科技时代，2008(17)：89.
81. 罗蕾莉．浅谈多媒体技术在生物教学中的应用．成才之路，2008(24)：74.
82. 王秀华．信息技术条件下高中生物教学模式概述．科技资讯，2008(25)：121.
83. 史雷春．信息技术融入生物教学的探索．现代教学，2008(10)：71.
84. 廖小玲．利用生物园进行科学启蒙教育．中国西部科技，2008(25)：80，89.
85. 洪明．浅论网络环境下的“协作—探究”教学．中国科教创新导刊，2008(21)：181.
86. 赵首贤．如何在生物教学中充分利用多媒体．黑龙江科技信息，2008(30)：151.
87. 王琪功．生物教学中谚语的妙用．甘肃教育，2008(18)：54.
88. 展秋菊．整合信息技术，深化生物课堂教学．教育前沿（理论版），2008(10)：109，116.
89. 陆红梅．初中生物如何运用信息技术进行有效教学．各界（科技与教育），2008(9)：54，94.
90. 于玲玲．警惕信息技术与生物学科教学整合的盲目性．中国教育技术装备，2008(16)：174.
91. 张玺．自制教具解决生物课堂教学难题实例．科学咨询（教育科研），2008(S1)：136.
92. 赵珺．浅谈生物课件的制作．中国信息技术教育，2008(7)：92.
93. 刘昌．信息技术在中学生物教学管理中的应用．中国教育信息化，2008(10)：29－30.
94. 弋小红．多媒体技术在生物教学中的“双刃剑”作用．科技资讯，2008(17)：171.
95. 李春堂．开展多媒体组合教学，全面提高生物教学质量．中等职业教育（理论），2008(6)：25－26.
96. 钱建忠．多媒体在初中生物教学中的运用．中学课程资源，2008(6)：113.
97. 吴景峰．新课改中初中生物技术教学刍议．琼州学院学报，2008(S1)：90－91.

98. 庞振凌，褚学英，王云．生物专业多媒体教学与传统教学的比较．陕西教育（高教版），2008(3)：51，71.
99. 周晓强．运用信息技术进行生物学模型方法教学．中学生物学，2008，24(10)：12－14.
100. 李亚民．新课标下利用生物科学技术成就进行教学活动的探讨．中学生物学，2008，24(10)：63－64.
101. 钱洋．高中生物课程资源开发与利用的调查研究．中学生物学，2008，24(9)：61－62.
102. 师哲．新课程下生物课学习的有效形式——挖掘图表资源．中学生物学，2008，24(5)：62－63.
103. 赵林娥．关注生活经验，挖掘本土资源，活化生物课堂．中学生物学，2008，24(5)：13－14.
104. 沈宇微．社会和家庭中生物课程资源的开发与利用．中学生物学，2008，24(5)：11－12.
105. 李琳琳．新课程理念下生物学科的课程资源开发．时代教育（教育教学版），2008(9)：285.
106. 司德仓．现代教育技术在生物教学中的运用．现代教育科学（中学校长），2008(6)：103.
107. 王庆华．农村中学如何利用环境资源进行生物教学．生命世界，2008(11)：82－83.
108. 章新，李红梅，马龙飞．地方生物学课程资源开发探析——以云南元阳梯田为例．玉溪师范学院学报，2008，24(8)：57－60.
109. 阙建宇．浅析新课程背景下高中生物课程资源的生成．考试周刊，2008(42)：164－165.
110. 卜红丽，蒋小满，王晓．中学生物教育资源网站推介．中小学信息技术教育，2008(9)：90.
111. 傅和玉．开发农村校本生物课程资源，提升科技创新素养．北京教育学院学报（自然科学版），2008，22(5)：33－36.
112. 黄秀鑫．农村生物教学中的资源开发．吉林教育，2008(18)：78.
113. 李成峰．中学生物教学中环境教育的几点做法．经营管理者，2008(15)：166.
114. 李蕾．中学生物教学资源库建设综述．新课程（教育学术版），2008(11)：64－65.
115. 樊辉．在生物课堂教学中如何进行电化教学的设计．中国教育技术装备，2008(9)：72－73.

116. 李逢梅．浅谈 CAI 与生物学教学．中国科教创新导刊，2008(30)：170.

117. 许德文．浅谈新课程下信息技术与生物课程的整合．生命世界，2008(12)：104－106.

118. 王维敏．信息技术与中学生物整合的模式探索．中国教育技术装备，2008(21)：90.

119. 袁冕．信息技术与中学生物教学的整合及误区．中国教育技术装备，2008(23)：101－102.

120. 李中智．浅议多媒体在生物探究式教学中的作用．科学教育，2008，14(5)：59－60.

121. 张统全．运用多媒体辅助生物教学的探究．读与写（教育教学刊），2008(8)：134－135.

122. 姚东．多媒体辅助教学在生物学运用中的几个误区．成才之路，2008(22)：74－75.

123. 张爱香．多媒体在生物教学中的运用．中国教育技术装备，2008(21)：89.

124. 潘磊．生物多媒体教学过程中的几点体会．考试周刊，2008(45)：175－176.

125. 陈振友．用多媒体课件推动生物课研究性学习．广西教育，2008(29)：53－54.

126. 顾彪．信息技术在生物学实验教学中的应用．教学仪器与实验，2008(10)：5－6.

127. 刘天学，李俐俐，毛健民，杨同文，朱自学．生物实验教学资源的开发与应用．周口师范学院学报，2008，25(5)：99－101，115.

128. 刘淑花．生物教学中多媒体的应用．青海教育，2008(12)：49.

129. 王生宏．初探信息技术与生物教学的整合．甘肃教育，2008(24)：30.

130. 钟爱萍．浅谈多媒体技术与高中生物教学的整合．数理化学习，2008(11)：57－58.

131. 张建良．浅谈新课程理念下信息技术与生物学科整合．各界（科技与教育），2008(12)：93－94.

132. 赵纯平．充分利用多媒体，提高生物教学质量．科技信息，2008(31)：286.

133. 陈文荣．生物教学中如何使用多媒体．中国教育技术装备，2008(24)：157－158.

学 位 论 文

1. 甘少梅．高中生物学动态习题资源库的构建及应用研究．桂林：广西师范大学，2008.
2. 孟冬丽．高中生物新课程实施中资源开发与利用的调查研究．长春：东北师范大学，2008.
3. 宋瑛．生物课程资源的开发和利用．兰州：西北师范大学，2007.
4. 童霞红．“高中生物拓展”校本课程的开发和实施研究．上海：华东师范大学，2007.
5. 吴冬梅．中学生物学课程与教学资源共享网站设计．上海：华东师范大学，2008.
6. 于浩然．高中生物教学中地方课程资源开发与利用的实践研究．长春：东北师范大学，2008.
7. 张宁．基于科技馆的校本科学课程（7～9 年级）开发研究，北京：北京师范大学，2008.